REAL EST

MW01285565

Principios De Bienes Raíces

Thomas Felde

THOMSON

SOUTH-WESTERN

Australia · Brazil · Canada · Mexico · Singapore · Spain · United Kingdom · United States

Principios De Bienes Raíces, First Edition
Thomas E. Felde

VP/Editor-in-Chief:
Dave Shaut

Executive Editor:
Scott Person

Associate Acquisitions Editor:
Sara Glassmeyer

Developmental Editor:
Arlin Kauffman, LEAP

Senior Marketing Manager:
Mark Linton

Associate Content Project Manager:
Joanna Grote

Manager, Editorial Media:
John Barans

Senior Technology Project Manager:
Matt McKinney

Senior Manufacturing Communications Manager: Jim Overly

Senior Frontlist Buyer:
Charlene Taylor

Production House:
OffCenter Concept House

Art Director:
Linda Helcher

Internal Designer:
OffCenter Concept House

Cover Designer:
Stratton Design

Cover Images:
©Getty Images

Printer:
West
Eagan, MN

Library of Congress Control Number:
2006932277

For more information about our
products, contact us at:

Thomson Learning
Academic Resource Center

1-800-423-0563

Thomson Higher Education
5191 Natorp Boulevard
Mason, OH 45040

USA

Table of Contents Tabla de Materias

Chapter 1 Capítulo 1

Real Property Bienes Raíces

<u>Property</u>—Rights or interest which the owner has in the thing he owns (a bundle of rights); the right to possess, use, encumber, dispose of, and to exclude. The ownership interest a person has in the land is an estate. The word estate expresses the degree, quantity, nature, duration, or extent of an interest in land.

<u>Propiedad o bienes</u>—derechos o interés que el dueño tiene en el bien por el poseído (conjunto de derechos) (bundle of rights): el derecho de poseer, usar, gravar, disponer de, y excluir. El interés posesorio que una persona tiene en el terreno es una propiedad. La palabra propiedad expresa el grado, cantidad, naturaleza, duración o extensión de un interés en el terreno.

I.   <u>Estates Classified by Duration</u>

I.   **<u>Propiedades clasificadas de acuerdo a su duración</u>**

   A.   <u>Freehold Estate</u>—An estate that endures for a period which is not fixed or ascertained by a specified limit of time. Characteristic *of* the holding of a free man under the feudal system.

   A.   **<u>Dominio absoluto de la propiedad</u>—Una propiedad que perdura por un periodo que no está fijado o comprobado por un límite de tiempo específicado. Característica de la pertenencia de un hombre libre bajo el sistema feudal.**

      1.   <u>Fee or Fee Simple</u>—Greatest interest person can have in land. Is of indefinite duration; is freely transferable; can be disposed of during owner's life or upon death. Also referred to as an Estate of Inheritance or "Perpetual Estate." Two types of Fee Simple Estates:

      1.   **<u>Dominio o pleno dominio</u>—Es el mayor interés que una persona puede tener en el terreno. Es de duración indefinida; es libremente transferible; se puede disponer de él durante la vida del dueño o después de su muerte. Es también llamado una "propiedad continua." Hay dos clases de propiedad en dominio.**

         a.   <u>Fee Simple Absolute</u>—Owner holds it without any qualifications or limitations.

         a.   **<u>Dominio absoluto</u>—El dueño posee la propiedad sin reservas o limitaciones.**

         b.   <u>Fee Simple Defeasible</u>—Owner holds it subject to special conditions or limitations and if these conditions are breached, title goes back to original owner or heirs. Title is "defeated."

         b.   **<u>Pleno dominio anulable</u>—El dueño posee la propiedad pero sujeta a condiciones o limitaciones especiales y si estas condiciones son violadas, el título es anulado.**

Example
Ejemplo

In 1935, the McDonalds conveyed title to a parcel of land to Archer and specified in the deed that the property shall never be used for the sale of intoxicating beverages and if this condition is breached, title reverts to the original grantors. This limitation applies to Archer and all subsequent owners and if there is a violation of the condition, the McDonalds or their heirs have the right to terminate the estate and retake the property.

En 1935, los McDonalds traspasaron el título de una parcela de terreno a Archer y especificaron en la escritura que la propiedad nunca debería ser usada para la venta de bebidas intoxicantes (alcohólicas) y que si esta condición no se cumplía, el título revertirá a los otorgantes originales. Esta limitación se aplica a Archer y a todos los dueños subsiguientes. Si hay una violación de esta condición, los McDonalds o sus herederos tienen el derecho de poner término a la propiedad y retenerla.

---

2.   Life Estate—An estate that is limited in duration to life of its owner, or to life or lives of one or more designated persons.

2.   **Propiedad vitalicia—Es una propiedad que está limitada en duración a la vida del dueño o a la vida de una o más personas.**

   a.   Holder of Life Estate:

   a.   **Poseedor de una propiedad vitalicia:**

   (1)   Has right of possession.

   (1)   **Tiene derecho de posesión.**

   (2)   Has right to all rents and profits.

   (2)   **Tiene derecho a todos los alquileres y ganancias.**

   (3)   Is duty bound to keep improvements repaired.

   (3)   **Está obligado a mantener cualesquier mejoras en buen estado.**

   (4)   Must pay taxes and just proportion of assessments.

   (4)   **Debe pagar los impuestos y una justa proporción de la valorización por mejoras.**

   (5)   Must pay interest on any encumbrance.

   (5)   **Debe pagar interés sobre cualquier gravamen.**

   (6)   May sell, lease, or encumber it for the duration of the life estate.

   (6)   **Puede vender, arrendar, o gravar durante la duración de la propiedad vitalicia.**

   (7)   Cannot commit waste (not damage property).

   (7)   **No permitir deterioro o daños a la propiedad.**

   b.   Estate in Reversion—If title to property is to return to original grantor following death of designated person on whose life the estate depends, the grantor holds an Estate in Reversion.

   b.   **Propiedad en reversión—Si el título de la propiedad va a ser restituido al otorgante original después de la muerte de la persona designada sobre cuya vida la propiedad depende, el otorgante retiene una "propiedad en reversión".**

    c.   <u>Estate in Remainder</u>—If title to property is to pass on to a third person upon death of designated person on whose life the estate depends, the third person holds an Estate in Remainder.

    c.   **<u>Nuda propiedad</u>—Si el título de la propiedad se va a pasar a una tercera persona después de la muerte de la persona designada sobre cuya vida depende la propiedad, la tercera persona retiene una "nuda propiedad."**

Examples
Ejemplos

1.   Archer deeds property to Baker with the provision that Baker will own the property until Baker dies. Upon the death of Baker, the property is to revert to Archer or Archer's heirs. Baker holds the Life Estate with Archer holding an Estate in reversion. Baker can sell or lease his interest, but the party dealing with Baker only receives the interest held by Baker. Upon the death of Baker, all interest reverts to Archer.

1.   **Archer le otorga una propiedad a Baker con la provisión de que Baker poseerá la propiedad hasta su muerte. A la hora de morir Baker, la propiedad revierte a Archer o a sus herederos. Baker tiene la propiedad vitalicia y Archer tiene la propiedad en reversión. Baker puede vender o arrendar su interés pero la persona que negocia con Baker solo recibe el interés poseído por Baker. A la hora de morir Baker todo el interés revierte a Archer.**

2.   Archer deeds property to Baker with the provision that Baker will own the property while Celia is living. Upon Celia's death, title is to revert to Archer or his heirs. Baker holds a Life Estate based on the life of Celia; Archer holds the Estate in Reversion; Celia holds no estate but is the party on whose life the estate is based.

2.   **Archer le otorga una propiedad a Baker con la provisión de que Baker poseerá la propiedad mientras que Celia esté viva. Al morir Celia, el título revierte a Archer o a sus herederos. Baker posee una propiedad vitalicia basada en la vida de Celia; Archer posee la propiedad en reversión. Celia no tiene la propiedad pero es la persona en cuya vida está basada la propiedad.**

3.   Archer deeds property to Baker with the provision that Baker will own the property while Celia is living. Upon the death of Celia, title will pass to Archer's son Matthew. Baker holds the Life Estate, and son Mathew holds the Estate in Remainder.

3.   **Archer le otorga una propiedad a Baker con la provisión de que Baker poseerá la propiedad mientras que Celia esté viva. A la muerte de Celia, el título pasará a Mateo, hijo de Archer. Baker posee la propiedad vitalicia y Mateo tiene la nuda propiedad.**

B.   <u>Less-Than-Freehold Estate or Nonfreehold Estate</u>—An estate owned by a tenant who rents or leases property; commonly called lease or leasehold.

B.   **<u>Propiedad en dominio limitado o menos que dominio absoluto</u>—Una propiedad ocupada por un inquilino que la arrienda o alquila; comúnmente es llamado arrendamiento o derecho de arrendamiento.**

1. <u>Leasehold Features</u>
1. **<u>Características del arrendamiento</u>**

 a. Lessor (landlord) holds title or reversion during lease.

 a. **El arrendador (propietario) posee el título y reversión de la propiedad durante la vigencia del contrato de arrendamiento.**

 b. Lessee (tenant) holds right to exclusive possession.

 b. **El arrendatario (inquilino) posee el derecho a la posesión exclusiva.**

 c. Leasehold is a chattel real—an interest in real property but only a form of personal property.

 c. **Los derechos adquiridos en un contrato de arrendamiento, son nominados bienes reales, un interés en bienes raíces pero solamente en calidad de propiedad personal.**

 d. Tenancy—The estate of a tenant; holding property of another.

 d. **Tenencia—La propiedad de un arrendatario; estar en posesión de la propiedad de otra persona.**

2. <u>Types of Leasehold Estates</u>—Four types based on length of their duration:
2. **<u>Tipos de propiedad de arrendamiento</u>—Existen cuatro tipos basados en su duración:**

 a. <u>Estate for Years</u>—One which is to continue for a definite period fixed in advance. May be measured in days, weeks, months, or years.

 a. **<u>Posesión por tiempo fijo</u>—Es aquél que se efectúa por un periodo definido, fijando su fecha de terminación por anticipado. Este periodo definido puede ser en días, semanas, meses o años.**

 b. <u>Estate from Period to Period or Periodic Tenancy</u>—One which continues for successive periods of the same length, unless terminated sooner by notice. (Week to week, month to month, year to year).

 b. **<u>Posesión periódica</u>—Es el contrato que continúa por periodos sucesivos de la misma duración a menos que sea terminado más pronto por notificación. Puede ser de semana por semana, mes por mes, año por año.**

 c. <u>Tenancy at Will</u>—One which confers a right to possession for a period of time and no express reservation of rent. Terminable at the will of either party. Converts to Periodic Tenancy as soon as landlord accepts periodic rents. Example: Tenant enters property with permission of landlord pending completion of lease negotiations but has paid no rent.

 c. **<u>Tenencia a voluntad</u>—Confiere el derecho de posesión por un periodo de tiempo indefinido y sin reservación expresa al pago de la renta. Puede terminarse por voluntad de alguna de las partes contratantes. Se convierte en posesión periódica tan pronto como el propietario acepte pagos periódicos por la renta. Ejemplo: el inquilino ocupa la propiedad con permiso del propietario sin pagar renta mientras que se coordinan los términos del contrato.**

 d. <u>Estate at Sufferance</u>—One in which the lessee who rightfully came into possession retains it after expiration of the lease without the consent of the landlord.

      d.   <u>**Posesión por tolerancia**</u>—**Es aquélla en la cual el arrendatario que legalmente tomó posesión de la propiedad, la retiene después de expirar el contrato sin el consentimiento del propietario.**

   3.   <u>Requisites to Create a Leasehold</u>—No particular language is required so long as intent to lease property appears and there is mutual assent. Terms, however, must include:

   3.   <u>**Requisitos para crear contrato de arrendamiento**</u>—**No hay un lenguaje particular requerido para hacer un contrato mientras exista la intención de alquilar la propiedad y haya asentimiento mutuo. Los términos del contrato, no obstante, deben incluir lo siguiente:**

      a.   Names of parties.

      a.   **Nombres de las partes contratantes.**

      b.   Description of premises.

      b.   **Descripción de la propiedad.**

      c.   Amount of rental payments and time and manner of payment.

      c.   **Cantidad de los pagos de la renta; fecha y manera de los pagos.**

      d.   Length of lease period.

      d.   **Duración del contrato de arrendamiento.**

      e.   If length is more than one year, must be in writing.

      e.   **Si el periodo de duración es por más de un año es necesario estipularlo por escrito.**

      f.   If in writing, must be signed by lessor. Lessee usually signs but acceptance of lease terms is same as signature.

      f.   **Si se hace por escrito debe ser firmado por el arrendador. El arrendatario usualmente lo firma, sin embargo la aceptación de los términos del contrato equivale a una firma.**

      g.   To record—must be acknowledged by lessor before notary public

      g.   **Para registrar el contrato el arrendador lo debe reconocer ante un notario público.**

<u>NOTE</u>—Words "let" and "demise" are not necessary.

<u>Nota</u>—Las palabras "permitir" o "transferir" no son necesarias.

   4.   <u>Lease Provisions</u>—Following limitations set forth in California Law:

   4.   <u>**Provisiones del contrato de arrendamientos**</u> – **Las siguientes limitaciones están enunciadas en la ley del Estado de California:**

      a.   <u>Duration of Lease</u>—Maximum term permitted:

      a.   <u>**Duración del arrendamiento**</u>— **Periodos máximos de tiempo permitidos:**

         (1)   City, urban, or rural property—99 years

         (1)   **Propiedad citadina, urbana, o rural—99 años.**

         (2)   Agricultural land—51 years

         (2)   **Tierra para uso agrícola—51 años.**

b. <u>Rent</u>—Consideration paid for use of the property. Legally payable at termination of successive periods of holding but most contract terms require payment in advance.

b. **<u>Renta</u>—Retribución pagada por el uso de la propiedad. Legalmente pagadera al vencimiento de los periodos sucesivos de posesión pero en la mayor parte de los contratos de arrendamiento se requiere el pago anticipado.**

c. <u>Security Deposits</u>—Advance payment to cover last month's rent, cleaning or key deposit, damage to premises, or as security for performance. On a lease of residential property with a term of less than six months, in addition to first month's rent, landlord cannot collect more than following amounts as security for any reason:

c. **<u>Depósitos de fianza</u>—Pagos adelantados para cubrir el último mes de la renta, depósito para la llave y la limpieza, daños a la propiedad, o fianza de cumplimiento. En propiedad residencial el propietario no puede cobrar más de las siguientes cantidades como fianza por cualquier razón:**

(1) Unfurnished property—equivalent to two month's rent.

(1) Propiedad desamueblada—equivalente a la renta de dos meses.

(2) Furnished property—equivalent to three month's rent.

(2) Propiedad amueblada—equivalente a renta de tres meses.

Example
Ejemplo

On an unfurnished apartment renting for $450 per month, landlord can charge $450 for first month's rent plus $900 in security deposits. The $900 may represent last month's rent, cleaning deposit for performance, key deposit, etc. Regardless of designation, maximum that can be collected as "security" is $900 plus $450 1st month's rent. At termination of lease, landlord must return any part of unused security deposit with itemized list as to what was retained and why. Itemized statement must be given within two weeks after termination.

En un apartamento desamueblado que se alquila por $450 al mes, el propietario puede cobrar $450 por el alquiler del primer mes más 900 como depósitos de fianza. Los $900 pueden representar el alquiler de último mes, depósito de limpieza, depósito de fianza para cumplimiento, depósito por las llaves, etc. Sin tener en cuenta la destinación, el máximo que puede cobrarse como fianza son $900 más $450 pero el propietario debe devolver la cantidad del depósito de fianza que no se haya utilizado con una lista detallada de lo que ha sido retenido y porqué causa. El informe detallado debe ser entregado durante las 2 semanas siguientes a la terminación del contrato.

d. <u>Discrimination</u>—Various state and federal laws prohibit discrimination based on race, ethnic background, sex, marital status, physical disability, and in some cases, families with children. Complaints may be filed with:

d. **<u>Discriminación</u>—Varias leyes federales y estatales prohíben la discriminación basada en raza, religión, origen étnico, sexo, estado civil, incapacidad física y, en algunos casos, familias con niños. Las demandas respectivas pueden presentarse ante:**

(1)   State of California Department of Fair Employment and Housing
(1)   Departamento de Empleo y Vivienda Justo de California

(2)   U.S. Department of Housing and Urban Development
(2)   Departamento de Vivienda y Desarollo Urbano de E. U.

(3)   Private attorney
(3)   Un abogado privado.

e.   <u>Maintenance and Repair</u>—Landlord has duty to keep residential property in fit condition and to repair dilapidations that render it untenantable (unless tenant caused deficiencies). Civil Code Sec. 1941.1 lists the following:

e.   **<u>Mantenimiento y reparación</u>—El dueño o propietario tiene el deber de mantener la propiedad residencial en condiciones apropiadas y reparar deterioros que la hacen inhabitable (a menos que el inquilino haya causado las deficiencias). La sección del código civil 1941.1 enumera lo siguiente:**

(1)   Effective waterproof and weather protection of roof and exterior walls, including unbroken windows and doors;
(1)   Impermeabilización efectiva y protección contra la intemperie, del techo y las paredes exteriores, incluyendo puertas y ventanas que no estén rotas;

(2)   Plumbing and gas facilities maintained in good working order;
(2)   Instalaciones de plomería y gas mantenidas en buenas condiciones;

(3)   A water system which produces hot and cold running water;
(3)   Sistema de agua potable que sumunistre agua fría y caliente;

(4)   Heating facilities maintained in good working order;
(4)   Instalación de calefacción en buen orden de funcionamiento;

(5)   Lighting and wiring maintained in good working order;
(5)   Instalaciones eléctricas y de alumbrado en buenas condiciones;

(6)   Building and grounds clean of trash, rodents, and vermin;
(6)   El edificio y los patios limpios de basura y libres de roedores, cucarachas, pulgas, piojos, etc.;

(7)   An adequate number of garbage cans and trash barrels kept in clean condition and good repair;
(7)   Un número adecuado de contenedores y barriles para desperdicios y basura, mantenidos limpios y en buenas condiciones;

(8)   Floor, stairways, and railings maintained in good repair.
(8)   Pisos, escaleras y pasamanos en buenas condiciones.

f.   <u>Quiet Enjoyment and Possession</u>—Every lease has an implied covenant whereby lessor agrees to place tenant in quiet enjoyment and possession of the property. Covenant is breached if landlord:

    f.   <u>Tranquila y pacífica posesión</u>—**Cada contrato de arrendamiento tiene un convenio implícito por el cual el arrendador se obliga a instalar al inquilino en tranquila y pacífica posesión de la propiedad. El convenio es violado si el propietario:**

       (1)   Enters without consent (emergencies excepted).

       (1)   **Entra en la propiedad sin permiso (excepto durante una emergencia).**

       (2)   Makes unnecessary and unwarranted repairs or alterations.

       (2)   **Hace reparaciones o alteraciones innecesarias e injustificadas.**

       (3)   Harasses tenant with excessive noise or pestering.

       (3)   **Hostiga (molesta) al inquilino con excesivo ruido o lo importuna.**

       (4)   Locks tenant out or cuts off utilities (not permitted if tenant is in arrears on rent).

       (4)   **Deja por fuera al inquilino o le suspende los servicios (esto no es permitido aún si el inquilino está atrasado en el pago del alquiler).**

5.   <u>Tenant's Right and Recourses</u>—If the landlord fails to maintain the property in a habitable condition and if this breach is serious and material (and not due to tenant's negligence), tenant must give notice (preferably in writing) to the landlord of the defect and can do any of the following if the defect is not corrected in a reasonable period of time:

5.   <u>**Derechos y recursos del inquilino**</u>—**Si el propietario falla en mantener la propiedad en condiciones habitables y si este incumplimiento es serio y material (y no debido a la negligencia del inquilino) el arrendatario debe notificar al propietario (preferiblemente por escrito) del defecto y si éste no es corregido en un periodo de tiempo razonable puede tomar alguna de las siguientes acciones:**

    a.   Withold payment of rent until deficiency is corrected. Landlord may attempt legal action for nonpayment of rent but would be unsuccessful if tenant is justified.

    a.   **No pagar el alquiler hasta que la deficiencia haya sido corregida. El propietario puede intentar una acción legal por el pago del alquiler pero no tendrá éxito si el arrendatario está justificado.**

    b.   Pay the rent but sue landlord for failure to make repairs.

    b.   **Pagar el alquiler pero demandar al propietario por no hacer las reparaciones.**

    c.   Report landlord to local housing authorities regarding deficiencies.

    c.   **Reportar al propietario a las autoridades de vivienda locales en relación con las deficiencias.**

    d.   Abandon the premises and under the doctrine of "Constructive Eviction" consider the lease cancelled.

    d.   **Abandonar la propiedad y considerar el contrato cancelado bajo la doctrina del "desalojo constructivo."**

e. Make repairs themselves (or hire someone) and deduct cost from next month's rent. Remedy cannot be used more than two times a year and repairs cannot exceed one month's rent. If landlord retaliates within 180 days by terminating lease or raising rent, termination or increase will not be upheld in court.

e. **Hacer las reparaciones por sí mismo (o contratar a alguien) y deducir el costo del valor del alquiler del mes siguiente. Este procedimiento no puede ser usado más de dos veces durante el año ni el costo de la reparación puede ser mayor que el valor de un mes de alquiler. Si el propietario toma represalias dentro de los 180 días siguientes de que sea terminado el contrato o aumentado el alquiler, dichas acciones no pueden ser defendidas en la corte.**

6. <u>Transfer by Lessee</u>—Tenant may assign or sublease premises when lease does not prohibit such. Violation of a prohibition merely makes contract voidable by lessor.

6. **<u>Transferencia por el inquilino</u>—El inquilino puede asignar o sub-arrendar la propiedad cuando el contrato de arrendamiento no lo prohíbe. La violación de una prohibición simplemente hace que el contrato sea anulable por el arrendador.**

(1) Assignment—Transfer of entire leasehold. Assignee becomes primarily liable.

(1) **Asignación—Transfiere completamente el derecho de arrendamiento. El asignado se hace principalmente responsable.**

(2) Sublease—Transfer of less than the entire leasehold. Lessee remains primarily liable. Sublessee is liable only to sublessor.

(2) **Subarriendo—Transfiere parcialmente el derecho de arrendamiento. El inquilino original continua siendo el responsable principal. El sub-arrendatario solo es responsable ante el sub-arrendador.**

7. <u>Termination of the Lease</u>—Lease will be terminated by expiration of agreed term or during term for following reasons:

7. **<u>Terminación del contrato de arrendamiento</u>—El arrendamiento será terminado por expiración del periodo acordado o durante dicho periodo por las siguientes razones:**

a. <u>Written Notice</u>—Periodic Tenancy requires 30-day notice and can be given at any time.

a. **<u>Notificación escrita</u>—La posesión periódica requiere notificación de 30 días; puede darse en cualquier momento.**

b. <u>Surrender or Abandonment of Premises</u>—Only applies if tenant abandons and landlord gives unqualified acceptance.

b. **<u>Entrega o abandono de la propiedad</u>—Se aplica solamente cuando el inquilino abandona la propiedad y el propietario da aceptación incondicional.**

c. <u>Breach of Covenant of quiet Enjoyment and Possession</u>—Actual or constructive eviction.

c. **<u>Violación del convenio de tranquila y pacifica posesión</u>—Desahucio (desalojo) actual o constructivo.**

d. <u>Condemnation</u>—Tenant is released if entire premises taken in Eminent Domain proceedings.

d. **<u>Confiscación para uso público</u>—El inquilino queda libre de toda obligación si la propiedad entera es confiscada por el procedimiento judicial del dominio eminente.**

e. <u>Commercial Frustration</u>—Change in zoning law or other regulation makes intended use unlawful for tenant.

e. **<u>Frustración comercial</u>—Cambios en las leyes de zonificación u otras regulaciones que hacen el uso de la propiedad ilegal por parte del inquilino.**

f. <u>Court Action</u>—Landlord has tenant ousted for nonpayment of rent or breach of contract. Court action is called <u>Unlawful Detainer Action.</u>

f. **<u>Acción judicial</u>—El propietario desaloja al inquilino por no pagar renta o por violación de contrato. La acción judicial se llama "juicio de desahucio."**

g. <u>Surrender</u>—Mutual agreement to terminate.

g. **<u>Entrega</u>—Hay acuerdo mutuo para terminar el contrato.**

8. <u>Default in Rental Payments</u>—If tenant fails to pay rent on due date, landlord has three options:

8. **<u>Incumplimiento en los pagos de renta</u>—Si el inquilino no paga la renta a su debido tiempo, el propietario tiene tres opciones:**

a. Sue for each installment as it becomes due whether tenant stays in possession or not.

a. **Demandar por cada pago cuando sea debido, no importa si el inquilino está en posesión de la propiedad o no.**

b. Retake possession, clean, relet, and sue former tenant for damages (lost rent and expenses).

b. **Retomar posesión de la propiedad, limpiarla, alquilarla a otra persona y demandar al anterior inquilino por daños (rentas perdidas y gastos).**

c. Serve a "3-Day Notice to Pay or Quit" and if tenant fails to pay or leave, file "Unlawfuld Detainer" action to have court evict tenant.

c. **Dar una "notificación de 3 días para pagar o desocupar" y si el inquilino falla en pagar o irse, presentar demanda de "juicio de desahucio" por posesión ilegal de la propiedad" y hacer que el juzgado desaloje al inquilino.**

<u>NOTE:</u> Landlord who causes utility services to be cut off or if landlord locks tenant out with the intention of terminating the tenancy, tenant may sue and recover actual damages, up to $100 a day punitive damages, and attorney's fees.

<u>Nota :</u> **El propietario que suspende los servicios o deja fuera al inquilino, está sujeto a ser demandado y pagar hasta $100 diarios por daños y perjuicios y honorarios de abogado.**

9. <u>Types of Leases</u>

9. **<u>Tipos de arrendamientos</u>**

a. <u>Flat, Fixed, or Straight Lease</u>—Lease for fixed period of time at a set rate of rent.

a. <u>**Arrendamiento uniforme, fijo, o directo**</u>—**Arrendamiento por un periodo de tiempo determinado con una renta fija.**

b. <u>Graduated Lease</u>—Lease which provides for a varying rental rate, often based on future determination.

b. <u>**Arrendamiento gradual**</u>—**Arrendamiento que provee una renta variable, frecuentemente se basa en una determinación futura.**

   (1) <u>Escalator clause</u>—clause which provides for increase or decrease in rent. Often based on cost of living index.

   (1) <u>**Cláusula escaladora o variable**</u>—**Cláusula en un contrato que permite el aumento o disminución del valor de la renta. Se basa frecuentemente en el índice del costo de vida.**

c. <u>Sandwich Lease</u>—A leasehold interest which lies between the primary lease and the operating lease. (Position of sublessor in a sublease).

c. <u>**Arrendamiento intercalado**</u>—**Un interés en un derecho de arrendamiento que se configura entre el primer contrato y el contrato vigente. (Posición de un subarrendador en un contrato de subarrendamiento).**

d. <u>Net Lease</u>—Lease which provides lessor with fixed income based on an agreement whereby lessee will pay all variable expenses such as taxes, insurance, etc.

d. <u>**Arrendamiento neto**</u>—**Contrato de arrendamiento que proporciona al arrendador un ingreso fijo basado en un acuerdo por medio del cual el inquilino paga todos los gastos variables tales como impuestos, seguros, etc.**

e. <u>Percentage Lease</u>—Lease in which rental is based on amount of business done by lessee; usually a percentage of gross receipts. The higher the gross receipts, the lower the rate. Typical rates:

e. <u>**Arrendamiento al porcentaje**</u>—**Contrato en el cual el valor de renta está basado en la cantidad ganada por el inquilino en su negocio; usualmente un porcentaje de las entradas totales. Cuando son más altos los ingresos es más baja la tasa. Ejemplos típicos:**

   (1) Storage garage and parking lot; 50% of monthly gross income.

   (1) **Garaje de almacenamiento y lote de estacionamiento; 50% del ingreso mensual total.**

   (2) Chain grocery store; 1% of monthly gross income.

   (2) **Cadena de supermercados; l% de las ventas totales mensuales.**

II. <u>Real Property</u>—Consists of land, anything fixed to it, that which is appurtenant and which is immovable by law. All other property is considered personal property (chose or chattel).

II. <u>**Bienes raíces, Bienes Inmuebles**</u>—**Consiste del terreno y cualquier cosa fijada o perteneciente al terreno y la cual es inamovible por ley. Toda otra propiedad es considerada propiedad personal.**

  A. <u>Land</u>—Material of the earth whether soil, rock, or other substance. Includes not only surface but everything under it and above it.

A. <u>**Terreno**</u>—**Material de tierra sea suelo, roca u otra substancia. Incluye no solo la superficie sino todo lo que ésta sobre ésta o debajo de ésta.**

    1. <u>Air Space</u>—Is a public highway but land owner owns at least as much of it as he/she can use and occupy in connection with his or her land and has the right to prevent use of it by others that would interfere with use of the land.

    1. <u>**Espacio del aire**</u>—**Es una carretera pública pero el propietario del terreno posee tanto de ella como él o ella pueda usar y ocupar en conexión con su terreno, asimismo, tiene el derecho de prevenir su uso por otras personas cuando esto interfiera con su uso.**

    2. <u>Lateral and Subjacent Support</u>

    2. <u>**Soporte lateral y dubyacente**</u>

        a. <u>Lateral Support</u>—Support from adjoining land. Owner of land below another owner of hillside lot, cannot excavate any part of hillside if it may lead to shifting of land.

        a. <u>**Soporte lateral**</u>—**Soporte de la tierra o lote limítrofe. El dueño de una propiedad situada más abajo de otra en una ladera no puede excavar si esto conduce al desplazamiento de la propiedad de su vecino.**

        b. <u>Subjacent Support</u>—Support from underlying strata. Oil or minerals cannot be excavated to an extent which might cause surface to sink.

        b. <u>**Soporte subyacente**</u>—**Soporte de estrato subterráneo. Petróleo o minerales no pueden ser excavados hasta el punto de poder causar hundimiento de la superficie.**

    3. <u>Land Bordering Water</u>—Law applies as follows on land bordering:

    3. <u>**Terreno que bordea o limita con agua**</u>—**La ley se aplica como sigue en terrenos con márgenes en:**

        a. <u>Tidal Waters</u>—Owns to ordinary high-water mark.

        a. <u>**Aguas costeras**</u>—**Se posee hasta la marca de la marea alta.**

        b. <u>Navigable Lake or River</u>—Owns to edge of lake or river at low-water mark.

        b. <u>**Lago o río navegable**</u>—**Se posee hasta el borde del lago o río en la marca de agua baja.**

        c. <u>Other Waters</u>—Owns to middle of lane or stream.

        c. <u>**Otras aguas**</u>—**Se posee hasta la mitad del lago o arroyo.**

    4. <u>Minerals</u>—May be solid or migratory substances. May be sold separately from the land. Owner of minerals has implied right of entry to extract minerals.

    4. <u>**Minerales**</u>—**Pueden ser substancias sólidas o migratorias. Se pueden vender separadamente del terreno. Dueño de los minerales tiene el derecho implícito de entrada para extraer minerales.**

        a. <u>Ores, Metal, and Coal</u>—Solid minerals. Are real property until excavated.

        a. <u>**Minerales, metales y carbón**</u>—**Son minerales sólidos. Son bienes raíces hasta que sean excavados.**

        b. <u>Oil and Gas</u>—Shifting or migratory substances and incapable of absolute ownership until brought to surface and placed in possession of owner.

  b. <u>Petróleo y gas</u>—**Substancias líquidas o migratorias incapaces de ser propiedad absoluta hasta que sean sacadas a la superficie y puestas en posesión del dueño.**

 5. <u>Water and Water Rights</u>

 5. <u>**Agua y derechos al agua**</u>

  a. <u>Riparian Water Rights</u>—Right of owner of land bordering a river or other water course (not the ocean) to its reasonable use.

  a. <u>**Derechos de agua ribereños**</u>—**El derecho del dueño de un terreno que bordea un río u otra corriente de agua (no el océano) para su uso razonable.**

  b. <u>Littoral Rights</u>—Right of owner of land bordering a sea or lake to its reasonable use.

  b. <u>**Derechos litorales**</u>—**El derecho del dueño de un terreno que bordea el mar o un lago para su uso razonable.**

  c. <u>Underground (Percolating) Waters</u>—Owner of land above underground water has right in common with other owners to take his or her share for beneficial use.

  c. <u>**Aguas subterráneas (Filtradas)**</u>—**El dueño de terreno sobre aguas subterráneas tiene el derecho en común con otros propietarios de tomar su parte para uso benéfico.**

  d. <u>Appropriation</u>—Power of state to take surplus underground water for beneficial use of nonowners.

  d. <u>**Apropiación**</u>—**Poder del estado para tomar el sobrante del agua subterránea para el uso benéfico de otras personas.**

  e. <u>Surface Waters</u>—Runoff from rain, not confined to a channel, may not be diverted to another's property, nor can a land owner change a natural system of drainage to the detriment of lower land owner.

  e. <u>**Aguas de superficie**</u>—**Aguas de lluvia no confinados en un canal, no pueden ser desviadas hacia la propiedad de otra persona ni tampoco puede el dueño de un terreno cambiar un sistema de drenaje natural en perjuicio del dueño de una propiedad situada más abajo de la saya.**

B. <u>Anything Affixed to the Land</u>—Things resting upon it (buildings), attached to it by roots (trees, shrubs, etc.), embedded in it (walls), or permanently attached to buildings (fixtures).

B. <u>**Cualquier cosa fijada al terreno**</u>—**Incluye cosas que están permanentemente fijas como edificios, fijados por raíces como árboles, empotrados en el terreno como paredes o accesorios permanentemente fijados a la casa o edificio.**

 1. <u>Buildings</u>—When secured to land by gravity alone or when attached to a permanent foundation system, they are real property. When removed from foundation or when placed on blocks (mobile homes), they are personal property.

 1. <u>**Edificios**</u>—**Cuando el edificio descansa sobre el terreno por la fuerza de la gravedad o fijado por un sistema de cimientos permanentes es un bien inmueble. Cuando se remueven de los cimientos o se colocan sobre bloques como las casas movibles son propiedad personal.**

2. <u>Things Attached by Roots</u>—Two Classifications:

2. <u>Cosas fijadas por raíces</u>—Se clasifican en dos grupos:

    a. <u>Natural Growth</u>—Real property until severed. May be sold separately apart from the land, such as standing timber.

    a. <u>Crecimiento natural</u>—Son bienes raíces hasta que son cortados. Se pueden vender separadamente del terreno tales como árboles maderables en pie.

    b. <u>Emblements or Industrial Crops</u>—Crops produced by annual labor are real property until harvested, sold separately from land, or mortgaged. <u>Emblements</u> also denote right of tenant farmer to harvest crops after tenancy has ended.

    b. <u>Frutos de la tierra o cultivos industriales</u>—Cultivo producido por trabajo anual son bienes raíces hasta ser cosechados, vendidos separadamente de la tierra o hipotecados. <u>Los frutos de la tierra</u> también denotan el derecho del granjero inquilino para cosechar los cultivos después de vencerse el contrato.

3. <u>Fixtures</u>—A thing that was originally personal property (a chattel) but has been attached to land (or building) in a manner that it becomes part of the real property. Extremely difficult to classify some items as fixtures. Five recognized tests may be applied to aid decision:

3. <u>Muebles fijos</u>—Una cosa que fue originalmente propiedad personal pero ha sido fijada al terreno o al edificio de una manera que la convierte en parte de la los bienes raíces. Hay bastante dificultad para clasificar algunos artículos como muebles fijos. Hay cinco pruebas reconocidas que se pueden aplicar para ayudar a tomar una decisión.

    a. <u>Manner of Attachment or Annexation</u>—Degree of permanence based on means of attachment (cement, bolts, nails, screws).

    a. <u>Manera de fijación o anexión</u>—Grado de permanencia basado en los medios usados para fijación (cemento, pernos, puntillas, tornillos).

    b. <u>Adaptabilty</u>—Can it be moved and used elsewhere or was it custom-made for particular building?

    b. <u>Adaptabilidad</u>—¿Puede ser movido y usado en otra parte o fue hecho a la medida para un edificio en particular?

    c. <u>Intention of Parties</u>—Was item attached with intention of making it permanent part of structure?

    c. <u>Intención de las partes</u>—¿Estaba el objeto fijado con la intención de hacerlo parte permanente de la estructura?

    d. <u>Agreement of Parties</u>—Did lease provide for removal? Did purchase agreement allow for removal?

    d. <u>Acuerdo de las partes</u>—Estaba la remoción estipulada en el contrato de arrendamiento? Permitía el contrato de compra la remoción del bien mueble?

    e. <u>Relationship of Parties</u>—Between buyer/seller, law favors buyer. Between landlord and tenant, law favors tenant (see trade fixtures).

    e. <u>Relación de las partes</u>—Entre el comprador y el vendedor, la ley favorece al comprador. Entre propietario e inquilino, la ley favorece al inquilino (ver muebles fijos de comercio).

4. <u>Trade Fixtures</u>—Articles installed by a tenant for purposes of trade, manufacture, ornament, or domestic use may be removed if it can be done without damage to premises and article has not become integral part of premises. Trade fixtures are personal property.

4. **<u>Muebles fijos de comercio</u>—Son artículos instalados por un inquilino "para propósitos de comercio, industria, embellecimiento o uso doméstico" que pueden ser removidos sin causar daño a la propiedad y si estos artículos no se han convertido en parte integral de la propiedad. Los muebles fijos de comercio son propiedad personal.**

C. <u>That Which Is Appurtenant to It</u>—Primarily easements (usually the right to cross or use another's land) and a share of stock in a mutual water company.

C. **<u>Lo que es accesorio a la propiedad</u>—Primariamente son servidumbres, (usualmente el derecho de cruzar o usar el terreno de otra persona) y una acción en el capital de una compañía de agua mutua.**

Chapter 2 Capítulo 2

Ownership and Transfers Pertenencia y Transferencias

I.   <u>Forms of Ownership</u>

I.   **Formas de pertenencia**

    A.   <u>Sole or Separate Ownership</u>—When property is owned by one natural person or a legal person (a corporation), ownership is in <u>severally.</u>

    A.   **<u>Pertenencia sola o separada</u>—Cuando una propiedad pertenece a una persona natural o una persona legal (corporación) la pertenencia es propiedad individual.**

    B.   <u>Co-Ownership</u>—Property owned by more than one person or entity may be in one of the following forms:

    B.   **<u>Pertenencia concurrente</u>—Propiedad que pertenece a más de una persona o entidad puede ser en una de las siguientes formas:**

        1.   <u>Joint Tenancy</u>—Ownership by two or more persons who have equal but undivided interests in real or personal property and the right of survivorship.

        1.   **<u>Tenencia conjunta</u>—Pertenencia a dos o más personas, quienes tienen intereses iguales pero indivisos en bienes raíces y personales y el derecho de supervivencia.**

            a.   <u>Survivorship</u>—Distinguishing characteristic is the right of survivorship. When a joint tenant dies, title immediately vests in survivor or surviving joint tenant(s).

            a.   **<u>Supervivencia</u>—Característica distintiva es el derecho de supervivencia. Cuando un tenedor conjunto muere, el título es investido inmediatamente en el tenedor o tenedores conjuntos que sobreviven.**

            b.   <u>Escapes Probate and Existing Debts</u>—Title immediately passes to survivor(s) free of any debts or claims against deceased or the property and is not included in deceased's estate for probate.

            b.   **<u>Elude legalización de testamento en juzgado y deudas existentes</u>—El título pasa inmediatamente al o los sobrevivientes libre de cualquier deuda o demanda contra el difunto o la propiedad y no es incluido en las propiedades del difunto para legalización de testamento.**

            c.   <u>Four Unities</u>—Time, title, interest, and possession:

            c.   **<u>Cuatro unidades</u>—Tiempo, título, interés y posesión:**

                (1)   Time—all parties enter at same time.

                (1)   Tiempo—Todas las partes entran al mismo tiempo.

                (2)   Title—all parties named in same document.

                (2)   Titulo—Todas las partes mencionadas en el mismo documento.

(3)   Interest—each co-owner has equal interest.

(3)   Interés—Cada co-propietario tiene igual interés.

(4)   Possession—each co-owner has equal right of possession.

(4)   Posesión—Cada co-propietario tiene igual derecho de posesión.

d.   <u>Rights</u>—Co-owners can sell their interest, give it away, or borrow money against it without consent of other co-owner(s). <u>Cannot will</u> their interest.

d.   <u>Derechos</u>—El o los co-propietarios pueden vender su interés, regalarlo o prestar dinero sobre él sin él consentimiento del otro u otros co-propietarios. <u>No puede ceder</u> su interés en testamento.

e.   <u>Natural Persons</u>—A natural person and a corporation cannot be joint tenants since a corporation never dies.

e.   <u>Personas naturales</u>—Una persona natural y una corporación no pueden ser co-propietarios porque la corporación dura indefinidamente.

f.   Defined by Civil Code as follows:

f.   Definida por el Código Civil como sigue:

"A joint interest is one owned by two or more persons in equal shares, by a title created by a single will or transfer, when expressly declared in the will or transfer to be a joint tenancy, or by transfer from a sole owner to himself and others, or from tenants in common or joint tenants to themselves or some of them, or to themselves or any of them and others, or from a husband and wife, when holding title as community property or otherwise to themselves or to themselves and others or to one of them and to another or others when expressly declared in the transfer to be a joint tenancy, or when granted or devised to executors or trustees as joint tenants."

"Un interés conjunto es uno poseído por dos o más personas en partes iguales, por título creado por un solo testamento o transferencia, cuando declara expresamente en el testamento o transferencia para ser una pertenencia conjunta, o por transferencia de un solo dueño a él mismo y otros, o de tenedores en común o tenedores conjuntos a ellos mismos o alguno de ellos, o a ellos mismos y cualquiera de ellos y otros, o de un esposo y esposa, cuando poseen título como propiedad comunitaria o distinta a ellos mismos o a ellos mismos y otros o a uno de ellos y otro u otros, cuando expresamente se declara en la transferencia a ser tenencia conjunta, o cuando ha sido cedido o legado a ejecutores o fideicomisarios como tenedores conjuntos."

2.   <u>Community Property</u>—All property acquired by husband and/or wife during marriage when not acquired as separate property of either.

2.   <u>Propiedad comunitaria</u>—Es toda propiedad adquirida por esposo y/o esposa durante el matrimonio cuando no es adquirida como propiedad separada de uno de ellos.

a.   <u>Separate Property</u>—Property acquired before marriage or afterward by gift, bequest, devise, or descent.

a.   <u>Propiedad separada</u>—Propiedad adquirida antes o después del matrimonio por regalo, legado, cláusula testamentaria o descendencia.

b. Either spouse may <u>buy</u> real or personal property without consent of the other. Contract entered into by one spouse is binding on both.

b. Cualquiera de los esposos puede <u>comprar</u> bienes raíces y personales sin el consentimiento del otro. Contrato contraído por solo uno de los esposos obliga legalmente a ambos.

c. Either spouse may <u>sell</u> community personal property for valuable consideration (except furnishings and clothing), but a gift requires written consent of other spouse. A sale of real property may be attempted by one spouse, but other spouse has one year after deed is recorded to void sale.

c. Cualquiera de los esposos puede <u>vender</u> propiedad personal comunitaria por retribución valiosa (excepto muebles y ropa) pero un regalo requiere el consentimiento por escrito del otro esposo. Una venta de propiedad raíz puede ser intentada por un cónyuge pero el otro tiene un año después de registrada la escritura para anular la venta.

d. Either party may dispose of their 1/2 (one-half) interest by will. If no will, all interest passes to surviving spouse at death.

d. Cualquiera de las partes puede disponer de su interés (la mitad) por medio de testamento. Si no hay testamento, al morir todo el interés pasa al esposo sobreviviente.

e. Property of the community is liable for contracts of either spouse after marriage, including listings.

e. La propiedad de la comunidad es responsable por contratos de cualquiera de los esposos después del matrimonio, incluyendo listados.

3. <u>Tenancy in Partnership</u>—Ownership by two or more persons who carry on a business as for co-owners for a profit.

3. <u>Tenencia en sociedad</u>—Pertenencia por dos o más personas quienes conducen un negocio como co-propietarios para obtener una ganancia.

a. Each has equal right of possession of property but only for partnership purposes.

a. Cada socio tiene igual derecho de posesión de la propiedad pero solo para própositos de la sociedad.

b. If one partner dies, title vests in survivor to carry on business and wind up partnership affairs.

b. Si uno de los socios muere, el título es investido en el que sobrevive para conducir el negocio y terminar los asuntos de la sociedad.

c. Partnerships are discussed further in later chapter.

c. Las sociedades son discutidas con más detenimiento en un capítulo posterior.

4. <u>Tenancy in Common</u>—Ownership by two or more persons with undivided but not necessarily equal interests in real or personal property and with no right of survivorship.

4. <u>Tenencia en común</u>—Pertenencia por 2 o más personas con derechos indivisos pero no necesariamente iguales en bienes raíces y personales y sin derecho de supervivencia.

    a.   <u>One Unity</u>—Each co-owner has equal right of possession. Can lease his or her interest but not whole property or specific portion.

    a.   **<u>Una unidad</u>—Cada co-propietario tiene igual derecho de posesión. Puede arrendar su interés pero no la propiedad entera o una porción específica.**

    b.   A co-owner may sell, convey, will, or mortgage their interest without consent of other co-owner(s).

    b.   **Un co-propietario puede vender, traspasar, legar o hipotecar su interés sin consentimiento del otro u otros co-propietarios.**

    c.   Interests need not be equal.

    c.   **Los intereses no necesitan ser iguales.**

    d.   Where one cotenant is in sole possession, that tenant is not liable for rent to other cotenants.

    d.   **Cuando un co-propietario está en posesión individual no está obligado a pagar renta a los otros co-propietarios.**

    e.   Each cotenant must pay proportionate share of taxes and property.

    e.   **Cada co-tenedor debe pagar una parte proporcional de los impuestos y gastos de la propiedad.**

II.   <u>Acquisition and Transfer</u>—Civil Code specifies five ways to acquire property: will, succession, accession, occupancy, and by transfer.

II.   **<u>Adquisición y transferencia</u>—El código civil especifica cinco modos de adquirir propiedad: testamento, sucesión, accesión, ocupación y transferencia.**

    A.   <u>Will</u>—Instrument used to dispose of property acquired during life to designated beneficiaries effective upon death.

    A.   **<u>Testamento</u>—Documento usado para disponer de propiedad adquirida durante la vida dejándola a beneficiarios designados y que se hace efectivo después de la muerte.**

        1.   <u>Types of Wills:</u>

        1.   **<u>Tipos de testamentos:</u>**

        a.   <u>Witnessed Will</u>—Written instrument signed by maker in presence of at least two witnesses who also sign the will in the presence of the maker.

        a.   **<u>Testamento abierto o público</u>—Documento escrito y firmado por la persona que lo hace en presencia de por lo menos dos testigos, quienes también lo firman en su presencia.**

        b.   <u>Holographic Will</u>—One in which the signature and material provisions are in the handwriting of the maker.

        b.   **<u>Testamento ológrafo</u>—Es aquél en el cual la firma y las provisiones materiales son escritas a mano por la persona que lo hace.**

        c.   <u>Nuncupative Will</u>—An oral will used to dispose of personal property. No longer valid in California.

        c.   **<u>Testamento verbal</u>—Un testamento oral usado para disponer de bienes personales. Ya no es válido en California.**

2.   Definitions:

2.   **Definiciones:**

  a.   Testator—Male person who made the will.

  a.   **Testador—Persona de sexo masculino que hace un testamento.**

  b.   Testatrix—Female person who made the will.

  b.   **Testadora—Persona de sexo femenino que hace un testamento.**

  c.   Executor or Executrix—Male or female person named in the will as the deceased's representative to handle the estate.

  c.   **Ejecutor o ejecutora—Un varón o una mujer nombrado en el testamento como representante para administrar los bienes o propiedades.**

  d.   Devise—Real property conveyed by will; the real property received.

  d.   **Legado de bienes raíces—Traspaso de bienes raíces por medio de un testamento; la propiedad raíz recibida.**

  e.   Devisee—Person receiving real property by a will.

  e.   **Legatario de bienes raíces—La persona que recibe bienes raíces por medio de un testamento.**

  f.   Devisor—Person who gave real property by a will.

  f.   **Testador de bienes raíces—La persona que otorga bienes raíces por medio de testamento.**

  g.   Legacy or Bequest—A gift of personal property by a will.

  g.   **Legado de propiedad personal—Un regalo de bienes personales por medio de un testamento.**

  h.   Legatee—Person receiving personal property by a will.

  h.   **Legatario—La persona a quien se dejan bienes personales por medio de testamento.**

  i.   Codicil—A change in a will.

  i.   **Codicilo—Un cambio en un testamento.**

  j.   Intestate—Term used to indicate situation existing when person dies without making a will.

  j.   **Intestado—Término usado para indicar cuando una persona fallece sin dejar testamento alguno.**

  k.   Administrator or Administratrix—Male or female person appointed by court to handle estate of deceased who died intestate (without a will) or where executor fails to perform.

  k.   **Administrador o administradora—Un hombre o una mujer nombrados por el juzgado para administrar las propiedades y bienes de la persona que fallece sin dejar un testamento o cuando el ejecutor falla en cumplir su obligación.**

3.   Probate—Superior court proceeding in which creditors, heirs, and other interested parties are distributed their rightful share of the estate.

3.   **Procedimiento judicial testamentario—Procedimiento del Tribunal Superior mediante el cual los acreedores, herederos y otras personas interesadas reciben porción justa de las propiedades o bienes.**

    a.   <u>Probate Sale</u>—Estate property may be sold during probate period at public auction or private sale.

    a.   <u>Venta por el tribunal testamentario o sucesorio</u>—Propiedad herencial puede venderse durante el periodo del procedimiento judicial testamentario en subasta pública o venta privada.

        (1)   Initial offer at the private sale must be for at least 90% of appraised value.

        (1)   La oferta inicial en la venta privada debe ser por lo menos el 90% del valor estimado.

        (2)   Court is petitioned to confirm sale.

        (2)   Se hace petición al Tribunal para confirmar la venta.

        (3)   At hearing, court accepts additional bids.

        (3)   En la audiencia, el Tribunal acepta ofertas adicionales.

        (4)   First additional bid (overbid) must be at least 10% of first $10,000 of original bid and 5% of any excess. Minimum on further bids is at discretion of court.

        (4)   La primera oferta adicional debe ser por lo menos 10% de los primeros $10,000 = de la oferta original y 5% de cualquier exceso. El mínimo en ofertas posteriores es a discreción del Tribunal.

        (5)   Court confirms final sale and sets broker's commission where applicable.

        (5)   El Tribunal confirma la venta final y establece la comisión del corredor cuando es aplicable.

B.   <u>Succession</u>—When a person dies intestate (no will), California law known as (Statutes of Succession) provides for disposition of property. Where decedent was a married person with children, property is distributed as follows:

B.   <u>Sucesión</u>—Cuando una persona muere intestada (no deja testamento) una ley de California conocida como Estatutos de sucesión provee para la disposición de la propiedad. Si el difunto era una persona casada con hijos, la propiedad es distribuida como sigue:

   1.   <u>Separate Property</u>—(Usually property owned before marriage)—divided as follows:

   1.   <u>Propiedad separada</u>—(Usualmente propiedad poseida antes del matrimonio)—se divide como sigue:

       a.   Equally between surviving spouse and one child.

       a.   Por partes iguales entre el cónyuge sobreviviente y un hijo.

       b.   One-third to surviving spouse and two-thirds to the children when there is more than one.

       b.   Una tercera para el cónyuge sobreviviente y dos terceras partes para los hijos cuando hay más de uno.

   2.   <u>Community Property</u>—(Property acquired by husband and wife through joint efforts during marriage)—Surviving spouse receives all regardless of number of children.

   2.   <u>Propiedad en comunidad</u>—(Propiedad adquirida por el esposo y la esposa mediante esfuerzo mutuo durante el matrimonio). El cónyuge sobreviviente recibe toda la propiedad sin tener en cuenta el número de hijos.

C. Accession—Principle by which owner of property becomes entitled to all that is added or united to it.

C. **Accesión—Principio por el cual el dueño de la propiedad tiene derecho a todo lo que se añade o es unido a su propiedad.**

1. Accretion—Gradual and imperceptible accumulation of soil on property bordering a stream, river, lake, or ocean shoreline from natural causes.

1. **Acreción—Una gradual e imperceptible acumulación de tierra sobre una propiedad situada al borde de un arroyo, río, lago o a la orilla de la playa por causas naturales.**

   a. Allovion or Allavium—Soil deposited by accretion.

   a. **Aluvión—Tierra depositada por acreción.**

   b. Erosion—Gradual wearing away of land by the action of water, wind, or glacial ice.

   b. **Erosión—Desgaste gradual de la tierra por acción del agua, viento, o hielo.**

2. Avulsion—The sudden tearing away or removal of land by action of water. May be a change in the course of a boundary river. Property separated continues to be owned by original party.

2. **Avulsión—El desgarramiento o remoción imprevista de la tierra por acción del agua. Puede ocurrir por el cambio de rumbo de un río. La propiedad separada continúa siendo del dueño original.**

3. Addition of Fixtures (Annexation)—Title to fixtures affixed to land of another passes to owner of land provided there is no agreement permitting removal.

3. **Adición de muebles fijos (anexión)—Título de muebles fijos anexados a la tierra de otro pasa al dueño de esta a condición de que no haya acuerdo para removerlos.**

4. Improvements Made in Error—Innocent improvements to land of another may be removed upon payment of damages (if any) to owner of land.

4. **Mejoras hechas en error—Mejoras inocentes al terreno de otro pueden ser removidas si si pagan los daños (si los hay) al dueño del terreno.**

D. Occupancy

D. **Ocupación**

1. Abandonment—When a tenant under a lease abandons the property, landlord reacquires possession and full control of premises.

1. **Abandono—Cuando un inquilino bajo contrato de arrendamiento abandona la propiedad, el arrendador adquiere de nuevo la posesión y completo control de la propiedad.**

2. Prescription—A means of acquiring the right of continued use of another's property. Discussed in another lesson under the subject of Easements.

2. **Prescripción—El medio de adquirir el derecho continuado de usar la propiedad ajena. Discutido en otra lección bajo el tema de Servidumbres.**

3. <u>Adverse Possession</u>—Acquisition of title to real property by continued possession and payment of taxes under special conditions. Clear title is obtained by quiet title action or quitclaim deed. Five requirements:

3. **<u>Posesión adversa</u>—Adquisición de un título de bienes raíces por posesión continuada y pago de impuestos bajo condiciones especiales. Se obtiene un título limpio por medio de un método legal para establecer título o una escritura de renuncia. A continuación enunciaremos cinco requerimientos para obtener posesión adversa.**

    a. Open and notorious exclusive possession and actual occupation.

    a. **La posesión exclusiva y la ocupación actual deben ser abiertas y públicas.**

        (1) Living on property not necessary. May be using land for farming or grazing.

        (1) **No es necesario vivir en la propiedad. La tierra puede usarse para agricultura o ganaderia.**

        (2) True owner must have reasonable notice of adverse claim.

        (2) **El dueño legítimo debe tener aviso razonable de la demanda adversa.**

    b. Must be hostile to true owner's title—permission to use defeats hostile use.

    b. **Debe ser hostil al título del dueño legítimo—el permiso de posesión elimina el uso hostil.**

    c. Under claim of right or color of title:

    c. **Bajo reclamación de derecho o título aparente :**

        (1) Claim of right—simple possession.

        (1) **Reclamación de derecho—posesión sencilla o simple.**

        (2) Color of title—Defective written instrument.

        (2) **Título aparente—Un documento escrito defectuoso.**

    d. Continuous and uninterrupted possession for 5 years.

    d. **Posesión continua y sin interrupción por 5 años.**

    e. Pay all real property taxes for 5 continuous years.

    e. **Pagar todos los impuestos de bienes raíces por 5 años continuos.**

E. <u>Transfer</u>—Acquisition by an act of parties or of law.

E. **<u>Transferencia</u>—Adquisición por un acto de las partes o por ley.**

1. <u>Private Grant</u>—Transfer of title from one person to another, usually by an instrument called a Grant Deed—(Deeds are discussed in the following section).

1. **<u>Transferencia privada</u>—Traspasar el título de una persona a otra, generalmente por un documento llamado "escritura de cesión". (Las escrituras son discutidas en la sección siguiente).**

2. <u>Public Grant</u>—Transfer of title of land by the government to an individual. Instrument used is called a Patent.

2. **Cesión pública—Transferencia pública del título de una propiedad poseída por el gobierno a un individuo. El documento usado se llama patente.**

3. <u>Public Dedication</u>—Real property intended for public use can be acquired in any one of the following ways:

3. **Dedicación publica—Bienes raíces proyectadas para uso público pueden ser adquiridas de las siguientes maneras:**

   a. <u>Common Law Dedication</u>—Landowner's conduct indicates an intent to devote his land to some public use and it is accepted by the public.

   a. **Dedicación consensual—La conducta del dueño de la propiedad indica su intención de dedicarla para algún uso público y es aceptada.**

   b. <u>Statutory Dedication</u>—Landowner records a map approved by local governmental officials in which certain areas are expressly dedicated to the public. Follows procedure specified in California law known as Subdivision Map Act.

   b. **Dedicación estatutoria—El dueño del terreno registra un mapa aprobado por funcionarios gubernamentales locales en el cual ciertas áreas están expresamente dedicadas para uso público. Sigue el procedimiento especificado en la ley de California conocida como Acta del mapa de subdivisiones.**

   c. <u>Deed</u>—Formal transfer under situations not covered under Subdivision Map Act.

   c. **Escritura—La transferencia formal bajo situaciones no cubiertas bajo la ley de California conocida como Acta del mapa de subdivisiones.**

4. <u>Operation of Law or Court Action</u>—Transfers of title may occur for following reasons:

4. **Aplicación de la ley o acción del tribunal—Las transferencias de título pueden ocurrir por las siguientes razones:**

   a. <u>Quiet-Title Action</u>—Court proceeding to clear tax titles, titles based upon adverse possession, and title of a seller under a forfeited recorded land contract of sale.

   a. **Acción para establecer título—Un procedimiento legal para aclarar títulos de impuestos, títulos basados sobre posesión adversa y título de un vendedor bajo un contrato de venta de terreno registrado que se ha incumplido.**

   b. <u>Partition Action</u>—Court proceeding to divide land physically, or the proceeds after its sale, among disputing co-owners.

   b. **Acción de reparto—Procedimiento judicial para dividir el terreno físicamente o los ingresos después de la venta entre co-propietarios en disputa.**

   c. <u>Foreclosure Action</u>—Public sale by trustee or court proceeding to foreclose a mortgage or trust deed.

   c. **Acción de ejecutar una hipoteca—Venta pública por fideicomisario o procedimiento judicial para ejecutar una hipoteca o escritura fiduciaria.**

   d.   <u>Execution Sale</u>—Forced sale by court action with proceeds going to satisfy a previously acquired judgment.

   d.   **<u>Venta de ejecución</u>—Venta forzada por decisión del Tribunal cuyos ingresos son para satisfacer un fallo previamente obtenido.**

   e.   <u>Bankruptcy</u>—Title to property is vested in a court appointed trustee, who sells the property to pay claims of creditors.

   e.   **<u>Bancarrota</u>—El título a la propiedad es investido a un fideicomisario nombrado por el Tribunal, quien vende la propiedad para pagar las demandas de los acreedores.**

   f.   <u>Escheat</u>—Reverting of property of a deceased person to the State when the deceased has no heirs and no will.

   f.   **<u>Reversión al estado</u>—Reversión al Estado de la propiedad de una persona que ha muerto sin dejar herederos o testamento.**

      (1)   Requires 5 years waiting period.

      (1)   **Requiere un periodo de espera de 5 años.**

      (2)   State must make formal request.

      (2)   **El estado debe hacer una petición formal.**

   g.   <u>Eminent Domain</u>—Supreme power of state to take land for public use upon payment of just compensation to the owner.

   g.   **<u>Dominio eminente</u>—Poder supremo del Estado de tomar propiedades para uso público después de pagar una compensación justa al propietario.**

      (1)   Use of power is often referred to as "Condemnation."

      (1)   **El uso de este poder frecuentemente se conoce como "condenación."**

      (2)   Public body usually attempts to negotiate purchase rather than condemn.

      (2)   **Organismo público usualmente intenta negociar la compra de la propiedad más bien que condenarla.**

      (3)   Formal proceedings in court are required in order to condemn.

      (3)   **Se requiere un procedimiento judicial formal para lograr la condenación.**

      (4)   State, cities, counties, public utilities may exercise power of Eminent Domain.

      (4)   **Los estados, municipios, ciudades y entidades de servicios públicos pueden ejercer el poder de "dominio eminente".**

   h.   <u>Inverse Condemnation</u>—Property owner forces public body to purchase property through court action because public body caused damage or created such a nuisance (noise from an airport) to make use intolerable.

   h.   **<u>Condenación inversa</u>—El dueño de la propiedad obliga al Estado a comprar la propiedad mediante acción judicial por daños causados o creación de situaciones que hacen el uso intolerable, como por ejemplo el ruido de un aeropuerto.**

III. <u>Deed</u>—Document by which title to real property is transferred from one person called the Grantor to another person called the Grantee. To Alienate means to transfer title to property.

III. **<u>Escritura</u>—Documento por el cual se transfiere título de de bienes raíces de una persona llamada el otorgante a otra llamada el donatario o recipiente. "Alienar" significa transferir el título de bienes.**

    A. <u>Essentials to a Valid Deed:</u>

    A. **<u>Requisitos esenciales para validar una escritura:</u>**

        1. Must be in writing.

        1. **Debe ser por escrito.**

        2. Parties must be properly described.

        2. **Las partes deben ser apropiadamente descritas.**

        3. Grantor must be competent to convey.

        3. **El otorgante debe ser competente para traspasar.**

        4. Grantee must be capable of holding title (must be living).

        4. **El cesionario o recipiente debe ser apto para poseer el título (debe estar viva).**

        5. Adequate description of property conveyed.

        5. **Contener una adecuada descripción de la propiedad transferida.**

        6. Operative words indicating a transfer.

        6. **Contener los términos adecuados que indican una transferencia.**

        7. Signed by Grantor—a witnessed mark is acceptable.

        7. **Debe estar firmada por el otorgante—una marca hecha ante testigos es aceptable.**

        8. Delivery and acceptance.

        8. **Entrega y aceptación.**

    B. <u>Delivery</u>—Must be the intention of Grantor that deed be delivered to Grantee before it is effective. Delivery is act by which deed takes effect and passes title.

    B. **<u>Entrega</u>—Debe ser la intención del otorgante que la escritura sea entregada al cesionario antes que sea efectiva. Entrega es el acto por el cual la escritura entra en efecto y traspasa el título.**

        1. <u>Presumed delivered if:</u>

        1. **<u>Se supone que la entrega fue realizada si:</u>**

            a. Deed is recorded during life of Grantor, or

            a. **La escritura es registrada durante la vida del otorgante, o**

            b. Grantee has possession of document.

            b. **El cesionario tiene posesión del documento.**

        2. <u>Must be done during life of grantor</u>—Will is instrument used to transfer following death.

        2. **<u>La entrega debe hacerse en vida del otorgante</u>—El testamento es el documento usado para transferir un título después de fallecer.**

C. <u>Acceptance</u>—Deed usually does not take effect unless grantee accepts.

C. <u>Aceptación</u>—La escritura usualmente no tiene efecto a menos que el cesionario la acepte.

1. Acceptance presumed when deeded to infant or incompetent person.

1. Se presume aceptación si el documento está hecho a nombre de un infante o una persona incompetente.

2. Acceptance shown by acts, words, or conduct of Grantee (Grantee moves on to property, borrows money against it, or other act of ownership).

2. La aceptación se muestra con actos, palabras, o conducta del cesionario (el cesionario ocupa la propiedad, presta dinero sobre ella, y otros actos de propietario).

D. <u>Nonessentials to a Valid Deed</u>—Deed need not:

D. <u>Requisitos no esenciales para una escritura válida</u>—La escritura no necesita:

1. Be acknowledged. (Necessary for recording not validity).

1. Ser reconocida. (Necesario para el registro, no para la validez).

2. Be recorded. (Is essential for title insurance purposes).

2. Ser registrada. (Es esencial para propósitos de seguro de título).

3. Have Competent Grantee. May be a minor, a felon, or mentally incompetent.

3. Tener un cesionario competente. Puede ser un menor, un criminal o una persona mentalmente incompetente.

4. Be dated.

4. Estar fechada.

5. State or have a consideration.

5. Determinar o tener una retribución.

6. Be signed by Grantee.

6. Estar firmada por el cesionario.

7. Have legal description.

7. Tener una descripción legal.

E. <u>Invalid Deeds</u>—Deed is void or invalid for following reasons:

E. <u>Escrituras inválidas</u>—La escritura es nula o inválida por las siguientes razones:

1. Grantor is minor or incompetent.

1. El otorgante es menor de edad o incompetente.

2. Grantee doesn't exist—Fictitious or deceased person.

2. El cesionario o recipiente no existe—es un nombre ficticio o una persona fallecida.

3. Signed in blank and Grantee's name inserted without Grantor's consent.

3. Ha sido firmada en blanco y el nombre del cesionario insertado sin el consentimiento del otorgante.

4. Forged.

4. Falsificada.

5. Materially altered in escrow without consent of Grantor.

5. Alterada materialmente mientras se halla en plica sin consentimiento del otorgante.

6. Undelivered—Stolen from Grantor or misdelivered by escrow holder.

6. No se ha efectuado la entrega—Ha sido robada al otorgante o una entrega errónea por la persona o entidad que la tiene en plica.

F. Acknowledgement—Essential before a deed can be recorded.

F. Reconocimiento—Es esencial antes de que una escritura pueda ser registrada.

1. Definition—A formal declaration before a duly authorized officer (usually a notary public) by the person who signed the deed (or other instrument) that he or she did in fact sign the deed.

1. Definición—Es una declaración formal ante un funcionario debidamente autorizado (por lo general un notario público) por la persona quien ha firmado la escritura (u otro documento) que en realidad él o ella firmó el documento.

2. Notary Public—Party who takes or witnesses the acknowledgment.

2. Notario público—Persona que toma o testifica el reconocimiento.

a. Cannot be an interested party (e.g., grantee in a deed).

a. No puede ser parte interesada en la transacción. (por ejemplo: ser cesionario en una escritura).

G. Recording—Filing with county recorder to give constructive notice of the instrument's contents. Deeds are recorded to protect grantee's rights.

G. Registro—Registrar documentos en la oficina del registrador del municipio para dar notificación pública del contenido de dichos documentos. Las escrituras son registradas para proteger los derechos del cesionario.

1. Requirements—Deed must have the following before being accepted by the county recorder.

1. Requerimientos—La escritura debe cumplir los siguientes requisitos para ser aceptada por el registrador del condado:

a. An acknowledgment.

a. Un reconocimiento.

b. Name and address to which future tax statements may be mailed.

b. Nombre y dirección a dónde deben enviarse las futuras cuentas de impuestos.

c. Basis for computing transfer taxes.

c. Base para computar los impuestos de transferencia.

d. Names of all parties in which such interest appears on record.

d. Nombre de todas las partes cuyos intereses aparecen en el registro.

2. Other Facts:

2. Otros hechos:

a. Recording system established to show sequential transfers of property.

a. **El sistema de registro ha sido establecido para mostrar las transferencias consecutivas de propiedad.**

b. Possession of the property gives notice of the rights of the one in possession. Purchaser should always inspect premises to establish rights of parties in possession.

b. **Posesión de la propiedad da notificación de los derechos de aquél en posesión. El comprador siempre debe inspeccionar la propiedad para establecer los derechos de las personas en posesión.**

c. <u>Chain of Title</u>—Complete record of title transfers cannot be obtained unless records show direct connection from one owner to the next.

c. **<u>Cadena de título</u>—Un registro completo de transferencias del título no puede ser obtenido a menos que los registros muestren directa conexión de un dueño a otro.**

d. <u>Change of Name</u>—If title is vested in one name and it is subsequently changed, a later transfer requires original name or reference to original name.

d. **<u>Cambio de nombre</u>—Si el título está establecido bajo un nombre y subsecuentemente es cambiado, una transferencia posterior requiere el nombre original o una referencia de éste.**

e. <u>Date of Recording</u>—First to record, first in right. When two documents recorded on same day, document with lowest number is prior. (Recorder assigns numerical sequence).

e. **<u>Fecha de registro</u>—El primero en registrar es el primero en derechos. Cuando dos documentos se registran el mismo día, el que tenga el número más bajo tiene prioridad (el registrador asigna números sucesivos a todos los documentos).**

H. <u>Types of Deeds</u>

H. **<u>Tipos de escrituras</u>**

1. <u>Grant Deed</u>—Any deed containing the word "Grant." Conveys any after-acquired title and carries two implied warranties by Grantor. The warranties are that the:

1. **<u>Escritura de propiedad</u>—Cualquier escritura que contiene la palabra "cesión." Traspasa cualquier título adquirido después y lleva dos garantías implicitas por el otorgante. Estas garantías son las siguientes:**

a. Grantor has not already conveyed title to any other person.

a. **El otorgante no ha transferido antes la propiedad a ninguna otra persona.**

b. Estate is free from encumbrances other than those disclosed by Grantor.

b. **La propiedad está libre de gravámenes fuera de aquéllos dados a conocer por el otorgante.**

2. <u>Quitclaim Deed</u>—Deed by which Grantor merely relinquishes any right or claim he or she has in the property.

2. **<u>Escritura de renuncia o desistimiento</u>—Una escritura por la cual el otorgante simplemente renuncia a cualquier derecho o demanda que pudiera tener en la propiedad.**

a.   Contains no implied warranties.

a.   **No contiene garantías implícitas.**

b.   Used to convey absolute title or nothing.

b.   **Usada para traspasar el título absoluto o nada.**

c.   Used to clear some "Cloud on the Title" (some minor defect which needs to be removed from the record).

c.   **Usada para aclarar algún error en el título. ("Cloud on the Title" es un defecto menor o un error que necesita ser removido del registro.)**

3.   <u>Warranty Deed</u>—Deed which contains express covenants of title. Reliance upon title insurance in California has limited need for warranty deeds.

3.   **<u>Escritura de garantía</u>—Escritura que contiene convenios expresos sobre el título. Dependencia sobre el seguro de título en California ha limitado la necesidad de escrituras de garantía.**

4.   <u>Gift Deed</u>—Deed used to make a gift of property to Grantee.

4.   **<u>Escritura de donación</u>—Escritura usada para hacer regalo de propiedad al donatario.**

a.   Consideration is love and affection.

a.   **La retribución es amor y afecto.**

b.   Invalid if made to defraud creditors and could be set aside by them.

b.   **Es inválida si ha sido hecha para defraudar a los acreedores y éstos pueden anularla.**

Chapter 3 Capítulo 3

Encumbrances, Title Insurance, and Escrow

Gravámenes, Seguro de Título y Plica

Encumbrance—a claim, lien, charge, or liability attached to and binding real property. A burden on the title. This chapter considers encumbrances and ways to protect the title against them through title insurance and escrow.

Gravamen—Un reclamo, derecho de retención, obligación o responsabilidad adjunta y obligatoria sobre bienes inmuebles. Una carga u obligación sobre el título. Este capítulo considera los gravámenes y la manera de proteger el título contra ellos por medio del seguro de título y plica.

I. Liens—(Money Encumbrances)—A lien is a charge imposed upon specific property by which it is made secure for the performance of an act or the payment of a debt.

I. **Embargos—(Embargos monetarios)—Un embargo o derecho de retención es una carga impuesta sobre una propiedad específica que lo convierte en fianza para el cumplimiento de un acto o el pago de una deuda.**

   A. Specific vs. General Liens:

   A. **Embargos específicos vs. embargos generales:**

   1. Specific Lien—A charge against a particular parcel or one subdivision. (Trust deed, mortgage, property taxes, mechanic's lien, attachment).

   1. **Embargo específico—Un cargo contra un lote en particular o una subdivisión de la propiedad. (Puede ser escritura fiduciaria, una hipoteca, impuestos sobre propiedad, o incautación judicial.)**

   2. General Lien—One which applies to all property of an owner. (Judgment, estate taxes, decedent's debts, corporation franchise tax, federal income taxes).

   2. **Embargo general—Aquél que cubre todos los bienes de una persona (bienes muebles e inmuebles). (Puede ser un fallo judicial, impuestos a herencias, deudas del difunto, impuestos de licencia o concesión de una corporación, impuesto nacional sobre los ingresos.)**

   B. Voluntary vs. Involuntary

   B. **Voluntario vs. involuntario**

   1. Voluntary Liens—Those which the owner can prevent or ones which the owner accepts freely (mortgage or trust deed). Contractual limitations of ownership.

   1. **Embargos voluntarios—Son embargos que el propietario puede prevenir o los que él acepta libremente (hipoteca o escritura fiduciaria). Limitaciones contractuales de pertenencia.**

2. Involuntary Liens—Those which affect all property of the owner named in the suit, those which he does not wish to accept, or those created by operation of law (property taxes, judgments, income taxes, mechanic's liens).

2. Embargos involuntarios—Aquéllos que afectan toda la propiedad del dueño nombrado en la demanda, aquéllos que el dueño no quiere aceptar o aquéllos creados por la operación de la ley (impuesto sobre la propiedad, fallos judiciales, impuestos sobre ingresos, embargos de constructor.)

C. Mortgages and Trust Deeds—Voluntary, specific liens used in real estate financing reviewed in Financing chapters.

C. Hipotecas y escrituras fiduciarias—Embargos voluntarios y específicos usados en la financiación de las bienes raíces. Serán repasados en el capítulo sobre financiación.

D. Mechanic's Liens—California law which allows any person who, under contract with the owner or the owner's agent (contractor, subcontractor), furnishes labor, material, or services (including architectural) for the improvement of real property, to file a lien on the property to secure the payment of the unpaid claim. Owner is still liable to all unpaid claimants even if general contractor has been paid in full.

D. Embargos de constructor—Es una ley de California que permite a una persona que, bajo contrato con el dueño o un agente del dueño (contratista o subcontratista), suministra mano de obra, materiales o servicios (incluyendo arquitectónicos) para las mejoras de la propiedad, a instaurar un embargo sobre la propiedad para obtener el pago de su cuenta. El dueño aún es responsable de todas las cuentas pendientes aunque haya pagado la cuenta total al contratista general.

1. Preliminary Notice—Each potential claimant (except laborers on wages) must give written notice to the owner, general contractor, and construction lender, if any, of their rights to file a lien on the property if unpaid. Notice must be given within 20 days of first furnishing labor.

1. Notificación preliminar—Cada reclamante potencial (excepto trabajadores asalariados) debe dar una notificación escrita al dueño, al contratista y al prestamista de construcción si lo hay, de su derecho de instaurar demanda de embargo si no se le paga. Esta notificación debe hacerse dentro de los 20 días de haber empezado el suministro de mano de obra, servicios, equipo y materiales en el sitio de trabajo.

2. Filing Claim—Unpaid claimant must complete claim form identifying property, work done, and amount claimed; have it verified before a notary; then have it recorded.

2. Entablar demanda—El reclamante debe completar el formulario de la demanda identificando la propiedad, el trabajo realizado y la cantidad que se le adeuda; hacerla verificar ante un notario y luego registrarla.

3. Priority—Mechanic's lien has priority over any other lien (except taxes and assessments) which may have attached after any work was commenced on the site. As between mechanic's lien holders, all are on a parity (equal basis) with each other. A trust deed recorded after work commenced on a site would be inferior to mechanic's liens.

3. <u>**Prioridad**</u>**—Los embargos de construcción tienen prioridad sobre cualquier otro embargo (excepto impuestos y tasaciones) que pueda haber sido presentado después de que cualquier trabajo haya sido iniciado en el sitio. Entre los poseedores de embargos de construcción, todos están en paridad con cada uno. Una escritura fiduciaria que haya sido registrada después de comenzar el trabajo estará en inferioridad en relación con los embargos de construcción.**

4. <u>Filing Period</u>
4. <u>**Periodo de registro**</u>

   a.   When Notice of Completion is recorded by owner:
   a.   **Cuando la notificación de terminación es registrada por el dueño:**

      (1)   General contractor has 60 days.
      (1)   El contratista general tiene 60 días.

      (2)   All others have 30 days.
      (2)   Todos los demás tienen 30 días.

   b.   When no Notice of Completion is recorded, all persons have 90 days following completion of project.
   b.   **Cuando no hay registro de notificación de terminación todas las personas tienen 90 días después de concluido el proyecto.**

5. <u>Completion of Project</u>—Owner may record formal Notice of Completion; if owner doesn't, the following alternatives are equivalent to completion:
5. <u>**Terminación del proyecto**</u>**—El dueño puede registrar una notificación de terminación formal; si no lo hace, las siguientes alternativas son equivalentes a una terminación:**

   a.   Occupation or use by owner together with cessation of labor.
   a.   **Ocupación o uso por el dueño junto con suspensión del trabajo.**

   b.   Acceptance by owner.
   b.   **Aceptación por el dueño.**

   c.   Cessation of labor for continuous period of 60 days.
   c.   **Suspensión del trabajo por un periodo de 60 días continuos.**

   d.   Cessation of labor for continuous period of 30 days if owner has filed "Notice of Cessation."
   d.   **Suspensión del trabajo por un periodo de 30 días continuos si el dueño ha registrado una "notificación de suspensión."**

6. <u>Notice of Nonresponsibility</u>—An owner who did not order the work done may protect the title against mechanic's lien by recording and posting a notice of nonresponsibility, if done within 10 days of obtaining knowledge of construction. May be used by lessor when lessee ordered work done or by vendor selling under contract of sale when vendee ordered work without authorization.

6. <u>Notificación de no responsabilidad</u>—**Un dueño que no ha ordenado el trabajo hecho, puede proteger el título contra embargos de constructor registrando y anunciando una "notificación de no responsabilidad" dentro de los 10 días de tener conocimiento de la construcción. Puede ser usada por el arrendador cuando el arrendatario ordena un trabajo o por un vendedor que tiene un contrato de venta cuando el comprador ordena hacer un trabajo sin autorización.**

7. <u>Foreclosure Action</u>—If lien is not paid, court action is filed and property sold by court to satisfy liens.

7. <u>Ejecución de una hipoteca</u>—**Si un embargo no es pagado, se instaura acción judicial y la propiedad es vendida por orden del tribunal para satisfacer embargos.**

E. <u>Tax Liens and Special Assessments</u>—Discussed in another chapter.

E. <u>Embargos por impuestos y tributos especiales</u>—**Se discuten en otro capítulo.**

F. <u>Attachment, Judgment, and Lis Pendens</u>

F. <u>Incautación, fallo judicial y litigio pendiente</u>

1. <u>Attachment</u>—Court process by which property may be seized and held as security for possible future judgment.

1. <u>Incautación</u>—**Proceso judicial por medio del cual la propiedad puede ser embargada y retenida como seguridad para un posible fallo judicial en el futuro.**

   a. Valid for a 3-year period unless sooner released or discharged.

   a. **Válida por un periodo de 3 años a no ser que sea liberada o descargada más pronto.**

   b. Does not terminate upon death of defendant.

   b. **No se termina por muerte del demandado.**

   c. Court order is called Writ of Attachment.

   c. **La orden de la corte se llama "orden de incautación".**

2. <u>Judgment</u>—A final determination of the rights of the parties in an action or court proceeding. To be a lien, the court must establish a personal liability of the debtor for a definite sum that is owed.

2. <u>Fallo judicial</u>—**Una determinación final de los derechos de las partes en una acción o procedimiento judicial. Para ser un embargo el tribunal debe establecer la responsabilidad personal del deudor por una suma definida que se debe.**

   a. <u>Abstract of Judgment</u>—When recorded, creates general lien on all real property of debtor, not exempt from execution, in county where recorded for 10-year period.

   a. <u>Sumario del fallo judicial</u>—**Cuando se registra crea un embargo general sobre toda la propiedad del deudor, no exento de ejecución en el condado donde está registrado por un periodo de 10 años.**

   b. <u>Writ of Execution or Execution Sale</u>—Court order forcing sale of debtor's property to satisfy judgment. Dwelling house or mobile home in which debtor or family resides is exempt to same extent and amount as provided under Homestead Law.

b.   <u>Orden de ejecución o venta ejecutiva</u>—**Orden judicial que obliga la venta de propiedad del deudor para satisfacer el fallo del tribunal. Casa de habitación o casa movible donde vive el deudor o su familia está exenta al mismo grado y cantidad como está provisto bajo ley de inembargabilidad de hogares.**

3.   <u>Lis Pendens</u>—Recorded notice by party to indicate pending litigation which will affect title to land. Clouds title until removed, the action is dismissed, or final judgment is rendered.

3.   <u>Litigio pendiente</u>—**Notificación registrada por la parte interesada para indicar que hay litigación pendiente, la cual puede afectar el título de la propiedad. Hace el título defectuoso hasta que sea removida, la acción judicial es desestimada o se rinde un fallo final.**

II.   <u>Non-money Encumbrances</u>—Those which affect the physical condition or use of property.

II.   <u>Gravámenes no monetarios</u>—**Son gravámenes que afectan la condición física o uso de la propiedad.**

A.   <u>Easement</u>—Right to enter and use another's land within definite limits. May be a right to string wires, to go across another's property (ingress and egress), to fish, to take water, etc.

A.   <u>Servidumbre</u>—**El derecho para entrar y usar el terreno de otra persona dentro de límites definidos (sin interés de posesión). Puede ser el derecho de instalar alambres; cruzar la propiedad de otro (entrar y salir); un derecho para pescar, tomar agua, etc.**

1.   <u>Characteristics</u>

1.   <u>Características</u>

a.   <u>A nonpossessory interest</u>—Under a lease, the lessee has a possessory interest and may exclude others, including the landlord. Under an easement, the holder has only such control as is necessary to use the easement (nonpossessory).

a.   <u>Un interés no posesorio</u>—**Bajo un contrato de arrendamiento, el arrendatario tiene un interés de posesión y puede excluir a otros, incluyendo al arrendador. Bajo una servidumbre el poseedor solo tiene tanto control como sea necesario para usar la servidumbre (interés no posesorio).**

b.   <u>Interest greater than license</u>—License is a personal, revocable, and nonassignable permission to enter land of another for a particular purpose but without possessing any interest in the land (e.g., a theater ticket).

b.   <u>Interés mayor que una licencia</u>—**Una licencia es un permiso personal, revocable y no asignable para entrar en la tierra de otra persona para un propósito particular, pero sin posesión de ningún interés en la propiedad (ejemplo: un boleto de teatro).**

2.   <u>Dominant vs. Servient Tenement</u>—

2.   <u>Predio dominante vs. predio sirviente</u>—

a.   <u>Dominant Tenement</u>—Land that is benefited.

a.   <u>Predio dominante</u>—**Terreno que es beneficiado.**

b.   <u>Servient Tenement</u>—Land subject or burdened with the easement.

b.   <u>Predio sirviente</u>—**Terreno sujeto u obligado a servidumbre.**

3. <u>Appurtenant Easements</u>—Those rights, when attached to a dominant tenement, which pass automatically upon transfer of the dominant tenement. Need not be mentioned in the deed.

3. **<u>Servidumbre accesoria o real</u>—Estos derechos cuando están vinculados a un predio dominante, se pasan automáticamente cuando se transfiere dicho predio. No es necesario mencionarlo en la escritura.**

4. <u>Easement in Gross</u>—An easement that is not appurtenant to any particular lot of land such as the right of the utility company to string wires or the right to pasture or to fish and take game. No dominant tenement.

4. **<u>Servidumbre personal</u>—Una servidumbre que no está vinculada a cualquiera lote de terreno en particular, tales como el derecho que tiene una compañía de servicios de instalar alambres, o el derecho a pastos, o a pescar y cazar. No hay predio dominante.**

5. <u>Creation</u>—Easements may be created in the following ways:

5. **<u>Creación</u>—Las servidumbres pueden ser creadas de las siguientes maneras:**

   a. <u>Express Grant or Reservation</u>—Most commonly created in a deed but could be by agreement between adjoining owners.

   a. **<u>Derecho expreso o reservación</u>—Se hace comúnmente por medio de una escritura pero también puede ser un acuerdo entre los dueños de predios contiguos.**

      (1) Once recorded, easement passes to future grantees whether mentioned or not in later deeds.

      (1) **Una vez registrada, la servidumbre pasa a los futuros cesionarios sea que se mencione o no en escrituras posteriores.**

      (2) Unlocated easement is valid. Exact location of roadway granted or reserved may not be specified.

      (2) **Una servidumbre sin localización es válida. La localización exacta de un camino concedida y reservada puede no estar especificada.**

   b. <u>Implied Grant or Reservation</u>—Deed conveying title makes no mention of easement, but its existence is obvious and necessary for the use of the land. Obvious does not necessarily mean visible on the surface, such as easement sewer lines.

   b. **<u>Derecho implícito o reservación</u>—Una escritura que transfiere título pero no hace mención de la servidumbre. Sin embargo, su existencia es obvia y necesaria para el uso del terreno. Es obvia no necesariamente supone que sea visible tal como una servidumbre para tuberías de alcantarillado.**

   c. <u>Implied Right of Entry</u>—A conveyance or reservation of minerals or timber carries implied right to enter and use surface to extract minerals or remove timber.

   c. **<u>Derecho implícito de entrada</u>—Un traspaso o reservación de minerales o árboles maderables lleva el derecho implícito de entrar y usar la superficie para extraer los minerales o sacar la madera.**

d <u>Necessity</u>—Grantee whose land has no access because such land is entirely surrounded by grantor's lands, or by land of grantor and of third parties, may obtain easement by necessity. Does not apply to all landlocked parcels.

d. **<u>Necesidad</u>—El cesionario cuyo terreno no tiene acceso porque está enteramente rodeado por las tierras del otorgante, o por tierras de éste y terceras personas, puede obtener una servidumbre por necesidad. No se aplica a todas las parcelas sin acceso.**

e. <u>Prescription</u>—One acquired by adverse use for continuous period of 5 years. Essential elements:

e. **<u>Prescripción</u>—Es la servidumbre adquirida por uso adverso por un periodo de 5 años continuos. Elementos esenciales:**

   (1) Open and notorious use.

   (1) Uso abierto y notorio.

   (2) Continous and uninterrupted for 5 years.

   (2) Continuo y no interrumpido por 5 años.

   (3) Hostile to true owner (no permission given).

   (3) Hostil al dueño verdadero (no se ha dado permiso).

   (4) Exclusive use.

   (4) Uso exclusivo.

   (5) Under some claim of right or color of title.

   (5) Bajo alguna reclamación de derecho o título aparente.

f. <u>Condemnation</u>—Use acquired by public body or utility company through condemnation proceedings.

f. **<u>Condenación</u>—Uso adquirido por organismo público o compañía de servicios por medio de procedimiento judicial de condenación.**

g. <u>Dedication</u>—Owner of land dedicates certain portions for public use.

g. **<u>Dedicación</u>—El dueño del terreno dedica ciertas porciones para uso público.**

6. <u>Termination or Extinguishment</u>—Easement may be terminated in following ways:

6. **<u>Terminación o extinción</u>—La servidumbre puede terminarse de las siguientes maneras:**

a. <u>Express Release</u>—Usually by quitclaim deed by owner of dominant tenement in favor of owner of servient tenement.

a. **<u>Libertad expresa</u>—Por lo general, se hace por medio de una escritura de renuncia o desistimiento por el dueño del predio dominante a favor del dueño del predio sirviente.**

b. <u>Legal Proceedings</u>—Quiet title action against easement holder by owner of servient tenement.

b. **<u>Acto jurídico</u>—Recurso legal que puede utilizar el dueño del predio sirviente para establecer un título de derecho de posesión contra el poseedor de la servidumbre.**

    c. <u>Merger</u>—When same person becomes owner of easement and fee title to servient tenement.

    c. **<u>Consolidación</u>—Cuando la misma persona se convierte en dueño de la servidumbre y del predio sirviente.**

    d. <u>Non Use for 5 Years</u>—Can only occur on a prescriptive easement. Non use does not terminate easement created by grant.

    d. **<u>No uso por 5 Años</u>—Puede ocurrir solamente en una servidumbre prescriptiva. Falta de uso no termina una servidumbre creada por escritura.**

    e. <u>Abandonment</u>—Intentional relinquishment such as an abandonment of railroad right of way.

    e. **<u>Abandono</u>—Renuncia intencional como un abandono del derecho de paso de un ferrocarril.**

    f. <u>Adverse Possession</u>—Use of the servient tenement by its owner so that the easement cannot be exercised by the easement holder for a continuous period of 5 years or more.

    f. **<u>Posesión adversa</u>—Uso del predio sirviente por su dueño de tal manera que la servidumbre no pueda ser ejercida por un periodo continuo de 5 años o más.**

    g. <u>Destruction of Servient Tenement</u>—Occurs in building where person has right to pass through and building is destroyed without fault of owner.

    g. **<u>Destrucción del predio sirviente</u>—Ocurre cuando una persona tiene derecho a pasar por un edificio y este es destruido sin culpa del dueño.**

B. <u>Restrictions</u>—A limitation placed on the use of real property either by private owners or the government.

B. **<u>Restricciones</u>: Una limitación puesta sobre el uso de la propiedad sea por los dueños privados o por el gobierno.**

    1. <u>Private Restrictions</u>—May take form of Condition or Covenant.

    1. **<u>Restricción privada</u>—Puede tomar forma de condición o convenio.**

        a. <u>Condition</u>—Type of restriction which, if breached, can cause loss or forfeiture of title.

        a. **<u>Condición</u>—Tipo de restricción que si es violada puede causar pérdida o confiscación del título.**

        (1) Can only be created when an estate is granted. Found in the deed or in Declaration of Restrictions (on new subdivision).

        (1) **Puede crearse solo cuando una propiedad es otorgada. Se encuentra en la escritura o en la "declaración de restricciones" en una subdivisión nueva.**

        (2) Called forfeiture or defeasance clause.

        (2) **Es llamada cláusula de anulación o pérdida.**

        (3) Grantor or heirs must exercise power to terminate upon breach by grantee, usually quiet title action.

        (3) **El otorgante o sus herederos deben ejercer poder para terminar cuando haya violación del contrato por parte cesionario, usualmente por medio de acción judicial.**

(4) Binding on future owners; is said to "run with the land."

(4) Es obligatoria para los dueños futuros; se dice "correr con la tierra."

b. <u>Covenant</u>—Type of restriction which, if breached, allows grantor to stop violation or force compliance through court action (injunction) or to sue for damages.

b. <u>Convenio</u>—Tipo de restricción que si es violada, permite al otorgante acción legal para detener la violación u obligar cumplimiento por mandato de la corte o demandar por daños.

(1) Breach does not result in loss of title.

(1) La violación no resulta en la pérdida del título.

(2) Can be created by written agreement or by deed.

(2) Puede ser creado por medio de acuerdo escrito o por escritura.

(3) Does not bind future owners unless set up as a covenant to "run with the land."

(3) No obliga a dueños futuros a menos que sea establecido como un convenio para "correr con la tierra."

c. <u>Declaration of Restrictions</u>—Covenants and conditions may be placed in recorded "Declaration of Restrictions" and referred to in each deed when creating them on new subdivision property.

c. <u>Declaración de restricciones</u>—Convenios y condiciones pueden ser puestas en una "declaración de restricciones" registrada y hacer referencia a ella en cada escritura que se haga para cada propiedad en una nueva subdivisión.

d. <u>"C.C. & Rs"</u>—Abbreviation for "Covenants, Conditions, and Restrictions."

d. <u>"C. C. & Rs"</u>—Es una abrevación para "Convenios, Condiciones, y Restricciones."

2. <u>Public Restrictions (Primarily Zoning Laws)</u>—Must promote public health or general public welfare.

2. <u>Restricciones públicas (principalmente reglamentos urbanísticos)</u>—Deben promover la salud pública o el bienestar general del público.

a. City or county has power to adopt ordinances establishing zones within which structures must conform to specific standards as to character and location.

a. La ciudad o el condado tienen el poder de adoptar ordenanzas estableciendo zonas dentro de las cuales las estructuras deben someterse a normas específicas tanto en carácter como en ubicación.

b. If zoning law conflicts with deed restriction, more restrictive of the two controls.

b. Si el reglamento urbanístico está en conflicto con la restricción de la escritura, el más restrictivo de los dos tiene prelación.

C. <u>Encroachment</u>—The building of a structure or improvement, partially or wholly on the land of an adjoining parcel.

    C. <u>Intrusión</u>—**Es la construcción de una estructura o mejora, parcial o totalmente en el terreno de una parcela limítrofe.**

        1. An encroachment on the land constitutes trespass. Legal action must be instituted within 3 years of encroachment. Court may force removal or award damages if encroachment is minor.

        1. **Una intrusión en el terreno de otro constituye una invasión. Una acción legal debe ser instituida dentro de los 3 años de haber ocurrido la intrusión. El tribunal puede ordenar la demolición o adjudicar daños si la intrusión es menor.**

        2. An encroachment in the airspace constitutes a nuisance so no time limit set for legal action.

        2. **Una intrusión en el espacio de aire es una molestia así que no hay límite de tiempo establecido para iniciar acción legal.**

        3. Trespasser could eventually acquire an easement by prescription or title by adverse possession.

        3. **El invasor de la propiedad podría eventualmente adquirir una servidumbre por prescripción o un título por posesión adversa.**

III. <u>Homestead</u>—California law which protects a home from a forced sale by the court to pay judgment creditors. Homestead protection is <u>automatic</u> for any homeowner by law, or may be created by <u>Declaration</u>.

III. <u>Heredad</u>—**Es una ley de California que protege el hogar contra una venta forzosa por fallo de la corte debido a demanda de acreedores. La protección de la heredad es <u>automática</u> por ley para cualquier dueño de casa o puede ser creada por una <u>declaración</u>.**

    A. <u>In General</u>—Following features apply to both types of homesteads.

    A. <u>En general</u>—**Las siguientes características se aplican a ambos tipos de heredades.**

        1. <u>Dwelling or Home</u>—Means the place where person resides and includes dwelling house (land and out buildings), mobile home, houseboat, yacht, leasehold with unexpired term of two years or more, condominium, planned development, stock cooperative, or community apartment project.

        1. <u>**Habitación u hogar**</u>—**Representa el hogar donde la persona reside e incluye la casa de habitación (terreno y edificaciones), casa movible, casa flotante, barco de recreo, contrato de arrendamiento con un término vigente de dos daños o más, condominio, urbanización planificada, cooperativa de acciones o proyecto de apartamentos comunitarios.**

        2. <u>Amount of Exemption</u>—Following is maximum amount of equity (actual cash value above liens and encumbrances) that is protected.

        2. <u>**Cantidad exenta**</u>—**Las cantidades máximas de equidad que están protegidas (valor actual en dinero por encima de los embargos y gravámenes) son las siguientes:**

            a. $150,000—Anyone 65 or older (single or married); anyone physically or mentally disabled, regardless of age; a person 55 or older with low income and sale is involuntary.

            a. **$150,000—Cualquier persona de 65 años o mayor (soltera o casada) o alguna persona incapacitada físicamente o mentalmente sin importar la edad; una persona de 55 años o mayor con bajos ingresos y la venta es involuntaria.**

      b. $75,000—Married person or head of household.

      b. $75,000—Persona casada o jefe de familia.

      c. $50,000—All other single persons.

      c. $50, 000—Todas las personas solteras.

3.   <u>Distribution of Proceeds</u>—If adequate equity exists to pay encumbrances and exemption, sale is conducted and proceeds distributed as follows:

3.   <u>Distribución de los ingresos</u>—Si existe una equidad adecuada para pagar los gravámenes y la exención, se hace la venta de la propiedad y el ingreso de dicha venta se distribuye en la siguiente forma:

      a.   Discharge of all liens and encumbrances prior to judgment creditor.

      a.   Exoneración de todas las hipotecas y gravámenes antes de adjudicar al acreedor.

      b.   Amount of exemption to judgment debtor.

      b .   Cantidad de la exención al propietario que adeuda.

      c.   Amount of claim by judgment creditor.

      c.   Cantidad de la demanda al acreedor.

      d.   Balance, if any, to judgment debtor.

      d.   Balance, si lo hay, al propietario que adeuda.

4.   <u>Collectible Claims</u>—No protection afforded against mechanic's liens, mortgages or trust deeds, or judgments recorded prior to acquisition of dwelling.

4.   <u>Demandas que exigen pago</u>—No se concede protección contra embargos de constructor, hipotecas o escrituras fiduciarias o fallos jurídicos que se han registrado antes de la adquisición de la vivienda.

5.   <u>Sale and Repurchase</u>—If owner voluntarily sells, exempt amount is protected if seller repurchases and reinvests original proceeds within 6 months.

5.   <u>Venta y nueva compra</u>—Si el dueño vende voluntariamente, la cantidad exenta es protegida si el vendedor compra de nuevo y reinvierte dicha cantidad dentro de 6 meses.

B.   <u>Declared Homestead</u>—Owner can record <u>Declaration</u> of <u>Homestead</u> if desired. Offers same protection as automatic homestead. Protection stays on property even if owner later moves and does not sell or repurchase new residence.

B.   <u>Heredad declarada</u>—El dueño puede registrar si lo desea una <u>Declaración</u> de <u>heredad.</u> Ofrece la misma protección que la automática concedida por la ley. La protección permanece en la propiedad aun si el dueño la desocupa y no vende y compra de nuevo otra residencia.

1.   <u>Declaration Must Contain:</u>

1.   <u>La declaración debe incluir:</u>

      a.   Name of owner or spouse, if married.

      a.   Nombre del dueño y la esposa, si es casado.

      b.   Description of property.

      b.   Descripción de la propiedad.

   c. Statement that it is principal residence and party is residing on property.

   c. **Confirmación de que es su principal residencia y que vive en la propiedad.**

  2. Termination—May be by:

  2. **Terminación—Puede ser terminada así:**

   a. Recording abandonment.

   a. **Registrando abandono de la heredad.**

   b. Recording homestead on new residence.

   b. **Registrando heredad en nueva residencia.**

   c. Sale of property (proceeds exempt for up to 6 months).

   c. **Venta de la propiedad (los ingresos exentos hasta por seis meses).**

IV. Title Insurance—Title insurance was developed over a period of many years in the following sequence.

IV. **Seguro del título—El seguro del título fue desarrollado a través de un periodo de muchos años de la manera siguiente:**

  1. Abstract of Title—A summary of all pertinent documents discovered in a search of the records by a specialist known as an abstracter.

  1. **Resumen del título—Un sumario de todos los documentos pertinentes descubiertos en una investigación de los registros por un especialista llamado resumidor o extractador.**

   a. Title Plants—Extensive files of abstracters which classified and summarized histories of real estate transactions.

   a. **Plantas de título—Archivos extensos de extractadores quienes han clasificado y resumido las historias de transacciones de la propiedad.**

   b. Chain of Title—History of all recorded conveyances and encumbrances. A continuous record of each grantor and grantee.

   b. **Cadena del título—Historia de todas las transferencias y gravámenes registrados. Un registro continuo de cada otorgante y donatario.**

  2. Certificate of Title—Certificate issued in lieu of the abstract which stated that the company found the title to the property vested in the present owner.

  2. **Certificado del título—Un certificado expedido en lugar de un resumen en el cual la compañía declara haber encontrado el título debidamente investido en el dueño actual.**

  3. Guarantee of Title—Abstract company went a step beyond certifying the title by issuing a guarantee to the insured.

  3. **Garantia del título—La compañía que hace el resumen va un paso más alla de la certificación del título y expide una garantía al asegurado.**

  4. Title Insurance—Since guarantee of title only covered matters of record, title insurance divas developed to assure a marketable title and protect owner against both recorded and unrecorded matters.

4. <u>Seguro de título</u>—**Puesto que la garantía del título solo cubría asuntos de registro, el seguro del título fue creado para garantizar un documento válido y negociable y para proteger al dueño contra asuntos registrados y no registrados.**

   a. Companies are controlled by insurance commissioner but insurance rates are set by each company.

   a. **Las compañías son controladas por un comisionado de seguros pero las tarifas de seguro son establecidas por cada compañía.**

   b. All policies require legal descriptions.

   b. **Todas las pólizas de seguro requieren una descripción legal de la propiedad.**

   c. Title plant is still utilized and is greatly enhanced with use of computerized storage and gathering techinques.

   c. **Las plantas de título son aun utilizadas y han sido encarecidas con técnicas computarizadas de recolección e información.**

A. <u>Types of Policies</u>

A. <u>**Tipos de pólizas**</u>

1. <u>Standard Policy of Title Insurance</u>—C.L.T.A. (California Land Title Association) type generally issued to most home buyers. No on-site inspection needed. Protects against:

1. <u>**Póliza estándar del seguro del título**</u>—**El tipo de póliza de C.L.T.A. (Asociación de Títulos de Tierra de California) es la que generalmente se asigna a la mayoría de compradores de casas. No necesita inspección del sitio. Protege contra lo siguiente:**

   a. Matters of Record—Documents recorded:

   a. **Asuntos de registro—Documentos registrados:**

      (1) In county recorder's office.

      (1) En la oficina del registrador del condado.

      (2) In federal land office.

      (2) En la oficina federal de tierras.

      (3) By State of California in Sacramento.

      (3) Por el Estado de California en Sacramento.

      (4) By any taxing agency.

      (4) Por cualquier oficina o agencia de impuestos.

      (5) By any special assessment district.

      (5) Por cualquier distrito impositivo especial.

      (6) In county clerk's office.

      (6) En la oficina del secretario del condado.

   b. Forgery.

   b. **Falsificación.**

   c. Impersonation or lack of capacity of a party to a transaction.

   c. **Personificación o falta de capacidad de una de las partes en una transacción.**

    d.   Federal estates taxes; attorney's fees and other expenses incurred to defend title.

    d.   **Impuestos federales de propiedad; honorarios de abogado y otros gastos incurridos para defender el título.**

  2. <u>Extended Coverage Policy</u>—Most other risks can be ascertained by an on-site inspection of the property and a survey. If owner wants additional perils covered, extended coverage or a special endorsement can be added to cover these risks. Includes protection against:

  2. <u>**Póliza de protección extendida**</u>—**La mayor parte de los riesgos pueden ser comprobados por una inspección del sitio de la propiedad y un reconocimiento. Si el dueño necesita protección contra riesgos adicionales, una protección extendida o un endoso especial pueden ser añadidos a la póliza para cubrir estos riesgos. Incluye protección contra:**

    a.   Unrecorded liens.

    a.   **Embargos no registrados.**

    b.   Off record easements.

    b.   **Servidumbres fuera del registro.**

    c.   Rights of parties in possession.

    c.   **Derechos de las partes en posesión.**

    d.   Claims which a correct survey would show.

    d.   **Demandas que un reconocimiento correcto podría mostrar.**

    e.   Mining claims, water rights.

    e.   **Demandas de minería, derechos de agua.**

  3. <u>A.L.T.A. (American Land Title Association)</u>—Broad form coverage purchased primarily by out-of-state lenders. Similar to Extended Coverage Policy.

  3. <u>**Asociación americana de títulos de tierra**</u>—**Forma amplia de protección comprada principalmente por prestamistas fuera del estado. Similar a la póliza de protección extendida.**

<u>NOTE:</u> No policy will protect against defects known to insured nor against government regulations concerning occupancy or use (zoning laws).

<u>Nota:</u> **Ninguna póliza protegerá contra defectos conocidos por el asegurado ni contra regulaciones gubernamentales referentes a ocupación o uso.**

  4. <u>Preliminary Report of Title</u>—Usually requested when parties open escrow. Sets forth:

  4. <u>**Reporte de título preliminar**</u>—**Usualmente se pide cuando las partes contratantes abren la plica. Establece lo siguiente:**

    a.   Owner of record.

    a.   **Dueño según registro.**

    b.   Legal description.

    b.   **Descripción legal.**

    c.   Taxes, bonds, and assessments.

    c.   **Impuestos, bonos y tasaciones.**

      d.   Recorded conditions, restrictions, trust deeds, and encumbrances.

      d.   Condiciones, restricciones, escrituras fiduciarias y gravámenes registrados.

V.   <u>Hazard Insurance</u>—Prudent real estate owners and lessees will protect their personal and real property against unexpected losses through hazard insurance. Although it is not the responsibility of the real estate licensee to advise the party regarding insurance, a basic understanding is helpful.

V.   **<u>Seguro contra riesgos</u>—Dueños de bienes raíces y arrendatarios prudentes deben proteger sus bienes muebles e inmuebles contra pérdidas inesperadas por medio del seguro contra riesgos. Aunque no es la responsabilidad del agente de bienes raíces aconsejar al cliente respecto a este seguro un conocimiento básico del mismo es de mucho beneficio.**

    A.   <u>Insurance</u>—Defined in following ways:

    A.   <u>Seguro</u>—Definido de las siguientes maneras:

      1.   Transfer risk of loss from insured to insurance company.

      1.   Transfiere el riesgo de pérdida del asegurado a la compañía de seguros.

      2.   Substitution of certainty for uncertainty. By suffering a small loss (payment of premium), insured is protected against uncertain large loss.

      2.   Substitución de incertidumbre o certidumbre. Por sufrir una pequeña pérdida (pago de la prima del seguro) el asegurado está protegido contra una pérdida grande incierta.

      3.   Protects cost of replacement in event of loss.

      3.   Protege el costo de reposición en caso de pérdida.

    B.   <u>Terms</u>:

    B.   <u>Términos</u>:

      1.   <u>Policy</u>—Insurance contract between insurance company (insurer) who accepts risk and person (insured) who transfers the risk.

      1.   <u>Póliza</u>—Contrato entre la compañía de seguros (asegurador) quien acepta el riesgo y la persona (asegurado) quien transfiere el riesgo.

      2.   <u>Rider</u>—An endorsement to the policy and added agreement attached to original contract.

      2.   <u>Claúsula adicional</u>—Un endoso que se hace a una póliza; un acuerdo adicional que se añade a un contrato original.

      3.   <u>Subrogation</u>—Legal substitution of one party for another, the one being entitled to all the rights of the other. Once insurance company pays a loss, they have subrogated all the rights of the insured and may proceed against a third party that may have caused the loss through negligence.

      3.   <u>Sustitución</u>—Sustitución legal de una persona por otra, quien está siendo intitulado a todos los derechos del otro. Una vez que la compañía de seguros paga una pérdida, ésta substituye todos los derechos del asegurado y pueden proceder en contra de terceros que puedan haber causado la pérdida por negligencia.

      4.   <u>Pro Rate Cancellation</u>—Insurance company returns all of the unused policy premium. Allowed when company cancels policy. Cancellation requires advance written notice by insurer.

      4.   <u>**Cancelación prorrateada**</u>**—La compañía de seguros devuelve toda la cantidad de la prima de la póliza que no se ha usado. Es permitido cuando la compañía cancela la póliza. La cancelación requiere notificación escrita por adelantado del asegurador.**

      5.   <u>Short Rate Cancellation</u>—Insurance company penalizes insured for cancelling policy by retaining portion of unused premium.

      5.   <u>**Cancelación de tarifa corta**</u>**—La compañía de seguros penaliza al asegurado por cancelar la póliza, reteniendo la porción de la prima del seguro no usada.**

C.   <u>Indemnities</u>—Undertakes to repay insured, within the limit of policy amount, for loss that insured actually sustained.

C.   <u>**Indemniza**</u>**—Se encarga de reembolsar al asegurado, dentro del límite de la cantidad de la póliza, por la pérdida que el asegurado haya sufrido actualmente.**

      1.   Insured should not profit from a loss. Possibility of gain creates moral hazard.

      1.   **El asegurado no debe obtener provecho de una pérdida. La posibilidad de ganancia crea un riesgo moral.**

      2.   Pays for value of property at time of loss, not at beginning date of policy.

      2.   **Paga por el valor de la propiedad al momento de la pérdida, no el valor en la fecha inicial de la póliza.**

      3.   Many policies pay cost to replace new, regardless of age or depreciated value at time of loss. May create moral hazard but is accepted practice in today's market.

      3.   **Muchas pólizas pagan el costo para reemplazar lo nuevo, haciendo caso omiso de la edad o valor depreciado al momento de la pérdida. Puede crear un riesgo moral pero es práctica aceptada en el mercado de hoy.**

VI.   <u>Escrow</u>—Essentially a small and short-lived trust arrangement in which escrow holder acts as a stakeholder for two parties, usually a buyer and seller.

VI.   <u>**Plica**</u>**—Esencialmente es un arreglo fiduciario pequeño y de corta duración en el cual el funcionario del intermediario fiduciario actúa como un depositario neutral para las dos partes contratantes, usualmente un comprador y un vendedor.**

A.   <u>Financial Code Definition</u>—Escrow means any transaction wherein one person, for the purpose of effecting the sale, transfer, encumbering, or leasing of real or personal property to another person, delivers any written instrument, money, evidence of title to real or personal property, or other thing of value to a third person to be held by such third person until the happening of a specified event or the performance of a prescribed condition, when it is then to be delivered to such third person to a grantee, grantor, promisee, promisor, obligee, obligor, bailee, bailor, or any agent or employee of any of the latter.

A. <u>**Definición del codigo financiero**</u>—**"Plica se refiere a una transacción en la cual una persona, para el propósito de efectuar la venta, transferencia, gravamen, o arrendamiento de bienes inmuebles e inmuebles a otra persona, entrega cualquier documento escrito, dinero, evidencia de título de los mismos, u otra cosa de valor a una tercera persona para que dicha persona la retenga hasta que se produzca un hecho especificado o la ejecución de una condición prescrita, cuando debe ser entregada por dicha tercera persona a un donatario, otorgante, persona que tiene una promesa, prometedor, acreedor, deudor, depositario, fiador, o cualquier agente o empleado de cualquiera de los últimamente nombrados."**

B. <u>Essentials for a Valid Escrow:</u>

B. <u>**Esenciales para una plica válida:**</u>

1. Binding contract between buyer and seller. (May be deposit receipt, agreement of sale, exchange agreement or option.)

1. **Un contrato obligatorio entre el comprador y el vendedor. (Puede ser un recibo de depósito, acuerdo de venta, acuerdo de intercambio o una opción.)**

2. Conditional delivery of transfer instrument (deed) to third party (escrow holder).

2. **La entrega condicional de documento de transferencia (una escritura) a la tercera parte (plica).**

   a. Delivery is accompanied with instructions to deliver instrument on performance of stipulated conditions.

   a. **La entrega es acompañada de instrucciones para entregar el documento sobre la ejecución de condiciones estipuladas.**

   b. If instructions are in conflict with original contract, escrow instructions usually control.

   b. **Si las instrucciones están en conflicto con el contrato original, usualmente predominan las instrucciones de la plica.**

C. <u>Complete Escrow</u>—An escrow that contains all the necessary instructions which reflect the understanding by parties in all essential requirements of the transaction.

C. <u>**Plica completa**</u>—**Una plica que contiene sodas las instrucciones necesarias las cuales reflejan el entendimiento de las partes contratantes de todos los requisitos esenciales de la transacción.**

1. If properly drawn and executed, becomes binding on both parties.
1. **Si está correctamente redactado y ejecutado, se vuelve obligatorio para ambas partes.**

2. Termed "complete" when all terms and instructions have been met.
2. **Es llamada "completa" cuanto todos los términos e instrucciones han sido cumplidos.**

D. <u>Escrow Agent</u>—Acts as agent for both parties (usually buyer and seller, not broker).

D. <u>**Agente de plica**</u>—**Obra como un agente para ambas partes contratantes (usualmente comprador y vendedor, no un corredor).**

1. All escrow agents must be incorporated companies and be licensed by Corporations Commissioner except:

    1.   **Todos los agentes de plica deben ser compañías incorporadas y estar licenciadas por el comisionado de corporaciones excepto:**

        a.   Banks, trust companies, title companies, savings and loan associations, insurance companies, attorneys-at-law.

        a.   **Bancos, compañías fideicomisarias, compañías de títulos, asociaciones de ahorros y préstamos, compañías de seguros y abogados.**

        b.   Real Estate brokers when they represent buyer or seller in original transaction.

        b.   **Corredores de bienes inmuebles cuando ellos representan al comprador o al vendedor en la transacción original.**

E.   <u>Escrow Holder's Responsibilities</u>—As agent for both parties, escrow holder's responsibilities include the following:

E.   <u>**Responsabilidades del poseedor de plica**</u>—**Como un agente para ambas partes, el poseedor de plica tiene las siguientes responsabilidades:**

    1.   Draw instructions that are clear and concise and reflect intentions of parties concerned.

    1.   **Redactar instrucciones que sean claras y concisas y que reflejen las instrucciones de las partes contratantes.**

    2.   Cannot give legal advice to parties.

    2.   **No puede dar consejo jurídico a las partes.**

    3.   Accept no oral instructions.

    3.   **No puede aceptar instrucciones verbales.**

    4.   Maintain and administer a trust account with extreme care.

    4.   **Mantener y administrar una cuenta fiduciaria con extremo cuidado.**

    5.   Maintain strict impartiality between parties.

    5.   **Mantener estricta imparcialidad entre las partes.**

    6.   Divulge no information to third parties without consent of principals.

    6.   **No divulgar información a terceros sin consentimiento de los interesados.**

    7.   Forward all documents promptly to lenders, title company, and principals.

    7.   **Despachar prontamente todos los documentos a los prestamistas, compañía de títulos y partes interesadas.**

    8.   Make prompt settlement at close and issue statements that are clear and easily understood.

    8.   **Hacer una pronta liquidación al cierre y emitir informes claros y fáciles de entender.**

VII.   <u>Closing Statements</u>—Upon close of escrow, buyer and seller must be given a written accounting of all charges, disbursements, prorations, and net disposition of the moneys.

VII.   <u>**Cierre de transacciones**</u>—**Al cerrar la plica, el vendedor y el comprador deben recibir una contabilidad por escrito de todos los cargos, desembolsos, prorateos y disposición neta de dinero.**

A. <u>Debits and Credits</u>—When rendering a closing statement, entries will be shown in one of two columns.

A. **<u>Débitos y créditos</u>—Al rendir un cierre de cuentas, las entradas aparecen en una de las dos columnas.**

    1. <u>Debits</u>—The column on the left lists expense items which the party had to pay for and other deductions made from the proceeds of the sale.

    1. **<u>Débitos</u>—La columna de la izquierda enumera los gastos que la parte contratante tenía que pagar y otras deduccionnes hechas de los ingresos de la venta.**

    2. <u>Credits</u>—The column on the right lists those items the party is entitled to or for which the party receives credit.

    2. **<u>Créditos</u>—Columna de la derecha enumera partidas a las cuales tiene derecho la parte contratante o por las cuales recibe crédito.**

B. <u>Proration</u>—Taxes, prepaid insurance, and accrued interest are usually prorated (divided proportionately) to the day escrow is closed. This requires two accounting steps:

B. **<u>Prorrateo</u>—Impuestos, seguro pagado por adelantado e interés acumulado son usualmente prorrateados (divididos proporcionalmente) hasta el día que se cierra la plica. Esto requiere dos pasos contables:**

    1. Establish who is to be charged and on whose closing statement it will appear:

    1. **Establecer a quién se le va a cobrar y en cuyo informe de cierre de cuentas deberá aparecer:**

        a. If the item has been paid to a period beyond close of escrow—Debit the buyer.

        a. **Si el artículo ha sido pagado por un periodo posterior al cierre de la plica—Cargar al comprador.**

        b. If the item is unpaid by close of escrow, it is said to be short of escrow—Debit the seller.

        b. **Si el artículo no se ha pagado al cierre de la plica, se dice estar corto de plica—Cargar al vendedor.**

    2. Calculate amount of money involved (prorate).

    2. **Calcular la cantidad de dinero envuelto (prorratear).**

        a. Use 30 days as one month.

        a. **Use 30 días como un mes.**

        b. Use 360 days as one year (referred to as banker's year or escrow year).

        b. **Use 360 días como un año (llamado año bancario o año de plica).**

Examples
Ejemplos

    1. <u>Taxes</u>—Annual taxes for fiscal year 06/07 amount to $600.00. Seller has not paid any portion of the taxes and escrow closes November 1, 2006.

    1. **<u>Impuestos</u>—Los impuestos anuales por el año fiscal 06/07' suman $600.00. El vendedor no ha pagado ninguna porción y la plica se cierra el primero de noviembre 2006.**

        a. Who is to be charged?

a.   ¿A quién se le cobra?

Escrow closes November 1, 2006. Taxes have not been paid by close of escrow, therefore, it is short of escrow and the seller pays. (Debited).
La plica cierra el 1 o de noviembre de 2006. Los impuestos no se han pagado al cerrar y por consiguiente está corto de plica y el vendedor paga. (Se le carga).

b.   How much?
b.   **¿Cuánto?**

Seller owes for period covering July 1, 2006 to November 1, 2006 (four months). $600.00 per year ÷ 12 = $50.00 per month. $50.00 per month × 4 months = $200.00
El vendedor debe por un periodo que cubre del 1 o de julio de 2006 al 1 o de noviembre de 2006 (cuatro meses). $600.00 por año ÷ 12 = $50.00 por mes. $50.00 por mes × 4 meses = $200.00

c.   Net Effect:
c.   **Efecto Neto:**

Seller is charged (debit) $200.00 for taxes.
Al vendedor se le cobran (débito) $200.00 por impuestos.

Buyer is credited (credit) $200.00 for taxes.
El comprador recibe (crédito) $200.00 por impuestos.

2.   Insurance—Seller purchased a 3-year insurance policy on the home beginning July 1, 2006 and paid a 3-year premium of $144.00 in advance. Buyer was to take over existing policy as of close of escrow November 1, 2006.

2.   **Seguro—El vendedor ha comprado una póliza de seguro sobre la casa por un periodo de 3 años comenzando el 1 o de julio de 2006 y pagó una prima de 3 años por $144.00 por adelantado. El comprador tiene que asumir la póliza existente al cierre de la plica, el 1 o de noviembre de 2006.**

a.   Who is to be charged?
a.   **¿A quién se le cobra?**

Escrow closes November 1, 2006; the policy was paid to July 1, 2009 (beyond close of escrow), therefore, buyer pays (Debited).
La plica cierra el 1 o de noviembre de 2006; la póliza está pagada hasta el 1 o de julio de 2009 (más allá del cierre de la plica), por consiguiente, el comprador paga (se le carga).

b.   How much?
b.   **¿Cuánto?**

Seller paid for insurance up to July 1, 2009. Buyer receives benefit of prepaid insurance from close of escrow (November 1, 2006) to expiration date (July 1, 2009) and, therefore, must reimburse seller for the unused amount.
El vendedor pagó por el seguro hasta el 1 o de julio de 2009. El comprador recibe el beneficio del seguro pagado por anticipado desde el cierre de la plica (1 o de noviembre de 2006) hasta la fecha de expiración de la póliza (1 o de julio de 2009) y, por consiguiente, debe reembolsar al vendedor por la cantidad no usada.

November 1, 2006 to July 1, 2009 = 32 months
1 o de noviembre de 2006 a 1 o de julio de 2009 = 32 meses

144 ÷ 36 months = \$4.00 per month × 32 months = \$128.00
144 ÷ 36 meses = 14.00 por mes × 32 meses = \$128.00

   c.　Net Effect
   c.　Efecto neto

Buyer is charged (debit) \$128.00 for insurance.
Al comprador se le cobra (débito) \$128.00 por seguro.

Seller is credited (credit) \$128.00 for unused portion.
El vendedor recibe (crédito) \$128.00 por la porción no usada.

3.　Interest—Seller has existing first trust deed with a balance of \$25,000, payable \$188.00 per month including interest at 7.2%. The last payment made by the seller covered the interest to October 1, 2005. Buyer is to assume the existing loan as of close of escrow on November 1, 2005.

3.　**Interés—El vendedor tiene una primera escritura fiduciaria vigente con un balance de \$25,000. Con pagos mensuales de \$188.00 incluyendo un interés al 7.2%. El último pago hecho por el vendedor cubrió el interés hasta el 1 o octubre de 2005. El comprador asume el préstamo existente al cierre de la plica el 1 o de noviembre de 2005.**

   a.　Who is to be charged?
   a.　¿A quién se le cobra?

Escrow closes November 1, 2005. The interest has only been paid to October 1, 2005 and is, therefore, short of escrow, so seller pays. (Debited).
La plica cierra el 1 o de noviembre de 2005. El interés ha sido pagado solamente hasta el 1 o de octubre de 2005 y está, por consiguiente, corto de plica así que el vendedor paga (se le carga).

   b.　How much?
   b.　¿Cuánto?

Seller owes one month's interest.
El vendedor debe un mes de interés.

\$25,000 ÷ 7.2% = \$1,800 ÷ 12 = \$150.00

   c.　Net Effect
   c.　Efecto Neto

Seller is charged (debit) \$150.00 for accrued interest.
Al vendedor se le cobran (débito) \$150.00 por interés acumulado.

Buyer is credited (credit) \$150.00 for accrued interest.
El comprador recibe crédito de \$150.00 por interés acumulado.

C.　Typical Closing Statement—A simplified buyer's and seller's closing statement appears below based on following sales information.

C. <u>**Cierre típico de cuenta**</u>—**Un cierre de cuenta simplificado de vendedor y comprador aparece abajo basado en la siguiente información de ventas.**

Property sold for $150,000. Buyer was to pay $50,000 cash and assume the existing first trust deed of $100,000 payable $940.00 including interest of 7.2% Buyer had given $10,000 cash as initial down payment. Seller had paid interest to October 1, 2005. Annual taxes were $1,200.00 and were unpaid. Buyer was to take over existing three-year fire insurance policy that had a beginning date of July 1, 2004. The 3-year premium of $432.00 had been prepaid. Escrow expenses of $380.00 were to be split between the parties. Seller was to pay for title insurance policy amounting to $148.00 and a 6% commission to the broker. Escrow closed November 1, 2005.

La propiedad se vendió por $150,000. El comprador iba a pagar $50,000 en efectivo y asumir la primera hipoteca vigente de $100,000 pagadera a $940.00 mensuales incluyendo un interés de 7.2%. El comprador había dado $10,000.00 en efectivo como pago inicial. El vendedor había pagado interés hasta el 1 o de octubre de 2005. Los impuestos anuales eran $1,200.00 y estaban sin pagar. El comprador se iba a hacer cargo de la póliza de seguro contra incendios que tenía una fecha inicial del 1 o de julio de 2004. La prima por 3 años de $432.00 había sido pagada por adelantado. Los gastos de plica de $380.00 fueron pagados por partes iguales por el vendedor y el comprador. El vendedor iba a pagar por la póliza del seguro del título la cantidad de $148.00 y una comisión de 6% al corredor de bienes inmuebles. La plica cerró el 1 o de noviembre de 2005.

<u>Seller's Statement</u>

Cuenta del vendedor

Debit **Débito**		Credit **Crédito**	
First Trust Deed **Primera hipoteca**	$100,000.00	Selling Price **Precio de venta**	$150,000.00
Commission **Comisión**	9,000.00	Prepaid Insurance **Seguro pagado por adelantado.**	240.00
Property Taxes **Impuestos de propiedad**	400.00		
Title Insurance **Seguro del título**	148.00		
Escrow **Plica**	190.00		
Interest **Interés**	600.00		
	$110,338.00		
Cash to seller **Fondos al vendedor**	39,902.00		
	$150,240.00		$150,240.00

Buyer's Statement
Cuenta del comprador

Purchase Price **Precio de compra**	$150,000.00	First Trust Deed **Primera hipoteca**	$100,000.00
Escrow Fee **Plica**	190.00	Cash Down **Pago inicial**	10,000.00
Prepaid Insurance **Seguro pagado por adelantado**	240.00	Accrued Interest **Interés acumulado**	600.00
		Property Taxes **Impuestos de propiedad**	400.00
			$111,000.00
		Final Payment **Pago final**	39,430.00
	$150,430.00		$150,430.00

Chapter 4 Capítulo 4

Business Opportunities and Land Descriptions

Oportunidades de Negocios y Descripciones de Terreno

A real estate license permits the licensee to sell a business opportunity, including a franchise. Anyone involved in real estate should also be familiar with the subject of business opportunities particularly in the area of bulk sales, personal property loans, California sales and use tax, alcoholic beverage and control act, financial statements, and franchise investment law.

Una licencia de bienes raíces permite al agente o corredor vender una oportunidad de negocio, incluyendo una concesión. Cualquier individuo envuelto en la profesión de bienes raíces debe también estar familiarizado con el tema de oportunidades de negocios particularmente en el área de ventas de mayoreo, préstamos sobre propiedad personal, impuesto de ventas y uso de California, acta de control de bebidas alcohólicas, declaraciones financieras y la ley de inversión en concesiones.

I.   <u>Business Opportunity</u>—Involves the sale of personal property (a chattel or chose) which may include the sale of inventory, fixtures, goodwill, a franchise, or the assignment of a lease or license.

I.   **<u>Oportunidad de negocios</u>—Incluye la venta de propiedad personal (bien mueble u objeto), lo cual puede comprender la venta de inventario (mercancías), accesorios, buena reputación, una concesión o la asignación (traspaso) de un arrendamiento o una licencia.**

    A. <u>Bill of Sale</u>—Document used to transfer title to personal property. Requires:

    A. **<u>Comprobante de venta o factura</u>—Documento usado para transferir título en propiedad personal. Requiere:**

        1. <u>Description of Property</u>

        1. **<u>Descripción de la propiedad</u>**

        2. <u>Name of Buyer</u>

        2. **<u>Nombre del comprador</u>**

        3. <u>Signature of Seller </u>(No acknowledgment)

        3. **<u>Firma del vendedor </u>(No necesita reconocerse ante notario)**

<u>NOTE:</u> Date is usually shown but not mandatory.

<u>Nota:</u> Generalmente lleva la fecha, pero no es obligatorio.

    B. <u>Other Definitions</u>

    B. **<u>Otras definiciones</u>**

        1. <u>Goodwill</u>—Expectation of continued patronage.

        1. **<u>Buena reputación</u>—Expectativa de clientela continua.**

2. <u>Inventory</u>—Complete list of stock being transferred. Inventory is not listed in Bill of Sale due to length; merely shown as a total dollar figure.

2. **<u>Inventario</u>—Lista completa de las mercancías que se transfieren. Cuando la lista del inventario es muy larga no se escribe en la factura. Basta con escribir la cantidad total en dólares.**

3. <u>Turnover</u>—Number of times average amount of inventory is sold over given period of time.

3. **<u>Movimiento</u>—La cantidad de veces que una cantidad promedio de mercancías es vendida en un periodo de tiempo determinado.**

C. <u>Listing</u>

C. **<u>Contrato de venta</u>**

1. Can be oral, since it is an employment contract for the sale of personal property.

1. **Puede ser verbal, puesto que es un contrato de empleo para la venta de propiedad personal.**

2. If exclusive, must have definite termination date.

2. **Si el contrato es exclusivo, debe tener una fecha de terminación definida.**

II. <u>Bulk Sales</u>—Controlled by Division 6 of the Uniform Commercial Code. Designed to warn transferor's creditors of the pending transfer.

II. **<u>Ventas al mayoreo</u>—Están controladas por la división 6 del Código Comercial Uniforme. Está concebido para advertir a los acreedores del cedente de un traspaso pendiente.**

A. <u>Application</u>—Applies to retail or wholesale, merchants, bakers, restaurants, and other service type businesses when they sell a substantial portion of their materials, supplies, merchandise, equipment, or other inventory, not in the ordinary course of their business.

A. **<u>Aplicación</u>—Se aplica a todo comerciante mayorista o minoristas, panaderos, restaurantes y otros negocios de servicios cuando venden una cantidad considerable de sus materiales, provisiones, mercancías, equipos u otros inventarios, no en el curso ordinario de sus negocio.**

B. <u>Requirements</u>—Transferee (purchaser) must give public notice twelve days before transfer. "Notice of Intention to Sell" must be:

B. **<u>Requisitos</u>—El comprador debe dar aviso público 12 días antes de efectuarse la transferencia. El aviso de intención de vender debe ser:**

1. Recorded at county recorder's office. (Notice will not show names of creditors.)

1. **Registrado en la oficina del registrador del condado. (El aviso no mostrará los nombres de los acreedores.)**

2. Published in legal notices section of newspaper.

2. **Publicado en la sección de avisos judiciales de un periódico local.**

3. Sent to county tax collector.

3. **Enviado al recaudador de impuestos del condado.**

C. <u>Validity of Sale</u>—When parties do not comply with "Bulk Sales" law, sale is still valid between the parties but is considered fraudulent and void against creditors. Only creditors can void transaction, not seller or buyer.

    C. <u>Válidez de la venta</u>—**Cuando las partes contratantes no cumplen con la ley de ventas al mayoreo, la venta es aún válida entre las partes pero es considerada fraudulenta y nula ante los acreedores. Solamente los acreedores pueden anular la transacción, no el vendedor ni el comprador.**

III. <u>Personal Property Loans</u>—(Technically referred to as "Security Transactions in Personal Property")—Division 9 of the Uniform Commercial Code covers most transactions intended to create a security interest in personal property.

III. **<u>Préstamos sobre propiedad personal</u>—(Técnicamente llamadas "transacciones garantizadas en la propiedad personal")—La división 9 del Código Comercial Uniforme cubre la mayor parte de las transacciones que pretenden crear un interés con garantía en la propiedad personal.**

    A. <u>Documents</u>—When personal property (other than motor vehicles, inventory items of $500 per unit or more and some types of consumer goods) is used to secure a loan, the following documents are created:

    A. **<u>Documentos</u>—Cuando se usa propiedad personal (exceptuando de bienes de consumo, vehículos de motor, artículos de inventario de $500 por unidad o más) para garantizar un préstamo, son creados los siguientes documentos:**

        1. <u>Promissory Note</u>—Evidence of debt and is held by lender.

        1. **<u>Pagaré</u>—Es una evidencia de la deuda y es retenida por el prestamista.**

        2. <u>Security Agreement</u>—Similar to a chattel mortgage and is used to secure the promissory note. Sets forth provisions which allows creditor to force the sale of secured property to satisfy debt if unpaid.

        2. **<u>Acuerdo de garantía</u>—Similar a una hipoteca de bienes muebles y usado para garantizar el pagaré. Expone las provisiones que permiten al acreedor obligar la venta de la propiedad usada como garantía para satisfacer la deuda si ésta no ha sido pagada.**

        3. <u>Financing Statement</u>—Document used to give public notice of transaction and to perfect the security interest.

        3. **<u>Declaración financiera</u>—Documento usado para dar aviso público de la transacción y perfeccionar el interés de la garantía.**

            a. If secured property is crops, timber to be cut or consumer goods—file with County Recorder.

            a. **Si la propiedad de la garantía son cultivos, madera para cortar o bienes de consumo debe registrarse en la oficina del registrador del condado.**

            b. On all other secured property—file with Secretary of State.

            b. **Todas las otras propiedades de garantía se registran en la oficina de la Secretaría del Estado.**

    B. <u>Release or Termination Statement</u>—Multipurpose form used to:

    B. **<u>Declaración de liberación o terminación</u>—Forma de propósito múltiple usada para:**

        1. Make amendments.

        1. **Hacer correcciones.**

        2. Extend the agreement beyond the five-year effective period.

        2. **Extender el acuerdo más alla del periodo efectivo de cinco años.**

3   Terminate the agreement.

3.   Cancelar el acuerdo.

4.   Release a portion or remainder of the goods.

4.   Entregar una porción o el resto de los artículos o bienes.

5.   Assign the interest.

5.   Asignar el interés.

IV.   <u>California Sales and Use Tax</u>—A tax is imposed upon all retailers for the privilege of selling tangible personal property (Sales Tax) and a tax imposed on the use or consumption of personal property purchased outside the state but to be used within California (Use Tax).

IV.   <u>Impuesto de ventas y uso de California</u>—Un impuesto que se cobra a todos los comerciantes minoristas por el privilegio de vender propiedad personal material (impuesto de ventas) y un impuesto que se cobra por el uso o consumo de propiedad personal comprada fuera del estado pero para ser usada dentro de California (impuesto de uso).

A. <u>Key Provisions</u>

A. <u>Provisiones claves</u>

1.   <u>State Board of Equalization</u>—Issues permits, collects taxes, and administers law.

1.   <u>Junta estatal de compensación</u>—Expide permisos, recauda impuestos y administra la ley.

2.   <u>Seller's Permit</u>—Required of every seller whether wholesaler or retailer.

2.   <u>Permiso de vendedor</u>—Se requiere de todo vendedor, sea mayorista o minorista.

3.   <u>Rate of Tax</u>—7.25% of gross sales price. Some counties impose additional tax to support transit district.

3.   <u>Tasa de impuesto</u>—7.25% del precio de venta total debe declararse por separado. Algunos condados imponen gravamen adicional para sostener los distritos de tránsito.

4.   <u>Penalties</u>—10% for late filing plus 25% of delay due to fraud or evasion.

4.   <u>Multas</u>—10% por declarar tardíamente más 25% si la demora es debida a fraude o evasión.

5.   <u>Unlawful Advertising</u>—Retailer cannot imply that tax is being absorbed or will not be added to sales price.

5.   <u>Publicidad ilícita</u>—El comerciante al menudeo no puede dar a entender que el impuesto es absorbido o que no será agregado al precio de venta.

B. <u>Sale of a Business</u>—Sales tax collected and protective procedures that should be taken:

B. <u>Venta de un negocio</u>—Impuesto de ventas recaudado y procedimientos protectores que se deben tomar:

1.   <u>Sales Tax</u>—State charges sales tax on total value of personal property sold, including showcases, furniture, fixtures, office equipment, vehicles, etc. No tax charge on value of:

1. <u>Impuesto de ventas</u>—**El estado cobra impuesto de ventas sobre el valor total de la propiedad personal vendida, incluyendo vitrinas, muebles, accesorios, equipos de oficina, vehículos, etc. No se cobra impuesto sobre el valor de:**

    a. Stock in trade that is to be sold later at retail.

    a. **Existencias de mercancía que será vendida al menudeo en fecha posterior.**

    b. Goodwill.

    b. **Buena reputación.**

    c. Accounts receivable.

    c. **Cuentas por cobrar.**

2. <u>Protective Procedures</u>—Buyers should verify that seller has no sales tax liability to state.

2. <u>**Procedimientos protectivos**</u>—**El comprador debería verificar que el vendedor no tiene responsabilidad ante el estado por impuesto de ventas.**

    a. <u>Successor's Liability</u>—Buyer is liable for any outstanding tax liability of seller. Buyer should contact State Board to verify.

    a. <u>**Responsabilidad del sucesor**</u>—**El comprador es responsable por cualquier deuda pendiente de impuestos del vendedor. El comprador debe verificar con la Junta Estatal de Compensación.**

    b. <u>Clearance Receipt</u>—Obtained from State Board to show seller has no tax liability outstanding.

    b. <u>**Recibo de liquidación**</u>—**Obtenido de la Junta Estatal de Compensación para mostrar que el vendedor no tiene responsabilidad de impuestos pendiente.**

V. <u>Alcoholic Beverage Control Act</u>—Administered by Department of Alcoholic Beverage Control. Any business that sells alcoholic beverages would be controlled by the act and would require a license.

V. <u>**Acta de control de bebidas alcohólicas**</u>—**Es administrada por el Departamento de Control de Bebidas Alcohólicas. Cualquier negocio que venda bebidas alcohólicas será controlado por el acta y requerirá una licencia.**

A. <u>Eligible Parties</u>—License can be issued or transferred to qualified adult persons, partnerships, fiduciaries, and corporations.

A. <u>**Partes elegibles**</u>—**La licencia puede ser expedida o transferida a una persona adulta calificada, sociedades, fiduciarios y corporaciones.**

1. Applicant must be of good moral character.

1. **El aplicante debe ser de buen carácter moral.**

2. Every licensee and officer of corporation must be fingerprinted. If only one spouse applies, other spouse must also submit prints.

2. **Cada licenciado y funcionario de la corporación que obtenga una licencia debe hacerse tomar las huellas digitales. Si es solo un cónyuge, el otro también debe someterse a la toma de huellas digitales.**

3. Bona fide club must have been in operation for at least one year.

3. **Un club legal y auténtico debe haber estado en operación por lo menos un año.**

B. <u>Types of Licenses</u>—Based on type of beverage sold and where consumed.

B. <u>Tipos de licencias</u>—Se basan en el tipo de bebida que se vende y dónde se consume.

1. Types of Beverage:

1. Tipos de bebida:

a. Liquor—General License.

a. Licor—Licencia general.

b. Beer—Beer License.

b. Cerveza—Licencia para vender cerveza.

c. Wine—Wine License.

c. Vino—Licencia para vender vino.

2. Where Consumed:

2. Dónde se consume:

a. On premises—On-sale license.

a. En el local—Licencia para vender bebidas que se consumen dentro del local.

b. Off premises—Off-sale license.

b. Fuera del local—Licencia para vender bebidas que se consumen fuera del local.

C. <u>Fees</u>—A $12,000 fee must accompany an application for an original on-sale or off-sale general (Liquor) license; $4,500 for a seasonal business. Sale price of license cannot exceed $12,000 unless license is older than five years.

C. <u>Valor de las licencias</u>—$12,000 es el valor de la solicitud para obtener una licencia general (licor) para venta de bebidas alcohólicas que se consumen dentro o fuera del local; $4,500 para un negocio por temporada. El precio de venta de la licencia no puede ser más de $12,000 a menos que tenga más de cinco años de haber sido expedida.

D. <u>Restrictions</u>—Premises in immediate vicinity of a school, church, or public playground may be disapproved. Number of licenses in each county limited by number of persons in each county.

D. <u>Restricciones</u>—Si el establecimiento está localizado en la vecindad inmediata de una escuela, iglesia o campo de juegos, la licencia puede que no sea aprobada. El número de licencias en cada condado está limitado por el número de habitantes de dicho condado.

VI. <u>Financial Statements</u>—A licensee engaged in the sale of a business opportunity must have some basic understanding of financial statements in order to analyze a going concern. The two important statements are the Balance Sheet and Profit and Loss Statement.

VI. <u>Estados financieros</u>—Un agente o corredor en bienes raíces ocupado en la venta de oportunidades de negocio debe tener algún entendimiento básico de estados financieros para así poder analizar una empresa en funcionamiento. Los dos documentos más importantes son la del balance general y del estado de ganancias y pérdidas.

A. <u>Balance Sheet</u>—A statement of the financial position at a given point of time, listing assets, liabilities, and net worth (owners' equity).

A. **<u>Balance general</u>—Un estado de la posición financiera de un negocio en un momento dado y que incluye activos, pasivos y valor neto, siendo esto último el capital propio del dueño.**

   1. <u>Assets</u>—The economic resources of a company or what is owned. Includes:

   1. **<u>Activos</u>—Recursos económicos de una compañía o lo que se posee. Incluye:**

      a. Cash and securities.

      a. **Dinero en efectivo y valores negociables.**

      b. Accounts receivable.

      b. **Cuentas por cobrar.**

      c. Stock in trade—inventory.

      c. **Existencias de mercancía—inventarios.**

      d. Real estate and equipment.

      d. **Bienes raíces y equipos.**

      e. Prepaid insurance, rents, or taxes.

      e. **Seguros, arrendamientos e impuestos pagados por adelantado.**

      f. Goodwill.

      f. **Buena reputación.**

   2. <u>Liabilities</u>—Creditor's claims or what is owed. Includes:

   2. **<u>Pasivos</u>—Derechos de acreedores o lo que se debe. Incluye:**

      a. Accounts or notes payable.

      a. **Cuentas o pagarés por pagar.**

      b. Accrued wages, salaries, or commissions.

      b. **Sueldos, salarios, o comisiones acumuladas.**

      c. Interest due on loans.

      c. **Interés debido sobre préstamos.**

      d. Unpaid taxes.

      d. **Impuestos por pagar**

   3. <u>Net Worth</u>—Represents owner's equity or difference between assets and liabilities.

   3. **<u>Valor neto</u>—Representa la capital propio del dueño o sea la diferencia entre activos y pasivos.**

Accounting Equation	Ecuacion de Contabilidad
Net Worth = Assets – Liabilities	**Valor Neto = Activos – Pasivos**
Assets = Liabilities + Net Worth	**Activos = Pasivos + Valor Neto**
Liabilities = Assets – Net Worth	**Pasivos = Activos – Valor Neto**

B. <u>Profit and Loss Statement</u>—Shows the revenues, expenses, and net income (or loss) for a given period of time.

B. **<u>Estado de ganancias y pérdidas</u>—Muestra los ingresos, gastos y ganancia neta (o pérdida) por un periodo de tiempo determinado.**

1. <u>Revenues</u>—May be sales of goods or services.
1. **<u>Ingresos</u>—Puede ser por venta de bienes o servicios.**

2. <u>Expenses</u>—Includes cost of goods sold, rent, taxes, advertising, wages, and commissions.
2. **<u>Gastos</u>—Incluye costo de los bienes vendidos, arrendamientos, impuestos, publicidad, sueldos y comisiones.**

3. <u>Net Income (or Loss)</u>—Difference between revenues and expenses.
3. **<u>Ganancia neta (o pérdida)</u>—Es la diferencia entre los ingresos y los gastos.**

VII. <u>Franchise Investment Law</u>—1971 California law controlling the offering and sale of franchises in California.
VII. **<u>Ley de inversión en concesiones</u>—La ley del Estado de California promulgada en 1971 y que controla oferta y venta de concesiones en dicho Estado.**

A. <u>Definitions</u>
A. **<u>Definiciones</u>**

1. <u>Franchise</u>—Agreement between two parties whereby one party is permitted to operate a business under guidance and control of other party and operated under a common trademark, trade name, product, or system.
1. **<u>Concesión</u>—Acuerdo entre dos partes contratantes por medio del cual se le permite a una de las partes operar un negocio bajo la guía y control de la otra parte y operar bajo una marca registrada común, nombre comercial, producto o sistema.**

2. <u>Franchisor</u>—Party who owns name, products, or trademark.
2. **<u>Concesionista</u>—Parte que es dueña del nombre, producto o marca registrada.**

3. <u>Franchisee</u>—Party who pays fee for use of Franchisor's name, product, or trademark.
3. **<u>Concesionario</u>—La parte que paga los honorarios por el uso del nombre, producto o marca registrada del concesionista.**

B. <u>Permit</u>—Before most franchises can be offered for sale in California, a permit must be obtained from California Commissioner of Corporations.
B. **<u>Permiso</u>—Antes de ofrecer una concesión para la venta en California, debe obtenerse un permiso del Comisionado de Corporaciones de California.**

C. <u>Exemptions</u>—Franchisor is exempt from obtaining permit if:
C. **<u>Exenciones</u>—El concesionista está exento de obtener un permiso si:**

1. Franchisor has a net worth of $5,000,000 or has a net worth of $1,000,000 and is 80% owned by parent corporation that has $5,000,000 net worth.
1. **El concesionista tiene un capital neto de $5,000,000 o tiene un capital neto de $1,000,000 y en un 80% es propiedad de una corporación que tiene un capital neto de $5,000,000.**

2. Had 25 franchises operating continuously for 5 years before the offer or sale.
2. **Ha tenido 25 concesiones en operación continua por 5 años antes de la oferta o venta.**

D. Licenses—Anyone acting as an agent for the seller of a franchise covered under the law must be one of the following:

D. **Licencias—Cualquier persona que actúa como agente para el vendedor de una concesión amparada por la ley debe ser uno de los siguientes:**

1. A licensed real estate salesperson or broker.

1. **Un corredor o vendedor de bienes raíces con licencia.**

2. Broker—dealer or agent licensed by the Commissioner of Corporations.

2. **Un corredor—comerciante o un agente licenciado por el Comisionado de Corporaciones.**

E. Full Disclosure—It is the purpose of the law to provide the prospective franchisee with full and complete information regarding the contract and relationship.

E. **Revelación completa—Es el propósito de la ley proveer al futuro concesionario con información plena y completa en cuanto al contrato y la relación.**

1. Disclosures must be made 10 days before contract is executed.

1. **Las revelaciones deben hacerse 10 días antes de ejecutarse el contrato.**

2. Disclosures to be made are outlined in the law.

2. **Las revelaciones que deben hacerse están resumidas en la ley.**

Land Descriptions
Descripciones de Terreno

Every parcel of land sold, leased or mortgaged, must be properly identified or legally described. The three methods of legally describing land are: Metes and bounds; U.S. Government survey section and township system; recorded tract, map, or lot and block system.
Cada parcela de terreno vendida, arrendada o hipotecada debe ser propiamente identificada o legalmente descrita. Los tres métodos para describir un terreno legalmente son: mediciones y límites; sistema topográfico de secciones y municipios del gobierno de los Estados Unidos; terreno, mapa o sistema de lote y bloque registrados.

I. Metes and Bounds—A means of encircling or enclosing a given area by measuring off certain distances (metes) from a beginning point to other given points (bounds) and eventually returning to the point of beginning.
I. **Mediciones y límites—Un medio de circunvalar o incluir un área dada midiendo ciertas distancias desde un punto inicial a otros puntos dados y, eventualmente, regresando al punto inicial.**

   A. General Information
   A. **Información general**

      1. Used to describe irregularly shaped parcels of land.
      1. **Usada para describir parcelas de terreno de forma irregular.**

      2. Lengthy and unintelligible to anyone but a civil engineer or surveyor.
      2. **Largo e incomprensible para quien no sea ingeniero civil o topógrafo.**

      3. Metes are measures of length; inches, feet, yards; (links, chains, rods are old measures seldom used today).
      3. **Las mediciones son medidas de longitud; pulgadas, pies, yardas; (eslabones, cadenas, varillas son medidas antiguas raramente usadas en el presente).**

      4. Bounds are measures of boundaries, using markers or monuments.
      4. **Los límites son medidas de linderos, usando marcadores o monumentos.**

         a. Natural—river, tree, lake, rocks.
         a. **Natural—río, arbor, lago, rocas.**

         b. Artificial—canals, highways, stakes, stones.
         b. **Artificial—canales, carreteras, postes, piedras.**

      5. Bench Mark—A mark on a fixed or enduring object used as an elevation point by a surveyor.
      5. **Marca de banco—Una marca sobre un objeto fijo o duradero usado como un punto de elevación por el topógrafo.**

B. <u>Angular Lines</u>—Many surveys using a metes and bounds description are based on angles and directions from a North and South line.

B. <u>Líneas angulares</u>—**Muchas demarcaciones que usan descripción de mediciones y límites están basadas en angulos y direcciones de una línea norte y sur.**

1. North and South line is obtained with a compass.

1. **La línea norte y sur es obtenida con un compás.**

2. Angles are the deflection from the North line or from the South line. Deflections will be to the East or West of the North and South lines.

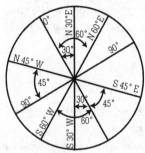

2. **Angulos son la desviación de la línea norte o la línea sur. Las desviaciones serán al este (oriente) u oeste (occidente) de las líneas norte y sur.**

a. There are 360 degrees in a circle, 180 degrees in a half circle.

a. **Hay 360 grados en un círculo, 180 grados en medio círculo.**

b. Each degree is divided into 60 minutes.

b. **Cada grado está dividido en 60 minutos.**

c. Each minute is divided into 60 seconds.

c. **Cada minuto está dividido en 60 segundos.**

d. The "Bearing" of a course is described by measuring easterly or westerly from the North and South lines.

d. **La dirección de un curso es descrita midiendo en dirección este u oeste desde las líneas norte y sur.**

C. <u>Typical Problem</u>—Metes and Bounds description over a Plat Map. Plot the following on the Plat Map below:

C. <u>Problema tipico</u>—**Descripción de medición y límites sobre el mapa de una parcela. Traza lo siguiente en el plano siguiente:**

Beginning at a point on the southerly side of ACT Street, 175 feet West of the southwest corner of the intersection of ACT Street and Palm Avenue; thence due South 200 feet to a point along the North side of "D" Street; thence due East 100 feet along the North side of "D" Street; thence 200 feet due North to a point along the South side of "C" Street; then 100 feet West to the beginning point.

Empezando en un punto sobre el lado sur de la calle "C", 175 pies al oeste (occidente) de la esquina suroeste (suroccidente) de la intersección de la calle y Avenida Palma; de allí derecho al sur 200 pies a un punto a lo largo del lado norte de la calle "D"; desde allí derecho al Este (Oriente) 100 pies a lo largo del lado norte de la calle "D"; desde allí 200 pies derecho al norte a un punto a lo largo del lado sur de la calle "C"; luego 100 pies hacia el oeste (occidente) al punto inicial.

1. What is the total area contained in the above metes and bounds description?
1. **¿Cuál es el área contenida en la descripción de medición y límites de arriba?**

    100 feet × 200 feet = 20,000 square feet
    100 pies × 200 pies = 20,000 pies cuadrados

2. Which lots are bisected by the description? Lots 11, 12, 17, and 18.
2. **¿Cuáles lotes son bisectados por la descripción? Los lotes 11, 12, 17, y 18.**

II. <u>U.S. Government survey Section and Township System</u>—In 1785, Congress adopted a standard system of describing lands in the U.S. based on a series of rectangular parcels which were located after extensive surveys (system is used in 30 of the 50 states).

II. **<u>Sistema topográfico de secciones y municipios del gobierno de los estado unidos</u>—En 1785 el Congreso adoptó un sistema uniforme para describir las tierras en los Estados Unidos basado en unas series de parcelas rectangulares que fueron localizadas después de extensos estudios (el sistema es usado en 30 de los 50 estados).**

A. <u>Base and Meridian Lines</u>—surveyors needing starting points to begin surveys used the intersection of an imaginary East and West line (Base) and North and South line (Principal Meridian). Due to its peculiar shape, California required three Base and Meridian lines. These are the:

A. **<u>Líneas de base y meridiano</u>—Los topógrafos necesitando un punto inicial para empezar la medición, usaron la intersección de una línea imaginaria este y oeste (base) y otra línea norte—sur (meridiano principal). Debido a su forma peculiar, California requirió tres líneas base y tres líneas meridianas. Estas son:**

1. Humbolt Base and Meridian.
1. **Las líneas base y meridiano de humbolt.**

2. Mt. Diablo Base and Meridian.
2. **Las líneas base y meridiano de mt. diablo.**

3.   San Bernardino Base and Meridian.

3.   Las líneas base y meridiano de san bernardino.

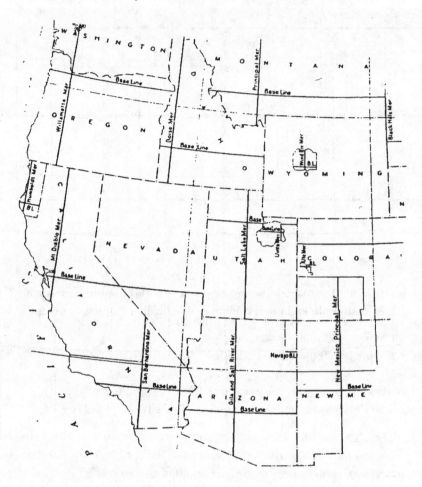

B.   <u>Townships</u>—Townships were formed as follows:

B.   <u>Municipios</u>—Los municipios se formaron de la siguiente manera:

1.   <u>Range Lines</u>—From the intersection of the Base and Meridian lines, surveyors moved along the Base line to the East and West of the Meridian and at each six-mile interval, ran a North and South line called Range Line.

1.   <u>Líneas de cadena</u>—Desde la intersección de las líneas de base y meridiano, los topógrafos se movieron a lo largo de la línea de Base hacia el Este (oriente) y el oeste (occidente) del meridiano y a cada intervalo de 6 millas trazaron líneas al norte y al sur llamadas líneas de cadena.

2.   <u>Township Lines</u>—Moving along the Meridian line to the North and South of the Base line at each six-mile interval, they ran East and West lines called Township Lines.

2.   <u>Líneas municipales</u>—Moviéndose a lo largo de la línea meridiano hacia el norte y el sur de la línea de base y a cada intervelo de 6 millas trazaron líneas al este y oeste llamadas líneas municipales.

3.   <u>Townships</u>—The resulting grid of squares containing about 36 square miles were called Townships. (Due to the curvature of the earth, Townships are not square).

3. Municipios—El enrejado de cuadrados resultante con casi 36 millas cuadradas fue llamado municipio. (Debido a la curvatura de la tierra, los municipios no son exactamente cuadrados).

4. <u>Numbering</u>—Two numbers were assigned to each square.

4. **Numeración—Dos números fueron asignados a cada cuadrado.**

a. <u>Township Number</u>—First row running along and above Base line was assigned "Township 1 North"; the second row, "Township 2 North"; etc. The first row below Base line was assigned "Township 1 South"; the second row, "Township 2 South"; etc.

a. **Número de municipio—La primera fila que corre a lo largo y hacia arriba de la línea base fue designada "Municipio 1 norte"; la segunda fila, "Municipio 2 norte"; etc. La primera fila debajo de la línea base fue designada "Municipio 1 sur"; la segunda fila, "Municipio 2 sur"; etc.**

b. <u>Range Number</u>—First row or stack of squares to the right and running parallel to the Meridian line were numbered "Range 1 East"; the second row, "Range 2 East"; etc. First row or stack of squares to the left and running parallel to the Meridian line were numbered "Range 1 West"; the second row, "Range 2 West"; etc.

b. **Número de cadena—La primera hilera de cuadrados a la derecha y corriendo paralela al meridiano se numeró "cadena uno este"; la segunda, "cadena dos este";**

etc. **La primera fila a la izquierda y paralela al meridiano se numeró "cadena uno oeste"; la segunda, "cadena dos oeste" etc.**

C. <u>Sections</u>—Townships are divided into 36 squares called Sections.

C. <u>**Secciones**</u>—**Los municipios están divididos en 36 cuadrados llamados secciones.**

1. Sections are numbered from 1 to 36.

1. **Las secciones son numeradas de 1 a 36.**

2. Section 1 is in the northeast corner of the township.

2. **La sección se halla en la esquina noreste (nororiente) del municipio.**

3. Numbering moves from number 1 to the West and East alternately.

3. **La numeración se hace desde el número 1 hacia el oeste, o sea hacia la izquierda y hacia el este alternativamente, o sea hacia la derecha.**

4. Section 36 is in the southeast corner.

4. **La sección 36 está en la esquina sureste.**

5. Each section is one mile square.

5. **Cada sección tiene una milla cuadrada.**

6. Each section contains 640 acres.

6. **Cada sección contiene 640 acres.**

6	5	4	3	2	1
7	8	9	10	11	12
18	17	16	15	14	13
19	20	21	22	23	24
30	29	28	27	26	25
31	32	33	34	35	36

D. <u>Fractional Sections</u>—Each section can be divided into smaller parcels.

D. <u>**Fracciones de sección**</u>—**Cada sección puede ser dividida en parcelas de menor tamaño.**

1. Quarter of a section—160 acres.

1. **Cuarto de una sección—160 acres.**

2. Quarter of a quarter of a section—40 acres.

2. **Cuarto de un cuarto de una sección—40 acres.**

3. Quarter of a quarter of a quarter of a section—10 acres.

3. **Cuarto de un cuarto de un cuarto de una sección—10 acres.**

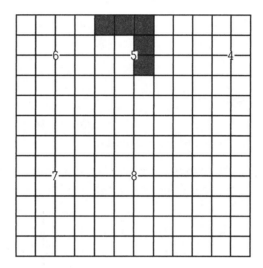

E. <u>Locating a Parcel</u>—The shaded area below would be described as noted below:

E. <u>**Localización de una parcela**</u>—**El área sombreada del dibujo podría ser descrita como se anota a continuación:**

NW 1/4 of the SE 1/4. and the W 1/2 of the NE 1/4 and the N 1/2 of the NW 1/4 of Section 5.

El cuarto noreste (noroccidente) del cuarto sureste (suroriente) y la mitad oeste (occidental) del cuarto noreste (nororiente) y la mitad norte del cuarto noroeste (noroccidente) de la Sección 5.

1. What is the total area in the above description? Two approaches can be used to find the solution.

1. **¿Cuál es el área total de la descripción anterior? Hay dos maneras de considerar el problema que se pueden usar para encontrar la solución.**

   a. Since each square contains 40 acres and there are five shaded squares, the answer is 200 acres.

   a. **Como cada cuadrado contiene 40 acres y hay cinco cuadrados sombreados, la respuesta es 200 acres.**

   b. Using the fractions of a section, the answer is computed as follows:

   b. **Usando las fracciones de una sección, la respuesta es computada como se indica a continuación:**

*40 Acres 160 Acres 640 Acres
NW 1/4 of SE 1/4 of Section
El 1/4 noroccidental del 1/4 suroriental de la sección 5

and   y

*80 Acres 160 Acres 640 Acres
W 1/2 of NE 1/4 of Section
La 1/2 occidente del 1/4 nororiental de la sección 5

and   y

*80Acres 160Acres 640 Acres
N 1/2 of NW 1/4 of Section
La 1/2 norte del 1/4 noroccidental de la sección 5
*40A + BOA + S0A = 200 Acres

F. Facts to Remember
F. **Datos Para recordar**

1.   Three Base and Meridian Lines—Humbolt, Mt. Diablo, and San Bernardino.
1.   **Tres líneas de base y meridiano en California—Humbolt, Mt. Diablo y San Bernardino.**

2.   Townships are numbered North and South of the Base Line.
2.   **Los municipios son numerados al norte y el sur de la línea de base.**

3.   Ranges are numbered East and West of the Meridian.
3.   **Las cadenas son numeradas al oriente y occidente del meridiano.**

4.   Base lines run East and West.
4.   **Las líneas de base corren al oriente y el occidente.**

5.   Meridian lines run North and South.
5.   **Las líneas de meridiano corren al norte y el sur.**

6.   A standard township contains 36 sections, is 6 miles square, and contains 36 square miles.
6.   **El municipio normal contiene 36 secciones, tiene 6 millas al cuadrado, y contiene 36 millas cuadradas.**

7.   Range lines run North and South.
7.   **Líneas de cadena corren al norte y el sur.**

8.   Township lines run East and West.
8.   **Líneas de municipio corren al oriente y el occidente.**

9.   Section 1 is located in the northeast corner of a township; Section 36 is in the southeast corner.
9.   **La sección 1 está localizada en la esquina nororiental del municipio; la sección 36 en la esquina suroriental.**

10.   Each section contains 640 acres and is 1 mile square, or 1 mile × 1 mile.
10.   **Cada sección contiene 640 acres y es 1 milla al cuadrado o sea 1 milla × 1 milla.**

11. A 40 acre parcel is 1/4 mile × 1/4 mile, or 1,320' × 1,320'.

11. Una parcela de 40 acres es de 1/4 milla × 1/4 milla, o sea 1,320 pies × 1,320 píes.

12. An acre equals 43,560 square feet.

12. Un acre es igual 43,560 pies cuadrados.

13. One mile is 5,280 feet or 320 rods. 1 rod = 16 1/2'.

13. Una milla tiene 5,280 pies o 320 varillas. Una varilla es igual a 16 1/2 pies.

14. A square acre is 208.71' (about 209' × 209').

14. Un acre cuadrado es 208.71 (cerca de 209 pies × 209 pies).

III. <u>Recorded Tract, Map, or Lot and Block System</u>—All new California subdivisions must be mapped and platted. When accepted by city or county and recorded, parcels may be legally described by reference to tract name and number.

III. **<u>Tracto, mapa o lote registrados y sistema de bloques</u>—Todas las nuevas subdivisiones en California deben tener mapas y planos. Cuando son aceptadas por la ciudad o el condado y registradas, las parcelas pueden ser descritas legalmente haciendo referencia al nombre y numero del tracto.**

A. <u>Terms Used in Maps</u>

A. **<u>Términos usados en mapas</u>**

1. <u>Setback</u>—Distance between street and front of building that must exist to comply with local ordinances.

1. **<u>Espacio libre</u>—Distancia entre la calle y el frente del edificio que debe existir para cumplir con ordenanzas locales.**

2. <u>Side Yard Setback</u>—Distance between property line and edge of building that must exist to comply with local ordinances.

2. **<u>Espacio libre lateral</u>—Distancia entre la línea del límite de la propiedad y los lados del edificio que debe existir para cumplir con las ordenanzas locales.**

3. <u>Front Footage</u>—Width of lot fronting on designated street. Used as means to value lots.

3. **<u>Longitud frontal</u>—Anchura del lote dando frente a la calle designada. Usada como un medio para avaluar lotes.**

4. <u>Square Footage</u>—Area of land within a given parcel calculated by multiplying width by depth. When dimensions are given, such as, 50' × 100', first figure is width, second figure is depth.

4. **<u>Superficie en pies cuadrados</u>—Area de terreno dentro de un lote que se calcula multiplicando la anchura por el fondo. Cuando las dimensión es son conocidas tales como 50' × 100', (50 pies por 100 pies), el primer número denota la anchura y el segundo indica el fondo.**

5. <u>Continguous</u>—Indicates lots that adjoin, touch, or abut to each other (includes lots touching at the corners).

5. **<u>Contiguo</u>—Indica lotes que se adjuntan, tocan o lindan con otro (incluyen lotes que se tocan en las esquinas).**

Lot and Block System

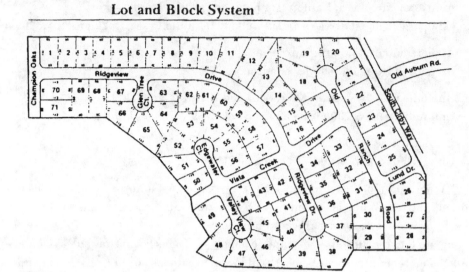

B. <u>Typical Questions Based on Plat Map</u>
B. <u>**Preguntas típicas basadas en un plano**</u>

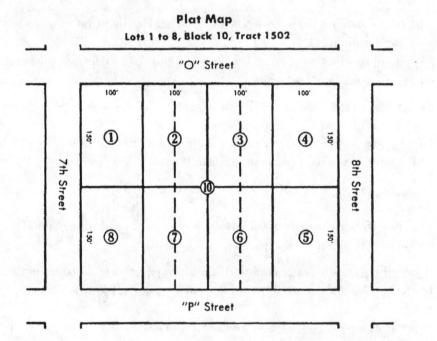

Plat Map
Lots 1 to 8, Block 10, Tract 1502

1. Which lots are contiguous to lot 7?
1. **¿Cuáles lotes son contiguos al lote 7?**

Lots 1, 2, 3, 6, and 8. Contiguous lots are those touching or adjoining lot 7.
Los lotes 1, 2, 3, 6, y 8. Lotes contiguos son aquéllos adjuntos o que tocan el lote 7.

2. What is the cost of lot 4 if purchased at $150 per front foot on "O" Street?
2. **¿Cuál es el costo del lote 4 si es comprado a $150 por pie frontal en la calle "O"?**

100 front feet × $150 per front foot = $15,000.
100 pies de frente multiplicado por $150 costo del pie frontal igual a $15,000.

3.   Assuming there is a 10' front setback, a 10' rear setback, and a 5' side yard setback required by city ordinances, what is the total buildable area on lot 3?

3.   **Asumiendo que se debe dejar un espacio libre en el frente de 10 pies, un espacio libre de 10 pies en la parte de atrás, y un espacio libre de 5 pies a cada lado del lote como lo requieren las ordenanzas de la ciudad, ¿Cuál es el área total de construcción en el lote 3?**

Width is 100' less 10' for sideyard setback, or 90'.
La anchura es de 100 pies menos 10 pies para espacio libre lateral o sea 90 pies.

Depth is 150' less 20' for front and rear setbacks, or 130'.
El fondo es 150 pies menos 20 pies para espacio libre en el frente y atrás, o sea 130 pies.

90' × 130' = 11,700 square feet/**pies cuadrados**

4.   If there is a 10' front setback on "P" Street and a 10' front setback on 7th Street, what is the cost of lot 8 if the purchaser pays $125.00 per front foot on "P" Street?

4.   **Si hay un espacio libre de 10 pies en el frente sobre la calle "P" y un espacio libre de 10 pies en la calle 7, ¿Cuál es el costo del lote 8 si el comprador paga a razón de $125.00 por pie frontal sobre la calle "P"?**

100 front feet × $125.00 per foot = $12,500.
100 pies de frente × $125.00 pie frontal = $12,500.

Disregard setbacks for valuation purposes.
No tenga en cuenta los espacios libres para propósitos de avalúo.

Chapter 5
Capítulo 5

Financing—Part I
Financiación— I Parte

Real estate financing in California requires the use of a <u>promissory note</u> together with a <u>trust deed</u> or <u>mortgage</u> or a <u>real property sales contract.</u>
La financiación de bienes raíces en California requiere el uso de un <u>pagaré</u> junto con una <u>escritura fiduciaria</u> o <u>hipotecaria</u> o un <u>contrato de ventas de bienes raíces.</u>

I.   <u>Promissory Note</u>—Instrument used to evidence the basic obligation or debt, the promise to pay back the money.

I.   **<u>Pagaré</u>—Documento usado para evidenciar la obligación básica o deuda, la promesa de reembolsar el dinero.**

   A.   <u>Types</u>—Five basic types in general use with the mortgage or trust deed.

   A.   **<u>Tipos</u>—Hay cinco tipos básicos en uso general con la hipoteca o escritura fiduciaria.**

      1.   <u>Straight Note</u>—Calls for payment of interest only during term of note with principal sum due at end of term.

      1.   **<u>Nota directa</u>—Exige pago de interés solamente durante el término de la nota debiendo pagar la suma principal al final del término.**

      2.   <u>Plus Interest</u>—Installment note calling for periodic payments on the principal sum plus accrued interest.

      2.   **<u>Más interés</u>—Una nota de pagos por cuotas que exige pagos periódicos sobre la suma principal más el interés devengado.**

      3.   <u>Including Interest</u>—Installment note calling for payments of a fixed amount over the life of the loan. The fixed amount includes both interest and principal.

      3.   **<u>Incluyendo interés</u>—Una nota de pagos por cuotas que exige pagos de una cantidad fija durante la vida del préstamo. La cantidad fija incluye el interés y la suma principal.**

      4.   <u>Adjustable Rate</u>—Interest rate moves up or down based on pre-agreed upon index. May be used in conjunction with straight or installment notes.

      4.   **<u>Tasa de interés ajustable</u>—La tasa de interés sube o baja basándose en un índice acordado de antemano. Puede usarse en conjunción con notas directas o notas de pagos por cuotas.**

      5.   <u>Demand Note</u>—No set due date for principal but payable when holder calls the note.

      5.   **<u>Nota a la vista</u>—Sin una fecha establecida para el pago de la suma principal, pero es pagadera cuando el poseedor de la nota lo exija.**

   B.   <u>Amortization</u>—Retiring the loan over a period of time by the payment of a sum which is applied to the loan balance.

   B.   **<u>Amortización</u>—Acción de retirar el préstamo sobre un periodo de tiempo por el pago de una suma, la cual es aplicada al balance del préstamo.**

1. <u>Fully Amortized</u>—Loan is reduced to nothing by periodic payments on principal over the life of the loan.

1. **<u>Completamente amortizado</u>—El préstamo es reducido a nada por los pagos periódicos sobre la suma principal durante la vida del préstamo.**

2. <u>Partially Amortized</u>—Loan is not fully paid off coring term of loan but periodic payments on principal reduce loan balance to some degree. Last payment called "balloon payment." Note referred to as "balloon note."

2. **<u>Parcialmente amortizado</u>—El préstamo no ha sido pagado por completo durante el término de la nota pero los pagos periódicos sobre la suma principal reducen el balance hasta cierto grado. El último pago es llamado "pago global." A esta nota se le llama "pagaré con pago global."**

C. <u>Negotiable Instrument</u>—A written promise or order to pay money; includes checks, drafts (bills of exchange), and promissory notes. To be freely transferable in commerce or negotiable, must be:

C. **<u>Instrumento negociable</u>—Es una promesa escrita u orden de pago; incluye cheques bancarios, giros (letras de cambio), y pagarés. Para ser libremente transferibles en comercio o negociables, deben ser:**

1. An unconditional promise.

1. **Una promesa incondicional.**

2. In writing.

2. **Por escrito.**

3. Made by one person.

3. **Hecho por una persona.**

4. Signed by the maker.

4. **Firmada por quien gira el documento.**

5. Payable on demand or at a fixed or determinable time.

5. **Pagadero a la vista o en un tiempo fijo o determinado.**

6. A certain sum in money.

6. **Una cierta suma en dinero.**

7. Payable to order or to bearer.

7. **Pagadero a la orden o al portador.**

D. <u>Endorsements</u>—To transfer the instrument to a third party (called holder in due course) usually requires an endorsement of one of the following types:

D. **<u>Endosos</u>—Para transferir el instrumento a una tercera persona llamada poseedor en buena fe usualmente requiere un endoso de uno de los siguientes tipos:**

1. <u>Blank</u>—Holder signs his or her name only on back.

1. **<u>En blanco</u>—El poseedor firma su nombre en la parte de atrás.**

2. <u>Special</u>—Holder writes "pay to the order of" and signs.

2. **<u>Especial</u>—El poseedor escribe "paguese a la orden de" y lo firma.**

3. <u>Restrictive</u>—Holder limits by writing restrictions such as "for deposit only."

3. <u>**Restrictivo**</u>—**El poseedor limita escribiendo restricciones tales como "para depositar solamente".**

4. <u>Qualified</u>—Holder adds words "without recourse" and signs. Means endorser will not be liable if maker refuses to pay to holder in due course.

4. <u>**Calificado**</u>—**El poseedor añade las palabras "sin recurso" y lo firma. Significa que el endosador no será responsable si el que ha firmado el documento se niega a pagar al poseedor en buena fe.**

E. <u>Holder in Due Course</u>—If holder transfers to a third party under certain conditions, third party becomes holder in due course.

E. <u>**Poseedor en buena fe**</u>—**Si el poseedor transfiere a una tercera persona bajo ciertas condiciones, la tercera persona se convierte en poseedor en buena fe.**

1. <u>Conditions</u>—Third party must take:

1. <u>**Condiciones**</u>—**La tercera persona o parte debe tomar:**

   a. Note completed and regular on its face.

   a. **Nota completa y regular en su valor nominal.**

   b. Before it is overdue and without notice of previous dishonor.

   b. **Antes del vencimiento y sin aviso de previo deshonor.**

   c. In good faith and for a valuable consideration.

   c. **En buena fe y por una retribución de valor.**

   d. With no knowledge of any defect in title or transferor.

   d. **Sin conocimiento de algún defecto en el título o el cedente.**

2. <u>Benefits</u>—Maker cannot refuse to pay holder in due course even though following might exist (known as personal defenses):

2. <u>**Beneficios**</u>—**El firmante de la nota no puede negarse a pagar al poseedor en buena fe aún cuando alguno de estos casos pudiera existir (conocidos como defensas personales):**

   a. Maker was induced to sign by fraud.

   a. **El firmante fue inducido a firmar por fraude.**

   b. Lack or failure of consideration.

   b. **Omisión o falta de retribución.**

   c. Prior payment or cancellation.

   c. **Pago o cancelación previa.**

   d. Set-off (maker owes payee $300.00 on note and maker balances this against debt owed by payee to maker of $300.00 or more).

   d. **Compensación (el firmante debe al portador $300.00 de la nota pero balancea esta cantidad contra deuda que el portador debe al firmante por $300.00 o más).**

3. <u>Real Defenses</u>—Maker can refuse to pay anyone in the world for following reasons:

3. <u>**Defensas reales**</u>—**El firmante puede negarse o pagar a cualquiera persona por las siguientes razones:**

a. Incapacity at time it was signed.

a. Incapacidad en al momento que la nota fue firmada.

b. Instrument was illegal (usually gambling debt).

b. El instrumento fue ilegal (usualmente una deuda de juego).

c. Forgery.

c. Falsificación.

d. Material alteration (changed from $200.00 to $2,000.00).

d. Alteración material (Cambiada de $200.00 a $2,000.00).

II. <u>Mortgage</u>—Borrower uses property as security for loan (hypothecates) but retains full possession and legal title. In the event of default, lenders only recourse is court foreclosure, an expensive and lengthy procedure. Mortgages are seldom used today.

II. **<u>Hipoteca</u>—El prestatario usa la propiedad como fianza pero retiene posesión completa y título legal. En el caso de incumplimiento el único recurso del prestamista es el juicio hipotecario judicial que es un procedimiento largo y costoso. Por esta razón, las hipotecas son raramente usadas en California.**

A. <u>Characteristics</u>—Mortgages differ from trust deeds in many ways. These differences will be noted when comparing the two in the following areas:

A. **<u>Características</u>—Las hipotecas se diferencian de las escrituras fiduciarias en muchos aspectos. Estas diferencias son aparentes cuando se comparan ambos sistemas en las áreas siguientes:**

1. <u>Parties:</u>

1. **<u>Partes contratantes:</u>**

a. <u>Mortgagor</u>—Borrower who gives lender a lien on the property but retains title and possession of the property. When a borrower gives possession of property as security, it is called a pledge.

a. **<u>Deudor hipotecario</u>—El prestatario quien da al prestamista un embargo sobre la propiedad pero retiene título y posesión de la propiedad. Cuando el prestatario da posesión de la propiedad como fianza, ésta es llamada afar en prenda.**

b. <u>Mortgagee</u>—Lender who holds the mortgage contract and the lien against the property.

b. **<u>Acreedor hipotecario</u>—El prestamista que tiene el contrato de hipoteca y el embargo contra la propiedad.**

2. <u>Documents</u>—Following are in possession of lender:

2. **<u>Documentos</u>—Los siguientes están en posesión del prestamista:**

a. <u>Promissory Note</u>—Evidence of debt which also specifies terms of repayment.

a. **<u>Pagaré</u>—Evidencia de la deuda el cual especifica los plazos de reembolso.**

b. <u>Mortgage</u>—Contract in which mortgagor agrees to allow mortgagee to sell secured property in the event of default.

b. **<u>Hipoteca</u>—Contrato en el cual el deudor hipotecario está de acuerdo en autorizar al acreedor hipotecario a vender la propiedad bajo fianza en caso de incumplimiento.**

3. <u>Recording</u>—Lender usually requires public notice of debt be given by recording before releasing funds.

3. **<u>Registro</u>—El prestamista generalmente requiere dar aviso público de la deuda por medio del registro antes de entregar fondos.**

    a. <u>Document to Be Recorded</u>—Mortgage not the note.

    a. **<u>Documento para ser registrado</u>—La hipoteca, no el pagaré.**

    b. <u>Acknowledgment</u>—Required for recording. Mortgagor is only party who can acknowledge.

    b. **<u>Reconocimiento</u>—Es requerido para registrar. El deudor hipotecario es la única parte que puede reconocer.**

4. <u>Title</u>—Mortgagor retains full legal title to property.

4. **<u>Título</u>—El deudor hipotecario retiene título legal completo a la propiedad.**

5. <u>Satisfaction</u>—Clears records of existing debt. <u>Certificate</u> of discharge is issued by mortgagee and recorded upon final payment and demand by mortgagor.

5. **<u>Pago</u>—Aclara el registro de la deuda existente. <u>Certificado</u> de pago es expedido por el acreedor hipotecario y es registrado después de hacer el último pago y por exigencia del deudor hipotecario.**

6. <u>Remedy for Default</u>—Mortgagee must file court action to foreclose.

6. **<u>Recurso por incumplimiento</u>—El acreedor hipotecario debe presentar demanda en el tribunal para entablar juicio hipotecario.**

    a. <u>Statute of Limitations</u>—Foreclosure action is barred (outlawed) if court action is not instituted within four years of delinquency.

    a. **<u>Estatuto de limitaciones</u>—La acción de juicio hipotecario es desestimada (prescrita) sino se hace dentro de cuatro años de morosidad (tardanza de pago).**

    b. Even where mortgagee holds grant deed to property as security, foreclosure must be by court action.

    b. **Aún cuando el acreedor hipotecario tiene escritura de concesión de la propiedad como fianza, el juicio hipotecario debe ser por acción judicial.**

7. <u>Foreclosure Procedure</u>

7. **<u>Procedimiento de juicio hipotecario</u>**

    a. Court action commenced by mortgagee. Court issues decree of foreclosure and order of sale. Mortgagor or any party of interest can reinstate mortgage (cure the debt) if done prior to court decree.

    a. **La acción judicial es iniciada por el acreedor hipotecario. El tribunal expide edicto de juicio hipotecario y orden de venta. El deudor hipotecario o cualquier parte interesada puede reinstalar la hipoteca (sanear la deuda) si lo hace antes del edicto del tribunal).**

    b. Commissioner of sheriff auctions and sells to highest bidder after publication of notice and posting notice on property and in public place.

b.   **El comisionado o alguacil subasta y vende al mejor postor después de la publicación del aviso y haber fijado el aviso en la propiedad y en un lugar público.**

c.   <u>Certificate of Sale</u> issued to highest bidder and recorded. Holder of Certificate must wait up to one year before receiving possession of property. Is entitled to rent or value of use.

c.   **<u>Certificado de venta</u> es expedido al mejor postor y registrado. El poseedor del certificado debe esperar hasta un año antes de recibir posesión de la propiedad. Tiene derecho al valor del arrendamiento o uso de la propiedad.**

d.   <u>Commissioner's Deed of Conveyance</u> issued by Commissioner or sheriff within one year if mortgagor has not redeemed property.

d.   **<u>Escritura de traspaso del comisionado</u> es expedida por el comisionado o el alguacil dentro de un año si el deudor hipotecario no ha redimido (rescatado) la propiedad.**

8.   <u>Redemption Rights</u>—Only judgment debtor is entitled to redeem property (equity of redemption) after issuance of Certificate of Sale, and then only within following time limit:

8.   **<u>Derechos de rescate</u>—Solamente el deudor por juicio tiene derecho a rescatar la propiedad (derecho de rescate) después de la expedición del certificado de venta, y entonces solo dentro de los límites de tiempo siguientes:**

a.   <u>Three-Month Redemption</u>—If sale proceeds exceeded debt plus interest and court costs, debtor has only three months to redeem.

a.   **<u>Rescate de tres meses</u>—Si los ingresos de la venta excedieron la deuda más interés y los costos del juicio, el deudor solo tiene tres meses de plazo para rescatar.**

b.   <u>One-Year Redemption</u>—If sale proceeds do not satisfy debt, interest, and court costs, debtor has one year.

b.   **<u>Rescate de un año</u>—Si los ingresos de la venta no satisfacen la deuda, el interés y costos del juicio, el deudor tiene un año de plazo para rescatar.**

9.   <u>Deficiency Judgment</u>—Where sale proceeds are not sufficient to cover debt, interest, and court costs, creditor may apply to court for deficiency judgment.

9.   **<u>Fallo de deficiencia</u>—Cuando los ingresos de la venta no son suficientes para cubrir la deuda, el interés y los costos del juicio, el acreedor puede aplicar al tribunal por un fallo de deficiencia.**

a.   Application must be made within three months of court sale.

a.   **La aplicación deber ser hecha dentro de los tres meses de la venta judicial.**

b.   No deficiency judgment will be granted on "Purchase-Money" loans. See following definition of "Purchase-Money."

b.   **No se otorgará fallo de deficiencia sobre préstamos de "dinero de compra". Vease la siguiente definición del término.**

10. <u>Purchase Money</u>—Defined as:

10. **<u>Dinero de compra</u>—Definido como:**

a.   Mortgage, trust deed, or real property sales given to seller as part of purchase price on any type of property.

    a. **Hipoteca, escritura fiduciaria, o ventas de bienes raíces dadas al vendedor como parte del precio de compra de cualquier tipo de propiedad.**

    b. Mortgage or trust deed given to lender to finance the purchase of owner-occupied dwelling of four or less units.

    b. **Hipoteca o escritura fiduciaria dada al prestamista para financiar la compra de una vivienda de cuatro unidades o menos ocupada por el dueño.**

III. <u>Trust Deed</u>—Borrower deeds title to property to third party to be held as security for payment of loan. In event of default, lender can have third party or court sell property to satisfy debt.

III. <u>**Escritura fiduciaria**</u>**—El prestatario escritura el título de la propiedad a un tercero para ser tenida como fianza para el pago del préstamo. En caso de incumplimiento, el prestamista puede hacer que el tercero o el tribunal vendan la propiedad para satisfacer la deuda.**

    A. <u>Characteristics</u>—Main benefit in using the trust deed over the mortgage is ease and speed of foreclosure. Following are the characteristics of the trust deed.

    A. <u>**Características**</u>**—El principal beneficio de usar la escritura fiduciaria en lugar de la hipoteca es la facilidad y rapidez del juicio hipotecario. Las siguientes son las características de la escritura fiduciaria.**

        1. <u>Parties:</u>

        1. <u>**Partes:**</u>

            a. <u>Trustor</u>—Owner/borrower who conveys title to trustee. Trustee holds title as security for debt. Trustor retains possession of property.

            a. <u>**Fideicomitente**</u>**—Propietario/prestatario que traspasa el título al fideicomisario. Fideicomisario guarda el título como fianza de la deuda. Fideicomitente retiene posesión de la propiedad.**

            b. <u>Trustee</u>—Party who holds naked title of trustor. Title will be reconveyed upon payment of debt or sold if loan is defaulted. Title company or other neutral party is usually the trustee, not the lender.

            b. <u>**Fideicomisario**</u>**—Parte que guarda el título legal pasivo del fideicomitente. El título será traspasado de nuevo al pago de la deuda o vendido si el préstamo es incumplido. Compañía de títulos u otra parte neutral es generalmente el fideicomisario, no el prestamista.**

            c. <u>Beneficiary</u>—Lender who advances the funds. Could also be a seller who takes back a loan as part of the purchase price.

            c. <u>**Beneficiario**</u>**—El prestamista quien anticipa los fondos. Podría ser también un vendedor que acepta un préstamo como parte del precio de compra.**

        2. <u>Documents</u>—Following documents are signed by trustor and kept in the possession of the beneficiary.

        2. <u>**Documentos**</u>**—Los siguientes documentos son firmados por el fideicomitente y guardados en la posesión del beneficiario.**

            a. <u>Promissory Note</u>—Evidence of debt which also specifies terms of repayment.

    a.   <u>**Pagaré**</u>—**Evidencia de la deuda, la cual especifica los términos de reembolso.**

    b.   <u>Trust Deed</u>—Deed whereby trustor conveys title to trustee. Trustee holds title to secure the payment of the note to the beneficiary.

    b.   <u>**Escritura fiduciaria**</u>—**Escritura por medio de la cual el fideicomitente traspasa título al fideicomisario. El fideicomitente guarda el título para afianzar (garantizar) el pago del pagaré al beneficiario.**

3.   <u>Recording</u>—Beneficiary/lender usually demands that the loan be recorded before releasing funds.

3.   <u>Registro</u>—El beneficiario/prestamista usualmente exige que el préstamo sea registrado antes de entregar los fondos.

    a.   Document that is recorded—Trust Deed.

    a.   Documento que es registrado—Escritura fiduciaria.

    b.   Must first be acknowledged by — Trustor.

    b.   Primero debe ser reconocido por — Fideicomitente.

4.   <u>Title</u>—Bare naked legal title is granted to and held by the trustee. Trustee's name appears on the records as title holder but has no documents in its possession.

4.   <u>Título</u>—Título legal descubierto y pasivo que es otorgado al fideicomisario y poseído por éste. El nombre del fideicomisario aparece en los registros como poseedor del título pero no tiene documentos en su posesión.

5.   <u>Satisfaction</u>—When loan is fully paid, beneficiary sends Request For <u>Reconveyance</u> to trustee with original trust deed and note. Upon payment of fee, trustee issues and records <u>Reconveyance Deed</u>. Fee usually paid by trustor.

5.   <u>Pago</u>—Cuando el préstamo ha sido completamente pagado, el beneficiario envia una Petición Para Restitución al fideicomisario con la escritura fiduciaria original y el pagaré. Sobre el pago de un honorario, el fideicornisario expide y registra una Escritura De Restitución. El fideicomitente usualmente paga el honorario.

6.   <u>Remedy for Default</u>—Beneficiary may foreclose by trustee's sale or through court action.

6.   <u>Recurso por incumplimiento</u>—El beneficiario puede ejecutar juicio hipotecario por venta de fideicomisario o a traves de acción judicial.

    a.   <u>Statute of Limitations</u>—No time limit under trustee's sale. Four-year limit under court foreclosure.

    a.   <u>Estatuto de limitaciones</u>—No hay límite de tiempo bajo la venta de fideicomisario. Límite de cuatro años bajo juicio hipotecario por el tribunal.

    b.   <u>Court Action</u>—Only used when beneficiary is seeking Deficiency Judgment.

    b.   <u>Acción del tribunal</u>—Usada solamente cuando el beneficiario está buscando fallo de deficiencia.

7.   <u>Foreclosure by Trustee's Sale</u>

7.   <u>Juicio hipotecario por venta de fideicomisario</u>

a. Beneficiary notifies trustee when loan is in default. Trustee records Notice of Default and mails copy to trustor, lien holders of record and parties who have recorded Request For Notice of Default.

a. **El beneficiario notifica al fideicomisario cuando hay incumplimiento en el préstamo. El fideicomisario notifica al fideicomitente y registra un "aviso de incumplimiento." También debe darse aviso a todos los poseedores inscritos de embargos y cualquier otro que haya registrado una "petición por aviso de incumplimiento".**

b. Trustee waits three months. If default is not cured, trustee issues Notice of Trustee's Sale. Notice is posted on property and in public place for at least 20 days, published in newspaper during the 20 days, and recorded at least 14 days before sale date. Copy is also sent to trustor and parties of interest.

b. **El fideicomisario espera tres meses. Si el incumplimiento no es remediado, el fiduciario expide una "notificación de venta de fiduciario." La notificación es fijada en la propiedad y en un lugar público por lo menos durante 20 días, publicada en un periódico durante los 20 días y registrada, por lo menos, 14 días antes de la fecha de la venta. Una copia es también enviada al fideicomitente y a las partes interesadas.**

c. Trustor or other lien holder(s) may reinstate loan up to within 5 business days of trustee's sale date. Reinstatement requires payment of all back payments, penalties, and trustee's costs. During last 5 days, foreclosure can only be stopped by payment of total loan balance, interest, and costs.

c. **El fideicomitente u otros poseedores de embargos preventivos pueden reinstalar el préstamo hasta por 5 días hábiles después de la fecha de la venta de fiduciario. La renovación del préstamo requiere pago de sodas las cuotas atrasadas, multas, y los costos del fiduciario. Durante los últimos 5 días, la ejecución hipotecaria solamente puede ser detenida mediante el pago total del saldo del préstamo, intereses y los costos.**

d. Trustee sells to highest bidder and issues <u>Trustee's Deed</u>. Title is conveyed subject to liens senior to foreclosed lien. All junior liens are eliminated. Junior lienholders only receive money when sale proceeds exceed foreclosed lien and trustee's costs.

d. **El fiduciario vende al mejor postor y expide una <u>Escritura de Fiduciario.</u> El título es transferido, pero sujeto a embargos prioritarios a la hipoteca ejecutada. Todos los embargos secundarios son eliminados. Los poseedores de embargos secundarios solo reciben dinero cuando el producto de la venta excede el valor de la hipoteca ejecutada y los gastos del fiduciario.**

8. <u>Foreclosure by Court Action</u>—If beneficiary desires, trust deed may be foreclosed by court action.

8. **<u>Juicio hipotecario por acción judicial</u>—Si el beneficiario lo desea, la escritura fiduciaria puede ser ejecutada por acción judicial.**

a. Follows same procedure as mortgage foreclosure—up to one year redemption period.

a. **Sigue el mismo trámite que el juicio ejecutivo para hipotecas—hasta un año de plazo para su rescate.**

      b.   Beneficiary may seek Deficiency Judgment except on "Purchase Money" loans (same as rules on mortgages).

      b.   **El beneficiario puede buscar fallo por deficiencia, excepto en préstamos de "dinero de compra" (mismas reglas en hipotecas).**

      c.   About the only reason to foreclose a trust deed in court would be to seek Deficiency Judgment.

      c.   **Casi la única razón para hacer juicio hipotecario en el tribunal sobre una escritura fiduciaria sería para procurar un fallo por deficiencia.**

  9.   <u>Redemption Rights</u>

  9.   **<u>Derechos de rescate</u>**

      a.   <u>Trustee's Sale</u>—No right of redemption after trustee's sale.

      a.   **<u>Venta de fiduciario</u>—No hay derecho de redención después de la venta de fiduciario.**

      b.   <u>Court Sale</u>—Either three months or one year depending on sale proceeds—(see mortgage foreclosure).

      b.   **<u>Venta judicial</u>—O bien tres meses o un año dependiendo de los ingresos de la venta—(Ver: juicio hipotecario).**

  10. <u>Deficiency Judgment</u>

  10. **<u>Fallo por deficiencia</u>**

      a.   Never allowed on trustee's sale or on purchase-money loans.

      a.   **Nunca es permitido en venta de fiduciario o en préstamos de "dinero de compra."**

      b.   Possible on nonpurchase-money loans if through court foreclosure.

      b.   **Es posible en préstamos que no son "dinero de compra" si se hace por medio de ejecución judicial de escritura fiduciaria.**

B. <u>Loan Provisions</u>—Trust deed and note may contain any of the following restrictive clauses:

B. **<u>Provisiones del préstamo</u>—Escritura fiduciaria y el pagaré pueden contener cualquiera de las siguientes cláusulas restrictivas.**

  1.   <u>Alienation or "Due-on-Sale" Clause</u>—Permits lender to demand full payment of loan in the event title is transferred. Excludes transfer.

  1.   **<u>Cláusula de enajenación o "debido a la venta"</u>—Permite al prestamista demandar pago total del préstamo en el caso de que el título sea transferido (enajenado). Excluye transferencia.**

      a.   To joint tenant upon death of another joint tenant.

      a.   **A un inquilino conjunto a la muerte de otro inquilino conjunto.**

      b.   Upon creation of junior lien.

      b.   **A la creación de un embargo secundario.**

      c.   Surviving spouse of community property upon death of other spouse.

      c.   **Al cónyuge sobreviviente de propiedad comunitaria al morir el otro cónyuge.**

      d.   To inter vivos trust.

      d.   **A un fideicomiso entre vivos.**

2. <u>Acceleration Clause</u>—Permits lender to call loan for reasons other than alienation of title. May be for failure to make loan payments, failure to pay property taxes or purchase fire insurance, use property for illegal purposes, or for other stated reasons. Late Payment Penalty clause allows lender to levy charge when the payment is delinquent and lender has given notice.

2. **<u>Cláusula de vencimiento anticipado</u>—Permite al prestamista exigir el pago del préstamo por otras razones que la enajenación del título. Puede ser por falta de pago, no pagar el impuesto predial o no comprar seguro contra incendios, por usar la propiedad con fines ilegales, o por otras razones declaradas. La cláusula de multa por pago anticipado permite al prestamista imponer un cargo adicional cuando el pago está atrasado y dicho acreedor ha dado aviso.**

3. <u>Lock-In Clause</u>—Prohibits an early payoff of loan. Not permitted on loans for residential property of four units or less except where seller takes back a loan as part of the purchase price.

3. **<u>Cláusula que prohibe el pago anticipado</u>—Prohibe el pago total anticipado de un Cláusula. No es permitido en préstamos sobre propiedad residencial de cuatro unidades o menos, excepto cuando el vendedor acepte un préstamo como parte del precio de compra.**

4. <u>"Or more" Clause</u>—Allows borrower to pay stated amount or as much as borrower desires without penalty.

4. **<u>Cláusula "o más"</u>—Permite al prestatario pagar la cantidad fijada y tanto más como él lo desea sin estar sujeto a una multa.**

5. <u>Prepayment Penalty Clause</u>—Borrower pays extra amount if loan is paid off early.

5. **<u>Cláusula de multa por pago anticipado</u>—El prestatario paga una cantidad extra si el préstamo es pagado anticipadamente.**

6. <u>Subordination Clause</u>—Lien holder who has priority over other liens agrees to step back and allow subsequent lienholders to move ahead of subordinated loan. Often used on purchase of vacant land where seller is taking back purchase money first trust deed. By including clause, buyer is permitted to get new first trust deed construction financing with seller's note becoming a second.

6. **<u>Cláusula de subordinación</u>—El poseedor de un embargo que tiene prioridad sobre otros embargos accede a retroceder y permite a los poseedores de embargos subsecuentes moverse adelante del préstamo subordinado. Usada con frecuencia en la compra de terreno desocupado donde el vendedor acepta una primera escritura fiduciaria como dinero de compra. Por la inclusión de la cláusula, al comprador se le permite conseguir una nueva primera escritura fiduciaria para financiar la construcción y la nota del vendedor se convierte en segunda.**

7. <u>Assignment of Rents Clause</u>—Used on income property loans. Allows lender, in event of default, to collect rents directly from tenants and apply amounts to defaulted loan payments.

7. **<u>Cláusula de cesión de rentas</u>—Usada en préstamos sobre propiedades que producen rentas. Permite al prestamista, en caso de incumplimiento, cobrar las rentas directamente de los inquilinos y aplicar esas cantidades a los pagos incumplidos del préstamo.**

C. <u>Other Aspects</u>

C. <u>Otros aspectos</u>

1. <u>Transfer of Title</u>—Owner may transfer title and have buyer take over existing loan provided lender allows such transfer (no alienation clause or not enforced).

1. <u>Transferencia del título</u>—El dueño puede transferir el título y hacer que el comprador asuma el préstamo existente a condición de que el prestamista permita tal transferencia (no hay cláusula de enajenación o no se hace valer).

a. <u>Assumption</u>—If buyer assumes the debt, buyer becomes primarily responsible for debt, seller secondarily. If lender accepts substitution of liability, seller is relieved of any liability.

a. <u>Asunción</u>—Si el comprador asume la deuda pasa a ser principalmente responsable por la deuda, el vendedor secundariamente. Si el prestamista acepta la "substitución de responsabilidad," el vendedor es liberado de cualquier responsabilidad.

b. <u>"Subject To"</u>—When buyer takes title "subject to" debt, seller remains primarily liable for debt; buyer accepts no liability.

b. <u>"Sujeto A"</u>—Cuando el comprador toma el título "sujeto a" deuda, el vendedor queda principalmente como responsable de la deuda; el comprador no acepta responsabilidad.

2. <u>Sale of Loan</u>—If note is sold, trust deed or mortgage must also be assigned.

2. <u>Venta del préstamo</u>—Si el pagaré es vendido, la escritura fiduciaria o la hipoteca también debe ser cedida.

3. <u>Blanket Trust Deed or Mortgage</u>—Single loan is secured by more than one parcel of property. Unless loan contains Release clause, borrower cannot get a reconveyance on individual parcels without paying off total loan. With a Release clause, borrower can sell individual parcels and give clear title after receiving partial reconveyance from trustee after paying off certain portion of blanket encumbrance.

3. <u>Escritura fiduciaria o hipotecas colectivas</u>—Un solo préstamo es asegurado por más de una parcela de propiedad. A menos que el préstamo contenga una cláusula de exoneración, el prestatario no puede conseguir una transferencia en parcelas individuales sin hacer el pago total del préstamo. Con la cláusula de exoneración, el prestatario puede vender parcelas individuales y dar título limpio después de recibir una retransferencia parcial del fideicomisario mediante el pago de cierta porción del gravamen colectivo.

4. <u>Open-End Loan</u>—Type of mortgage or trust deed which permits borrower to borrow additional money after loan has been reduced, without rewriting the mortgage.

4. <u>Préstamo sin límite</u>—Tipo de hipoteca o escritura fiduciaria que permite al prestatario recibir dinero adicional después que el préstamo ha sido reducido, sin necesidad de escribir un nuevo documento.

5. <u>Seasoned Loan</u>—Loan on which timely payments have been made over a long period of time. Loan with a credit-worthy borrower.

5. <u>Préstamo estacionario</u>—Préstamo en el cual pagos oportunos han sido hechos sobre un periodo de tiempo largo. Préstamo a un prestatario merecedor de crédito.

6. <u>All-Inclusive Trust Deed or "Wrap-Around" Mortgage</u>—A junior loan (usually taken back by seller) in an amount to cover an existing first loan plus an amount for which the seller is willing to carry as a second. The buyer makes one monthly payment to the seller on the AITD. Out of this payment, the seller makes the payment on the first loan and keeps the remainder as interest and principal on his or her portion. Used to avoid a high prepayment penalty or to increase the yield on the amount being carried back by the seller.

6. <u>**Escritura fiduciaria toda inclusiva o hipoteca global**</u>**—Préstamo secundario (usualmente aceptado por vendedor) en una cantidad para cubrir primer préstamo existente más una cantidad por la cual el vendedor está dispuesto a llevar como una segunda. Comprador hace pago mensual al vendedor sobre escritura fiduciaria toda inclusiva. De esta cantidad, el vendedor hace el pago sobre el primer préstamo y guarda el resto para cubrir el principal e intereses de su porción del préstamo. Usado para evitar multa elevada por pago anticipado o para aumentar el rendimiento sobre la cantidad que lleva el vendedor (cantidad en exceso de suma pagada por el primer préstamo).**

7. <u>Loan Priority</u>—First trust deed is distinguished from second trust deed by date of recording. Earliest recording indicates first unless loan contains subordination clause. If two loans are recorded on the same day, the lower sequential number assigned by recorder indicates first priority.

7. <u>**Prioridad del préstamo**</u>**—La primera escritura fiduciaria es distinguida de la segunda escritura fiduciaria por la fecha del registro. El registro más temprano indica que es primero, a menos que la nota del préstamo contenga la cláusula de subordinación. Si dos préstamos son registrados el mismo día, aquél que tenga el número de orden más bajo asignado por el registrador indica la primera prioridad.**

8. <u>Junior Trust Deed or Mortgage</u>—Any lien that is not a first trust deed or mortgage. Referred to as secondary financing.

8. <u>**Escritura fiduciaria o hipoteca secundaria**</u>**—Es cualquier embargo que no sea una primera escritura fiduciaria o hipoteca. Se califica como financiación secundaria.**

   a.   Interest rates are usually higher than on a first.

   a.   **Cuotas de interés son generalmente más altas que en una primera.**

   b.   Equity value of secured property is lender's basic protection.

   b.   **El valor del la equidad de la propiedad dada como fianza es la protección básica del prestamista.**

9. <u>California Usury Law</u>—Found in Article XV, Section 1 of the State Constitution. Limits interest on some loans.

9. <u>**Ley de usura de California**</u>**—Se encuentra en el artículo XV, sección I de la Constitución del Estado. Limita el interés en algunos préstamos.**

   a.   <u>Lenders and Loans Exempt from Law</u>—Law does not limit the interest rate on any:

   a.   <u>**Prestamistas y préstamos exentos de la ley**</u>**—La ley no limita las cuotas de interés a ningún:**

(1) Loan or forebearance of money made by a bank, savings and loan, or credit union.

(1) Préstamo o indulgencia de morosidad de dinero hechos por un banco, asociación de ahorros y préstamos, o unión de crédito.

b. Loans Covered—Interest rate is limited as follows:

b. Préstamos cubiertos—La cuota de interés está limitada de la manera siguiente:

(1) 10% on loans where funds are to be used primarily for personal, family, or household purposes. (Loans for the purchase, construction, or improvement of real property of real property are not included.)

(1) El 10% en préstamos cuyos fondos son para ser usados principalmente para propósitos personales, familiares, o domésticos. (Préstamos para la compra, construcción, o mejoras de la propiedad no están incluidos.)

(2) All other loans made by nonexempt lenders are limited to the higher of 10% or 5% plus current discount rate charged by Federal Reserve Bank of San Francisco.

(2) Todos los otros préstamos hechos por prestamistas no exentos están limitados al más alto de 10% o 5% más la cuota corriente de descuento cobrada por el Banco de Reserva Federal de San Francisco.

IV. Real Property Sales Contract—Method of financing a purchase where seller retains title to the property but agrees to convey title to buyer when buyer has paid off the contract price.

IV. Contrato de venta de bienes raíces—Es el método de financiar una compra cuando el vendedor retiené el título de la propiedad, pero acuerda transferir dicho título al comprador cuando éste haya pagado el precio total del contrato.

A. Characteristics—Law defines the contract as an instrument by which the seller agrees to convey title to real property to the buyer after the buyer has met certain conditions specified in the contract and which does not require conveyance of title within one year.

A. Características—La ley define el contrato como un instrumento por el cual el vendedor acuerda traspasar título de propiedad al comprador, después que éste haya cumplido ciertas condiciones especificadas en el contrato, y el cual no requiere traspaso de título en un 1 año.

1. Other Names—Also known as an Installment Sales Contract," "Agreement to Convey," "Agreement for Purchase and Sale," "Land Sale Contract," or "Land Contract of Sale."

1. Otros nombres—También conocido como "contrato de ventas a plazo," "acuerdo para traspasar," "acuerdo de compraventa," "contrato de venta de terreno," o "contrato de terreno para venta."

2. Seller—Known as Vendor. Retains legal title to the property.

2. Vendedor—Conocido como "vendor" (vendedor). Retiene el título legal de la propiedad.

3. <u>Buyer</u>—Known as <u>Vendee</u>. Known as equitable owner and is said to hold equitable title.

3. **<u>Comprador</u>—Conocido como "<u>Vendee</u>" (comprador). Conocido como propietario equitativo y se dice que tiene el título en equidad.**

4. <u>Recording</u>—Must be acknowledged by vendor. If vendor were to refuse to acknowledge, vendee could record some other document to indicate an interest, such as an assignment, a mortgage, a lease, or possibly a homestead.

4. **<u>Registro</u>—Debe ser reconocido por el vendedor. Si el vendedor se negara a reconocer, el comprador podría registrar algún otro documento para indicar un interés, tales como una cesión, una hipoteca, un contrato de arriendo o, posiblemente, una exención de hogar seguro.**

5. <u>Title Insurance</u>—Vendee can obtain title insurance to protect his or her interest and overcome most of the risks involved when purchasing under a contract of sale.

5. **<u>Seguro del título</u>—El comprador puede obtener seguro del título para proteger su interés y superar la mayoría de los riesgos envueltos cuando se compra bajo un contrato de venta.**

6. <u>Prepayment</u>—Vendor cannot prevent prepayment on contract for the purchase of subdivided lots which have dwellings of 4 units or less.

6. **<u>Pago por anticipado</u>—El vendedor no puede impedir el pago anticipado en un contrato por la compra de lotes subdivididos que tengan viviendas de 4 unidades o menos.**

7. <u>Death of Either Party</u>—Does not cancel contract. Estate is responsible for fulfillment.

7. **<u>Muerte de cualquiera de las partes</u>—No cancela el contrato. Los bienes herenciales son responsables por el cumplimiento.**

B. <u>Vendor's Rights and Obligations</u>

B. **<u>Derechos y obligaciones del vendedor</u>**

1. <u>Conveyance</u>—Vendor may convey legal title to the property to a third party.

1. **<u>Traspaso</u>—El vendedor puede traspasar el título legal de la propiedad a una tercera parte.**

   a. Vendor must also assign contract of sale.

   a. **El vendedor debe también ceder el contrato de venta.**

   b. Grantee must notify vendee of conveyance in order to collect payments.

   b. **El cesionario debe notificar al comprador del traspaso para poder cobrar los pagos.**

   c. Grantee bound to deliver title to vendee when contract is paid in full.

   c. **El cesionario está obligado a entregar el título al comprador cuando el contrato ha sido pagado totalmente.**

2. <u>Encumbrances</u>—Vendor may encumber with trust deed.

2. **<u>Gravámenes</u>—El vendedor puede gravar con una escritura fiduciaria.**

a. If contract is unrecorded, vendor cannot encumber for more than contract balance nor cause payments to exceed contract payment.

a. **Si el contrato no está registrado, el vendedor no puede gravarlo por una cantidad mayor que la del saldo del contrato ni hacer que los pagos excedan los pagos del contrato.**

b. Must apply payments received on contract to payments due on trust deed.

b. **Debe aplicar los pagos recibidos por el contrato a los pagos que se deben en la escritura fiduciaria.**

c. Pro rata payments received for insurance and taxes must be held in trust.

c. **Los pagos prorrateados recibidos para el seguro y los impuestos deben ser tenidos en fideicomiso.**

3. <u>Easements</u>—Vendor cannot burden land with an easement that would be effective against vendee.

3. **<u>Servidumbres</u>—El vendedor no puede cargar el terreno con una servidumbre que sería hecha efectiva contra el comprador.**

4. <u>Judgments</u>—A money judgment is a lien on the legal title and on the vendor's interest in the payments due. Vendee's interest is not affected if judgment is subsequent to purchase agreement.

4. **<u>Fallos judiciales</u>—Un fallo judicial monetario es un embargo sobre el título legal y sobre los intereses del vendedor en los pagos debidos. El interés del comprador no es afectado si el fallo judicial es subsequente al acuerdo de compra.**

5. <u>Default on Contract</u>—Vendor has various remedies.

5. **<u>Incumplimiento del contracto</u>—El vendedor tiene varios recursos.**

a. <u>Unrecorded Contract</u>—Notify vendee of default and that vendee has forfeited all payments and interest in property.

a. **<u>Contrato sin registro</u>—Notificar al comprador del incumplimiento y que el vendedor ha perdido todos los pagos y el interés en la propiedad.**

b. <u>Recorded Contract</u>—Notify vendee of default and request vendee to execute quitclaim deed to clear records of vendee's interest. If vendee refuses, vendor must file quiet title action to clear records.

b. **<u>Contrato registrado</u>—Notificar al comprador del incumplimiento y exigir que éste ejecute una escritura de renuncia para descargar su interés de los registros. Si el comprador se niega a cumplir este requisito, el vendedor debe iniciar demanda judicial para restablecer título y asi despejar los registros.**

c. <u>Forfeiture</u>—Whether contract is recorded or not, courts usually do not allow total forfeiture of all payments made but allow vendee to recover amount in excess of vendor's actual damages.

c. **<u>Pérdida</u>—Sea que el contrato esté o no esté registrado, los tribunales usualmente no permiten la pérdida total de todos los pagos hechos, sino que conceden al comprador la cantidad excedente después de pagar los perjuicios del vendedor.**

       d.   <u>Deficiency Judgment</u>—Not available to vendor in event of default.

       d.   **<u>Fallo judicial de deficiencia</u>—El vendedor no lo puede obtener en caso de incumplimiento.**

       e.   <u>Unlawful Detainer</u>—If vendee remains in possession after default, vendor may have to file unlawful detainer to have vendee ousted.

       e.   **<u>Juicio de desahucio</u>—Si el comprador permanece en posesión después de incumplir, el vendedor puede tener que instaurar juicio de desahucio para hacer desalojar al comprador.**

C. <u>Vendee's Rights and Obligations</u>

C. **<u>Derechos y obligaciones del comprador</u>**

   1. <u>Conveyances</u>—Vendee may transfer his or her interest with an assignment or by a deed. Vendee can also sell interest with another contract of sale.

   1. **<u>Traspasos</u>—El comprador puede transferir su interés haciendo una cesión o por medio de una escritura. El comprador también puede vender su interés haciendo otro contrato de venta.**

   2. <u>Encumbrances</u>—Vendee may encumber his or her interest but lien covers only vendee's interest under the contract. Not an attractive security from lender's viewpoint.

   2. **<u>Gravámenes</u>—El comprador puede gravar su interés, pero el embargo solo cubre el interés que el comprador haya adquirido bajo el contrato de venta. No es una garantía atractiva desde el punto de vista del prestamista.**

   3. <u>Homestead</u>—Vendee may declare homestead on his or her interest. Protects vendee's interest during purchase and after-acquired fee title.

   3. **<u>Heredad</u>—El comprador puede declarar heredad sobre su interés. Protege el interés del comprador durante el periodo de compra y después de adquirir título de dominio.**

   4. <u>Possession</u>—Vendee is not entitled to possession unless contract provides for it or vendor allows vendee to take possession. In the event of damage by fire, flood, etc., party in possession is responsible and should carry insurance (provided for under <u>Uniform Vendor and Purchaser Risk Act of 1947</u>).

   4. **<u>Posesión</u>—El comprador no tiene derecho a la posesión a no ser que el contrato así lo disponga o que el vendedor permita al comprador tomar posesión. En caso de daños por fuego, inundación, etc., la parte en posesión es responsable y, por lo tanto, debe tener seguro como está provisto en el <u>Acta Uniforme de Riesgos para Vendedor y Comprador de 1947.</u>**

   5. <u>Judgment</u>—Equitable title is not subject to judgment lien but vendee's interest is subject to execution sale.

   5. **<u>Fallo judicial</u>—El título en equidad no está sujeto a embargo por fallo judicial pero el interés del comprador si está sujeto a venta judicial.**

D. <u>Disadvantages to Vendor:</u>

D. **<u>Desventajas para el vendedor</u>**

   1. Vendee may subject title to mechanic's lien or other lien.

1. **El comprador puede sujetar el título a un embargo de constructor u otra clase de embargo.**

2. If contract is recorded and vendee moves out, vendor may have a difficult time clearing the title.

2. **Si el contrato está registrado y el comprador desocupa, el vendedor puede tener momentos difíciles para despejar el título.**

3. If vendee defaults and refuses to move, vendor is faced with expensive court eviction proceedings.

3. **Si el comprador incumple y se niega a desocupar, el vendedor se enfrenta con un costoso juicio de desahucio.**

E. <u>Disadvantages to Vendee:</u>

E. **<u>Desventajas para el comprador:</u>**

1. Contract may restrict or prevent assignment or transfer.

1. **El contrato puede limitar o impedir la cesión o transferencia.**

2. Financial institutions consider it poor collateral for loans.

2. **Las instituciones financieras lo consideran una pobre garantía colateral para hacer préstamos.**

3. After full performance, vendee may receive defective title or not receive title at all.

3. **Después de un cumplimiento completo el comprador puede recibir un título defectuoso o no recibir ningun título.**

4. Vendee has no assurance vendor has good title at time contract is made.

4. **El comprador no tiene seguridad de que el vendedor tiene un título bueno al tiempo de hacer el contrato.**

5. Vendor could become incompetent, bankrupt, or die before title is conveyed, forcing vendee to pay for expensive litigation to obtain good title.

5. **El vendedor puede volverse incompetente, entrar en bancarrota o morir antes de traspasar el título, obligando al comprador a pagar una litigación costosa para obtener un buen título.**

6. Vendee has no redemption rights in event of default and declaration of forfeiture.

6. **El comprador no tiene derecho de rescate en caso de incumplimiento y declaración de pérdida.**

Chapter 6 Capítulo 6

Financing– Financiación–
Part II II Parte

I.   <u>Lending Institutions</u>—Real Estate loans are made by a variety of lenders—institutional and non-institutional.

I.   **<u>Instituciones de préstamos</u>—Los préstamos sobre bienes raíces son hechos por una variedad de prestamistas. La siguiente información se relaciona a dos clasificaciones de prestamistas— institucionales y no-institucionales.**

    A.   <u>Institutional Lenders</u>—Lenders who provide the principal source of funds for conventional and government-backed real estate loans. Most of the Federal regulations controlling institutional lenders were dramatically changed in 1980 by the Depository Institutions Deregulation and Monetary Control Act of 1980 and again in 1982 by the Garn-St. Germain Depository Act of 1982. Because of the deregulation, some lenders have moved aggressively into new markets while others have followed their more conventional practices of the past. The following information represents the more conventional practices.

    A.   **<u>Prestamistas institucionales</u>—Proveen la principal fuente de fondos para préstamos sobre bienes raíces convencionales y otros garantizados por el gobierno. La mayor parte de los reglamentos federales que controlan a los prestamistas institucionales fueron cambiados dramáticamente en 1980 por medio del Acta para la Desregularización de las Instituciones Depositarias y Control Monetario de 1980 para y de nuevo en 1982 por medio del Acta Depositaria de "Garn-St. Germain" de 1982. A causa de la desregularizción, algunos prestamistas han entrado agresivamente en nuevos mercados mientras otros han seguido sus prácticas convencionales del pasado. La siguiente información representa las prácticas más convencionales.**

        1.   <u>Insurance Companies</u>—The life insurance companies have been the largest supplier of money for real estate loans in the United States. Some of their characteristics are as follows:

        1.   **<u>Compañía de seguros</u>—Las compañías de seguros de vida han sido las más importantes proveedoras de fondos para préstamos sobre bienes raíces en los Estados Unidos. Algunas de sus características son las siguientes:**

            a.   Specialize in large commercial properties and better class properties.

            a.   **Se especializan en propiedades comerciales grandes y propiedades de la mejor clase.**

            b.   Take FHA and G.I. Loans.

            b.   **Hacen préstamos asegurados por FHA y la Administración de Veteranos.**

            c.   Controlled by laws of State where operating and incorporated.

            c.   **Controlados por las leyes del Estado donde operan y están incorporadas.**

        d.   Usually represented by loan correspondent.

        d.   **Usualmente representadas por un corresponsal de préstamos.**

        e.   Usually charge lower interest rates due to lower cost in securing funds and lower cost in servicing large loans.

        e.   **Usualmente cobran cuotas de interés bajos debido al bajo costo de la obtención de fondos y el bajo costo en el servicio de préstamos grandes.**

        f.   Often make "participation" loans—charge interest in addition to getting a share of the profits or ownership.

        f.   **Con frecuencia hacen préstamos de "participación"—cobran interés y además consiguen una parte de las utilidades o pertenencia.**

2.   <u>Savings and Loan Associations</u>—Account for the greatest share of the home loan market. Characteristics:

2.   <u>**Asociaciones de ahorros y préstamos**</u>**—Tienen la mayor participación del mercado de préstamos para casas. Tienen las siguientes características:**

        a.   Federally chartered ones are regulated by the Federal Home Loan Bank Board. State chartered ones are supervised by the Savings and Loan Commissioner of California.

        a.   **Las que tienen estatutos federales son reguladas por la Junta del Banco Federal de Préstamos para Casas. Las que tienen estatutos estatales son supervisadas por el Comisionado de Ahorros y Préstamos de California.**

        b.   Both federal and state chartered associations are members of the Federal Home Loan Bank system. Savings accounts insured by Savings Association Insurance Fund through Federal Deposit Insurance Corporation.

        b.   **Las asociaciones con estatutos federales y estatales son miembros del sistema del Banco Federal de Préstamos para Casas. Las cuentas de ahorros están asegurados por el Fondo de Seguros de las Asociaciones de Ahorros por intermedio de la Corporación Federal de Seguros de Depósitos.**

        c.   Offer highest loan in relation to value of property.

        c.   **Ofrecen préstamos más altos en relación al valor de la propiedad.**

        d.   Interest rates are usually higher than bank or insurance company loans.

        d.   **Las tasas de interés son generalmente más altas que aquéllas en los préstamos de los bancos o compañías de seguros.**

        e.   Few are active in the construction loan field (Interim Loans).

        e.   **Pocas son activas en el campo de préstamos para construcción (préstamos provisionales o interinos).**

        f.   Deal primarily in one to four family dwellings.

        f.   **Se ocupan principalmente de viviendas de una a cuatro familias.**

        g.   Are permitted to make loans on mobile homes.

        g.   **Tienen permiso para hacer préstamos en casas movibles.**

h.   Allowed to make consumer loans (autos, boats, appliances, etc.).

h.   **Les está permitido hacer préstamos de consumo (autos, lanchas, aparatos electrodomésticos, etc.).**

3.   Commercial Banks—These "general purpose" lenders operate under a state or federal charter. Characteristics:

3.   **Bancos comerciales—Los prestamistas de "propósito general" operan bajo un estatuto federal o estatal. Tienen las siguientes características.**

    a.   Federal banks must be members of the Federal Reserve System. State banks may be members if they desire.

    a.   **Los bancos federales deben ser miembros del Sistema de la Reserva Federal. Los bancos estatales pueden ser miembros si ellos lo desean.**

    b.   Savings accounts are insured by the Bank Insurance Fund through Federal Deposit Insurance Corporation.

    b.   **Las cuentas de ahorros están aseguradas por el Fondo de Seguros bancarios por intermedio de la Corporación Federal de Seguros de Depósitos.**

    c.   Real Estate loans represent only a portion of the overall loan activity.

    c.   **Los préstamos sobre bienes raíces representan solo una porción de la actividad global de préstamos.**

    d.   Active in construction loan field (Interim Loans).

    d.   **Participan activamente en el campo de préstamos para la construcción.**

    e.   Rely on past experience and relations with borrowers.

    e.   **Confían en las experiencias anteriores y las relaciones con los prestatarios.**

    f.   Source for FHA and VA loans.

    f.   **Son fuente de préstamos asegurados por la FHA y Administración de Veteranos.**

    g.   Some loans require Compensating balances—borrower must maintain savings account to obtain loan.

    g.   **Algunos préstamos requieren "balance compensatorio"—el prestatario debe tener una cuenta de ahorros para conseguir un préstamo.**

4.   Mutual Savings Banks—Located mainly in Northeastern states. Are not active in California but provide funds through mortgage companies for FHA and VA loans.

4.   **Bancos de ahorros mutualistas—Están localizados principalmente en los estados del nororiente. No participan activamente en California pero proporcionan fondos para préstamos de FHA y VA a través de compañías hipotecarias.**

B.   Noninstitutional Lenders—Those lenders who also provide funds for mortgage lending. These include Mortgage Companies, Pension Funds, Endowed Universities, Trust Department of banks, and Private Individuals.

B. <u>**Prestamistas no-institucionales**</u>—**Son aquellos prestamistas que también suministran fondos para hacer préstamos hipotecarios. Estos incluyen a las compañías hipotecarias, fondos de pensiones, fundaciones universitarias, departamentos fiduciarios de los bancos e individuos privados.**

1. <u>Mortgage Companies or Mortgage Bankers</u>—Operate primarily as loan correspondents for Life Insurance Companies, Mutual Savings Banks, Pension Funds, and other lenders but have funds available for direct loans.

1. <u>**Compañías hipotecarias o banqueros hipotecarios**</u>—**Operan principalmente como corresponsales de préstamos para compañías de seguros de vida, bancos mutualistas de ahorros, fondos de pensiones y otros prestamistas, pero también tienen fondos disponibles para hacer préstamos directos.**

   a. Organized under state laws and are subject to minimum supervision as financial institutions. Must operate under real estate broker's license. All loan agents must have a real estate license.

   a. **Organizadas bajo leyes estatales y sujetas a una supervisión mínima como institución financiera. Deben operar bajo una licencia de corredor de bienes raíces. Todos los agentes de préstamos deben tener licencia en bienes raíces.**

   b. Obtain interim loans from banks where they have sizable line of credit. This is often referred to as "warehousing" (borrowing for a short term to set up various loans and then selling a group of loans to other investors).

   b. **Obtienen préstamos interinos de los bancos donde tienen una línea de crédito considerable. Esta operación con frecuencia es llamada "almacenaje" (consiguen préstamos a corto término para, a su vez, hacer varios préstamos y luego vender el grupo de préstamos a otros inversionistas).**

   c. Active in construction lending.

   c. **Participan activamente en el campo de préstamos para construcción.**

   d. Deal in mortgages that are readily saleable in the secondary market (where existing loans are sold).

   d. **Comercian en hipotecas que son de fácil venta en el mercado secundario (donde los préstamos existentes son vendidos).**

   e. Often service loans for other lenders. Servicing includes collecting payments, paying taxes, placing insurance, and foreclosing when necessary.

   e. **Con frecuencia prestan servicio a los préstamos de otros prestamistas. El servicio incluye cobrar pagos, pagar impuestos, conseguir el seguro y entablar juicio hipotecario cuando sea necesario.**

2. <u>Pension Funds</u>—These are developing into an increasing source of real estate loans. Rely on loan correspondents to make and service their loans.

2. <u>**Fondos de pensiones**</u>—**Estos fondos se están desarrollando como una fuente creciente de préstamos para bienes raíces. Dependen en los corresponsales de préstamos para hacer y servir sus préstamos.**

3. <u>Endowed Universities and Trust Departments of Banks</u>—Have funds which are available for investment in real estate loans.

3. <u>**Fundaciones universitarias y departamentos fiduciarios de los bancos**</u>—**Tienen fondos disponibles para inversión en préstamos sobre bienes raíces.**

4. <u>Private Individuals</u>—The largest source of junior mortgage loans.

4. <u>**Individuos privados**</u>—**Son la fuente más grande de préstamos hipotecarios secundarios.**

    a. Usually charge maximum interest rate.

    a. **Usualmente cobran la tasa máxima de interés.**

    b. Operate through a loan broker.

    b. **Operan a través de un corredor de préstamos.**

    c. No government control except for usury laws.

    c. **No tienen control gubernamental excepto en lo referente a las leyes contra la usura.**

    d. Take high risk loans and grant high loan to value loans.

    d. **Toman préstamos de alto riesgo y conceden préstamos altos en relación al valor.**

II. <u>Federal Controls</u>—Banks and Savings and Loan Associations are, for the most part, controlled by federal laws. These controls include the following:

II. <u>**Controles federales**</u>—**Los bancos y las asociaciones de ahorros y préstamos son controladas, en su mayor parte, por leyes federales. Estos controles incluyen lo siguiente:**

  A. <u>Federal Reserve System</u>—Controls most banking operations in the United States for both federally chartered and state chartered banks. (Referred to as the "Fed.")

  A. <u>**Sistema de la reserva federal**</u>—**Controla todas las operaciones bancarias en los Estados Unidos de los bancos con estatutos federales y estatales. (Se refieren a él como el "FED.")**

    1. <u>Secondary Money Market</u>—Operates as the banker's bank. Member banks may borrow from the "FED" and buy existing loans from it or sell loans to it.

    1. <u>**Mercado secundario de dinero**</u>—**Opera como el banquero de los bancos. Los bancos que son miembros pueden obtener empréstitos del "FED" y comprar préstamos de él o venderle préstamos.**

    2. <u>Regulates Flow of Money</u>—This is "Feds" primary purpose today. Done in any of the following three ways:

    2. <u>**Regula el flujo de dinero**</u>—**Este es el propósito principal del "Fed" hoy en día. Se realiza por medio de una de las tres maneras siguientes:**

      a. <u>Minimum Cash Reserve Requirements</u>—Member banks must keep certain percentage of each deposit received as a reserve. To tighten available loan funds, "Fed" increases minimum reserves.

      a. <u>**Requisitos de reserva mínima de efectivo**</u>—**Los bancos que son miembros deben mantener cierto porcentaje de cada depósito recibido como una reserva. Para estrechar el control sobre el dinero disponible para préstamos, el "FED" aumenta las reservas mínimas que deben mantener los bancos.**

b. <u>Adjusting Discount Rate</u>—Since "Fed" is source of loan funds for each bank, member bank may have to borrow money or sell existing loans to meet minimum reserves. "Fed" can:

b. **<u>Ajustando la cuota de descuento</u>—Siendo el "Fed" la fuente de fondos de préstamos para cada banco, los bancos que son miembros deben obtener empréstitos o vender los préstamos existentes para cumplir con las reservas mínimas. El "Fed" puede:**

(1) Increase discount rate or interest rate to discourage borrowing during tight money markets or an inflationary period.

(1) **Aumentar la tasa de descuento o la tasa de interés para no fomentar los préstamos durante un mercado de "dinero escaso" o un periodo inflacionario.**

(2) Reduce rates to stimulate loans to member banks who in turn make cheaper loans available to their customers.

(2) **Reducir las cuotas para estimular préstamos a los bancos miembros quienes, a su vez, pueden hacer préstamos más baratos a sus clientes.**

c. <u>Buying or Selling Existing Bonds</u>—Money held by "Fed" is invested in various types of securities, principally bonds.

c. **<u>Comprando o vendiendo bonos existentes</u>—El dinero que tiene el "Fed" es invertido en varios tipos de títulos o valores, principalmente en bonos.**

(1) By selling bonds from their portfolio at sizable discounts, investors will take cash from bank savings accounts and purchase bonds. This reduces bank's cash reserves.

(1) **Vendiendo bonos de su cartera con descuentos apreciables, los inversionistas retiran dinero en efectivo de las cuentas de ahorro de los bancos y compran estos bonos. Esta operación reduce las reservas en efectivo del banco.**

(2) By buying bonds from the public at a premium, investors will sell bonds and place money back into bank savings accounts.

(2) **Comprando bonos del público a un valor más alto del normal, los inversionistas venderán los bonos y depositarán el dinero de nuevo en las cuentas de ahorros de los bancos.**

B. <u>Office of Thrift Supervision</u>—Federal agency that oversees the savings and loan associations. OTS replaced the Federal Home Loan Bank Board by the enactment of the Financial Institution Reform, Recovery and Enforcement Act of 1969.

B. **<u>La oficina supervisa el manejo de ahorros (OTS)</u>—La agencia federal que supervisa las asociaciones de ahorro y préstamos. La OTS reemplazó a la mesa directiva del Banco Federal de Préstamos para la Vivienda por medio de El Acta de la Reforma de la Institución Financiera, la Recuperación y Cumplimiento de 1969.**

C. <u>Federal Deposit Insurance Corporation (F.D.I.C.)</u>—Provides insurance to depositors in state and federal banks under Bank Insurance Fund. Also provides insurance to depositors in savings and loans under Savings Association Insurance Fund.

C. <u>Corporación Federal de Seguros de Depósito</u>—Provee seguro a los depositantes en bancos federales y estatales bajo el Fondo de Seguros Bancarios. También provee seguro a los depositantes en asociaciones de ahorros y préstamos bajo el Fondo de Seguros de las Asociaciones de Ahorros.

1. Each account insured to $100,000.

1. Cada cuenta asegurada hasta $100,000.

2. Financial institution pays for the insurance.

2. El banco paga por el seguro.

D. <u>Federal Savings and Loan Insurance Corporation</u>—Provided insurance to depositors in savings and loan associations until rash of savings and loan failures bankrupted agency.

D. <u>Corporación Federal de Seguros Para Ahorros y Préstamos</u>—Proveía seguro a los depositantes en las asociaciones de ahorros y préstamos hasta que la proliferación de fallas de estas instituciones dejo a la agencia en bancarrota.

E. <u>Federal National Mortgage Association (FNMA - FANNIE MAE)</u>—Created in 1938 as a government corporation which provided a secondary market for FHA-insured and VA-guaranteed loans. Was split in 1968 into two organizations—FNMA and GNMA (Government National Mortgage Association).

E. <u>Asociación Federal Nacional de Hipotecas</u>—Fue creada en 1938 como una corporación gubernamental que proveía un mercado secundario para préstamos asegurados por FHA y préstamos garantizados por VA . En 1968 fue dividida en dos organizaciones—FNMA y GNMA (Asociación Gubernamental Nacional de Hipotecas).

1. Federal National Mortgage Association of 1968 -Operates like a private corporation.

1. <u>Asociación Federal Nacional de Hipotecas</u>—Opera como una corporación privada.

a. Obtains capital through the sale of common stock and long-term notes and debentures.

a. Obtiene capital a través de la venta de acciones comunes, pagarés a largo plazo y certificados para reintegro.

b. Purchases all types of real estate loans including adjustable rate mortgages, conventional mortgages, and qualifying second mortgages.

b. Compra todos los tipos de préstamos sobre bienes raíces incluyendo hipotecas de tasa ajustable, hipotecas convencionales y segundas hipotecas calificativas.

c. Issues Mortgage-Backed Securities (MBS) to lenders in exchange for a pool of mortgages. Lender can hold the MBS or sell them to investors. MBS pays interest to holder. ENMA guarantees interest and payback of face amount of security

    c.   **Emite títulos respaldados por hipotecas a los prestamistas a cambio de un grupo de hipotecas. El prestamista puede retener el título o venderlo a inversionistas. Los títulos pagan interés al portador. La FNMA garantiza el interés y el pago del valor nominal del título.**

  2. Government National Mortgage Association (GINNIE MAE)—Established as a government corporation to administer mortgage support programs which could not be carried out in the private market. Has three major functions:

  2. **Asociación Gubernamental Nacional de Hipotecas—Establecida como una corporación gubernamental para administrar programas de apoyo a hipotecas los cuales no podían llevarse a cabo en el mercado privado. Tiene tres funciones principales:**

    a.   Mortgage-Backed Securities Program—Guarantees interest and principal on securities privately issued by lenders. Securities are backed by pools of mortgages held by issuer of securities. GNMA does not purchase mortgages under this program, merely issues guarantee.

    a.   **Programa de títulos respaldados por hipotecas—Garantiza el interés y el capital en títulos emitidos privadamente por prestamistas. Los títulos están respaldados por grupos de hipotecas retenidos por el emisor de los títulos. La GNMA no compra hipotecas bajo este programa. Solamente expide la garantía.**

    b.   Special Assistance Functions—Purchases mortgages on types of housing where financing is unavailable (low-income housing) and purchases mortgages during times of declining mortgage lending.

    b.   **Funciones de asistencia especial—Compra hipotecas sobre tipos de vivienda donde no hay financiación disponible (viviendas para personas de bajos ingresos) y compra hipotecas en épocas de declinación en los préstamos hipotecarios.**

    c.   Management and Liquidation Function—Manages federally-owned mortgages and liquidates government portfolio of mortgages over an extended period of time so as not to disrupt secondary market.

    c.   **Función de administración y liquidación—Administra las hipotecas de propiedad federal y liquida la cartera gubernamental de hipotecas sobre un periodo de tiempo largo para así no alterar el mercado secundario.**

F. Federal Home Loan Mortgage Corporation (FHLMC FREDDIE MAC)—Created to develop, expand, and maintain a nationwide secondary market for residential conventional mortgages.

F. **Corporación Federal de Préstamos Hipotecarios Para Casas—Creada para desarrollar, expandir y mantener un mercado secundario a escala nacional para hipotecas residenciales convencionales.**

    a.   Initially capitalized by sale of common stock to federal home loan banks. Now sells preferred stock to public.

    a.   **Inicialmente capitalizada por la venta de acciones comunes a los bancos federales de préstamos para casas. Ahora vende acciones preferidas al público.**

b.   Purchases loans principally from savings and loan associations. Purchases are funded by sale by Freddie Mac Mortgage Participation Certificates (PCs) to the public directly or through securities dealers (referred to as their Standard Program).

b.   Compra préstamos principalmente de las asociaciones de ahorros y préstamos. Las compras se consolidan por la venta de Certificados de Participación Hipotecaria de FHLMC al público directamente o a través de negociantes en acciones y títulos. (Esta operación se llama el Programa Normal).

c.   Freddie Mac's Guarantor or "Swap" Program—Lenders selling loans to FHLMC receive PCs instead of cash in exchange for loans. These PCs can be sold by the lender or used as collateral for loans.

c.   Programa de garantía de FHLMC—Los prestamistas que venden sus préstamos al FHLMC reciben certificados de participación hipotecaria en lugar de dinero efectivo a cambio de préstamos. Estos certificados de participación pueden ser vendidos por el prestamista o usados como seguridad colateral para obtener préstamos.

III.   RESPA-Real Estate Settlement Procedures Act of 1974—A federal law enacted in 1974 and amended in 1975, designed to provide a borrower with information about the normal expenses that can be expected to be paid in securing the loan and a good faith estimate of these expenses. In addition, they will receive a detailed statement of the actual expenses at the closing.

III.   **Acto para Procedimientos de Conciliación en Bienes Raíces de 1974—Una ley Federal instituida en 1974 y modificada en 1975, concebida para proveer al prestatario con información acerca de los gastos normales que espera pagar al conseguir un préstamo sobre bienes raíces y un estimativo en buena fe de estos gastos. Además, deberá recibir una cuenta detallada de los gastos actuales en que se haya incurrido al momento de cerrar el negocio.**

A.   Applicability—Law applies to first trust deed loans secured by one to four family-owned occupied residence; or real estate upon which is located a mobile home; or a condominium or cooperative apartment, any of which is made by a Federally regulated or Federally insured lender.

A.   **Aplicabilidad—La ley se aplica a préstamos de primera escritura fiduciaria asegurada por residencia de una a cuatro familial ocupada por el dueño; o un lote de bienes raíces donde está localizada una casa móvil; o un condominio o apartamento cooperativo, cuando cualquiera de dichos préstamos es hecho por prestamista regulado o asegurado federalmente.**

1.   Federally Regulated or Insured Lenders Include Lenders:
1.   **Los prestamistas regulados o asegurados federalmente incluyen:**

a.   Making FHA or VA guaranteed loans.
a.   **Los que hacen préstamos garantizados por FHA or VA.**

b.   Whose deposits are insured by the Federal Savings & Loan Insurance Corporation or the Federal Deposit Insurance Corporation.

b .   **Depósitos asegurados por la Corporación Federal de Seguros de Ahorros y Préstamos o la Corp. Federal de Depósito.**

     c.   Regulated by the Federal Home Loan Bank board.

     c.   **Regulados por la Junta del Banco Federal de Préstamos para Casas.**

     d.   Who intend to sell the loan to the Federal National Mortgage Association or the Federal Home Loan Mortgage Corporation.

     d.   **Quienes tienen el propósito de vender el préstamo a la Asociación Federal Nacional de Hipotecas o la Corporación Federal de Préstamos Hipotecarios para Casas.**

B. <u>Special Information Booklet and Good Faith Estimate</u>—Lender must provide borrower, upon receipt of loan application or within 3 business days thereof, the following:

B. <u>**Folleto de información especial y estimativo en buena fe**</u>**—El prestamista debe suministrar al prestatario al momento de recibir la solicitud de préstamo, o durante los 3 días hábiles después de haber recibido dicha solicitud, lo siguiente:**

     1.   <u>Special Information Booklet</u>—Booklet, prepared by the Office of Consumer Affairs and Regulatory functions of the U.S. Department of Housing and Urban Development (HUD), explaining the settlement process, the usual expenses that can be expected, an explanation of these costs and expenses, and the borrower's rights and remedies, if these costs are excessive.

     1.   <u>**Folleto de información especial**</u>**—Folleto preparado por la oficina de Asuntos del Consumidor y Funciones Reguladoras del Departamento de Vivienda y Desarrollo Urbano de los Estados Unidos, el cual explica el proceso de conciliación, los gastos usuales que se pueden esperar, la explicación de estos costos y gastos y los derechos y recursos del prestatario si estos costos son excesivos.**

     2.   <u>Good Faith Estimate</u>—A list of the settlement (closing) costs or services and the dollar cost that will likely be incurred by the borrower.

     2.   <u>**Estimado en buena fe**</u>**—Lista de los costos o servicios de la conciliación (cierre) y el costo en dólares en que posiblemente incurrirá el prestatario.**

C. <u>Uniform Settlement Statement (HUD)</u>—A statement itemizing all charges to be paid by the borrower and the seller connected with the closing of the transaction. The form was designed by HUD but can be reproduced by lenders with adjustments to allow for variations between localities.

C. <u>**Declaración uniforme de conciliación**</u>**—Una relación pormenorizada de todos los gastos a ser pagados por el prestatario y el vendedor en conexión con el cierre de la transacción. El formulario fue diseñado por HUD pero puede se reproducido por los prestamistas con los arreglos necesarios que permiten variaciones entre diferentes localidades.**

     1.   Completed statement must be delivered at or before closing, by person conducting settlement.

     1.   **La declaración completa debe ser entregada antes de o al momento de cerrar la transacción por la persona que conduce la conciliación.**

     2.   On one business day before closing, borrower, upon request, may be allowed to inspect statement information that is available at that time.

     2.   **En día hábil antes del cierre, el prestatario puede pedir que se le permita revisar la información contenida en la declaración hasta ese momento.**

     3.   No fee can be charged for the expense of preparing or distributing the statement.

3. No se pueden cobrar honorarios por el gasto de preparar y distribuir la declaración.

4. All closing and loan charges imposed by the lender, to be paid by the borrower or the seller, must be itemized.

4. **Todos los gastos del préstamo y cierre de la transacción que son impuestos por el prestamista a ser pagados por el prestatario o el vendedor, deben ser especificados.**

5. Form is not required if:

5. **El formulario no es requerido si:**

    a. Borrower is not required to pay any settlement costs.

    a. **El prestatario no está obligado a pagar ningún costo de la conciliación.**

    b. Total amount to be paid is a fixed amount and borrower was informed of amount at time of loan application.

    b. **La cantidad total que debe pagarse es una suma fija y el prestatario ha sido informado acerca de esto a la hora de hacer la solicitud para el préstamo.**

6. Impounds for taxes—Lender cannot demand more than amount needed to cover current installment due plus two month's worth towards next installment.

6. **Depósitos para impuestos—El prestamista no puede exigir más de la cantidad necesaria para cubrir la cuota corriente que se deba y el valor de dos meses para la cuota siguiente.**

D. Kickbacks—No one can give or accept a fee or "kickback" for any service involved in the sale or closing unless the fee was for a service (escrow, title insurance, notary, etc.).

D. **Comisiones indebidas—Nadie puede dar o aceptar un honorario o una comisión indebida por cualquier servicio relacionado con la venta o el cierre de una transacción a menos que sea por un servicio realizado (depósito fiduciario, seguro de título, notaría, etc.).**

1. Allows a fee to be paid to:

1. **Permite que se pague un honorario a:**

    a. An attorney for services actually performed.

    a. **Un abogado por servicios actualmente realizados.**

    b. An agent of a title insurance company.

    b. **Un agente de una compañía de seguros de títulos.**

    c. An agent or a lender.

    c. **Un agente o un prestamista.**

    d. A cooperating real estate broker that is splitting a commission.

    d. **Un corredor de bienes raíces cooperador que comparte una comisión.**

2. Prohibits paying a finder's fee by a real estate agent.

2. **Prohíbe a un agente de bienes raíces el pago de un honorario de intermediario.**

3. Penalties—Anyone found guilty of violating the law is subject to:

3. **Penas—Cualquiera que sea culpable de violar la ley está sujeto a:**

a. A fine of not more than $10,000 or,

a. Una multa hasta de $10,000 o,

b. Imprisonment for not more than a year or,

b. Una pena de prisión hasta por un año o,

c. Both penalties indicated above.

c. Ambas penas indicadas arriba.

IV. <u>Lending Practices</u>

IV. **<u>Prácticas de préstamos</u>**

A. <u>Qualifying the Borrower</u>—Lender considers many of the following before committing itself to the loan:

A. **<u>Calificación del prestatario</u>—El prestamista considera muchos de los siguientes factores antes de comprometerse a conceder el préstamo:**

1. <u>Income vs. Loan Payment</u>—Usually requires monthly gross (not including overtime) to be 4 to 5 times monthly (principal, interest, taxes, and insurance—PITI). Referred to as "debt-income" ratio.

1. **<u>Ingreso contra pago del préstamo</u>—Usualmente requiere un ingreso mensual bruto (sin incluir sobretiempo) que sea 4 o 5 veces el pago mensual (el pago mensual puede incluir la cantidad principal, el interés, los impuestos y el seguro). Se le llama la proporción de "deuda a ingreso".**

2. <u>Income vs. Purchase Price</u>—Some lenders hold that purchase price should not exceed a stated rate of annual income. The rate may be 2, 3, or 4 times borrower's annual gross income from salary.

2. **<u>Ingreso contra precio de compra</u>—Algunos prestamistas sostienen que el precio de compra no debería exceder una cuota determinada de ingreso anual. La cuota puede ser 2, 3 o 4 veces el ingreso anual total de salario del prestatario.**

3. <u>Ability to Pay</u>—Borrower's past credit record is important consideration. Must indicate willingness and ability to pay.

3. **<u>Capacidad para pagar</u>—El historial de crédito anterior del prestatario es una consideración importante. Debe indicar buena voluntad y capacidad para pagar.**

4. <u>Appraised Value</u>—Property is usually sole security for the loan so lender will appraise and grant a loan on a percentage of the appraisal. (Referred to as the loan-to-value ratio).

4. **<u>Valor aforado</u>—La propiedad es usualmente la única garantía para el préstamo así que el prestamista avaluará y concederá el préstamo sobre un porcentaje del avalúo. (Es referida como la proporción de préstamo a valor).**

5. <u>Title Insurance</u>—Lender will require borrower to secure title insurance protecting lender. If borrowers want protection also, they may purchase a joint protection policy.

5. **<u>Seguro de título</u>—El prestamista requerirá al prestatario que obtenga póliza de seguro de título para proteger su inversión. Si los prestatarios también desean protección, pueden comprar póliza conjunta de seguro de título.**

B. <u>Loan Expenses</u>—Borrower can be subject to following loan expenses:

B. <u>**Gastos del préstamo**</u>—**El prestatario puede estar sujeto a los siguientes gastos:**

1. <u>Interest</u>—Varies with availability of money and demands of lenders.

1. <u>**Interés**</u>—**Varía con la disponibilidad de dinero y las exigencias de los prestamistas.**

   a. During "tight money," rates increase.

   a. **Durante épocas de "dinero escaso", las tasas de interés suben.**

   b. Nominal Rate—Rate stated or named in the note.

   b. **Tasa nominal—Tasa declarada o especificada en el pagaré.**

   c. Effective Rate—Rate resulting when nominal rate and discount points are combined. Higher than nominal rate.

   c. **Cuota efectiva—Tasa resultante cuando se combinan la tasa nominal y los puntos de descuento. Más alta que la tasa nominal.**

   d. Simple Interest—Interest charged on decreasing loan balance.

   d. **Interés simple—El interés cobrado sobre el balance decreciente del préstamo.**

   e. Compound Interest—Interest charged on loan balance plus accrued interest.

   e. **Interés compuesto—El interés cobrado sobre el balance del préstamo más el interés acumulado.**

2. <u>Principal</u>—Not really an expense but the amount applied from each payment to reduce the loan balance.

2. <u>**Cantidad principal**</u>—**No es realmente un gasto sino la parte de cada pago que se aplica para reducir el balance del préstamo.**

3. <u>Impounds</u>—Reserves set aside and held by the lender to pay the property taxes and fire insurance.

3. <u>**Reservas**</u>—**Reservas puestas aparte y guardadas por el prestamista para pagar impuestos de la propiedad y seguro contra incendios.**

   a. Lender requires a portion of the impound to be paid each month in addition to the principal and interest payment.

   a. **El prestamista requiere una porción de la reserva pagada cada más sumada al pago de la cantidad principal y el interés.**

   b. Amount of impound is one month's worth of annual taxes and property insurance premium.

   b. **La cantidad de la reserva es el valor mensual del impuesto predial anual y las primas de seguro.**

Annual property taxes:	$720.00 ÷ 12 months	=	$60.00 per month
Impuesto predial anual:	**$720.00 ÷ 12 meses**	**=**	**$60.00 por mes**
Three-year fire insurance premium:	$108.00 ÷ 36 months	=	3.00 per month
Prima por póliza de seguro contra incendios por 3 años:	**$108.00 ÷ 36 meses**	**=**	**3.00 por mes**
Amount of impounds			$63.00 per month
Cantidad de la reserva:			**$63.00 por mes**

c. Lenders on loans issued after January 1/77 on one to four family residences must pay at least 2% simple interest on any impounds hold.

c. Los prestamistas que han emitido préstamos después de 1 o de enero/77 sobre residencias de una a cuatro familias deben pagar por lo menos 2% de interés simple sobre cualquier reserva retenida.

d. Cannot be required for loan on single family, owner-occupied dwelling unless:

d. No pueden requerirse por préstamos sobre vivienda para una familia ocupada por el dueño a menos que:

(1) Required by FHA or VA.

(1) Sea exigido por FHA o VA.

(2) Loan is 90% or more of value.

(2) El préstamo es por el 90% o más del valor de la propiedad.

(3) Borrower was delinquent on two consecutive tax payments.

(3) El prestatario se atrasó en dos pagos consecutivos de impuestos.

4. <u>Points</u>—Percentage of loan amount demanded by lender when loan is negotiated. Each point is 1% of total loan amount. A lender charging 2 points on any $80,000 loan collects $1,600 (2% of $80,000). Points are used to cover:

4. <u>Puntos</u>—Porcentaje de la cantidad del préstamo exigido por el prestamista cuando el préstamo es negociado. Cada punto es 1% de la cantidad total del préstamo. Un prestamista que carga 2 puntos sobre un préstamo de $80,000 = cobra $1,600 (2% de $80,000). Los puntos son usados para cubrir:

a. <u>Origination Fee</u>—Initial charge required by lender to cover expenses of setting up loan documents and loan files.

a. <u>Honorarios de origen</u>—Cargo inicial requerido por el prestamista para cubrir los gastos de preparar los documentos y el archivo del préstamo.

b. <u>Discount</u>—When loans are made at interest rates that are below the going market (usually for G.I. loans), lender makes initial charge to equate its yield. Eight (8) discount points are equivalent to a difference of 1% in the interest rate; 4 points are equivalent to a difference of 1/2% in the interest rate.

b. Cuando se hacen préstamos a cuotas de interés más bajos que las prevalecientes en el mercado (usualmente en préstamos para veteranos), prestamista hace cargo inicial para igualar su rendimiento. Ocho (8) puntos de descuento son equivalentes a una diferencia de 1% en la tasa de interés; 4 puntos son equivalentes a una diferencia de 1/2% en la cuota de interés.

Lender offers loan on either of following basis:
El prestamista ofrece prestar en cualquiera de las dos bases siguientes:

$120,000 @ 7.5% interest and no points or
$120,000 @ un interés de 7.5% y sin puntos o

$120,000 @ 7.25% interest and 2 points (2% of $120,000)
$120,000 @ interés de 7.25% y 6 puntos (2% de $120, 000)

Lender is willing to accept an interest rate that is .25% less over life of loan but receives $2,400 in advance in points to make up for this reduced rate (equates the yield).

El prestamista está dispuesto a aceptar una cuota de interés que es .25% menos sobre la vida del préstamo pero recibe $2,400 en puntos por adelantado para compensar por la cuota de interés reducida (iguala el rendimiento).

5. Loan Broker Commission—Loans obtained from private individuals are usually arranged through a loan broker. The loan broker can charge a fairly substantial commission.

5. **Comisión del corredor de préstamo—Los préstamos obtenidos de individuos privados son generalmente concertados a través de un corredor de préstamos. El corredor de préstamos puede cobrar una comisión bastante considerable.**

6. Types of Loans—Traditionally, real estate loans have been arranged where the borrower pays a fixed sum each month at a set rate of interest over a long period of time. Many alternative plans are available today and include the following:

6. **Tipos de préstamos—Tradicionalmente, los préstamos sobre bienes raíces han sido concertados de tal manera que el prestatario paga una cantidad fija cada mes a una cuota de interés establecida sobre un largo periodo de tiempo. Hoy día, hay muchos planes alternativos que incluyen los siguientes:**

a. Graduated Payment Adjustable Mortgage—A loan in which part of the principal payment is deferred to later years. Loan balance actually increases each month and creates negative amortization. The hope is that the borrower will have higher income in a few years to off-set the increased payments that will be required in a few years.

a. **Hipoteca ajustable con pagos graduados—Un préstamo en el cual parte del pago de la cantidad principal es diferido a años posteriores. El balance del préstamo actualmente aumenta cada mes y crea una amortización negativa. Se espera que el prestatario tendrá más altos ingresos en el futuro para compensar los pagos aumentados que serán requeridos más adelante.**

b. Variable Rate Mortgage or Adjustable Rate Mortgage—Loan which provides for adjustment of its interest to follow market interest rates. When lenders have to pay higher interest rates to savers, interest rate on loan increases. If they pay less, loan rates are reduced. Adjustments may be made based on Federal Reserve Discount Rate or other government index.

b. **Hipoteca de cuota variable o hipoteca de cuota ajustable—Préstamo que dispone un ajuste de su interés para seguir las cuotas de interés del mercado. Cuando los prestamistas tienen que pagar cuotas de interés más altas a los ahorradores, las cuotas de interés en los préstamos aumentan. Si ellos pagan menos, las cuotas de los préstamos son reducidas. Los ajustes pueden ser hechos basándose en la tasa de descuento de la Reserva Federal u otro índice gubernamental.**

    c.   <u>Renegotiable Rate Mortgage</u>—A long-term loan securing a series of short-term loans. The loans are automatically renewable every 3 to 5 years, but the interest rate and monthly payment are renegotiated at the beginning of each 3 to 5 year period.

    c.   <u>**Hipoteca con tasa renegociable**</u>**—Un préstamo a largo plazo que asegura una serie de préstamos a corto plazo. Los préstamos son renovables automáticamente cada 3 a 5 años, pero la tasa de interés y el pago mensual son renegociados al comenzar cada periodo de 3 a 5 años.**

    d.   <u>Reverse Annuity Mortgage</u>—Under this loan, the lender pays the borrower a fixed amount each month and applies the amount to an ever-increasing loan that will be paid off at the death of the borrower. Allows a borrower to borrow against his or her equity in the property. The annuity payment plus the accrued interest represents the loan balance.

    d.   <u>**Hipoteca de anualidad inversa**</u>**—Bajo este préstamo, el prestamista paga al prestatario una suma fija cada mes y aplica la cantidad a un préstamo que aumenta siempre y que será pagado totalmente a la muerte del prestatario. Permite al prestatario pedir prestado contra su plusvalía. El pago de la anualidad más el interés acumulado representa el balance del préstamo.**

V.   <u>Construction Financing</u>—Due to the potential risks involved in construction loans, lenders exercise rigid control over disbursement of the loan funds to avoid mechanic's liens or the financial failure of the contractor.

V.   <u>**Financiación de la construcción**</u>**—Debido al riesgo potencial envuelto en los préstamos de construcción, los prestamistas ejercitan un control rígido sobre el desembolso de los fondos del préstamo para evitar los embargos de constructor o la falla financiera del contratista.**

   A. <u>Two Types of Loans Arranged before Work Commences</u>—

   A. <u>**Dos tipos de préstamos decididos antes de empezar trabajos**</u>**—**

      1. <u>Construction or Interim Finance Loan</u>—A short-term loan made for the period of construction. Proceeds are used to pay construction costs. Usually obtained from a bank or savings and loan association.

      1. <u>**Préstamo financiero provisorio o de la construcción**</u>**—Un préstamo a corto plazo hecho para el periodo de construcción. Los dineros son usados para pagar los costos de la construcción. Usualmente es obtenido de un banco o de una asociación de ahorros y préstamos.**

      2. <u>Take Out Loan</u>—Long-term loan that is made after the improvements are completed. Proceeds are used to pay off interim loan. Owner usually obtains a "take-out" commitment from a lender before construction begins.

      2. <u>**Préstamo a largo plazo**</u>**—Es un préstamo a largo plazo que es hecho después de haber sido completada la construcción. Los ingresos del préstamo son usados para pagar totalmente el préstamo provisorio. Generalmente, el dueño del proyecto obtiene de un prestamista el compromiso de hacer el préstamo antes de empezar la construcción.**

   B. <u>Disbursement of Loan Proceeds</u>—Amount disbursed should never be more than the cost of the improvements constructed to that point. The three methods of disbursement are:

B. <u>**Desembolso de los fondos del préstamo**</u>—**La cantidad desembolsada nunca debe ser mayor que el costo de las mejoras construidas hasta ese punto. Los tres métodos de desembolso son:**

1. <u>Voucher System</u>—Contractor submits receipted bills and presents them to the lender for reimbursement.

1. <u>**Sistema de vales**</u>—**El contratista remite las facturas pagadas y las presenta al prestamista para obtener el reembolso.**

2. <u>Warrant System</u>—Unpaid bills are presented directly to the lender who in turn pays the bills.

2. <u>**Sistema de mandamiento de pago**</u>—**Las cuentas sin pagar son presentadas directamente al prestamista quien, a su vez, las paga.**

3. <u>Fixed Disbursement Schedule or Obligatory Advances</u>—Contractor and lender agree in advance on the number of payments to be made and at what stage of completion. (1/5 when foundation is in, another 1/5 when framing is completed, etc.). Final payment is not made until mechanic's lien period has expired.

3. <u>**Programa de desembolsos fijos o avances obligatorios**</u>—**El contratista y el prestamista acuerdan por adelantado en un número de pagos a ser hechos de acuerdo a distintas etapas de la construcción (1/5 cuando están puestos los cimientos, otro 1/5 cuando la armazón está completa, etc.). El pago final se hace cuando la construcción está terminada y ha expirado el periodo de embargos del constructor.**

C. <u>Completion Bond</u>—To protect themselves, most lenders require that a completion bond be secured by the contractor from an insurance company. If the contractor is unable to complete the building, the insurance company agrees to step in, complete the project, and deliver it to the owner free of liens.

C. <u>**Fianza de cumplimiento**</u>—**Para protegerse a sí mismos, la mayoría de los prestamistas requieren que el contratista esté asegurado con una fianza de cumplimiento de una compañía de seguros. Si el contratista es incapaz de terminar el edificio, la compañía de seguros conviene en intervenir, completar el proyecto y entregarlo al dueño libre de embargos.**

VI. <u>Truth in Lending (Regulation Z)</u>—A federal law originated in 1969 and modified in 1980 by the Truth in Lending Simplification and Reform Act. The main purpose is to require creditors to disclose to consumers the overall cost of the credit being obtained.

VI. <u>**Veracidad en empréstitos (Regulacion Z)**</u>—**Una ley federal originada en 1969 y modificada en 1980 por el Acto de Reforma y Simplificación de la Veracidad en Empréstitos. El propósito principal es exigir a los acreedores que revelen a los consumidores el costo total del crédito que está siendo obtenido.**

A. <u>Application</u>—Law requires Creditor to furnish truth in lending disclosure to the consumer on certain types of loans and also regulates advertising of consumer credit.

A. <u>**Aplicación**</u>—**La ley requiere al acreedor suministrar la divulgación de la veracidad en empréstitos al consumidor en ciertos tipos de préstamos y también regula la publicidad de crédito al consumidor.**

1. <u>Creditor</u>—Defined as:

1. <u>**Acreedor**</u>—**Definido como:**

    a.   Person who extends consumer credit of any type, more than 25 times a year, or

    a.   **Persona que extiende crédito al consumidor de cualquier tipo, más de 25 veces al año, o**

    b.   Person who extends consumer credit that is secured by a dwelling, more than 5 times a year.

    b.   **Persona que extiende crédito al consumidor que es asegurado por una vivienda, más de 5 veces al año.**

2.   <u>Arranger of Credit</u>—Excluded from law. A real estate broker who arranges seller financing on a home would be an arranger of credit. As long as broker is not loaning the money, broker is exempt.

2.   <u>**Concertador de crédito**</u>**—Excluido de la ley. Un corredor de bienes raíces que arregla para un vendedor la financiación de una casa sería un concertador de crédito. Mientras el corredor no sea quien concede el préstamo, está exento de la ley.**

3.   <u>Types of Credit Subject to Law</u>—Following are covered:

3.   <u>**Tipos de crédito sujetos a ley**</u>**—Los siguientes están cubiertos:**

    a.   Where credit or loan is subject to a finance charge or is payable, by written agreement, in more than four installments.

    a.   **Donde el crédito o préstamo está sujeto al cobro de financiación o si, por convenio escrito, es pagadero en más de cuatro cuotas.**

    b.   All loans secured by real property.

    b.   **Todos los préstamos asegurados por bienes raíces.**

    c.   Loan secured by personal property which is to be used as consumer's principal dwelling (mobile home) or under $25,000.

    c.   **Préstamo asegurado por propiedad personal la cual será usada como la residencia principal del consumidor (casa movible) o por menos de $25,000.**

4.   <u>Types of Credit Not Subject to Law</u>—Following are exempt:

4.   <u>**Tipos de crédito no sujetos a la ley**</u>**—Los siguientes están exentos:**

    a.   Credit or loan is obtained primarily for a business, commercial, or agricultural purpose. (Credit for rental property not occupied by owner is exempt.)

    a.   **Crédito o préstamo obtenido para propósito comercial, agrícola o para un negocio. (Crédito para propiedad de arriendo que no sea ocupada por el dueño está exento.)**

    b.   Credit or loan is secured by a personal property lien and the loan is over $25,000. (Mobile home loans are subject to law.)

    b.   **Crédito o préstamo es asegurado por un embargo preventivo de propiedad personal y el préstamo es por más de $25,000 (los préstamos sobre casas movibles está sujetos a la ley).**

5.   <u>Advertising Consumer Credit</u>—Advertisements offering consumer credit from regulated Creditors on loan subject to the law must comply with certain regulations (see following paragraph D). Restrictions on advertisements also applies to:

5.   <u>Publicidad de crédito al consumidor</u>—**Anuncios ofreciendo crédito al consumidor de parte de acreedores regulados en préstamos sujetos a la ley deben cumplir con ciertas regulaciones (ver parágrafo D). Las restricciones en anuncios también se aplican a:**

   a.   Real estate brokers who advertise credit terms that are available on properties they are selling as the agent.

   a.   **Corredores de bienes raíces quienes anuncian términos de crédito que están disponibles en propiedades que ellos venden como agentes.**

   b.   Homebuilders who advertise loans that are available from lenders upon purchase of their homes.

   b.   **Constructores de casas quienes anuncian préstamos disponibles por prestamistas para la compra de sus casas.**

B.   <u>Disclosure Statement</u>—The exact form of the Disclosure Statement is not set forth in the law, but Regulation Z lists 18 disclosures that are required on closed-end credit transactions such as mortgage loans.

B.   <u>Declaración de divulgación</u>—**La forma exacta de la declaración de divulgación no está enunciada en la ley, pero la Regulación "Z" enumera 18 divulgaciones que son requeridas en transacciones de crédito cerradas tales como préstamos hipotecarios.**

1.   <u>Five Most Important Items:</u>

1.   <u>**Cinco puntos más importantes:**</u>

   a.   Amount financed.
   a.   **Cantidad financiada.**

   b.   Finance charge.
   b.   **Cargo financiero.**

   c.   Annual percentage rate.
   c.   **Tasa anual de porcentaje.**

   d.   Total of payments.
   d.   **Total de pagos.**

   e.   In credit sales, total sale price.
   e.   **En ventas a crédito, el precio total de la venta.**

2.   <u>Two Most Conspicuous Items</u>—Of the 18 disclosures, the two that must be more conspicuous than the others are:

2.   **<u>Dos puntos más conspicuos</u>—De las 18 divulgaciones, las dos que deben ser más conspicuas que las otras son:**

   a.   <u>Finance Charge</u>—Total cost in dollars of the financing costs including interest, points, loan fees, credit report fees, mortgage insurance, etc.

   a.   <u>**Cargo financiero**</u>—**Costo total en dólares de los costos de financiación incluyendo interés, puntos, honorarios del préstamo, costo del reporte de crédito, seguro de hipoteca etc.**

   b.   <u>Annual Percentage Rate (APR)</u>—Total cost of credit expressed as a percentage. On variable rate loans, further disclosures must be made relating to reasons for increases, limits, and effects.

b. <u>Tasa anual de porcentaje</u>—**Costo total del crédito expresado como un porcentaje. En préstamos de cuota variable, aclaraciones adicionales deben ser hechas en relación a las razones de aumentos, límites y efectos.**

3. <u>Time of Disclosure</u>—Disclosures must be made before consummation of the credit transaction. In a RESPA transaction, the disclosure must be made at consummation or within 3 business days after receiving consumer's written application, whichever is earlier.

3. <u>Tiempo de divulgación</u>—**Las divulgaciones deben ser hechas antes de consumarse la transacción de crédito. En una transacción RESPA, la divulgación debe ser hecha a la consumación o durante los 3 días hábiles después de recibir del consumidor la solicitud de crédito escrita, cualquiera que sea más temprana.**

C. <u>Right of Rescission</u>—Consumer may rescind some credit transactions if obligation is secured by lien against consumer's principal residence. Subject to following provisions.

C. <u>Derecho de rescindir</u>—**El consumidor puede rescindir (deshacer) algunas transacciones de crédito si la obligación está asegurada por un embargo contra su residencia principal. Sujeto a las provisiones siguientes.**

1. <u>Exemptions</u>—Excludes all liens (first and junior loans) created to acquire or construct dwelling or mobile home.

1. <u>Exenciones</u>—**Excluye todos los embargos (préstamos primeros y secundarios) creados para adquirir o construir una vivienda o casa movible.**

2. <u>Rescission Period</u>—On eligible transactions, consumer has right to rescind until midnight of the third business day following the last of any of the following three events:

2. <u>Periodo de rescisión</u>—**En transacciones elegibles, el consumidor tiene el derecho de rescindir hasta la medianoche del tercer día hábil siguiendo al último de cualquiera de los tres hechos siguientes:**

a. Consummation of transaction.

a. **Consumación de la transacción.**

b. Delivery of all material until disclosures.

b. **Entrega de todo el material hasta las divulgaciones.**

c. Delivery of notice of Right to Rescind.

c. **Entrega de aviso de Derecho de Rescindir.**

3. <u>Waiver of Right To Rescind</u>—Consumer may waive the right to rescind if credit is needed to meet an emergency. This is important since repair on household plumbing could create mechanic's lien. No repairman is going to perform services if homeowner has 3 days following repair to rescind work order.

3. <u>Renuncia del derecho de rescindir</u>—**El consumidor puede renunciar al derecho de rescindir si se necesita crédito para enfrentar una emergencia. Esto es importante ya que una reparación en las tuberías de la casa podría crear un embargo del constructor. Ningún técnico va a llevar a cabo un servicio si el dueño de la casa tiene hasta 3 días para rescindir la orden de trabajo después de la reparación.**

D. <u>Advertising</u>—Credit advertisements must be made "clearly and conspicuously" which requires that disclosures be made in a reasonably understandable form. Some of the requirements include:

D. <u>**Publicidad**</u>—**Los avisos de crédito deben ser hechos clara y conspicuamente" lo cual requiere que las divulgaciones sean hechas en una forma razonablemente comprensible. Los requerimientos incluyen:**

1. <u>Rate of Finance Charge</u>—If used, must be stated as an Annual Percentage Rate and must be more conspicuous than the interest rate if given. If only APR is disclosed, no other disclosure required.

1. <u>**Cuotoa de cargo financiero**</u>—**Si es usada, debe ser expresada como una "Cuota Anual de Porcentaje" y debe ser más conspicua que la cuota de interés si está es dada. Si solo el APR es revelado, no se requieren otras divugaciones.**

2. <u>Terms that Require Full Disclosure</u>—When any of the following are used, ad must disclose all credit terms:

2. <u>**Terminos que requieren complete divulgación**</u>—**Cuando algúno de los siguientes es usado, el anuncio debe revelar todos los términos del crédito:**

    a. Amount of percentage of down payment.

    a. **Cantidad del porcentaje del pago inicial.**

    b. Number of payments or period of repayment.

    b. **Número de pagos o periodo de reembolso.**

    c. Amount of any payment.

    c. **Cantidad de cualquier pago.**

    d. Amount of any finance charge.

    d. **Cantidad de cualquier cargo financiero.**

<u>NOTE:</u>—An ad that states "100% Financing" requires no further disclosures.

<u>**Nota:**</u>—**Un anuncio que expresa "Financiamiento 100%" no requiere divulgaciones adicionales.**

E. <u>Enforcement</u>—Federal Trade Commission enforces Truth in Lending Act and Regulation Z. Violators may be subject to following penalties:

E. <u>**Imposición de la ley**</u>—**La Comisión Federal de Comercio hace cumplir el Acta de Veracidad en Empréstitos y la Regulación Z. Los violadores pueden ser sujetos a las siguientes penas:**

1. <u>FTC Action in Federal Court</u>—Fines to $10,000 for each violation.

1. <u>**Acción de la FTC en tribunal federal**</u>—**Multas de hasta $10,000 por cada violación.**

2. <u>Creditor's Civil Liability to Consumer</u>—Penalties from $100 to $1,000.

2. <u>**Responsabilidad civil del acreedor al consumidor**</u>—**Multas desde $100 hasta $1,000.**

3. <u>Criminal Liability</u>—Creditor subject to $5,000 fine and/or one year in jail.

3. <u>**Responsabilidad criminal**</u>—**El acreedor es sujeto a multa de $5, 000 y/o un año en la cárcel.**

VII. <u>Government Participation</u>—There are three major government-backed loan programs. These are the Federal Housing Administration, the Veterans Administration, and the California Farm and Home Purchase Program.

VII. <u>**Participación del gobierno**</u>—**Hay tres programas principales de préstamos respaldados por el gobierno. Estos son: La Administración Federal de Vivienda, la Administración de Veteranos y el Programa de California para Compra de Fincas y Casas.**

A. <u>Federal Housing Administration (FHA)</u>—Created in 1934 to insure loans made for two purposes. Homeowners who wanted to repair, alter, or improve their home (Title I) and persons who wanted to purchase a Home (Title II). Following are the characteristics of the FHA Title II, Section 203 (b) program.

A. <u>**Administración Federal de la Vivienda**</u>—**Creada en 1934 para asegurar préstamos hechos con dos propósitos. Dueños de casa que deseaban reparar, alterar mejorar sus casas (Título I) y personas que deseaban comprar casa (Título II). Las siguientes son las características del programa de la FHA Título II, sección 203 (b).**

1. <u>Administered By</u>—Department of Housing and Urban Development, Washington, D.C. (HUD).

1. <u>**Administrado por**</u>—**El Departamento de Vivienda y Desarrollo Urbano, Washington, D. C.**

2. <u>Limited To</u>—Purchase of residence up to 4 units (Mobile home purchases are insured under Title I, Section 2).

2. <u>**Limitado A**</u>—**Compra de residencia hasta de 4 unidades (compras de casas movibles están aseguradas bajo el Título I, Sección 2).**

3. <u>Maximum Loan</u>—Based on area where residence is located. Following are limits for single family residences in most counties in California.

3. <u>**Préstamo máximo**</u>—**Basado en el área donde está localizada la residencia. A continuación se enumeran los límites para residencias unifamiliares en casi todos los condados en California.**

$290,319 Counties of Los Angeles, Santa Barbara, San Diego, Orange, Alameda, Monterey, San Francisco, Marin, San Mateo, Santa Clara, Santa Cruz, Sonoma, Solano, Sacramento, Contra Costa, El Dorado, Inyo, Mono, Napa, Nevada, Placer, and San Benito.

$289,750 Counties of San Bernardino and Riverside.

4. <u>Minimum Down</u>
3% of 1st 25,000 of appraised value
5% of next $100,000
90% of amount over $125,000

4. <u>**Pago mínimo inicial**</u>
3% de los primeros 25,000 del valor aforado
5% de los próximos $100,000
90% de la cantidad en exceso de $125,000

5. <u>Qualifications</u>—Anyone that meets lender's credit standards.

5. <u>Calificaciones</u>—Cualquiera que satisface los requisitos de crédito del prestamista .

6. <u>Prepayment Penalty</u>—None permitted.

6. <u>Multa por pago adelantado</u>—No se permite ninguna.

7. <u>Assumable</u>—Loans issued since December 14, 1989 assumable only by credit-worthy buyers who will occupy and not lease property.

7. <u>Asumible</u>—Préstamos originados desde el 14 de diciembre, 1989 son asumibles solamente por compradores con buen crédito quienes ocuparán y no arrendarán la propiedad.

8. <u>Interest Rate</u>—As negotiated between lender and borrower when loan is made.

8. <u>Tasa de interés</u>—Según es negociada entre el prestamista y el prestatario cuando se hace el préstamo.

9. <u>Points</u>—Buyer may pay origination fee and discount points.

9. <u>Puntos</u>—El comprador puede pagar los honorarios de origen y los puntos de descuento.

10. <u>Secondary Financing</u>—Possible on original loan, no problem on loan assumption.

10. <u>Financión secundaria</u>—Es posible en el préstamo original, no hay problemas al asumir el préstamo.

11. <u>Lender</u>—Any HUD approved lender.

11. <u>Prestamista</u>—Cualquier prestamista aprobado por la Administración Federal de la Vivienda (HUD).

12. <u>Lender's Protection</u>—Mortgage insurance provided by FHA. Borrower pays one-time up front premium to FHA.

12. <u>Protección de prestamista</u>—Seguro de hipoteca suministrado por FHA. El prestatario paga una vez la prima por adelantado a FHA.

13. <u>Security Instrument</u>—Trust Deed.

13. <u>Instrumento de garantía</u>—La escritura fiduciaria.

14. <u>Maximum Purchase Price</u>—Not set by law. Lender sets limit based on sound business practices and ability to sell loan in secondary market.

14. <u>Precio de compra máximo</u>—No es establecido por la ley. El prestamista establece el límite basado en sólidas prácticas de negocios y la capacidad para vender el préstamo en el mercado secundario.

15. <u>Recurring Costs</u>—Fire insurance premium and property taxes; usually paid out of impounds.

15. <u>Costos recurrentes</u>—Prima de seguro contra incendios y los impuestos prediales; usualmente se pagan con las reservas.

B. <u>Department of Veterans Affairs (DVA)</u>—Created in 1944 (and amended many times since) to assist qualified veterans in obtaining home loans at the best possible terms with the least amount of downpayment and qualifications. Following are the characteristics of the current "GI" loan program.

B. **<u>Departamento de asuntos de veteranos</u>—Creada en 1944 (y corregida muchas veces desde entonces) para asistir a veteranos calificados en obtener préstamos para casas en los mejores términos posibles y con la menor cantidad de pago inicial y calificaciones. Las siguientes son las características del programa actual de préstamos para veteranos.**

1. <u>Administered By</u>—Veterans Administration, Washington, D.C.
1. **<u>Administrado por</u>—La administración de Veteranos, Washington, D.C.**

2. <u>Limited To</u>—Owner occupied one to four family dwellings, mobile homes, and condominiums.
2. **<u>Limitado a</u>—Viviendas de una a cuatro familias ocupada por el dueño, casas movibles, y condominios.**

3. <u>Maximum Loan</u>—Cannot exceed VA appraised value of property (Certificate of Reasonable Value—CRV).
3. **<u>Préstamo máximo</u>—No puede exceder el valor aforado de la propiedad por la Administración de Veteranos. (Certificado de Valor Razonable—CRV).**

4. <u>Minimum Down</u>—None required by VA up to CRV. Lender may demand downpayment.
4. **<u>Pago inicial mínimo</u>—Ninguno es requerido por la Administración de Veteranos hasta el CRV. El prestamista puede exigir un pago inicial.**

5. <u>Qualifications</u>—Most WWII, Korean, and Vietnam Vets, and peace time service personnel.
5. **<u>Calificaciones</u>—La mayoría de los Veteranos de la Segunda Guerra Mundial, la guerra de Corea y la guerra de Vietnam, así como personal de servicio en tiempos de paz.**

6. <u>Prepayment Penalty</u>—None permitted.
6. **<u>Multa por pago adelantado</u>—No se permite ninguna.**

7. <u>Assumable</u>—Subject to lender's credit approval of assuming buyer.
7. **<u>Asumible</u>—Sujeto a la aprobación por el prestamista del comprador que asume.**

8. <u>Interest Rate</u>—As negotiated between the lender and the borrower.
8. **<u>Tasa de interés</u>—Según es negociado por el prestatario y prestamista.**

9. <u>Points</u>—Borrower can pay reasonable origination fee (usually 1%) and discount points, and must pay DVA funding fee of up to 2%, depending on down payment.
9. **<u>Puntos</u>—El prestatario puede pagar un honorario razonable por el cobro de originar el préstamo (generalmente 19%) y puntos de descuento, y debe pagar al Departamento de Asuntos de Veteranos (DVA) honorarios de financiación hasta 2%, dependiendo del desembolso inicial.**

10. <u>Secondary Financing</u>—Permissible on new loans and on assumption.
10. **<u>Financiación secundaria</u>—Permisible en nuevos préstamos y al asumir.**

11. Lender—Any approved lender.
11. **Prestamista—Cualquier prestamista aprobado.**

12. Lender's Protection—VA guarantees against loss to lender on foreclosure. Loans above $45,000, guarantee is $50,750 or 40% of loan, whichever is less. Loans of $45,000 or less, 50% of loan is guaranteed.
12. **La protección de prestamistas—DVA garantiza protección al prestamista contra la pérdida de ejecución de una hipoteca: los préstamos hasta $45,000-50%; $45,000 hasta $144,000-un mínimo de $22,500 con el máximo hasta un 40% del préstamo pero no exceder $36,000, $144,000 +– 25% hasta $60,000.**

13. Security Instrument—Trust Deed.
13. **Instrumento de garantía—La escritura fiduciaria.**

14. Maximum Purchase Price—Not set by law. Limited by borrower's ability to qualify and lender's qualifications.
14. **Precio de compra máximo—No es establecido por la ley. Limitado por la capacidad del prestatario para calificar y las calificaciones exigidas por el prestamista.**

C. California Farm and Home Purchase Program (CAL-VET)—A state sponsored program in which the state secures money through the sale of bonds and uses the money to purchase homes and farms selected by qualified veterans and sells them to the veteran on a Real Property Sales Contract. Following are characteristics of the program.
C. **Programa de California para compra de fincas y casas—Un programa patrocinado por el Estado en el cual este obtiene el dinero a través de la venta de bonos y usa los fondos para comprar casas y fincas escogidas para veteranos calificados y se las vende con un contrato de venta de bienes raíces. Las características del programa son las siguientes.**

1. Administered By—Department of Veterans Affairs, Sacramento, CA.
1. **Administrado por—El Departamento de Asuntos de Veteranos, CA**

2. Limited to—Single family residences, mobile homes, and farms.
2. **Limitado a—Residencias singulares, casas movibles y fincas.**

3. Maximum Loan—Limited by dollar amount or a percentage of the median purchase price of homes established by DYA on the previous June 30, whichever is greater. Limits are as follows:
   Home, Condominium, or Mobile Home and Lot—$250,000
   Mobile home in rented space—$70,000
   Farm—$300,000
3. **Préstamo máximo—Limitado por una cantidad monetaria dada o un porcentaje de la mediana del precio de compra de casas establecido por el "DVA" antes del 30 de junio, cual sea mayor. Limites son como siguen:**
   Casa, condominio, o casa móvil y lote—$250,000
   Casa móvil en lote alquilado—$70,000
   Finca—$300,000

4. Minimum Down—2% of Selling Price.
4. **Pago inicial mínimo—2% del precio de la venta.**

a. The initial disbursement may not be required if the property value, as determined by the Department by means of an appraisal, at least equals the amount to be paid by the Department plus 5%.

a. El desembolso inicial puede no ser requerido si el valor de la propiedad, según sea determinado por el Instituto por medio de un avalúo, iguala la cantidad para ser pagada por el instituto mas una 5%, por lo menos.

b. If the disbursement is less than 20%, the Department will purchase mortgage insurance and the cost will be charged to the veteran.

b. Si el desembolso inicial es menos del 20%, el Instituto comprará un seguro de hipoteca y el costo se le cobrará al veterano.

5. Qualifications—Native Californian vets or residents at time of entry into service who served in WWI, WWII, Korea, or Viet Nam.

5. Calificaciones—Veteranos nativos de California, o residentes al tiempo de entrar en las fuerzas armadas, y quienes sirvieron en la Primera Guerra Mundial, la Segunda Guerra Mundial, la Guerra de Corea o la Guerra de Viet Nam.

6. Prepayment Penalty—None

6. Multa por pago anticipado—Ninguna.

7. Assumable—Only by another qualified California vet.

7. Asumible—Solamente por otro veterano de California calificado.

8. Interest Rate—May be fixed or variable as set by the Department. Department must charge enough to cover bond interest and program's expense.

8. Tasa de interés- Puede ser fijo o variable según sea determinado por el Instituto. El Instituto debe cobrar lo suficiente para cubrir el interés de bonos y gastos del programa.

9. Points—1% origination fee plus cost of mortgage insurance when required.

9. Los puntos—1% de honorario por originar el préstamo más el costo de seguro para la hipoteca cuando sea requerido.

10. Secondary Financing—Possible when acceptable by Department of VA.

10. Financiación secundaria—Posible cuando es aceptable por el Departamento de Asuntos de Veteranos.

11. Lender—State of California. State obtains funds from sale of state bonds.

11. Prestamista—El Estado de California. El Estado obtiene fondos de la venta de bonos estatales.

12. Lender's Protection—Cal-Vet must carry life and disability insurance which will pay off loan in the event of death or disability.

12. Protección del prestamista—El veterano de California debe tener seguro de vida y de incapacidad, el cuál pagará el total del préstamo en caso de muerte o incapacidad.

13. Security Instrument—Real Properly Sales Contract—State holds legal title.

13. Instrumento de garantía—El contrato de venta de bienes raíces. El Estado posee el título legal.

14. Maximum Purchase Price—Not set by law.

14. Precio de compra máximo—No está establecido por la ley.

Code of Ethics

National Association of Real Estate Brokers, Incorporated

PART I. RELATIONS TO THE PUBLIC

1. A Realtist is never relieved of the responsibility to observe fully this Code of Ethics.
2. A Realtist should never be instrumental in establishing, reinforcing, or extending leased or deed restrictions that limit the use and/or occupancy of real property to any racial, religious, or national origin groups.
3. The Realtist realizes that it is his duty to protect the public against any misrepresentations, unethical practices, or fraud in his real estate practices, and that he offer all properties on his listing solely on merit and without exaggeration, concealment, deception, or misleading information.
4. A Realtist should always avoid offering a property without (a) written authorization of the owner or a person acting in his behalf by power of attorney, (b) fully informing himself of the pertinent facts concerning the property, and (c) advising his client to secure advice of counsel as to the legality of instruments before receiving or conveying title or possession of real property, laws, proposed legislation, and public policy relative to the use and/or occupancy of the property.
5. The Realtist should always offer the property at the price the owner has agreed to accept, but never greater.
6. The Realtist should always inform all parties of his own position in the transaction and should not demand or accept a commission from both parties, except with the knowledge and consent in writing and signed by all parties.
7. The Realtist should be diligent in preventing property under his management from being used for immoral or illegal purposes.
8. The Realtist realizes that all contracts and agreements for the ownership, use and/or occupancy of real properties should be in writing and signed by all parties, or their lawfully authorized agents.
9. The Realtist should disclose the fact, if he is purchasing a property to the account of his client and if he has a personal interest in the ownership.

PART II. PROFESSIONAL RELATIONS

1. The Realtist should always be loyal to his local Board or Real Estate Brokers and active in its work. The fellowship of his association and the mutual sharing of experiences are always assets to his own business.
2. The Realtist should so conduct his business as to avoid controversies with his fellow realtists. Controversies between Realists, who are members of the same local Board of Real Estate Brokers, should be submitted in writing for arbitration in accordance with the regulations of his or her Real Estate Board and not in an action at law. The decision in such arbitration should be accepted as final and binding.
3. Controversies between Realtists who are not members of the same local board should be submitted for arbitration to an Arbitration Board consisting of one arbitrator chosen by each Realtist from the Board of Real Estate Brokers to which he belongs and one other member, or a sufficient number of members to make an odd number, selected by the arbitrators thus chosen.
4. All employment arrangements between broker and salesman should be reduced to writing and signed by both parties. It is particularly important to specify rights of parties, in the event of termination of employment. All listings acquired by a salesman during his tenure of employment with the Broker, shall be the exclusive property or right of the employing Broker after such termination.
5. A Realtist should never publicly criticize a fellow Realtist; he should never express an opinion of a transaction unless requested to do so by one of the principals and his opinion then should be rendered in accordance with strict professional courtesy and integrity.
6. A Realtist should never seek information about fellow Realtists' transactions to use for the purpose of closing the transaction himself or diverting the client to another property.
7. When a cooperating Realtist accepts a listing from another Broker, the agency of the Broker who offers the listing should be respected until it has expired and the property has come to the attention of the cooperating Realtist from a different source, or until the owner, without solicitation, offers to list with the cooperating Realtist; furthermore, such a listing should not be phased on to a third Broker without the consent of the listing Broker.
8. Negotiations concerning property which is listed with one Realtist exclusively should be carried on with the listing Broker, not with the owner.
9. The Realtist is free to negotiate fees in the lease, sale, or exchange of Real Estate. Fees should be based on reasonable compensation for services to be rendered to the client. The Realtist should refrain from making any vestage of unfair competition or making fee structures and/or the advertising thereof in such a manner as to be demeaning to the real estate profession.
10. A Realtist should not solicit the services of any employee in the organization of a fellow Realtist without the written consent of the employer.
11. Signs should never be placed on any property by a Realtist without the written consent of the owner.

Code of Ethics and Standards of Practice of the NATIONAL ASSOCIATION OF REALTORS®
Effective January 1, 2006

Where the word REALTORS® is used in this Code and Preamble, it shall be deemed to include REALTOR-ASSOCIATE®s.

While the Code of Ethics establishes obligations that may be higher than those mandated by law, in any instance where the Code of Ethics and the law conflict, the obligations of the law must take precedence.

Preamble

Under all is the land. Upon its wise utilization and widely allocated ownership depend the survival and growth of free institutions and of our civilization. REALTORS® should recognize that the interests of the nation and its citizens require the highest and best use of the land and the widest distribution of land ownership. They require the creation of adequate housing, the building of functioning cities, the development of productive industries and farms, and the preservation of a healthful environment.

Such interests impose obligations beyond those of ordinary commerce. They impose grave social responsibility and a patriotic duty to which REALTORS® should dedicate themselves, and for which they should be diligent in preparing themselves. REALTORS®, therefore, are zealous to maintain and improve the standards of their calling and share with their fellow REALTORS® a common responsibility for its integrity and honor.

In recognition and appreciation of their obligations to clients, customers, the public, and each other, REALTORS® continuously strive to become and remain informed on issues affecting real estate and, as knowledgeable professionals, they willingly share the fruit of their experience and study with others. They identify and take steps, through enforcement of this Code of Ethics and by assisting appropriate regulatory bodies, to eliminate practices which may damage the public or which might discredit or bring dishonor to the real estate profession. REALTORS® having direct personal knowledge of conduct that may violate the Code of Ethics involving misappropriation of client or customer funds or property, willful discrimination, or fraud resulting in substantial economic harm, bring such matters to the attention of the appropriate Board or Association of REALTORS®. *(Amended 1/00)*

Realizing that cooperation with other real estate professionals promotes the best interests of those who utilize their services, REALTORS® urge exclusive representation of clients; do not attempt to gain any unfair advantage over their competitors; and they refrain from making unsolicited comments about other practitioners. In instances where their opinion is sought, or where REALTORS® believe that comment is necessary, their opinion is offered in an objective, professional manner, uninfluenced by any personal motivation or potential advantage or gain.

The term REALTOR® has come to connote competency, fairness, and high integrity resulting from adherence to a lofty ideal of moral conduct in business relations. No inducement of profit and no instruction from clients ever can justify departure from this ideal.

In the interpretation of this obligation, REALTORS® can take no safer guide than that which has been handed down through the centuries, embodied in the Golden Rule, "Whatsoever ye would that others should do to you, do ye even so to them."

Accepting this standard as their own, REALTORS® pledge to observe its spirit in all of their activities and to conduct their business in accordance with the tenets set forth below.

Duties to Clients and Customers

Article 1

When representing a buyer, seller, landlord, tenant, or other client as an agent, REALTORS® pledge themselves to protect and promote the interests of their client. This obligation to the client is primary, but it does not relieve REALTORS® of their obligation to treat all parties honestly. When serving a buyer, seller, landlord, tenant or other party in a non-agency capacity, REALTORS® remain obligated to treat all parties honestly. *(Amended 1/01)*

- **Standard of Practice 1-1**
  REALTORS®, when acting as principals in a real estate transaction, remain obligated by the duties imposed by the Code of Ethics. *(Amended 1/93)*

- **Standard of Practice 1-2**
  The duties the Code of Ethics imposes are applicable whether REALTORS® are acting as agents or in legally recognized non-agency capacities except that any duty imposed exclusively on agents by law or regulation shall not be imposed by this Code of Ethics on REALTORS® acting in non-agency capacities.

  As used in this Code of Ethics, "client" means the person(s) or entity(ies) with whom a REALTOR® or a REALTOR®'s firm has an agency or legally recognized non-agency relationship; "customer" means a party to a real estate transaction who receives information, services, or benefits but has no contractual relationship with the REALTOR® or the REALTOR®'s firm; "prospect" means a purchaser, seller, tenant, or landlord who is not subject to a representation relationship with the REALTOR® or REALTOR®'s firm; "agent" means a real estate licensee (including brokers and sales associates) acting in an agency relationship as defined by state law or regulation; and "broker" means a real estate licensee (including brokers and sales associates) acting as an agent or in a legally recognized non-agency capacity. *(Adopted 1/95, Amended 1/04)*

- **Standard of Practice 1-3**
  REALTORS®, in attempting to secure a listing, shall not deliberately mislead the owner as to market value.

NATIONAL ASSOCIATION OF REALTORS®

The Voice for Real Estate

Real Strength.
Real Advantages.

- **Standard of Practice 1-4**

  REALTORS®, when seeking to become a buyer/tenant representative, shall not mislead buyers or tenants as to savings or other benefits that might be realized through use of the REALTOR®'s services. *(Amended 1/93)*

- **Standard of Practice 1-5**

  REALTORS® may represent the seller/landlord and buyer/tenant in the same transaction only after full disclosure to and with informed consent of both parties. *(Adopted 1/93)*

- **Standard of Practice 1-6**

  REALTORS® shall submit offers and counter-offers objectively and as quickly as possible. *(Adopted 1/93, Amended 1/95)*

- **Standard of Practice 1-7**

  When acting as listing brokers, REALTORS® shall continue to submit to the seller/landlord all offers and counter-offers until closing or execution of a lease unless the seller/landlord has waived this obligation in writing. REALTORS® shall not be obligated to continue to market the property after an offer has been accepted by the seller/landlord. REALTORS® shall recommend that sellers/landlords obtain the advice of legal counsel prior to acceptance of a subsequent offer except where the acceptance is contingent on the termination of the pre-existing purchase contract or lease. *(Amended 1/93)*

- **Standard of Practice 1-8**

  REALTORS®, acting as agents or brokers of buyers/tenants, shall submit to buyers/tenants all offers and counter-offers until acceptance but have no obligation to continue to show properties to their clients after an offer has been accepted unless otherwise agreed in writing. REALTORS®, acting as agents or brokers of buyers/tenants, shall recommend that buyers/tenants obtain the advice of legal counsel if there is a question as to whether a pre-existing contract has been terminated. *(Adopted 1/93, Amended 1/99)*

- **Standard of Practice 1-9**

  The obligation of REALTORS® to preserve confidential information (as defined by state law) provided by their clients in the course of any agency relationship or non-agency relationship recognized by law continues after termination of agency relationships or any non-agency relationships recognized by law. REALTORS® shall not knowingly, during or following the termination of professional relationships with their clients:
  1) reveal confidential information of clients; or
  2) use confidential information of clients to the disadvantage of clients; or
  3) use confidential information of clients for the REALTOR®'s advantage or the advantage of third parties unless:
     a) clients consent after full disclosure; or
     b) REALTORS® are required by court order; or
     c) it is the intention of a client to commit a crime and the information is necessary to prevent the crime; or
     d) it is necessary to defend a REALTOR® or the REALTOR®'s employees or associates against an accusation of wrongful conduct.
  Information concerning latent material defects is not considered confidential information under this Code of Ethics. *(Adopted 1/93, Amended 1/01)*

- **Standard of Practice 1-10**

  REALTORS® shall, consistent with the terms and conditions of their real estate licensure and their property management agreement, competently manage the property of clients with due regard for the rights, safety and health of tenants and others lawfully on the premises. *(Adopted 1/95, Amended 1/00)*

- **Standard of Practice 1-11**

  REALTORS® who are employed to maintain or manage a client's property shall exercise due diligence and make reasonable efforts to protect it against reasonably foreseeable contingencies and losses. *(Adopted 1/95)*

- **Standard of Practice 1-12**

  When entering into listing contracts, REALTORS® must advise sellers/landlords of:
  1) the REALTOR®'s company policies regarding cooperation and the amount(s) of any compensation that will be offered to subagents, buyer/tenant agents, and/or brokers acting in legally recognized non-agency capacities;
  2) the fact that buyer/tenant agents or brokers, even if compensated by listing brokers, or by sellers/landlords may represent the interests of buyers/tenants; and
  3) any potential for listing brokers to act as disclosed dual agents, e.g. buyer/tenant agents. *(Adopted 1/93, Renumbered 1/98, Amended 1/03)*

- **Standard of Practice 1-13**

  When entering into buyer/tenant agreements, REALTORS® must advise potential clients of:
  1) the REALTOR®'s company policies regarding cooperation;
  2) the amount of compensation to be paid by the client;
  3) the potential for additional or offsetting compensation from other brokers, from the seller or landlord, or from other parties;
  4) any potential for the buyer/tenant representative to act as a disclosed dual agent, e.g. listing broker, subagent, landlord's agent, etc., and
  5) the possibility that sellers or sellers' representatives may not treat the existence, terms, or conditions of offers as confidential unless confidentiality is required by law, regulation, or by any confidentiality agreement between the parties. *(Adopted 1/93, Renumbered 1/98, Amended 1/06)*

- **Standard of Practice 1-14**

  Fees for preparing appraisals or other valuations shall not be contingent upon the amount of the appraisal or valuation. *(Adopted 1/02)*

- **Standard of Practice 1-15**

  REALTORS®, in response to inquiries from buyers or cooperating brokers shall, with the sellers' approval, disclose the existence of offers on the property. Where disclosure is authorized, REALTORS® shall also disclose whether offers were obtained by the listing licensee, another licensee in the listing firm, or by a cooperating broker. *(Adopted 1/03, Amended 1/06)*

Article 2

REALTORS® shall avoid exaggeration, misrepresentation, or concealment of pertinent facts relating to the property or the transaction. REALTORS® shall not, however, be obligated to discover latent defects in the property, to advise on matters outside the scope of their real estate license, or to disclose facts which are confidential under the scope of agency or non-agency relationships as defined by state law. *(Amended 1/00)*

- **Standard of Practice 2-1**
  REALTORS® shall only be obligated to discover and disclose adverse factors reasonably apparent to someone with expertise in those areas required by their real estate licensing authority. Article 2 does not impose upon the REALTOR® the obligation of expertise in other professional or technical disciplines. *(Amended 1/96)*

- **Standard of Practice 2-2**
  (Renumbered as Standard of Practice 1-12 1/98)

- **Standard of Practice 2-3**
  (Renumbered as Standard of Practice 1-13 1/98)

- **Standard of Practice 2-4**
  REALTORS® shall not be parties to the naming of a false consideration in any document, unless it be the naming of an obviously nominal consideration.

- **Standard of Practice 2-5**
  Factors defined as "non-material" by law or regulation or which are expressly referenced in law or regulation as not being subject to disclosure are considered not "pertinent" for purposes of Article 2. *(Adopted 1/93)*

Article 3

REALTORS® shall cooperate with other brokers except when cooperation is not in the client's best interest. The obligation to cooperate does not include the obligation to share commissions, fees, or to otherwise compensate another broker. *(Amended 1/95)*

- **Standard of Practice 3-1**
  REALTORS®, acting as exclusive agents or brokers of sellers/landlords, establish the terms and conditions of offers to cooperate. Unless expressly indicated in offers to cooperate, cooperating brokers may not assume that the offer of cooperation includes an offer of compensation. Terms of compensation, if any, shall be ascertained by cooperating brokers before beginning efforts to accept the offer of cooperation. *(Amended 1/99)*

- **Standard of Practice 3-2**
  REALTORS® shall, with respect to offers of compensation to another REALTOR®, timely communicate any change of compensation for cooperative services to the other REALTOR® prior to the time such REALTOR® produces an offer to purchase/lease the property. *(Amended 1/94)*

- **Standard of Practice 3-3**
  Standard of Practice 3-2 does not preclude the listing broker and cooperating broker from entering into an agreement to change cooperative compensation. *(Adopted 1/94)*

- **Standard of Practice 3-4**
  REALTORS®, acting as listing brokers, have an affirmative obligation to disclose the existence of dual or variable rate commission arrangements (i.e., listings where one amount of commission is payable if the listing broker's firm is the procuring cause of sale/lease and a different amount of commission is payable if the sale/lease results through the efforts of the seller/landlord or a cooperating broker). The listing broker shall, as soon as practical, disclose the existence of such arrangements to potential cooperating brokers and shall, in response to inquiries from cooperating brokers, disclose the differential that would result in a cooperative transaction or in a sale/lease that results through the efforts of the seller/landlord. If the cooperating broker is a buyer/tenant representative, the buyer/tenant representative must disclose such information to their client before the client makes an offer to purchase or lease. *(Amended 1/02)*

- **Standard of Practice 3-5**
  It is the obligation of subagents to promptly disclose all pertinent facts to the principal's agent prior to as well as after a purchase or lease agreement is executed. *(Amended 1/93)*

- **Standard of Practice 3-6**
  REALTORS® shall disclose the existence of accepted offers, including offers with unresolved contingencies, to any broker seeking cooperation. *(Adopted 5/86, Amended 1/04)*

- **Standard of Practice 3-7**
  When seeking information from another REALTOR® concerning property under a management or listing agreement, REALTORS® shall disclose their REALTOR® status and whether their interest is personal or on behalf of a client and, if on behalf of a client, their representational status. *(Amended 1/95)*

- **Standard of Practice 3-8**
  REALTORS® shall not misrepresent the availability of access to show or inspect a listed property. *(Amended 11/87)*

Article 4

REALTORS® shall not acquire an interest in or buy or present offers from themselves, any member of their immediate families, their firms or any member thereof, or any entities in which they have any ownership interest, any real property without making their true position known to the owner or the owner's agent or broker. In selling property they own, or in which they have any interest, REALTORS® shall reveal their ownership or interest in writing to the purchaser or the purchaser's representative. *(Amended 1/00)*

- **Standard of Practice 4-1**
  For the protection of all parties, the disclosures required by Article 4 shall be in writing and provided by REALTORS® prior to the signing of any contract. *(Adopted 2/86)*

Article 5

REALTORS® shall not undertake to provide professional services concerning a property or its value where they have a present or contemplated interest unless such interest is specifically disclosed to all affected parties.

Article 6

REALTORS® shall not accept any commission, rebate, or profit on expenditures made for their client, without the client's knowledge and consent.

When recommending real estate products or services (e.g., homeowner's insurance, warranty programs, mortgage financing, title insurance, etc.), REALTORS® shall disclose to the client or customer to whom the recommendation is made any financial benefits or fees, other than real estate referral fees, the REALTOR® or REALTOR®'s firm may receive as a direct result of such recommendation. *(Amended 1/99)*

- **Standard of Practice 6-1**

  REALTORS® shall not recommend or suggest to a client or a customer the use of services of another organization or business entity in which they have a direct interest without disclosing such interest at the time of the recommendation or suggestion. *(Amended 5/88)*

Article 7

In a transaction, REALTORS® shall not accept compensation from more than one party, even if permitted by law, without disclosure to all parties and the informed consent of the REALTOR®'s client or clients. *(Amended 1/93)*

Article 8

REALTORS® shall keep in a special account in an appropriate financial institution, separated from their own funds, monies coming into their possession in trust for other persons, such as escrows, trust funds, clients' monies, and other like items.

Article 9

REALTORS®, for the protection of all parties, shall assure whenever possible that all agreements related to real estate transactions including, but not limited to, listing and representation agreements, purchase contracts, and leases are in writing in clear and understandable language expressing the specific terms, conditions, obligations and commitments of the parties. A copy of each agreement shall be furnished to each party to such agreements upon their signing or initialing. *(Amended 1/04)*

- **Standard of Practice 9-1**

  For the protection of all parties, REALTORS® shall use reasonable care to ensure that documents pertaining to the purchase, sale, or lease of real estate are kept current through the use of written extensions or amendments. *(Amended 1/93)*

Duties to the Public

Article 10

REALTORS® shall not deny equal professional services to any person for reasons of race, color, religion, sex, handicap, familial status, or national origin. REALTORS® shall not be parties to any plan or agreement to discriminate against a person or persons on the basis of race, color, religion, sex, handicap, familial status, or national origin. *(Amended 1/90)*

REALTORS®, in their real estate employment practices, shall not discriminate against any person or persons on the basis of race, color, religion, sex, handicap, familial status, or national origin. *(Amended 1/00)*

- **Standard of Practice 10-1**

  When involved in the sale or lease of a residence, REALTORS® shall not volunteer information regarding the racial, religious or ethnic composition of any neighborhood nor shall they engage in any activity which may result in panic selling, however, REALTORS®

may provide other demographic information. *(Adopted 1/94, Amended 1/06)*

- **Standard of Practice 10-2**

  When not involved in the sale or lease of a residence, REALTORS® may provide demographic information related to a property, transaction or professional assignment to a party if such demographic information is (a) deemed by the REALTOR® to be needed to assist with or complete, in a manner consistent with Article 10, a real estate transaction or professional assignment and (b) is obtained or derived from a recognized, reliable, independent, and impartial source. The source of such information and any additions, deletions, modifications, interpretations, or other changes shall be disclosed in reasonable detail. *(Adopted 1/05, Renumbered 1/06)*

- **Standard of Practice 10-3**

  REALTORS® shall not print, display or circulate any statement or advertisement with respect to selling or renting of a property that indicates any preference, limitations or discrimination based on race, color, religion, sex, handicap, familial status, or national origin. *(Adopted 1/94, Renumbered 1/05 and 1/06)*

- **Standard of Practice 10-4**

  As used in Article 10 "real estate employment practices" relates to employees and independent contractors providing real estate-related services and the administrative and clerical staff directly supporting those individuals. *(Adopted 1/00, Renumbered 1/05)*

Article 11

The services which REALTORS® provide to their clients and customers shall conform to the standards of practice and competence which are reasonably expected in the specific real estate disciplines in which they engage; specifically, residential real estate brokerage, real property management, commercial and industrial real estate brokerage, real estate appraisal, real estate counseling, real estate syndication, real estate auction, and international real estate.

REALTORS® shall not undertake to provide specialized professional services concerning a type of property or service that is outside their field of competence unless they engage the assistance of one who is competent on such types of property or service, or unless the facts are fully disclosed to the client. Any persons engaged to provide such assistance shall be so identified to the client and their contribution to the assignment should be set forth. *(Amended 1/95)*

- **Standard of Practice 11-1**

  When REALTORS® prepare opinions of real property value or price, other than in pursuit of a listing or to assist a potential purchaser in formulating a purchase offer, such opinions shall include the following:
  1) identification of the subject property
  2) date prepared
  3) defined value or price
  4) limiting conditions, including statements of purpose(s) and intended user(s)
  5) any present or contemplated interest, including the possibility of representing the seller/landlord or buyers/tenants
  6) basis for the opinion, including applicable market data
  7) if the opinion is not an appraisal, a statement to that effect
  (Amended 1/01)

- **Standard of Practice 11-2**

  The obligations of the Code of Ethics in respect of real estate disciplines other than appraisal shall be interpreted and applied in accordance with the standards of competence and practice which clients and the public reasonably require to protect their rights and interests considering the complexity of the transaction, the availability of expert assistance, and, where the REALTOR® is an agent or subagent, the obligations of a fiduciary. *(Adopted 1/95)*

- **Standard of Practice 11-3**

  When REALTORS® provide consultive services to clients which involve advice or counsel for a fee (not a commission), such advice shall be rendered in an objective manner and the fee shall not be contingent on the substance of the advice or counsel given. If brokerage or transaction services are to be provided in addition to consultive services, a separate compensation may be paid with prior agreement between the client and REALTOR®. *(Adopted 1/96)*

- **Standard of Practice 11-4**

  The competency required by Article 11 relates to services contracted for between REALTORS® and their clients or customers; the duties expressly imposed by the Code of Ethics; and the duties imposed by law or regulation. *(Adopted 1/02)*

Article 12

REALTORS® shall be careful at all times to present a true picture in their advertising and representations to the public. REALTORS® shall also ensure that their professional status (e.g., broker, appraiser, property manager, etc.) or status as REALTORS® is clearly identifiable in any such advertising. *(Amended 1/93)*

- **Standard of Practice 12-1**

  REALTORS® may use the term "free" and similar terms in their advertising and in other representations provided that all terms governing availability of the offered product or service are clearly disclosed at the same time. *(Amended 1/97)*

- **Standard of Practice 12-2**

  REALTORS® may represent their services as "free" or without cost even if they expect to receive compensation from a source other than their client provided that the potential for the REALTOR® to obtain a benefit from a third party is clearly disclosed at the same time. *(Amended 1/97)*

- **Standard of Practice 12-3**

  The offering of premiums, prizes, merchandise discounts or other inducements to list, sell, purchase, or lease is not, in itself, unethical even if receipt of the benefit is contingent on listing, selling, purchasing, or leasing through the REALTOR® making the offer. However, REALTORS® must exercise care and candor in any such advertising or other public or private representations so that any party interested in receiving or otherwise benefiting from the REALTOR®'s offer will have clear, thorough, advance understanding of all the terms and conditions of the offer. The offering of any inducements to do business is subject to the limitations and restrictions of state law and the ethical obligations established by any applicable Standard of Practice. *(Amended 1/95)*

- **Standard of Practice 12-4**

  REALTORS® shall not offer for sale/lease or advertise property without authority. When acting as listing brokers or as subagents, REALTORS®

shall not quote a price different from that agreed upon with the seller/landlord. *(Amended 1/93)*

- **Standard of Practice 12-5**

  REALTORS® shall not advertise nor permit any person employed by or affiliated with them to advertise listed property without disclosing the name of the firm. *(Adopted 11/86)*

- **Standard of Practice 12-6**

  REALTORS®, when advertising unlisted real property for sale/lease in which they have an ownership interest, shall disclose their status as both owners/landlords and as REALTORS® or real estate licensees. *(Amended 1/93)*

- **Standard of Practice 12-7**

  Only REALTORS® who participated in the transaction as the listing broker or cooperating broker (selling broker) may claim to have "sold" the property. Prior to closing, a cooperating broker may post a "sold" sign only with the consent of the listing broker. *(Amended 1/96)*

Article 13

REALTORS® shall not engage in activities that constitute the unauthorized practice of law and shall recommend that legal counsel be obtained when the interest of any party to the transaction requires it.

Article 14

If charged with unethical practice or asked to present evidence or to cooperate in any other way, in any professional standards proceeding or investigation, REALTORS® shall place all pertinent facts before the proper tribunals of the Member Board or affiliated institute, society, or council in which membership is held and shall take no action to disrupt or obstruct such processes. *(Amended 1/99)*

- **Standard of Practice 14-1**

  REALTORS® shall not be subject to disciplinary proceedings in more than one Board of REALTORS® or affiliated institute, society or council in which they hold membership with respect to alleged violations of the Code of Ethics relating to the same transaction or event. *(Amended 1/95)*

- **Standard of Practice 14-2**

  REALTORS® shall not make any unauthorized disclosure or dissemination of the allegations, findings, or decision developed in connection with an ethics hearing or appeal or in connection with an arbitration hearing or procedural review. *(Amended 1/92)*

- **Standard of Practice 14-3**

  REALTORS® shall not obstruct the Board's investigative or professional standards proceedings by instituting or threatening to institute actions for libel, slander or defamation against any party to a professional standards proceeding or their witnesses based on the filing of an arbitration request, an ethics complaint, or testimony given before any tribunal. *(Adopted 11/87, Amended 1/99)*

- **Standard of Practice 14-4**

  REALTORS® shall not intentionally impede the Board's investigative or disciplinary proceedings by filing multiple ethics complaints based on the same event or transaction. *(Adopted 11/88)*

Duties to REALTORS®

Article 15

REALTORS® shall not knowingly or recklessly make false or misleading statements about competitors, their businesses, or their business practices. *(Amended 1/92)*

• **Standard of Practice 15-1**

REALTORS® shall not knowingly or recklessly file false or unfounded ethics complaints. *(Adopted 1/00)*

Article 16

REALTORS® shall not engage in any practice or take any action inconsistent with exclusive representation or exclusive brokerage relationship agreements that other REALTORS® have with clients. *(Amended 1/04)*

• **Standard of Practice 16-1**

Article 16 is not intended to prohibit aggressive or innovative business practices which are otherwise ethical and does not prohibit disagreements with other REALTORS® involving commission, fees, compensation or other forms of payment or expenses. *(Adopted 1/93, Amended 1/95)*

• **Standard of Practice 16-2**

Article 16 does not preclude REALTORS® from making general announcements to prospects describing their services and the terms of their availability even though some recipients may have entered into agency agreements or other exclusive relationships with another REALTOR®. A general telephone canvass, general mailing or distribution addressed to all prospects in a given geographical area or in a given profession, business, club, or organization, or other classification or group is deemed "general" for purposes of this standard. *(Amended 1/04)*

Article 16 is intended to recognize as unethical two basic types of solicitations:

First, telephone or personal solicitations of property owners who have been identified by a real estate sign, multiple listing compilation, or other information service as having exclusively listed their property with another REALTOR®; and

Second, mail or other forms of written solicitations of prospects whose properties are exclusively listed with another REALTOR® when such solicitations are not part of a general mailing but are directed specifically to property owners identified through compilations of current listings, "for sale" or "for rent" signs, or other sources of information required by Article 3 and Multiple Listing Service rules to be made available to other REALTORS® under offers of subagency or cooperation. *(Amended 1/04)*

• **Standard of Practice 16-3**

Article 16 does not preclude REALTORS® from contacting the client of another broker for the purpose of offering to provide, or entering into a contract to provide, a different type of real estate service unrelated to the type of service currently being provided (e.g., property management as opposed to brokerage) or from offering the same type of service for property not subject to other brokers' exclusive agreements. However, information received through a Multiple Listing Service or any other offer of cooperation may not be used to target clients of other REALTORS® to whom such offers to provide services may be made. *(Amended 1/04)*

• **Standard of Practice 16-4**

REALTORS® shall not solicit a listing which is currently listed exclusively with another broker. However, if the listing broker, when asked by the REALTOR®, refuses to disclose the expiration date and nature of such listing; i.e., an exclusive right to sell, an exclusive agency, open listing, or other form of contractual agreement between the listing broker and the client, the REALTOR® may contact the owner to secure such information and may discuss the terms upon which the REALTOR® might take a future listing or, alternatively, may take a listing to become effective upon expiration of any existing exclusive listing. *(Amended 1/94)*

• **Standard of Practice 16-5**

REALTORS® shall not solicit buyer/tenant agreements from buyers/tenants who are subject to exclusive buyer/tenant agreements. However, if asked by a REALTOR®, the broker refuses to disclose the expiration date of the exclusive buyer/tenant agreement, the REALTOR® may contact the buyer/tenant to secure such information and may discuss the terms upon which the REALTOR® might enter into a future buyer/tenant agreement or, alternatively, may enter into a buyer/tenant agreement to become effective upon the expiration of any existing exclusive buyer/tenant agreement. *(Adopted 1/94, Amended 1/98)*

• **Standard of Practice 16-6**

When REALTORS® are contacted by the client of another REALTOR® regarding the creation of an exclusive relationship to provide the same type of service, and REALTORS® have not directly or indirectly initiated such discussions, they may discuss the terms upon which they might enter into a future agreement or, alternatively, may enter into an agreement which becomes effective upon expiration of any existing exclusive agreement. *(Amended 1/98)*

• **Standard of Practice 16-7**

The fact that a prospect has retained a REALTOR® as an exclusive representative or exclusive broker in one or more past transactions does not preclude other REALTORS® from seeking such prospect's future business. *(Amended 1/04)*

• **Standard of Practice 16-8**

The fact that an exclusive agreement has been entered into with a REALTOR® shall not preclude or inhibit any other REALTOR® from entering into a similar agreement after the expiration of the prior agreement. *(Amended 1/98)*

• **Standard of Practice 16-9**

REALTORS®, prior to entering into a representation agreement, have an affirmative obligation to make reasonable efforts to determine whether the prospect is subject to a current, valid exclusive agreement to provide the same type of real estate service. *(Amended 1/04)*

• **Standard of Practice 16-10**

REALTORS®, acting as buyer or tenant representatives or brokers, shall disclose that relationship to the seller/landlord's representative or broker at first contact and shall provide written confirmation of that disclosure to the seller/landlord's representative or broker not later than execution of a purchase agreement or lease. *(Amended 1/04)*

- **Standard of Practice 16-11**

  On unlisted property, REALTORS® acting as buyer/tenant representatives or brokers shall disclose that relationship to the seller/landlord at first contact for that buyer/tenant and shall provide written confirmation of such disclosure to the seller/landlord not later than execution of any purchase or lease agreement. *(Amended 1/04)*

  REALTORS® shall make any request for anticipated compensation from the seller/landlord at first contact. *(Amended 1/98)*

- **Standard of Practice 16-12**

  REALTORS®, acting as representatives or brokers of sellers/landlords or as subagents of listing brokers, shall disclose that relationship to buyers/tenants as soon as practicable and shall provide written confirmation of such disclosure to buyers/tenants not later than execution of any purchase or lease agreement. *(Amended 1/04)*

- **Standard of Practice 16-13**

  All dealings concerning property exclusively listed, or with buyer/tenants who are subject to an exclusive agreement shall be carried on with the client's representative or broker, and not with the client, except with the consent of the client's representative or broker or except where such dealings are initiated by the client.

  Before providing substantive services (such as writing a purchase offer or presenting a CMA) to prospects, REALTORS® shall ask prospects whether they are a party to any exclusive representation agreement. REALTORS® shall not knowingly provide substantive services concerning a prospective transaction to prospects who are parties to exclusive representation agreements, except with the consent of the prospects' exclusive representatives or at the direction of prospects. *(Adopted 1/93, Amended 1/04)*

- **Standard of Practice 16-14**

  REALTORS® are free to enter into contractual relationships or to negotiate with sellers/landlords, buyers/tenants or others who are not subject to an exclusive agreement but shall not knowingly obligate them to pay more than one commission except with their informed consent. *(Amended 1/98)*

- **Standard of Practice 16-15**

  In cooperative transactions REALTORS® shall compensate cooperating REALTORS® (principal brokers) and shall not compensate nor offer to compensate, directly or indirectly, any of the sales licensees employed by or affiliated with other REALTORS® without the prior express knowledge and consent of the cooperating broker.

- **Standard of Practice 16-16**

  REALTORS®, acting as subagents or buyer/tenant representatives or brokers, shall not use the terms of an offer to purchase/lease to attempt to modify the listing broker's offer of compensation to subagents or buyer/tenant representatives or brokers nor make the submission of an executed offer to purchase/lease contingent on the listing broker's agreement to modify the offer of compensation. *(Amended 1/04)*

- **Standard of Practice 16-17**

  REALTORS®, acting as subagents or as buyer/tenant representatives or brokers, shall not attempt to extend a listing broker's offer of cooperation and/or compensation to other brokers without the consent of the listing broker. *(Amended 1/04)*

- **Standard of Practice 16-18**

  REALTORS® shall not use information obtained from listing brokers through offers to cooperate made through multiple listing services or through other offers of cooperation to refer listing brokers' clients to other brokers or to create buyer/tenant relationships with listing brokers' clients, unless such use is authorized by listing brokers. *(Amended 1/02)*

- **Standard of Practice 16-19**

  Signs giving notice of property for sale, rent, lease, or exchange shall not be placed on property without consent of the seller/landlord. *(Amended 1/93)*

- **Standard of Practice 16-20**

  REALTORS®, prior to or after terminating their relationship with their current firm, shall not induce clients of their current firm to cancel exclusive contractual agreements between the client and that firm. This does not preclude REALTORS® (principals) from establishing agreements with their associated licensees governing assignability of exclusive agreements. *(Adopted 1/98)*

Article 17

In the event of contractual disputes or specific non-contractual disputes as defined in Standard of Practice 17-4 between REALTORS® (principals) associated with different firms, arising out of their relationship as REALTORS®, the REALTORS® shall submit the dispute to arbitration in accordance with the regulations of their Board or Boards rather than litigate the matter.

In the event clients of REALTORS® wish to arbitrate contractual disputes arising out of real estate transactions, REALTORS® shall arbitrate those disputes in accordance with the regulations of their Board, provided the clients agree to be bound by the decision.

The obligation to participate in arbitration contemplated by this Article includes the obligation of REALTORS® (principals) to cause their firms to arbitrate and be bound by any award. *(Amended 1/01)*

- **Standard of Practice 17-1**

  The filing of litigation and refusal to withdraw from it by REALTORS® in an arbitrable matter constitutes a refusal to arbitrate. *(Adopted 2/86)*

- **Standard of Practice 17-2**

  Article 17 does not require REALTORS® to arbitrate in those circumstances when all parties to the dispute advise the Board in writing that they choose not to arbitrate before the Board. *(Amended 1/93)*

- **Standard of Practice 17-3**

  REALTORS®, when acting solely as principals in a real estate transaction, are not obligated to arbitrate disputes with other REALTORS® absent a specific written agreement to the contrary. *(Adopted 1/96)*

- **Standard of Practice 17-4**

  Specific non-contractual disputes that are subject to arbitration pursuant to Article 17 are:

  1) Where a listing broker has compensated a cooperating broker and another cooperating broker subsequently claims to be the procuring cause of the sale or lease. In such cases the

complainant may name the first cooperating broker as respondent and arbitration may proceed without the listing broker being named as a respondent. Alternatively, if the complaint is brought against the listing broker, the listing broker may name the first cooperating broker as a third-party respondent. In either instance the decision of the hearing panel as to procuring cause shall be conclusive with respect to all current or subsequent claims of the parties for compensation arising out of the underlying cooperative transaction. *(Adopted 1/97)*

2) Where a buyer or tenant representative is compensated by the seller or landlord, and not by the listing broker, and the listing broker, as a result, reduces the commission owed by the seller or landlord and, subsequent to such actions, another cooperating broker claims to be the procuring cause of sale or lease. In such cases the complainant may name the first cooperating broker as respondent and arbitration may proceed without the listing broker being named as a respondent. Alternatively, if the complaint is brought against the listing broker, the listing broker may name the first cooperating broker as a third-party respondent. In either instance the decision of the hearing panel as to procuring cause shall be conclusive with respect to all current or subsequent claims of the parties for compensation arising out of the underlying cooperative transaction. *(Adopted 1/97)*

3) Where a buyer or tenant representative is compensated by the buyer or tenant and, as a result, the listing broker reduces the commission owed by the seller or landlord and, subsequent to such actions, another cooperating broker claims to be the procuring cause of sale or lease. In such cases the complainant may name the first cooperating broker as respondent and arbitration may proceed without the listing broker being named as a respondent. Alternatively, if the complaint is brought against the listing broker, the listing broker may name the first cooperating broker as a third-party respondent. In either instance the decision of the hearing panel as to procuring cause shall be conclusive with respect to all current or subsequent claims of the parties for compensation arising out of the underlying cooperative transaction. *(Adopted 1/97)*

4) Where two or more listing brokers claim entitlement to compensation pursuant to open listings with a seller or landlord who agrees to participate in arbitration (or who requests arbitration) and who agrees to be bound by the decision. In cases where one of the listing brokers has been compensated by the seller or landlord, the other listing broker, as complainant, may name the first listing broker as respondent and arbitration may proceed between the brokers. *(Adopted 1/97)*

5) Where a buyer or tenant representative is compensated by the seller or landlord, and not by the listing broker, and the listing broker, as a result, reduces the commission owed by the seller or landlord and, subsequent to such actions, claims to be the procuring cause of sale or lease. In such cases arbitration shall be between the listing broker and the buyer or tenant representative and the amount in dispute is limited to the amount of the reduction of commission to which the listing broker agreed. *(Adopted 1/05)*

The Code of Ethics was adopted in 1913. Amended at the Annual Convention in 1924, 1928, 1950, 1951, 1952, 1955, 1956, 1961, 1962, 1974, 1982, 1986, 1987, 1989, 1990, 1991, 1992, 1993, 1994, 1995, 1996, 1997, 1998, 1999, 2000, 2001, 2002, 2003, 2004 and 2005.

Explanatory Notes

The reader should be aware of the following policies which have been approved by the Board of Directors of the National Association:

In filing a charge of an alleged violation of the Code of Ethics by a REALTOR®, the charge must read as an alleged violation of one or more Articles of the Code. Standards of Practice may be cited in support of the charge.

The Standards of Practice serve to clarify the ethical obligations imposed by the various Articles and supplement, and do not substitute for, the Case Interpretations in *Interpretations of the Code of Ethics*.

Modifications to existing Standards of Practice and additional new Standards of Practice are approved from time to time. Readers are cautioned to ensure that the most recent publications are utilized.

Código de Ética Profesional y de Normas de Conducta de la Asociación Nacional de Agentes Inmobiliarios (National Association of Realtors®) En vigor a partir del 1 de enero de 2006

Toda vez que en el presente código y preámbulo se utilice la palabra REALTORS®, este término incluirá a los asociados de los agentes inmobiliarios, REALTOR-ASSOCIATE®s.

Si bien el Código de Ética Profesional establece obligaciones que podrían superar aquellas requeridas por la ley, en cualquier circunstancia en que el Código de Ética Profesional y la ley entraran en conflicto, prevalecerán las obligaciones establecidas por la ley.

Preámbulo...

La tierra es la base de todo. Del uso inteligente y la amplia distribución de la propiedad depende la supervivencia y el desarrollo de las instituciones libres y de nuestra civilización. Los agentes inmobiliarios [REALTORS®] deben presumir que los intereses de la nación y sus ciudadanos requieren el mejor y más alto uso de la tierra y la más amplia distribución de la propiedad de la tierra. Estos intereses requieren la creación de vivienda adecuada, la construcción de ciudades funcionales, el desarrollo de industrias y de granjas productivas, y la conservación de un medio ambiente sano.

Intereses como los enumerados implican obligaciones que van más allá del comercio normal. Imponen una seria responsabilidad social y un deber patriótico a la cual deben consagrarse los agentes inmobiliarios [REALTORS®] y para la que deben prepararse en forma diligente. Por esto los agentes inmobiliarios [REALTORS®] deben esmerarse en mantener y mejorar las normas de la profesión y asumir junto con sus colegas la responsabilidad común por su integridad y respeto.

En reconocimiento y apreciación de las obligaciones que tienen con sus clientes y usuarios, el público y entre sí mismos, los agentes inmobiliarios [REALTORS®] se esfuerzan continuamente por llegar a estar constantemente informados de todo lo relativo a los bienes inmuebles, y además, siendo profesionales competentes, comparten voluntariamente los frutos de su experiencia y estudios. Haciendo acatar este Código de Ética Profesional y colaborando con las entidades reguladoras correspondientes, identifican y toman las medidas necesarias para eliminar aquellas prácticas que pudieran perjudicar al público o que pudieran desacreditar o deshonrar a la profesión. Los REALTORS®, al tener conocimiento directo de conductas que pudieran violar el Código de Ética Profesional y que involucrasen malversación de fondos o propiedades de clientes o usuarios, discriminación intencionada, o fraude que tenga como resultado un daño económico considerable, ponen tales hechos a disposición del correspondiente consejo o asociación de REALTORS®. (*Enmendado 1/00*)

Como comprenden que la cooperación con otros profesionales del gremio inmobiliario estimula los intereses de aquellos que utilizan sus servicios, los REALTORS® instan la representación exclusiva de los clientes, no intentan aventajar de manera desleal a sus competidores, y se abstienen de hacer comentarios no solicitados sobre otros profesionales. En los casos en que se solicite su opinión, o cuando los REALTORS® creen que sus comentarios son necesarios, su opinión es expresada de manera objetiva y profesional, libre de la influencia de motivos personales o de ventajas o ganancias potenciales.

Hoy día, el término REALTOR® es sinónimo de competencia, imparcialidad e integridad, resultado del apego a un elevado ideal de conducta moral en las relaciones comerciales. Ningún incentivo de ganancia ni instrucción alguna dada por un cliente, puede justificar el abandono de dicho ideal.

La mejor guía para los REALTORS®, en la interpretación de esta obligación, es una que ha sido transmitida por siglos, condensada en la regla de oro: "Trata a tu prójimo como a ti mismo".

Al aceptar esta norma como propia, los REALTORS® se comprometen a respetar su espíritu en todas sus actividades y a realizar sus negocios de acuerdo con los principios establecidos a continuación.

Obligaciones para con los clientes y usuarios

Artículo 1
Cuando actúen como representantes en calidad de agentes del comprador, del vendedor, del arrendador, del inquilino o de otros clientes, los REALTORS® se comprometen a proteger y promover los intereses de sus clientes. Si bien esta obligación es primordial, esto no libera a los REALTORS® de su obligación de tratar con todas las partes honestamente. Cuando brindan servicios a compradores, vendedores, arrendadores, arrendatarios u otras partes no actuando en calidad de agentes, los REALTORS® continúan teniendo la obligación de tratar con todas las partes honestamente. (*Enmendado 1/01*)

- **Norma de conducta 1-1**
  Cuando los REALTORS® actúen como parte principal en una transacción inmobiliaria, permanecerán sujetos a las obligaciones establecidas por el Código de Ética Profesional. (*Enmendado 1/93*)

- **Norma de conducta 1-2**
  Las obligaciones establecidas por el Código de Ética Profesional son aplicables ya sea que los REALTORS® estuvieran actuando en calidad de agentes o estuvieran actuando en una capacidad legalmente reconocida como de representantes que no están actuando en calidad de agentes, excepto que toda obligación establecida exclusivamente para los agentes por ley o reglamentación no debe ser impuesta por este Código de Ética Profesional a los agentes inmobiliarios, REALTORS®, que no están actuando en calidad de agentes.

  En el contexto de este Código de Ética Profesional, "cliente" significa la persona(s) o entidad(es) con quien el REALTOR® o la empresa del REALTOR® tiene una relación de representación en calidad de agente o una capacidad legalmente reconocida como de representante que no está actuando en calidad de agente; "usuario" es una de las partes de la

2

transacción inmobiliaria que recibe información, servicios, o beneficios pero que no tiene relación contractual alguna con el REALTOR® o con la empresa del REALTOR®; "posible cliente" significa un comprador, vendedor, arrendatario o arrendador que no está sujeto a una relación de representación con el REALTOR® o la empresa del REALTOR®; "agente" es el titular de una licencia inmobiliaria (incluyendo corredores y asociados de ventas) que actúa en representación en calidad de gestor conforme lo establecido por la ley o reglamentación estatal; y "corredor" es el titular de un permiso inmobiliario (incluyendo corredores y asociados de ventas) que actúa como agente o en capacidad legalmente reconocida de representante que no está actuando en calidad de agente. (*Aprobado 1/95, Enmendado 1/04*)

- **Norma de conducta 1-3**
  Los REALTORS® no engañarán deliberadamente al propietario acerca del valor comercial de la propiedad, con el fin de asegurarse un contrato de venta inmobiliaria de la propiedad.

- **Norma de conducta 1-4**
  Los REALTORS®, no engañarán a los compradores o arrendatarios acerca de los ahorros u otros beneficios que pudieran obtener mediante el uso de los servicios del REALTOR®, con el fin de convertirse en el representante de dicho comprador o arrendatario. (*Enmendado 1/93*)

- **Norma de conducta 1-5**
  Los REALTORS® pueden representar al vendedor/arrendador y al comprador/arrendatario en la misma transacción únicamente tras haber puesto a ambos en pleno conocimiento de los hechos y con consentimiento escrito con conocimiento de causa de ambas partes. (*Aprobado 1/93*)

- **Norma de conducta 1-6**
  Los REALTORS® deberán presentar las ofertas y contra ofertas de manera objetiva y lo más rápidamente posible. (*Aprobado 1/93, Enmendado 1/95*)

- **Norma de conducta 1-7**
  Cuando los REALTORS® actúen como corredores con contrato de venta inmobiliaria de la propiedad, deberán presentar al vendedor o arrendador todas las ofertas y contra ofertas hasta el momento del cierre de la transacción o ejecución del contrato de arrendamiento a menos que el vendedor o arrendador haya renunciado por escrito a esta obligación del REALTOR®. Los REALTORS® no tendrán obligación de seguir poniendo la propiedad en el mercado después que el vendedor o arrendador haya aceptado una oferta. Los REALTORS® recomendarán que los vendedores o arrendadores obtengan asesoramiento legal antes de aceptar una oferta subsiguiente, excepto cuando la aceptación estuviera supeditada a la terminación del contrato de compra o arrendamiento preexistente. (*Enmendado 1/93*)

- **Norma de conducta 1-8**
  Cuando los REALTORS® actúen como agentes o corredores de los compradores o arrendatarios deberán presentar al comprador o arrendatario todas las ofertas o contra ofertas hasta que hubiera aceptación, pero no tendrán obligación de continuar mostrando propiedades a sus clientes después que una oferta haya sido aceptada a menos que se haya acordado algo diferente por escrito. Los REALTORS® que están actuando en calidad de agentes o corredores

de compradores o arrendatarios recomendarán a los compradores o arrendatarios que obtengan asesoramiento legal si existen dudas acerca de la terminación de un contrato preexistente. (*Aprobado 1/93, Enmendado 1/99*)

• **Norma de conducta 1-9**
La obligación de los REALTORS® de mantener la confidencialidad de la información (según la definición de la ley estatal) provista por los clientes en el curso de la relación que establecieran en calidad de agente o como representante legalmente reconocido que no está actuando en calidad de agente, continúa después de la terminación de la relación de representante actuando en calidad de agente o de cualquier representación en que no actuara en calidad de agente reconocida por la ley. Durante o después de la terminación de la relación profesional con sus clientes, los REALTORS® no deberán a sabiendas:
1) revelar información confidencial de sus clientes; o
2) usar información confidencial de sus clientes en desventaja del cliente; o
3) usar información confidencial de sus clientes para la ventaja del REALTOR® o de terceros a menos que:
   a) los clientes den su consentimiento luego de tener pleno conocimiento de los hechos; o
   b) sea requerido por orden judicial; o
   c) el cliente tenga intención de cometer un delito y la información sea necesaria para prevenir el delito; o
   d) sea necesario defender al REALTOR® o a uno de sus empleados o asociados contra una acusación de mala conducta.
De acuerdo con este Código de Ética Profesional, no se considerará confidencial la información concerniente a defectos latentes de materiales. (*Aprobado 1/93, Enmendado 1/01*)

• **Norma de conducta 1-10**
Los REALTORS® deberán, de acuerdo a los términos y condiciones de su licencia inmobiliaria y del convenio de administración de la propiedad, administrar competentemente las propiedades de sus clientes con la debida consideración por los derechos, la seguridad y salud de los arrendatarios u otras personas que estuvieran legalmente en el lugar. (*Aprobado 1/95, Enmendado 1/00*)

• **Norma de conducta 1-11**
Los REALTORS® que están empleados para mantener o administrar la propiedad de un cliente, deberán hacerlo con la diligencia debida y hacer los esfuerzos razonables para protegerla contra contingencias y pérdidas razonablemente previsibles. (*Aprobado 1/95*)

• **Norma de conducta 1-12**
Al firmar un contrato de venta inmobiliaria, los REALTORS® deben informar a los vendedores o arrendadores de lo siguiente:
1) la política de la empresa del REALTOR® respecto a la cooperación y el monto de cualquier compensación que se ofrecerá a los sub-agentes, agentes de compradores o arrendatarios y/o corredores con capacidad legalmente reconocida que no actúan en calidad de agentes del comprador o arrendatario;

2) el hecho de que los agentes o corredores del comprador o arrendatario, aún cuando fueran compensados por el corredor con contrato de venta de la propiedad, o por el vendedor o arrendador, puede representar los intereses de los compradores o arrendatarios; y

3) cualquier posibilidad de que el corredor con contrato de venta de la propiedad pudiera actuar como agente para las dos partes tras ponerlos en conocimiento del hecho. Por ejemplo: agente del comprador o arrendatario. (*Aprobado 1/93, Numerado nuevamente 1/98, Enmendado 1/03*)

- **Norma de conducta 1-13**
  Al firmar un contrato con el comprador o arrendatario, los REALTORS® deben informar a sus potenciales clientes de lo siguiente:
  1) la política de la empresa del REALTOR® con respecto a cooperación;
  2) la cantidad de compensación que deberá pagar el cliente;
  3) la posibilidad de alguna compensación adicional o compensatoria de otros corredores, del vendedor o del arrendador, o de terceros;
  4) cualquier posibilidad de que el representante del comprador o arrendatario pudiera actuar como agente para las dos partes tras ponerlos en conocimiento del hecho. Por ejemplo: corredor con contrato de venta de la propiedad, sub-agente, agente del arrendador, etc., y
  5) la posibilidad de que los vendedores o los representantes de los vendedores no traten la existencia, los términos o las condiciones de las ofertas como confidenciales a menos que la confidencialidad sea un requisito de una ley, reglamento o de un acuerdo de confidencialidad entre las partes. (*Aprobado 1/93, Numerado nuevamente 1/98, Enmendado 1/06*)

- **Norma de conducta 1-14**
  Los honorarios por concepto de tasaciones u otros avalúos no deben depender del monto de la tasación o avalúo. (*Aprobado 1/02*)

- **Norma de conducta 1-15**
  Los REALTORS, en respuesta a peticiones de los compradores o de los corredores en cooperación, deben revelar, con el permiso de los vendedores, la existencia de ofertas sobre la propiedad. En aquellos casos en que se autorice revelar esta información, los REALTORS® deben revelar también si las ofertas fueron obtenidas por el corredor con contrato de venta de la propiedad, otro corredor de la firma con contrato de venta de la propiedad, o por un corredor en cooperación. (*Aprobado 1/03, Enmendado 1/06*)

Artículo 2

Los REALTORS® deberán evitar la exageración, distorsión o encubrimiento de hechos pertinentes relacionados con la propiedad o la transacción. Los REALTORS®, sin embargo, no estarán obligados a descubrir defectos latentes en la propiedad, ni a hacer recomendaciones fuera del alcance de su licencia inmobiliaria, ni a divulgar hechos que sean confidenciales en el ámbito de la relación de agente o de representante que no está actuando en calidad de agente según lo establecido por la ley estatal. (*Enmendado 1/00*)

- **Norma de conducta 2-1**

Los REALTORS® sólo estarán obligados a descubrir y revelar aquellos factores adversos que resultaran razonablemente aparentes a un experto en aquellas áreas requeridas por la autoridad que otorga la licencia inmobiliaria. El Artículo 2 no impone a los REALTORS® la obligación de ser peritos en ninguna otra disciplina profesional o técnica. (*Enmendado 1/96*)

• **Norma de conducta 2-2**
(*Numerado nuevamente como Norma de conducta 1-12 1/98*)

• **Norma de conducta 2-3**
(*Numerado nuevamente como Norma de conducta 1-13 1/98*)

• **Norma de conducta 2-4**
Los REALTORS® no participarán en la mención de retribuciones falsas en documentos, a menos que se trate de una retribución obviamente nominal.

• **Norma de conducta 2-5**
Para los propósitos del Artículo 2, no se considerarán "pertinentes", aquellos factores definidos por la ley o reglamentación como "no materiales", o que fueran expresamente mencionados por la ley o reglamentación como no sujetos a revelación. (*Aprobado 1/93*)

Artículo 3

Los REALTORS® deberán cooperar con otros corredores excepto cuando tal cooperación no beneficie al cliente. Esta obligación de cooperar no incluye la obligación de compartir comisiones ni honorarios, ni de compensar al otro corredor. (*Enmendado 1/95*)

• **Norma de conducta 3-1**
Cuando los REALTORS® actúan como agentes o corredores exclusivos del vendedor o arrendador, establecen los términos y condiciones de las ofertas de cooperación. A menos que esté expresamente indicado en la oferta de cooperación, los corredores que cooperan no pueden asumir que la oferta de cooperación incluye una oferta de compensación. Los términos de compensación, si es que los hay, deberán ser determinados por los corredores que cooperan antes de comenzar las negociaciones para aceptar la oferta de cooperación. (*Enmendado 1/99*)

• **Norma de conducta 3-2**
Los REALTORS® deberán, con respecto a las ofertas de compensación a otros REALTORS®, comunicar de manera oportuna cualquier cambio en la compensación por servicios de cooperación al otro REALTOR®, antes que dicho REALTOR® produzca una oferta para comprar o arrendar la propiedad. (*Enmendado 1/94*)

• **Norma de conducta 3-3**
La Norma de conducta 3-2 no impide que el corredor con contrato de venta de la propiedad y el corredor que coopera realicen un convenio para cambiar la compensación por cooperación. (*Aprobado 1/94*)

- **Norma de conducta 3-4**

  Cuando el REALTOR® actúa como el corredor con contrato de venta de la propiedad, tiene la obligación de revelar de manera explícita la existencia de arreglos de comisión con índices dobles o variables (Por ejemplo: comisiones de montos diferentes si la venta o arrendamiento de una propiedad bajo contrato de venta ha sido el logro de la empresa del corredor con contrato de venta inmobiliaria de la propiedad o si resulta del trabajo del vendedor o arrendador o de un corredor trabajando en cooperación.) El corredor con contrato de venta de la propiedad deberá, tan pronto sea posible, revelar la existencia de tales convenios a potenciales corredores en cooperación, y deberá, en respuesta a las averiguaciones de los corredores trabajando en cooperación, revelar el monto diferencial que resultaría de una transacción en cooperación en comparación con el que resultaría de una venta o arrendamiento resultado del esfuerzo del vendedor o arrendador. Si el corredor trabajando en cooperación es un representante del comprador o arrendatario, el representante del comprador o arrendatario deberá revelar dicha información a su cliente antes que el cliente haga una oferta de compra o arriendo. (*Enmendado 1/02*)

- **Norma de conducta 3-5**

  Antes y también después de la ejecución de un contrato de compra o arrendamiento, es obligación de los sub-agentes revelar inmediatamente al agente del principal todos los hechos pertinentes. (*Enmendado 1/93*)

- **Norma de conducta 3-6**

  Los REALTORS® deberán revelar la existencia de toda oferta aceptada, incluyendo ofertas con contingencias no resueltas, a todo corredor que busque trabajar en cooperación. (*Aprobado 5/86, Enmendado 1/04*)

- **Norma de conducta 3-7**

  Cuando un REALTOR® solicite información de otro REALTOR® acerca de una propiedad que estuviera sometida a un convenio de administración o de contrato de venta o arrendamiento, el REALTOR® deberá revelar su condición de tal y si su interés es personal o si es en nombre de un cliente, y si fuera en nombre de un cliente, el tipo de representación. (*Enmendado 1/95*)

- **Norma de conducta 3-8**

  Los REALTORS® no falsearán la información sobre las posibilidades de acceso para mostrar o inspeccionar una propiedad bajo contrato de venta. (*Enmendado 11/87*)

Artículo 4

Los REALTORS® no podrán adquirir intereses económicos en bienes inmobiliarios, ni comprar o presentar ofertas para sí mismos, miembros de su grupo familiar inmediato, sus empresas o sus miembros, o cualquier entidad en la que tuvieran intereses económicos como propietarios, sin dar a conocer, al propietario o al agente o corredor del propietario, su verdadera situación. Cuando vendan bienes inmobiliarios de su propiedad, o en los que ellos tuvieran algún interés económico, los REALTORS® deberán revelar, por escrito, al comprador o al representante del comprador, su calidad de propietarios o sus intereses económicos. (*Enmendado 1/00*)

- **Norma de conducta 4-1**
  Para la protección de todas las partes, las revelaciones requeridas por el Artículo 4 deberán ser por escrito y provistas por los REALTORS® antes de la firma de todo contrato. (*Aprobado 2/86*)

Artículo 5
Cuando tengan intereses económicos actuales o previstos sobre una propiedad o su valuación, los REALTORS® no proveerán servicios profesionales sobre la misma, a menos que dichos intereses económicos sean específicamente revelados a todas las partes involucradas.

Artículo 6
Los REALTORS® no aceptarán comisión, reembolso o ganancia alguna por gastos hechos en nombre del cliente, sin el conocimiento y el consentimiento del cliente.

Cuando recomienden productos o servicios para bienes inmobiliarios (por ejemplo: seguro para la vivienda, programas de garantía, préstamos hipotecarios, garantía sobre el título de propiedad, etc.), los REALTORS® deberán revelar a los clientes a quienes hicieran tal recomendación, la existencia de beneficios económicos u honorarios, excepto honorarios inmobiliarios por recomendaciones, que el REALTOR® o la empresa del REALTOR® pudieran recibir como resultado directo de dicha recomendación. (*Enmendado 1/99*)

- **Norma de conducta 6-1**
  Los REALTORS® no recomendarán ni sugerirán a sus clientes o usuarios el uso de servicios de otra organización o entidad comercial en la que tuvieran intereses económicos directos sin revelar, al tiempo de la recomendación o sugerencia, la existencia de dichos intereses económicos. (*Enmendado 5/88*)

Artículo 7
Aún cuando estuviera permitido por la ley, los REALTORS® no aceptarán ser compensados en una transacción por más de una parte sin revelarlo a todas las partes y sin el consentimiento escrito con conocimiento de causa del cliente o de los clientes del REALTOR®. (*Enmendado 1/93*)

Artículo 8
Los REALTORS® deberán depositar en una cuenta especial en una entidad financiera apropiada, separado de sus propios fondos, todo dinero que les sea confiado para su administración por

otras personas, como ser depósitos en garantía, fondos fiduciarios, dinero de clientes, y otros fondos similares.

Artículo 9

Para la protección de todas las partes involucradas, los REALTORS® asegurarán, siempre que sea posible, que todos los convenios relacionados con transacciones inmobiliarias incluyendo, pero no limitándose a, convenios de venta y representación, contratos de compra y de arrendamiento sean por escrito, en lenguaje claro y comprensible, y que expresen los términos, condiciones, obligaciones y responsabilidades específicas de las partes. Al momento de la firma o de poner las iniciales en el documento, se deberá entregar a cada una de las partes de dichos contratos o convenios una copia de cada contrato o convenio. (*Enmendado 1/04*)

• **Norma de conducta 9-1**
  Para la protección de todas las partes involucradas, los REALTORS® deberán ejercitar el cuidado razonable para asegurar que los documentos pertinentes a la compra, venta o arrendamiento de bienes inmobiliarios, sean actualizados mediante el uso de extensiones o enmiendas por escrito. (*Enmendado 1/93*)

Obligaciones para con el Público

Artículo 10

Los REALTORS® no le negarán sus servicios profesionales, ni le prestarán servicios profesionales desiguales, a persona alguna por razones de raza, color, religión, sexo, discapacidad, estado familiar ni lugar de nacimiento. Los REALTORS® no formarán parte de ningún plan o convenio de discriminación contra una persona o personas por razón de su raza, color, religión, sexo, discapacidad, estado familiar ni lugar de nacimiento. (*Enmendado 1/90*)

En las prácticas de empleo en la profesión inmobiliaria, los REALTORS®, no discriminarán a ninguna persona o personas por razón de su raza, color, religión, sexo, discapacidad, estado familiar ni lugar de nacimiento. (*Enmendado 1/00*)

• **Norma de conducta 10-1**
  Cuando los REALTOR® estén involucrados en la venta o arrendamiento de una residencia, éstos no ofrecerán información de motu propio sobre la composición racial, religiosa o étnica de un vecindario ni participarán en ninguna actividad que pudiera resultar en ventas por pánico masivo, sin embargo, los REALTOR® pueden proporcionar otros datos demográficos. (*Aprobado 1/94, Enmendado 1/06*)

• **Norma de conducta 10-2**
  Cuando los REALTOR® no estén involucrados en la venta o arrendamiento de una residencia, éstos pueden suministrar datos demográficos relacionados con una propiedad, transacción o

asignación profesional a una parte siempre y cuando: (a) El REALTOR® considere que dicha información

es necesaria para ayudar o finalizar, de un modo compatible con el Artículo 10, una transacción inmobiliaria o asignación profesional y (b) La información se haya obtenido o derivado de una fuente reconocida, fiable, independiente e imparcial. La fuente de dicha información y de cualquier añadidura, supresión, modificación, interpretación u otros cambios será divulgada en forma razonablemente detallada. (*Aprobado 1/05, Numerado nuevamente 1/06*)

- **Norma de conducta 10-3**
Los REALTORS® no imprimirán, anunciarán ni harán circular ninguna declaración o aviso de venta o alquiler de una propiedad, que indique una preferencia, limitación o discriminación basada en raza, color, religión, sexo, discapacidad, estado familiar ni lugar de nacimiento. (*Aprobado 1/94, Numerado nuevamente 1/06*)

- **Norma de conducta 10-4**
Para los propósitos del Artículo 10, "prácticas de empleo en la profesión inmobiliaria" se refiere a los empleados y contratistas independientes que proveen servicios relacionados con el negocio inmobiliario y al personal administrativo y secretarial que trabajan directamente con ellos. (*Aprobado 1/00, Numerado nuevamente 1/05*)

Artículo 11

Los servicios que brindan los REALTORS® a sus clientes y usuarios, deberán ajustarse al nivel de práctica y competencia que se espera razonablemente en las disciplinas de bienes inmobiliarios específicas involucradas; específicamente, corretaje de propiedades residenciales, administración de bienes inmuebles, corretaje de propiedades comerciales e industriales, tasación de bienes inmuebles, asesoramiento inmobiliario, sindicación de bienes inmobiliarios, remate de bienes inmobiliarios, y bienes inmobiliarios internacionales.

Los REALTORS® no se harán cargo de proveer servicios profesionales especializados para un tipo de propiedad o servicio que estuviera fuera de su campo de competencia a menos que contaran con la asistencia de alguien competente en ese tipo de propiedad o servicio, o que revelaran completamente los hechos al cliente. Se deberá identificar al cliente las personas que hubieran estado involucradas en la tarea de asistir así como también puntualizar su contribución al proyecto. (*Enmendado 1/95*)

- **Norma de conducta 11-1**
Cuando los REALTORS® preparan una opinión sobre el valor real o el precio de una propiedad, cuya finalidad no sea la de intentar registrar una propiedad para la venta ni la de asistir a un comprador potencial en la formulación de su oferta de compra, dicha opinión deberá incluir lo siguiente:
1) La identificación de la propiedad en cuestión.
2) La fecha de preparación.

3) Un definido valor o precio.

4) Las condiciones limitantes, incluyendo declaraciones pertinentes al propósito o propósitos y al usuario o usuarios previstos.

5) Cualquier interés presente o futuro, incluyendo la posibilidad de representar al vendedor o arrendador o al comprador o inquilino.

6) Los fundamentos de la opinión incluyendo los datos pertinentes del mercado.

7) Si la opinión no es una tasación, una declaración al efecto.

(Enmendado 1/01)

- **Norma de conducta 11-2**

    Las obligaciones del Código de Ética Profesional aplicables a las disciplinas inmobiliarias, excluida la tasación, deberán ser interpretadas y aplicadas de acuerdo al nivel de práctica y competencia que los clientes y el público razonablemente esperan para proteger sus derechos e intereses, tomando en consideración la complejidad de la transacción, la disponibilidad de expertos para asistir y, si el REALTOR® fuera un agente o sub-agente, las obligaciones de un fiduciario. *(Aprobado 1/95)*

- **Norma de conducta 11-3**

    Cuando los REALTORS® proveen a sus clientes servicios de consulta que involucran una recomendación o consejo, y lo hacen por honorarios (no por una comisión), tales recomendaciones deberán ser dadas de manera objetiva y los honorarios no dependerán de la esencia del consejo o recomendación. Si además de los servicios de consulta, se proveen servicios de corretaje u operaciones comerciales, se podrá pagar una suma separada previo convenio entre el cliente y el REALTOR®. *(Aprobado 1/96)*

- **Norma de conducta 11-4**

    La competencia jurisdiccional que exige el Artículo 11 tiene relación con: los servicios contratados entre los REALTORS® y sus clientes, las obligaciones explícitamente impuestas por el Código de Ética Profesional y las obligaciones impuestas por la ley o reglamentos. *(Enmendado 1/02)*

Artículo 12

Los REALTORS® deberán ser cautelosos al presentar y al anunciar al público de modo de hacerlo siempre con veracidad. Los REALTORS® deberán asegurarse también de que su categoría profesional (por ejemplo: corredor, tasador, administrador de propiedades, etc.) y su situación como REALTOR® sean claramente identificables en dichos anuncios. *(Enmendado 1/93)*

- **Norma de conducta 12-1**

    Los REALTORS® pueden usar el término "gratuito" o términos similares, en sus anuncios y en otras presentaciones, siempre y cuando se den a conocer claramente y al mismo tiempo todas las condiciones de disponibilidad del producto o servicio ofrecido. *(Enmendado 1/97)*

- **Norma de conducta 12-2**

11

Si los REALTORS® anticiparan recibir compensación de otro origen, que no fuera de su cliente, podrán presentar sus servicios como "gratuitos" o sin costo, siempre y cuando den a conocer claramente y en ese mismo momento, que existe la posibilidad de obtener un beneficio de un tercero. (*Enmendado 1/97*)

- **Norma de conducta 12-3**
  Se considerará ética la oferta de primas, premios, descuentos de mercadería u otros incentivos para obtener un contrato de venta inmobiliaria, vender, comprar, o alquilar o no, aún si el beneficio está condicionado a la obtención de un contrato de venta inmobiliaria, venta, compra, o arrendamiento a través del REALTOR® que hiciera la oferta. Sin embargo, los REALTORS® deben tener cuidado y ser francos al anunciar o presentar, al público o en privado, tales ofertas, de modo que toda parte interesada en recibir o beneficiarse de alguna manera de la oferta del REALTOR®, tenga un claro, absoluto y mejor entendimiento de los términos y condiciones de la oferta. La oferta de cualquier incentivo para hacer negocios está sujeta a las limitaciones y restricciones de las leyes estatales y de las obligaciones éticas establecidas en las Normas de conducta aplicables. (*Enmendado 1/95*)

- **Norma de conducta 12-4**
  Los REALTORS® no ofrecerán una propiedad a la venta o arrendamiento, ni publicarán anuncios sobre la propiedad, sin la debida autoridad. Cuando actúen como corredores con contrato de venta de la propiedad o como sub-agentes, los REALTORS® no indicarán un precio distinto del acordado con el vendedor o arrendador. (*Enmendado 1/93*)

- **Norma de conducta 12-5**
  Los REALTORS® no anunciarán ni permitirán que ninguno de sus empleados ni ninguna persona afiliada a ellos anuncie una propiedad bajo contrato de venta sin revelar el nombre de la empresa. (*Aprobado 11/86*)

- **Norma de conducta 12-6**
  Cuando los REALTORS® anuncien una propiedad inmueble, que no está bajo contrato de venta, para la venta o arrendamiento, en la que tienen un interés de propiedad, deberán revelar su condición tanto de propietarios o arrendadores como de REALTORS® o titulares de licencia inmobiliaria. (*Enmendado 1/93*)

- **Norma de conducta 12-7**
  Sólo podrán alegar que "vendieron" la propiedad, aquellos REALTORS® que participaron en la transacción como corredores con contrato de venta de la propiedad o como corredores en cooperación (corredores vendedores). Antes del cierre de la operación, el corredor en cooperación podrá instalar un cartel de "vendido" únicamente si cuenta con el consentimiento del corredor que tuviera el contrato de venta de la propiedad. (*Enmendado 1/96*)

Artículo 13

Los REALTORS® no llevarán a cabo actividades que constituyan el ejercicio no autorizado de la profesión de abogado y recomendarán que se obtenga asesoramiento jurídico si los intereses de una de las partes de la transacción lo hicieran necesario.

Artículo 14

Si fueran acusados de conductas poco éticas o si se les pidiera que presentasen evidencia o que prestasen su colaboración de alguna manera en algún procedimiento o investigación de conducta profesional, los REALTORS® deberán presentar todos los hechos pertinentes ante los tribunales correspondientes del Consejo de Miembros o de la institución, sociedad o del consejo asociado, del que fueran miembros, sin perturbar ni obstruir dicho proceso. (*Enmendado 1/99*)

- **Norma de conducta 14-1**
  Los REALTORS® no serán sometidos a procesos disciplinarios con respecto a presuntas violaciones del Código de Ética Profesional relacionadas con la misma transacción o evento, en más de un Consejo de REALTORS® o una institución, sociedad o un consejo asociado del que fueran miembros. (*Enmendado 1/95*)

- **Norma de conducta 14-2**
  Los REALTORS® no revelarán ni diseminarán sin autorización, las acusaciones, conclusiones ni decisiones a las que se hubiera arribado en conexión con una audiencia o apelación ética o en conexión con una audiencia de arbitraje o revisión procesal. (*Enmendado 1/92*)

- **Norma de conducta 14-3**
  Los REALTORS® no obstruirán los procedimientos de investigación o de conducta profesional del Consejo mediante la interposición o amenazas de interposición de acciones judiciales de calumnias, injurias o difamación contra alguna de las partes de un procedimiento de conducta profesional o sus testigos, basados en la interposición de un pedido de arbitraje, una queja de tipo ético, o un testimonio dado ante cualquier tribunal. (*Aprobado 11/87, Enmendado 1/99*)

- **Norma de conducta 14-4**
  Los REALTORS® no obstaculizarán intencionalmente los procedimientos de investigación o disciplinarios del Consejo mediante la interposición de múltiples quejas del orden ético basadas en el mismo evento o transacción. (*Aprobado 11/88*)

Obligaciones para con los REALTORS®

Artículo 15

Los REALTORS® no harán, a sabiendas o imprudentemente, falsas o confusas declaraciones acerca de sus competidores, sus negocios, o sus prácticas profesionales. (*Enmendado 1/92*)

- **Norma de conducta 15-1**

  Los REALTORS® no interpondrán, a sabiendas o imprudentemente, quejas del orden ético falsas o infundadas. (*Aprobado 1/00*)

Artículo 16

Los REALTORS® no se involucrarán en conductas ni tomarán medidas contradictorias a los convenios de representación exclusiva o de relación de corretaje exclusiva que otro REALTOR® pudiera tener con su cliente. (*Enmendado 1/04*)

- **Norma de conducta 16-1**

  El Artículo 16 no tiene por finalidad prohibir las prácticas comerciales agresivas o innovadoras, siempre que sean éticas, y tampoco prohíbe las discrepancias sobre comisiones, honorarios, compensaciones u otras formas de pago o gastos, con otros REALTORS®. (*Aprobado 1/93, Enmendado 1/95*)

- **Norma de conducta 16-2**

  El Artículo 16 no impide que los REALTORS® hagan anuncios generales a posibles clientes describiendo sus servicios y los términos de su disponibilidad aún cuando algunos de los destinatarios pudieran tener convenios de agente u otra relación exclusiva con otro REALTOR®. Se considerará "general", para los propósitos de esta norma, una promoción telefónica general, una correspondencia o distribución general dirigida a los posibles clientes de una zona geográfica determinada o de una profesión, industria, club, organización u otra categoría o grupo determinado. (*Enmendado 1/04*)

  El Artículo 16 tiene por finalidad señalar como poco ético, dos tipos básicos de solicitaciones:

  Primero, solicitaciones telefónicas o personales a propietarios que han sido identificados mediante un cartel inmobiliario, una recopilación de contratos de venta inmobiliaria múltiples, u otro servicio de información, como propietarios que tienen su propiedad bajo contrato de venta exclusivo con otro REALTOR®; y

  Segundo, correspondencia u otras formas escritas de solicitación a posibles clientes cuyas propiedades están bajo contrato de venta exclusivo con otro REALTOR® cuando dichas solicitaciones no forman parte de una correspondencia general sino que están dirigidas específicamente a propietarios identificados mediante recopilaciones de listas actualizadas de contratos de venta, carteles de "en venta" o "en alquiler", u otras fuentes de información que el Artículo 3 y las reglas del Servicio de Contratos de Venta Inmobiliaria Múltiples exigen poner a disposición de otros REALTORS® como ofertas de sub-agencia o cooperación. (*Enmendado 1/04*)

- **Norma de conducta 16-3**

  El Artículo 16 no impide que los REALTORS® se comuniquen con el cliente de otro corredor con el propósito de ofrecer brindarle, o de firmar un contrato para brindarle, un tipo de servicio inmobiliario diferente, no relacionado con el tipo de servicio actualmente provisto (por ejemplo: administración de propiedad a diferencia de corretaje) o que se ofrezcan el mismo tipo de servicios para propiedades que no estén sujetas a contratos exclusivos de otros corredores. Sin embargo, no se podrá utilizar información recibida a través de un servicio de contratos de venta inmobiliaria múltiples o de cualquier otra oferta de cooperación, para identificar a los clientes de otro REALTOR® a quien se le harán tales ofertas de servicios. (*Enmendado 1/04*)

- **Norma de conducta 16-4**
Los REALTORS® no podrán hacer solicitaciones de contratos de venta inmobiliaria de una propiedad actualmente bajo contrato exclusivo de venta por otro corredor. Sin embargo, si el corredor que posee el contrato de venta inmobiliaria, al ser consultado por el REALTOR®, se niega a revelar la fecha de su vencimiento y la naturaleza de tal contrato; por ejemplo, un derecho exclusivo para vender, una relación exclusiva de agente, un contrato de venta inmobiliaria con agencia con comisión para el vendedor, u otra forma de convenio contractual entre el corredor con contrato de venta de la propiedad y el cliente, los REALTORS® podrán comunicarse con el propietario para obtener tal información y podrán conversar sobre los términos con los cuales el REALTOR® tomaría el contrato de venta inmobiliaria de la propiedad en el futuro o bien, podría tomar un contrato de venta inmobiliaria de la propiedad que entraría en vigencia al vencimiento de cualquier arreglo exclusivo existente. (*Enmendado 1/94*)

- **Norma de conducta 16-5**
Los REALTORS® no solicitarán convenios de compradores o arrendatarios a compradores o arrendatarios que estuvieran sujetos a un convenio exclusivo de comprador o arrendatario. Sin embargo, si el corredor, al ser consultado por el REALTOR®, se niega a revelar la fecha de vencimiento del convenio exclusivo con el comprador o arrendatario, el REALTOR® podrá comunicarse con el comprador o arrendatario para obtener tal información y podrá conversar sobre los términos con los cuales el REALTOR® haría un convenio con el comprador o arrendatario en el futuro o bien, podría hacer un convenio que se tornase efectivo al vencimiento de cualquier arreglo exclusivo de comprador o arrendatario existente. (*Aprobado 1/94, Enmendado 1/98*)

- **Norma de conducta 16-6**
Cuando los REALTORS® son contactados por el cliente de otro REALTOR® acerca de la creación de una relación exclusiva para el mismo tipo de servicio, y los REALTORS® no han iniciado directa ni indirectamente tales conversaciones, éstos podrán conversar acerca de los términos bajo los cuales harían tal convenio futuro o bien, podrían hacer un convenio que se tornase efectivo al vencimiento del convenio exclusivo existente. (*Enmendado 1/98*)

- **Norma de conducta 16-7**
El hecho de que un posible cliente haya contratado a un REALTOR® como un representante exclusivo o corredor exclusivo en el pasado, en una o más transacciones, no impide que otros REALTORS® intenten trabar relaciones comerciales con ese posible cliente en el futuro. (*Enmendado 1/04*)

15

- **Norma de conducta 16-8**

El hecho de que se haya hecho un convenio exclusivo con un REALTOR® no impide ni excluye a ningún otro REALTOR® de hacer un convenio similar tras el vencimiento del convenio anterior. (*Enmendado 1/98*)

- **Norma de conducta 16-9**

Antes de hacer un contrato de representación, los REALTORS® tienen la obligación explícita de hacer un esfuerzo razonable para determinar si el posible cliente está sujeto a un convenio exclusivo válido actual para el mismo tipo de servicio inmobiliario. (*Enmendado 1/04*)

- **Norma de conducta 16-10**

Los REALTORS®, que actúen como representantes o corredores del comprador o arrendatario, deberán la primera vez que se pusieran en contacto, revelar tal relación al representante o corredor del vendedor o arrendador y deberán proveer al representante o corredor del vendedor o arrendador, una confirmación escrita de tal revelación, antes de la ejecución del contrato de compra o arrendamiento. (*Enmendado 1/04*)

- **Norma de conducta 16-11**

En casos de propiedades que no están bajo contrato de venta inmobiliaria, los REALTORS® que actúan como representantes o corredores del comprador o arrendatario deberán, la primera vez que se pusieran en contacto por tal comprador o arrendatario, revelar tal relación al vendedor o arrendador y deberán proveer, al vendedor o arrendador, una confirmación escrita de tal revelación, antes de la ejecución del contrato de compra o arrendamiento. (*Enmendado 1/04*)

Los REALTORS® deberán interponer ante el vendedor o arrendador, la primera vez que se pusieran en contacto, todo pedido de compensación anticipada. (*Enmendado 1/98*)

- **Norma de conducta 16-12**

Los REALTORS®, que actúan como representantes o corredores de vendedores o arrendadores o como sub-agentes de corredores con contrato de venta, deberán revelar esa relación al comprador o arrendatario tan pronto como sea posible y deberán proveer, al comprador o arrendatario, una confirmación escrita de tal revelación, antes de la ejecución del contrato de compra o arrendamiento. (*Enmendado 1/04*)

- **Norma de conducta 16-13**

Toda negociación relativa a una propiedad bajo contrato exclusivo de venta, o con compradores o arrendatarios que están sujetos a un convenio de exclusividad, deberá llevarse a cabo con el representante o corredor del cliente y no con el cliente mismo, a menos que hubiera consentimiento del representante o corredor del cliente o que dicha negociación hubiera sido iniciada por el cliente.

Antes de proveer servicios substanciales, como por ejemplo, redactar una oferta de compra o presentar un estudio de mercado competitivo conocido como CMA, a los posibles clientes los REALTORS® deben preguntarle a los clientes probables si forman parte de algún acuerdo de representación exclusiva. Los REALTORS® no deben proveer, a sabiendas, servicios substanciales respecto a una transacción venidera a clientes probables que sean partícipes de acuerdos de representación exclusiva, excepto con el consentimiento de los representantes exclusivos de los clientes probables o a instrucción de los clientes probables. (*Aprobado 1/93, Enmendado 1/04*)

- **Norma de conducta 16-14**
Los REALTORS® son libres de establecer relaciones contractuales o de negociar con los vendedores o arrendadores, los compradores o arrendatarios, u otras personas no sujetas a un convenio de exclusividad pero no podrán, a sabiendas, obligarlos a pagar más de una comisión excepto si éstos dieran su consentimiento escrito con conocimiento de causa. (*Enmendado 1/98*)

- **Norma de conducta 16-15**
En las transacciones cooperadas los REALTORS® deberán compensar al REALTOR® que cooperó (corredores principales) pero no deberán compensar ni hacer ofertas de compensación, directa o indirectamente, a ninguno de los vendedores titulares de licencia empleados por o afiliados con otros REALTORS®, sin el previo conocimiento y consentimiento expreso del corredor trabajando en cooperación.

- **Norma de conducta 16-16**
Cuando los REALTORS®, actúan como sub-agentes o como representantes o corredores del comprador o arrendatario, no deberán usar los términos de la oferta de compra o arrendamiento para intentar modificar la compensación ofrecida a los sub-agentes o a los representantes o corredores del comprador o arrendatario, por el corredor con contrato de venta, ni sujetar la interposición de la oferta ejecutada de compra o arrendamiento a la aceptación del corredor con contrato de venta, de modificar la oferta de compensación. (*Enmendado 1/04*)

- **Norma de conducta 16-17**
Cuando los REALTORS® actúen como sub-agentes o como representantes o corredores del comprador o arrendatario, no intentarán extender la oferta de cooperación y/o de compensación del corredor con contrato de venta, a otros corredores, sin el consentimiento del corredor con contrato de venta de la propiedad. (*Enmendado 1/04*)

- **Norma de conducta 16-18**
Los REALTORS® no usarán la información que obtuvieran de corredores con contrato de venta de propiedad, a través de ofertas de cooperación hechas mediante el servicio de contratos de venta inmobiliaria múltiples o mediante otras ofertas de cooperación para derivar clientes de los corredores con contrato de venta de propiedad a otros corredores o para crear una relación de comprador o arrendatario con los clientes de los corredores con contrato de venta de propiedad, a menos que dicho uso haya sido autorizado por los corredores con contrato de venta de propiedad. (*Enmendado 1/02*)

- **Norma de conducta 16-19**
No se instalarán en la propiedad, carteles de venta, alquiler, arrendamiento o intercambio, sin el consentimiento del vendedor o arrendador. (*Enmendado 1/93*)

17

- **Norma de conducta 16-20**

  Los REALTORS® no inducirán a los clientes de la empresa para la que trabajan a cancelar convenios contractuales exclusivos entre los clientes y la empresa ni antes, ni después, de terminada la relación con la empresa para la que trabajan. Esto no impide que los REALTORS® (principales) establezcan convenios con sus asociados titulares de licencia que regulen la asignación de convenios exclusivos. (*Aprobado 1/98*)

Artículo 17

En caso de haber conflictos contractuales o conflictos específicos no contractuales, según la definición de la Norma de conducta 17-4, provenientes de su relación de REALTORS®, entre los REALTORS® (principales) asociados con empresas diferentes, los REALTORS® deberán someter el conflicto a arbitraje de acuerdo con la reglamentación del consejo o consejos correspondiente, en lugar de iniciar un litigio.

En caso de que los clientes de los REALTORS® quieran someter a arbitraje los conflictos contractuales surgidos de transacciones inmobiliarias, los REALTORS® arbitrarán dichos conflictos de acuerdo con la reglamentación del consejo correspondiente, siempre y cuando los clientes acepten la decisión como vinculante.

La obligación de someterse a arbitraje contemplada en este artículo, incluye la obligación de los REALTORS® (principales) de hacer que sus empresas se sometan a arbitraje y que acepten el fallo como vinculante. (*Enmendado 1/01*)

- **Norma de conducta 17-1**

  La presentación de un litigio y la negativa de los REALTORS® de renunciar al mismo en un litigio que podría someterse a arbitraje, constituye una negación a arbitrar. (*Aprobado 2/86*)

- **Norma de conducta 17-2**

  El Artículo 17 no exige a los REALTORS® arbitrar en aquellas circunstancias en que todas las partes del conflicto informan al consejo por escrito que prefieren no someterse al arbitraje ante el consejo. (*Enmendado 1/93*)

- **Norma de conducta 17-3**

  De no haber un convenio escrito estipulando lo contrario, los REALTORS®, cuando actúen exclusivamente como principales en una transacción inmobiliaria, no tienen obligación de recurrir al arbitraje de los conflictos con otros REALTORS®. (*Aprobado 1/96*)

- **Norma de conducta 17-4**

  De conformidad con el Artículo 17, son conflictos específicos no contractuales los siguientes:

  1) Cuando el corredor con contrato de venta de una propiedad ha compensado al corredor que trabaja en cooperación y, a continuación, otro corredor trabajando en cooperación alega ser quien obtuvo la venta o arrendamiento. En estos casos, el demandante puede nombrar como

demandado al primer corredor trabajando en cooperación y se puede proceder al arbitraje sin nombrar como demandado al corredor con contrato de venta. De la misma manera, si la demanda es contra el corredor con contrato de venta, éste puede nombrar como tercera parte demandada al primer corredor trabajando en cooperación. En ambos casos, la decisión del tribunal examinador acerca de la fuente de obtención de la venta será concluyente con respecto a todas las demandas de las partes, actuales o futuras, por compensación que surgiera de la transacción de cooperación subyacente. (*Aprobado 1/97*)

2) Cuando el representante del comprador o del arrendatario es compensado por el vendedor o arrendador, y no por el corredor con contrato de venta, y como resultado, éste reduce la comisión que le debe el vendedor o arrendador y, a continuación de dichas acciones, otro corredor trabajando en cooperación alega ser quien obtuvo la venta o arrendamiento. En estos casos, el demandante puede nombrar como demandado al primer corredor trabajando en cooperación y se puede proceder al arbitraje sin nombrar como demandado al corredor con contrato de venta de la propiedad. De la misma manera, si la demanda es contra el corredor con contrato de venta, éste puede nombrar como tercera parte demandada al primer corredor trabajando en cooperación. En ambos casos, la decisión del tribunal examinador acerca de la fuente de obtención de la venta será concluyente con respecto a todas las demandas de las partes, actuales o futuras, por compensación que surgiera de la transacción de cooperación subyacente. (*Aprobado 1/97*)

3) Cuando el representante del comprador o arrendatario es compensado por el comprador o arrendatario y, como resultado, el corredor con contrato de venta reduce la comisión debida por el vendedor o arrendador y, a continuación de dichas acciones, otro corredor trabajando en cooperación alega ser quien obtuvo la venta o arrendamiento. En estos casos, el demandante puede nombrar como demandado al primer corredor trabajando en cooperación y se puede proceder al arbitraje sin nombrar como demandado al corredor con contrato de venta de la propiedad. De la misma manera, si la demanda es contra el corredor con contrato de venta, éste puede nombrar como tercera parte demandada al primer corredor trabajando en cooperación. En ambos casos, la decisión del tribunal examinador acerca de la fuente de obtención de la venta será concluyente con respecto a todas las demandas de las partes, actuales o futuras, por compensación que surgiera de la transacción de cooperación subyacente. (*Aprobado 1/97*)

4) Cuando dos o más corredores con contrato de venta alegan tener derecho a compensación de conformidad con el contrato de venta abierta por comisión, con un vendedor o arrendador que acepta participar en arbitraje (o que solicita arbitraje) y que acuerda obligarse a la decisión. En estos casos, en que uno de los corredores con contrato de venta de la propiedad ha sido compensado por el vendedor o arrendador, el otro corredor con contrato de venta puede, como demandante, nombrar como demandado al primer corredor con contrato de venta y se puede proceder con el arbitraje entre los corredores. (*Aprobado 1/97*)

5) Cuando el representante del comprador o del arrendatario es compensado por el vendedor o arrendador, y no por el corredor con contrato de venta inmobiliaria, y como resultado, este último reduce la comisión que le debe el vendedor o arrendador y, a posterior de dichas

acciones, alega ser quien obtuvo la venta o arrendamiento. En estos casos, el arbitraje será entre el corredor con contrato de venta inmobiliaria y el representante del comprador o arrendatario y la suma en disputa estará limitada al monto en que se redujo la comisión a la cual el corredor con contrato de venta inmobiliaria se había comprometido. (*Aprobado 1/05*)

El Código de Ética Profesional fue aprobado in 1913. Enmendado en la Convención Anual en 1924, 1928, 1950, 1951, 1952, 1955, 1956, 1961, 1962, 1974, 1982, 1986, 1987, 1989, 1990, 1991, 1992, 1993, 1994, 1995, 1996, 1997, 1998, 1999, 2000, 2001, 2002, 2003, 2004 y 2005.

Nota explicativa

Se informa al lector acerca de las siguientes normas aprobadas por el Consejo Directivo de la Asociación Nacional:

Al iniciar una demanda por presunta violación del Código de Ética Profesional por un REALTOR®, el cargo debe consistir en una presunta violación de uno o más de los artículos del código. Se podrán citar Normas de conducta en apoyo del cargo.

Las Normas de conducta sirven para aclarar las obligaciones éticas impuestas por los diversos artículos y suplementos, y no son un substituto de las interpretaciones de casos en *Interpretaciones del Código de Ética Profesional.*

De vez en cuando, se realizan modificaciones a las Normas de conducta y se aprueban nuevas Normas de conducta adicionales. Se advierte a los lectores que deberán asegurarse de utilizar las publicaciones más recientes.

c:\tjm\arp\2000code1.lwp/htm/doc
12/8/02

Chapter 7 Capítulo 7

Real Estate Law Ley de Bienes Raíces

Real estate law is upheld under <u>police power</u> which is the power of the state to enact laws to promote the order, safety, health, morals, and general welfare of the public. Real estate law or licensing law is found in the business and professions code.

La ley de bienes raíces es sustentada por la fuerza pública que es el poder del Estado para estatuir las leyes que promueven el orden, la seguridad, la salud, la moral y el bienestar general del público. La ley de bienes raíces o la ley de licenciamiento se encuentra en el código de negocios y profesiones.

I.   <u>Two Major Classifications of Licenses</u>
I.   **<u>Dos principales clasificaciones de licencias</u>**

   A.   <u>Real Estate Broker</u>—A person (natural or legal) who for a compensation or in expectation of a compensation, does or negotiates to do one or more of the following acts for another or for others:

   A.   **<u>Corredor de bienes raíces</u>—Una persona (natural o legal) quien, por una compensación o en expectativa de una compensación, hace o negocia para hacer uno o más de los siguientes actos para otro u otros.**

     1.   Either does or offers to sell, buy, solicit sellers or buyers for, solicit or obtain listings of, or negotiates the purchase, sale, or exchange of real property, a business opportunity or mobile home (not recreational vehicles) if mobilehome has been registered under Part 2 of Division 13 of Health and Safety Code.

     1.   **Hace u ofrece vender, comprar, solicitar vendedores o compradores para, solicita u obtiene contratos de venta, o negocia la compra, venta o intercambio de bienes raíces, una oportunidad de negocio o una casa movible (no vehículo de recreo) --a condición de que la casa movible haya sido registrada bajo Parte 2 de la División 13 del Código de Sanidad y Seguridad--.**

2.   Either does or offers to lease or rent, collect rents, or negotiate the sale, purchase, or exchange of leases on real property, or a business opportunity. Does not apply to manager of a hotel, motel, trailer park, resident manager of apartment building or complex, or employees of that manager; or employees of property management firm who perform limited management acts while under supervision of a broker or qualified salesperson. (Resident manager required for apartments with 16 or more units.)

2.   Hace u ofrece alquilar o arrendar, cobrar los arriendos, negociar la venta, compra, o intercambio de contratos de arrendamiento en bienes raíces o una oportunidad de negocios. No se aplica a gerentes de hotel, motel, parques para autos y remolques habitables; ni a gerentes residentes de edificios de apartamentos, complejos de apartamentos y empleados de estos; o a empleados de la Agencia de Administración de la Propiedad quienes llevan a cabo actos limitados mientras estén bajo supervisión del corredor o agente licenciado calificado. (16 unidades o más requieren un gerente residente.)

3.   Either does or offers to assist in filing application for purchase or lease of, or locating or entering upon government owned lands (Land Locators).

3.   Hace u ofrece asistir en la presentación de la aplicación para la compra o arrendamiento de, o en localizar o tomar posesión de terrenos propiedad del gobierno (localizadores de terrenos).

4.   Solicits borrowers or lenders for or negotiates loans; collects payments or performs services for borrowers, lenders, or note owners in connection with loans on real property, or on a business opportunity.

4.   Solicita prestatarios o prestamistas para o negocia préstamos; recauda los pagos o desempeña servicios para prestatarios, prestamistas, o dueños de pagarés en conexión con préstamos sobre bienes raíces o sobre una oportunidad de negocios.

5.   Either does or offers to sell, buy or exchange a real property sales contract, or a promissory note secured by a real property or business opportunity lien, and perform services for the noteholder.

5.   Hace u ofrece vender, comprar, intercambiar un contrato de venta de bienes raíces, o un pagaré garantizado por embargo de bienes raíces u oportunidad de negocios y ejecuta servicios para el poseedor del pagaré.

6.   Issues or sells, solicits prospective sellers or purchasers of, solicits or obtains listings of, or negotiates the purchase, sale, or exchange of an interest in a real estate syndicate formed as a partnership, joint venture or nonincorporated association of 100 or less interests.

6.   Expide o vende, solicita eventuales compradores o vendedores de, solicita u obtiene contratos de venta de, o negocia la compra, venta, o intercambio de un interés en un sindicato de bienes raíces formado como una sociedad colectiva, empresa común o asociación no incorporada de 100 o menos intereses.

A BROKER is also a person who engages as a <u>principal</u> in the business of:
UN CORREDOR es también una persona que se compromete como un principal en el negocio de:

7. Buying, selling, or exchanging promissory notes or real property sales contracts secured by real property liens, or makes agreements to make collections or performs services on notes or contracts. "In the business" in this instance means:

7. **Compra, venta o intercambio de pagarés o contratos de venta de bienes raíces garantizados por embargos sobre bienes inmuebles, o hace convenios para efectuar recaudaciones o ejecuta servicios en pagarés o contratos. La expresión "en el negocio" en esta instancia significa:**

   a. Acquiring for resale or sale of eight or more contracts in one year.

   a. **Adquirir para la reventa o la venta ocho o más contratos en un año.**

   b. Making collections on more than ten loans per year or in amounts exceeding $40,000 per year.

   b. **Hacer recaudaciones en más de diez préstamos por año o en cantidades que excedan $40,000 por año.**

8. Claiming, demanding, charging, receiving, or collecting an "advance fee" to promote sale or lease of real property or business opportunity.

8. **Reclamar, demandar, cargar, recibir o cobrar "honorario adelantado" para promover venta o arrendamiento de bienes raíces/oportunidad de negocios.**

9. Claiming, demanding, charging, receiving, collecting, or contracting for an advance fee for soliciting lenders on behalf of borrowers for loans to be secured by lien on rental property, before borrower becomes legally obligated to complete loan.

9. **Reclamar, demandar, cargar, recibir, cobrar un "honorario adelantado" para solicitar a prestamistas a favor de prestatarios para préstamos que serán asegurados por bienes raíces, antes de que el prestatario esté legalmente obligado a completar el préstamo.**

B. <u>Real Estate Salesperson</u>—Natural person employed by real estate broker to do one or more of the preceding acts for compensation.

B. <u>**Agente de bienes raíces**</u>—**Persona natural empleada por corredor de bienes raíces para hacer uno o más de los actos precedentes por compensación o en expectativa de compensación.**

C. <u>Exceptions</u>—The following are not required to hold a real estate license:

C. <u>**Excepciones**</u>—**Los siguientes no requieren poseer licencia de bienes raíces:**

1. Anyone who is dealing with his or her own property.

1. **Quienquiera quien esté negociando su propia propiedad.**

2. Anyone holding duly executed power of attorney from owner. Person appointed is called <u>Attorney-in-fact.</u> Appointment should be recorded for real estate transactions. Person signs: "Thomas Fields, by Ryan Lawrence, his attorney-in-fact." When general powers given, attorney-in-fact can do all on behalf of owner except:

2. **Quienquiera que posea poder de abogado debidamente ejecutado por el dueño. La persona nombrada es llamada <u>apoderado.</u> El nombramiento debe ser registrado para transacciones de bienes raíces. Tal persona deberá de firmar, por ejemplo: "Thomas Fields, por Ryan Lawrence, su apoderado." Con poderes generales, el apoderado puede hacer todos los actos en el nombre del dueño excepto:**

   a. Convey homesteaded property.

   a. **Traspasar propiedad en heredad.**

      b.   Mortgage property to themselves.

      b.   **Hipotecar se la propiedad a ellos mismos.**

      c.   Sell to themselves even if adequate consideration given.

      c.   **Vender la propiedad a ellos mismos, aún si se da la retribución adecuada.**

   3.   Attorney-at-law performing duties on behalf of client as their attorney.

   3.   **Un abogado (licenciado en leyes) que desempeñe funciones en nombre de un cliente como su abogado.**

   4.   Any receiver, trustee in bankruptcy, or any person acting under an order of any court.

   4.   **Cualquier administrador judicial, fiduciario en una bancarrota o cualquier persona que actué bajo una orden de cualquier tribunal.**

   5.   Any trustee selling under a deed of trust foreclosure.

   5.   **Cualquier fiduciario que venda bajo un juicio hipotecario de escritura fiduciaria.**

   6.   When dealing in real estate loans, any employee of a bank, savings and loan association, credit union, or insurance company.

   6.   **Cualquier empleado de un banco, asociación de ahorros y préstamos, unión de crédito, o compañía de seguros cuando esté negociando en préstamos sobre bienes raíces.**

   7.   Any stenographer, bookkeeper, receptionist, telephone operator, or other clerical help in carrying out their job as such.

   7.   **Cualquier estenógrafa, tenedor de libros, recepcionista, operador de teléfonos u otro empleado de oficina cuando estén llevando a efecto su trabajo como tales.**

   8.   Appraisers.

   8.   **Avaluadores.**

   9.   An officer of a corporation or general partner of a partnership when selling or purchasing corporate or partnership property provided the officer or partner receives no special compensation.

   9.   **Oficial de una corporación o un socio general de una sociedad cuando venden o compran propiedad de la corporación o sociedad, proveyendo que el oficial o socio no reciba compensación especial.**

  D. <u>Salesman</u>—Whenever word "salesman" is used in the law and regulations, it means "salesperson." A licensee, however, may refer to himself or herself as a "salesperson," "salesman," or "saleswoman."

  D. <u>**Vendedor. Agente**</u>—**Cada vez que la palabra "vendedor" es usada en la ley y sus regulaciones, ella significa "persona vendedora." Un vendedor, no obstante, puede referirse a el mismo o ella misma como una "persona vendedora," un "vendedor" o una "vendedora."**

II. <u>Department of Real Estate</u>

II. <u>**Departamento de bienes raíces**</u>

  A. <u>Real Estate Commissioner</u>—Chief Executive of the Department and Chairman of the Real Estate Advisory Commission. Appointed by the Governor. Duties:

  A. <u>**Comisionado de bienes raíces**</u>—**Jefe Ejecutivo del Departamento y Presidente de la Comisión Asesora de Bienes Raíces. Nombrado por el Gobernador. Funciones:**

   1.   Investigate complaints against licensees.

1. **Investigar las reclamaciones contra los licenciados.**

   a. District Attorney prosecutes law violation in their own county.

   a. **El Procurador del Distrito enjuicia las violaciones a la ley en su propio condado.**

2. Regulate the sale of subdivisions.

2. **Regula la venta de subdivisiones.**

3. Screen and qualify applicants.

3. **Selecciona y califica a los solicitantes de licencias.**

4. Hold formal hearings within terms of Administrative Procedure Act (legal procedures used to discipline licensees).

4. **Preside audiencias formales dentro de los términos del Acta de Procedimiento Administrativo (procedimientos legales usados para disciplinar a los agentes).**

   a. Serves accusation and statement of issues to licensee affected.

   a. **Notifica la acusación y la declaración de cuestiones al agente afectado.**

   b. Accusation must be filed within three years of most acts. If act involved fraud, misrepresentation, or a false promise, can be filed within one year after discovery or within three years of act but not more than 10 years from date of act.

   b. **La acusación debe ser presentada dentro de los tres años en la mayoría de los hechos. Si el hecho envolvió fraude, mala representación o una promesa falsa, puede ser presentada dentro de un año después de descubrirse o en el plazo de tres años del hecho, pero no más de 10 años de la fecha del hecho.**

5. Make rules and regulations which become part of the California Administrative Code. Commissioner's Regulations have "force and effect" of law.

5. **Hace las reglas y regulaciones las cuales se vuelven parte del Código Administrativo de California. Las regulaciones del Comisionado tienen "fuerza y efecto" de ley.**

6. Enforces provisions of Real Estate Law—State Attorney General is the legal adviser.

6. **Hace cumplir las provisiones de la Ley de Bienes Raíces. El Procurador General del Estado es el asesor legal.**

B. <u>Real Estate Advisory Commission</u>—Consists of Commissioner and ten other members who are appointed by the Commissioner.

B. <u>**Comisión asesora de Bienes Raíces**</u>—**Consiste del Comisionado y otros diez miembros quienes son nombrados por el Comisionado.**

   1. Six members must be licensed real estate brokers. Four are public members.

   1. **Seis miembros deben ser corredores de bienes raíces con licencia. Cuatro son miembros del público.**

   2. Everyone, except Commissioner, serves without any compensation other than expenses.

   2. **Todos, excepto el Comisionado, sirven sin compensación alguna distinta de los gastos.**

   3. All records of the Commission are open to inspection by the public during regular office hours.

   3. **Todos los archivos de la Comisión están abiertos para la inspección por el público durante las horas de oficina regulares.**

III. <u>Types of Licenses</u>—The Department of Real Estate issues the following types of licenses:

III. <u>Tipos de licencias</u>—El Departamento de Bienes Raíces expide los siguientes tipos de licencias:

    A. <u>Individual Broker's License</u>—Authorizes broker to conduct brokerage business for his or her own personal account.

    A. <u>Licencia de corredor individual</u>—Autoriza al corredor a conducir negocios de corretaje para su (él o ella) propia cuenta personal.

        1. Office must be maintained by broker (residence ok).

        1. Una oficina debe ser mantenida por el corredor (puede ser residencia).

        2. Broker's license and Salesperson's licenses (if any) must be available for inspection.

        2. La licencia del corredor y las licencias de las personas vendedoras (si las hay) deben estar disponibles para inspección.

        3. Need not display sign on premises.

        3. No necesita exhibir letrero en el local.

    B. <u>Corporation License</u>—Requires one officer to be duly licensed as a broker.

    B. <u>Licencia de corporación</u>—Requiere que un oficial esté debidamente licenciado como corredor.

        1. Salespersons may be officers providing supervising broker is officer and director of corporation.

        1. Los vendedores pueden ser oficiales proveyendo que el corredor supervisor sea oficial y director de la corporación.

    C. <u>Partnerships</u>—License may be issued in lawfully registered fictitious business name of partnership. At least one partner must be licensed broker.

    C. <u>Sociedades colectivas</u>—La licencia puede ser expedida en el nombre del negocio ficticio lícitamente registrado de la sociedad colectiva. Por lo menos uno de los socios debe ser corredor licenciado.

        1. Partnership may consist of two brokers, broker and salesperson, or broker and non-licensee.

        1. La sociedad colectiva puede consistir de dos corredores, un corredor y un vendedor o un corredor y una persona sin licencia.

        2. All activity must be conducted through broker-licensed partner.

        2. Toda la actividad debe ser conducida a través del socio que es corredor licenciado.

    D. <u>Salesperson License</u>—Issued to individual that is employed by broker. Must be under control and supervision of broker.

    D. <u>Licencia de agente</u>—Expedida a un individuo que es empleado por un corredor. Debe estar bajo el control y la supervisión del corredor.

        1. Salesperson cannot act as independent agent.

        1. El vendedor/a no puede actuar como agente independiente.

        2. All legal actions must be filed through broker.

        2. Todas las acciones legales deben ser presentadas a través del corredor.

        3. Must have written agreement with broker.

3. Debe tener un acuerdo escrito con el corredor.

4. License must be on file at broker's main office.

4. **La licencia debe estar en el archivo en la oficina principal del corredor.**

5. Licensed broker may work as salesperson but must have written agreement with employing broker agreeing not to operate independently on his or her own license.

5. **Un corredor licenciado puede trabajar como vendedor pero debe tener un convenio escrito con el corredor que lo emplea acordando no operar independientemente con su propia licencia.**

E. Branch Office—License required for each additional location when broker operates more than one office in more than one location.

E. **Sucursal—Se requiere licencia por cada localidad adicional cuando el corredor opera más de una oficina en más de una localidad.**

F. Fictitious Business Name—A licensed broker, corporation, or partnership may operate under a fictitious name (a "DBA": DOING BUSINESS As) if approved by the Commissioner, Commissioner may refuse if name:

F. **Nombre de negocio ficticio—Un corredor licenciado, una corporación o una sociedad colectiva pueden operar bajo un nombre ficticio (a DBA: "HACIENDO NEGOCIO Como") si es aprobado por el Comisionado. El Comisionado puede rechazarlo si el nombre:**

1. Is misleading or would constitute false advertising.

1. **Es engañoso o podría constituir publicidad falsa.**

2. Implies a partnership or corporation when one does not exist.

2. **Implica una sociedad colectiva o corporación cuando ésta no existe.**

3. Includes the name of a salesperson.

3. **Incluye el nombre de un vendedor.**

4. Is in violation of the law.

4. **Es en violación de la ley.**

5. Is a name which has been used by a person whose license has been suspended or revoked.

5. **Es un nombre que ha sido usado por una persona cuya licencia ha sido suspendida o revocada.**

G. Restricted, Suspended, Revoked, or Cancelled License

G. **Licencia restringida, suspendida, revocada, o cancelada**

1. Restricted License—A probationary license. Often issued in lieu of suspension or revocation after hearing by Commissioner. License may be restricted:

1. **Licencia restringida—Una licencia en periodo de prueba. Un agente no puede ser puesto en restricción sin una audiencia. La licencia puede ser restringida:**

a. By term.

a. **Por el término.**

b. To employment by a particular broker, if a salesperson.

b. **Empleo con un corredor en particular, si es un vendedor/a.**

      c.   By conditions to be observed in the exercise of the privileges granted.

      c.   **Por condiciones a ser observadas en el ejercicio de los privilegios concedidos.**

      d.   If a salesperson licensee has not completed 2 required real estate courses within 18 months after issuance of license.

      d.   **Si la persona vendedora licenciada no ha completado los 2 cursos de bienes raíces requeridos dentro de los 18 meses de haberse expedido.**

  2.   <u>Suspended License</u>—Temporary loss of license.

  2.   <u>**Licencia suspendida**</u>**—Pérdida temporal de la licencia.**

      a.   Restricted license may be suspended immediately without a hearing.

      a.   **Una licencia restringida puede ser suspendida inmediatamente sin una audiencia.**

      b.   Original salesperson license is automatically suspended if licensee has not completed 2 required real estate courses within 18 months of Issuance.

      b.   **La licencia original de la persona vendedora es automáticamente suspendida si el licenciado no ha completado los 2 cursos de bienes raíces requeridos dentro de los 18 meses de su expedición.**

      c.   Licensee may pay penalty in lieu of suspension of up to $250.00 per day not to exceed $10,000.

      c.   **El licenciado puede pagar una multa en lugar de suspensión hasta de $250 por día sin exceder $10,000.**

  3.   Revoked License—Loss of license for unlimited period of time. License cannot be revoked without a hearing.

  3.   **Licencia revocada—Pérdida de la licencia por un periodo ilimitado de tiempo. La licencia no puede ser revocada sin una . . . audiencia.**

  4.   Cancelled License—Status of salesperson's license if that person quits, is fired by Broker, or if Broker dies. Not cancelled in a true sense as license continues to run for 4-year term. Licensee cannot work without a broker.

  4.   **Licencia cancelada—Estado legal de la licencia de vendedor si la persona se retira, es despedido por el corredor, o si el corredor muere. No es cancelada en el verdadero sentido de la palabra ya que la licencia es por el término original de 4 años. Un agente no puede trabajar sin un corredor.**

H. <u>Prepaid Rental Listing Service</u>—Special license which allows licensee to collect a fee for supplying a prospective tenant with a list of available rentals.

H. <u>**Servicios de arrendamiento pagado por adelantado**</u>**—Una licencia especial que permite al agente cobrar un honorario a un arrendatario eventual por suministrarle una lista de propiedades disponibles para arriendo.**

  1.   Does not permit licensee to negotiate leases or do any other type of real estate activity.

  1.   **No permite al agente negociar contratos de arrendamiento o ejercer cualquier otro tipo de actividad en bienes raíces.**

  2.   Each location must have this special license except a real estate broker who may provide this service without a special license if done at his or her regular real estate brokerage office by a real estate licensee

  2. **Cada localidad debe tener esta licencia especial, excepto un corredor de bienes raíces que puede proveer este servicio sin una licencia especial, con tal de que se efectúe en su propia oficina.**

  3. Each location must be bonded for $10,000

  3. **Cada localidad debe tener una fianza por $10,000**

IV. <u>Changes and Transfers</u>—Current residence address of all licensees must be on file with Commissioner. Broker must also have address of principal place of business and branch office(s), if any.

IV. <u>**Cambios y transferencias**</u>—**La dirección de la residencia actual de todos los agentes debe estar en el archivo del Comisionado. El corredor también debe reportar la dirección de su oficina principal y de las sucursales, si las hay.**

  A. <u>Change of Business Name or Address</u>—Broker must notify Commissioner in writing by next business day of any change. License is changed by broker.

  A. <u>**Cambio de dirección o nombre del negocio**</u>—**El corredor debe notificar por escrito al Comisionado de cualquier cambio al siguiente día. La licencia es cambiada por el corredor.**

  B. <u>Transfer of Salesperson's License</u>—The following are required:

  B. **Transferencia de la licencia de vendedor**—**Se requiere lo siguiente:**

   1. Former broker notifies Sacramento within five days and surrenders license to salesperson.

   1. **El corredor anterior notifica a Sacramento dentro de cinco días y entrega la licencia al vendedor.**

   2. New broker and salesperson notify Sacramento in writing of change within five days.

   2. **El nuevo corredor y el vendedor notifican a Sacramento por escrito del cambio ocurrido dentro de cinco días.**

   3. Salesperson amends license to show new employer and gives to new employer for filing at main office.

   3. **El vendedor enmienda la licencia para mostrar el nuevo empleador y la entrega a éste para archivarla en su oficina principal.**

  C. <u>Discharge of Salesperson</u>—When discharge is for <u>violation</u> of Real Estate Law, the employing broker must immediately file a certified written statement of the facts. If discharged for other reasons, merely notifies Commissioner of termination.

  C. <u>**Despido de un vendedor**</u>—**Cuando el despido es por violación de la Ley de Bienes Raíces, el corredor que lo emplee debe presentar inmediatamente una declaración escrita y certificada de los hechos. Si es despedido por otras razones, simplemente se notifica al Comisionado de la terminación.**

  D. <u>Death of Broker</u>—Automatically cancels all licenses of salespersons employed by deceased broker. Salesperson may transfer to new employing broker.

  D. <u>**Muerte del corredor**</u>—**Automáticamente cancela todas las licencias de los vendedores empleados por el corredor fallecido. El vendedor puede transferir a un nuevo corredor que le de empleo.**

V.   <u>Types of Violations—Two basic "thou shalt not" sections of the Real Estate Law.</u>

V.   **<u>Tipos de violaciones</u>—Dos básicas "tu no harás" secciones de la Ley de Bienes Raíces.**

A.   <u>Section 10176 of Business and Professions Code</u>

A.   **<u>Sección 10176</u> del Código de Negocios y Profesiones**

1.   <u>Misrepresentation</u>—Failure to disclose material facts which should be told to principal. False statement of fact.

1.   <u>Representación falsa</u>—Falla en divulgar hechos materiales que debieran haberse dicho al principal. Declaración de hechos falsa.

2.   <u>False Promise</u>—Promising to do something in the future as an inducement, which is usually impossible to perform.

2.   <u>Promesa falsa</u>—Prometer hacer algo en el futuro como un incentivo, lo cual es usualmente imposible de ejecutar.

3.   <u>Continued Misrepresentation</u>—Continued failure to disclose material facts or making false promises.

3.   <u>Representación falsa continuada</u>—Falla continuada en revelar hechos materiales o hacer falsas promesas.

4.   <u>Divided Agency</u>—Failure to inform all principals that he or she is acting as agent for more than one party in a transaction (receiving commission from both buyer and seller). Can result in loss of all commission if both principals are not informed.

4.   <u>Agencia dividida</u>—Falla en informar a todos los principales que él o ella está actuando como agente para más de una parte en una transacción (recibiendo comisión de ambos, comprador y vendedor). Puede resultar en pérdida de toda comisión si ambos principales no son informados.

5.   <u>Commingling</u>—Mixing the funds of the principal with broker's own monies. Not to be confused with Conversion (misappropriation) which is the spending or using the principal's funds.

5.   <u>Mezcla de fondos</u>—Reunir los fondos del principal con los dineros, propios del corredor. No ser confundido con conversión (apropiación indebida), la cual es gastar o usar los fondos del principal.

6.   <u>Definite Termination Date</u>—Failure to specify a definite and final termination date on any exclusive listing. (An open listing is not an exclusive listing and needs no date).

6.   Fecha de terminación definida—Falla en especificar una fecha de terminación final y definida en cualquier contrato de venta exclusivo. (Un contrato abierto no es un contrato exclusivo y no necesita fecha).

7.   <u>Secret Profit</u>—Licensee purchases through a "dummy buyer" without full knowledge and consent of principal, with the intent to resell at a higher price. Usually referred to as a "double escrow" for the benefit of the agent.

7.   Ganancia secreta—El agente compra a través de un "comprador ficticio" sin el conocimiento completo y el consentimiento del principal, con la intención de revender a un precio más alto. A esto se le conoce usualmente como "plica doble" para el beneficio del agente.

8.   <u>Listing with an Option</u>—Failure to notify and obtain written consent of the principal when exercising option while at the same time representing the principal as an agent. Does not affect licensee if acting as an optionee only and in no capacity as an agent.

8.   Contrato de venta con una opción—Falla en notificar y obtener consentimiento por escrito del principal cuando se ejercita una opción aunque, al mismo tiempo, se represente al principal como un agente. No afecta al agente si solo actúa haciendo la opción y no en capacidad de agente.

9.   <u>Dishonest Dealing</u>—"Catch all" section to pick up other violations not specified above.

9.   Negociación deshonesta—Sección de "captar todo" para recoger otras violaciones no especificadas arriba.

B.   <u>Seccion 10177 of The Business and Professions Code</u>

B.   <u>Sección 10177 del Codigo de Negocios y Profesiones</u>

1.   <u>Obtaining License by Fraud</u>—Licensee makes misstatement of facts in license application and procures license by fraud, misrepresentation, or deceit.

1.   Obtener licencia fraudulentamente—El agente hace declaraciones erróneas de hechos en la solicitud de la licencia y consigue ésta por fraude, representación falsa o engaño.

2.   <u>Convictions</u>—Allows denial of license after conviction of felony or misdemeanor involving moral turpitude.

2.   Convicciones—Permite la negación de la licencia después de fallo de culpabilidad por delito grave o delito menor que supone torpeza moral.

3. <u>False Advertising</u>—Provides for disciplinary action against licensees for false advertising in subdivision sales or general property sales.

3. **<u>Publicidad falsa</u>—Provee acción disciplinaria contra agentes por publicidad falsa en ventas de subdivisiones o ventas de propiedad en general.**

4. <u>Violations of Other Sections</u>—A "catch all" section giving Commissioner authorization to proceed against a licensee for violation of any section of the Real Estate Law or Commissioner's Regulation.

4. **<u>Violaciones de otras secciones</u>—Una sección de "captar todo" en que se da autorización al Comisionado para proceder contra un agente por violación de cualquier sección de la Ley de Bienes Raíces o las regulaciones del Comisionado.**

5. <u>Misuse of Trade Name</u>—Prohibits use of term "Realtor," "Realtist," or any trade name or insignia of membership in any real estate organization of which licensee is not a member.

5. **<u>Uso indebido de nombre comercial</u>—Prohibe el uso de los términos "Realtor," "Realtist," o cualquier nombre comercial o insignia de miembro de cualquier organización de bienes raíces de la cual el agente no sea miembro.**

6. <u>Conduct Warranting Denial</u>—Permits denial of license if applicant fails to be honest, truthful, and of good reputation.

6. **<u>Conducta que justifica la negativa</u>—Permite la negativa de la licencia si el aplicante falla en ser honesto, veraz y de buena reputación.**

7. <u>Negligence or Incompetence</u>—Careless and inept activity by a licensee which endangers the interests of his or her clients or customers.

7. **<u>Negligencia o incompetencia</u>—Actividad descuidada e inepta de un agente, la cual pone en peligro los intereses de sus clientes.**

8. <u>Supervision of Salespersons</u>—Requires broker to exercise reasonable supervision over activities of salespersons.

8. **<u>Supervisión de vendedores</u>—Requiere al corredor que ejercite una supervisión razonable sobre las actividades de los vendedores.**

9. <u>Violating Government Trust</u>—Using government employment to violate confidential nature of records that are available as an employee.

9. **<u>Violar fideicomiso del gobierno</u>—Usar el empleo gubernamental para violar la naturaleza confidencial de los archivos que le son accesibles como empleado.**

10. <u>Other Dishonest Conduct</u>—Another "catch all" clause which covers any other conduct which constitutes fraud or dishonest dealing.

10. **<u>Otra conducta deshonesta</u>—Cláusula de "captar todo", la cual cubre cualquier conducta que constituya fraude o negociación deshonesta.**

11. <u>Restricted License Violations</u>—Allows Commissioner to proceed against licensee who violates restrictions placed on restricted license.

11. <u>**Violaciones de licencia restringida**</u>**—Permite al Comisionado proceder contra cualquier agente que viole las restricciones puestas en una licencia restringida.**

12. <u>Inducement to Panic Selling</u>—Prohibits the inducement to sell, lease, or list property based upon entry into neighborhood of a person(s) of another race, color, religion, ancestry, or national origin. Licensee should be "color blind."

12. <u>**Estimular venta de pánico**</u>**—Prohibe inducir a vender, arrendar o poner en lista una propiedad en base a la entrada al vecindario de una persona o personas de otra raza, color, religión, ascendencia, u origen nacional. El agente debe ser "ciego al color."**

13. <u>Violation of Franchise Investment Law or Corporate Securities Law</u>—Special laws controlling sale of franchises and real estate syndicates.

13. <u>**Violacion de la Ley de inversión en concesiones o la ley de títulos corporativos**</u>**—Leyes especiales que controlan la venta de concesiones y sindicatos de bienes raíces.**

C. <u>Other Sections</u>—Violation of following may also lead to disciplinary action:

C. <u>**Otras secciones**</u>**—Las siguientes violaciones también pueden conducir a una acción disciplinaria:**

1. Employing or paying an unlicensed person (also subject to maximum fine of $100.00).

1. **Emplear o pagar a una persona sin licencia (También sujeto a una multa máxima de $100.00).**

2. Failure to record trust deed created on sale of property handled by broker within one week of closing unless done by escrow.

2. **Falla en registrar una escritura fiduciaria creada en la venta de propiedad manejada por el corredor dentro de una semana de haber cerrado la transacción a menos que haya sido hecho por la plica.**

3. Failure to maintain a place of business and make licenses available for inspection.

3. **Falla en mantener una oficina de negocios y tener las licencias disponibles para inspección.**

4. Failure to notify buyer and seller of selling price within one month after completion of sale. Not required if done by escrow.

4. **Falla en notificar al comprador y al vendedor del precio de venta dentro de un mes después de consumarse la venta. No se requiere si ha sido hecho por la plica.**

5. Failure to deliver copy of any contract to party signing it at the time it is signed.

5. **Falla en entregar copia de cualquier contrato a la persona que lo firma en el momento en que ha firmado.**

6. Failure to notify Commissioner when discharging a salesperson for cause.

6. Falla en notificar al Comisionado cuando se despide un vendedor por cualquier causa.

7. <u>Blind Advertising</u>—Failure to disclose party is licensee acting as agent. Ad must say broker, agent, Realtor, or loan correspondent. Abbreviations "Agt" or "Bro" acceptable.

7. <u>**Publicidad escondida o ciega**</u>**—Significa el no revelar que el concesionario está actuando como agente. El anuncio debe decir corredor, agente, corredor de bienes raíces, o colaborador en el préstamo. Abreviaciones "Agt" o "Bro " aceptables.**

    a. When soliciting for borrowers or investors (lenders) must state CA. Dept. of Real Estate and 8-digit broker license ID.

    a. Al solicitar a prestatarios o inversionistas (prestamistas) deben indicar ser miembros del Departamento de Bienes Raíces y publicar los 8 dígitos del número de licencia del corredor.

    b. All salesperson's card, etc., must show broker's name.

    b. Todas las tarjetas de los vendedores, etc., deben publicar el nombre del corredor.

    c. Classified rental ads need only show phone number or address of property.

    c. Los anuncios clasificados para propiedades de alquiler solo necesitan mostrar el número de teléfono o dirección de la propiedad.

8. Failure to exercise reasonable supervision over activities of his or her salespersons. This includes establishing systems and policies to review documents, advertising, handling of trust funds, and other real estate offices practices.

8. El no ejercitar la supervisión razonable sobre las actividades de sus vendedores. Esto incluye establecer sistemas y las políticas para revisar documentos, la publicidad, manejo de fondos fiduciarios y otras prácticas de oficina de bienes raíces.

9. Failure to retain for 3 years, copies of all listings, deposit receipts, cancelled checks, trust records, and other related documents. Period shall run from:

9. Falla en guardar por 3 años, copias de todos los contratos de venta, recibos de depósito, cheques cancelados, registros fiduciarios y otros documentos relacionados. El periodo correrá desde:

    a. Date of closing of the transaction, or

    a. Fecha de cierre de la transacción, o

    b. If transaction is not consummated, from date of listing.

    b. Si la transacción no es consumada, desde la fecha del contrato.

10. Receives compensation for referral of customers to any escrow company, structural pest control firm, or title insurance company.

10. Recibe compensación por referencia de clientes a cualquier compañía de plica, firma de control de insectos dañinos en estructuras o compañía de seguros de título.

VI.   <u>Real Estate Fund</u>—Two (2) accounts. An Education and Research Account, and the Recovery Account. 15% of license fees goes to Education and Research Account and 5% to Recovery Account.

VI.   **<u>El Fondo de bienes raíces</u>—Tiene dos (2) cuentas. Una cuenta para educacióne investigación y la cuenta de recuperación. 15% de los honorarios de licencias va la cuenta de educación e investigación y 5% a la cuenta de recuperación.**

    A.   <u>Education and Research</u>—Money given to University of California, State Colleges, and Community Colleges to foster real estate education.

    A.   **<u>Educación e investigación</u>—Dinero dado a la Universidad de California, los colegios estatales y los colegios comunitarios para fomentar la educación en bienes raíces.**

    B.   <u>Recovery Account</u>—Underwrites the payment of uncollectable court judgments against licensees. Limited to following amounts:

    B.   **<u>Cuenta de recuperacion</u>—Asegura el pago de sentencias judiciales incobrables contra agentes. Limitado a las siguientes cantidades:**

        1. $20,000 for each claimant but not to exceed $20,000 for all claimants in any one transaction.

        1.   **$20,000 por cada reclamante pero no para exceder $20,000 para todos los reclamantes en una transacción cualquiera.**

        2. $100,000 for multiple transactions of any one licensee.

        2.   **$100, 000 para transacciones múltiples de un agente cualquiera.**

VII.   <u>License Qualifications</u>

VII.   **<u>Requisitos pare la licencia</u>**

    A.   <u>Broker</u>—Applicant Must:

    A.   **<u>Corredor</u>—El solicitante debe:**

        1.   Be at least 18 years of age.

        1.   **Tener por lo menos 18 años de edad.**

        2.   Have had two years full-time experience or equivalent and have passed 8 college level real estate oriented courses.

        2.   **Tener dos años de experiencia de tiempo completo o su equivalente y haber aprobado 8 cursos a nivel colegial de la en bienes raíces.**

        3.   Be honest and truthful.

        3.   **Ser honesto y veraz.**

        4.   Pass an examination of 200 multiple choice questions. Passing grade—75%.

        4.   **Aprobar un examen de 200 preguntas de selección multiple. Grado de aprobación—75%.**

        5.   Submit 2 sets of fingerprints if not currently licensed.

        5.   **Presentar 2 conjuntos de huellas digitales si no es agente actualmente.**

        6.   Pay license fee.

        6.   **Hacer el pago de la licencia.**

B. <u>Salesperson</u>—Applicant must:

B. **Concesionario, agente**—El solicitante:

1. Be at least 18 years of age.

1. **Tener por lo menos 18 años de edad.**

2. Make application on a form prescribed by the Commissioner.

2. **Hacer la solicitud en el formulario ordenado por el Comisionado.**

3. Be honest and truthful.

3. **Ser honesto y veraz.**

4. Have completed a college level 3 unit course in R.E. Principles.

4. **Haber completado un curso de 3 unidades a nivel colegial en Principios de Bienes Raíces.**

5. Pass examination of 150 multiple-choice questions. Passing grade—70%.

5. **Aprobar un examen de 150 preguntas de selección múltiple. Grado de aprobación—70%.**

6. Have fingerprints electronically taken and transmitted to the Department of Justice.

6. **Tener huellas digitales electrónicamente tomadas y transmitidas al Departamento de Justicia.**

7. Either prior to filing an application or within 18 months of issuance of a new license, complete college level course in Real Estate Practice plus one additional 3 unit real estate related course. New license is automatically suspended (not revoked) if required courses are not completed within 18-month period. License is reinstated as soon as courses are completed.

7. **Sea antes de presentar la aplicación o dentro de 18 meses de la solicitud de la nueva licencia, completar un curso a nivel colegial en la Práctica de Bienes Raíces, más un curso adicional de 3 unidades relacionado a las bienes raíces. La licencia nueva se suspende automáticamente (no revocada) si los cursos requeridos no se completan dentro del periodo de 18 meses. La licencia se le reintegrará tan pronto como los cursos se completen.**

8. During the 4-year licensure period, all new licensees must also complete four 3 hour continuing education courses in Agency, Ethics, Trust Fund Accounting, and Fair Housing.

8. **Durante el periodo de validez de los 4 años de la licencia, todos los concesionarios nuevos deben completar también cuatro cursos de 3 horas de educación continua en temas de agencia, etica, contabilidad de cuentas fiduciarias y vivienda justa.**

C. <u>Continuing Education</u>—with the exception of a new 4-year salesperson's license, no license can be renewed unless licensee shows proof that he or she has completed 45 hours of instruction in DRE approved courses.

C. **<u>Educación continuada</u>—Con la excepción de una nueva licencia de 4 años para concesionarios, ninguna licencia puede ser renovada a menos que el agente muestre prueba de que él o ella ha completado 45 horas de instrucción en cursos aprobados por el Departamento de Bienes Raíces.**

1. The 45 hours must include 3 hours on Ethics, 3 hours on Agency, 3 hours on Trust Fund Handling, 3 hours on Fair Housing, 18 hours on Consumer Protection and the balance on consumer service subjects. On the second and subsequent renewals, a six-hour survey course on Ethics, Agency, Trust Fund Handling, and Fair Housing can be substituted for the four separate courses.

1. **Las 45 horas deben incluir 3 horas en ética, 3 horas en agencia, 3 horas en manejo de cuentas fiduciarias, 3 horas en vivienda justa, 18 horas sobre protección al consumidor y el resto de las horas en temas de servicios al consumidor. En la segunda y subsiguientes renovaciones de licencia, un curso de seis horas sobre estudios en ética, agencia manejo de cuentas fiduciarias y vivienda justa puede ser sustituido por los cuatro cursos separados.**

D. Residency—There are no citizenship or residency requirements for brokers or salespersons.

D. **Residencia—No hay requisitos de ciudadanía o residencia para corredores o personas vendedoras.**

1. Nonresidents must file an "irrevocable consent" allowing Commissioner, through Secretary of State, to serve licensee with court summons if legal action is filed against licensee.

1. **No residentes deben presentar un "consentimiento irrevocable" que permita al Comisionado notificar al agente con citación al tribunal en caso de presentarse acción legal contra éste.**

2. Nonresident cannot obtain license if state in which person resides does not also allow nonresident licenses.

2. **Si no es residente, no puede obtener licencia si el Estado en el cual la persona reside tampoco permite agentes que no sean residentes.**

E. Fees

E. **Cuotas**

	Broker/**Corredor**	Salesperson/**Agente**
Examination/**Examen**	$50.00	$25.00
Reschedule Exam Once **Programar examen-primera vez**	20.00	15.00
More than once **Reprogramar el examen más de una vez**	30.00	30.00
4 Year License/**Licencia de 4 años**	165.00	145.00
Salesperson who completed 3 courses/**Agente que ha completado 3 cursos**		120.00
Fingerprint Processing/ **Procesamiento de huellas digitales**	56.00	56.00

Prepaid Rental Listing Service—First location: $100.00, $25.00 for each additional location

<u>**Servicios de una lista de arriendos pagado por adelantado**</u>—**Primera localidad $100.00, $25.00 por cada localidad adicional.**

VIII. <u>Trade and Professional Association:</u>
VIII. <u>**Asociación profesional y comercial:**</u>

    A. <u>National Association of Realtors</u>—Unites and unifies the organized real estate interest of the nation.

    A. <u>**Asociación Nacional Agentes de Realtors**</u> —**Une y unifica los intereses organizados de los agentes de bienes raíces de la nación.**

        1. <u>Realtor</u>—Trade name, use of which is limited to its members.

        1. <u>**Realtor**</u>—**Nombre comercial cuyo uso está limitado a los miembros de la asociación.**

        2. <u>Code of Ethics</u>—A moral science established by NAR to guide its members in business.

        2. <u>**Código de etica**</u>—**Una ciencia moral establecida por la NAR para guiar a sus miembros en los negocios.**

    B. <u>California Association of Realtors</u>—State organization comprised of local boards.

    B. <u>**Asociación de Realtors de California**</u>—**Organización estatal que está compuesta por directivos locales.**

    C. <u>National Association of Real Estate Brokers</u>—National organization of predominately black real estate brokers, who formed the organization in 1947 during period of discriminatory practices.

    C. <u>**Asociación Nacional de Corredores de Bienes Raíces**</u>—**Organización nacional de corredores de bienes raíces predominantemente de raza negra, quienes formaron la organización en 1947 durante el periodo de prácticas discriminatorias.**

        1. <u>Realtist</u>—Professional designation used by members.

        1. <u>**Realtist**</u>—**Designación profesional usada por sus miembros.**

    D. <u>Institute of Real Estate Management (IREM)</u>
    D. <u>**Instituto de Administración de Bienes Raíces**</u>

        1. Membership limited to individuals only.
        1. **Afiliación limitada a individuos solamente.**

        2. <u>CPM</u>—Certified Property Manager; professional designation of a member.

        2. <u>**Administrador de Propiedad Certificado**</u>—**Designación profesional de un miembro.**

    E. <u>American Institute of Real Estate Appraisers (AIREA)</u>
    E. <u>**Instituto Americano de Avaluadores de Bienes Raíces**</u>

        1. <u>MAI</u>—<u>M</u>ember <u>A</u>ppraisal <u>I</u>nstitute; professional designation of a member.

        1. <u>**Miembro del Instituto de Avalúas**</u>—**Designación profesional.**

IX.   Trust Fund Records—True record must be kept of all trust funds which pass through broker's hand.

IX.   **Registros de fondos fiduciarios—Un registro verdadero debe ser mantenido de todos los fondos fiduciarios que pasan por las manos de un corredor.**

A.   Trust Funds—Money or things of value received by the broker or the salesperson on behalf of the principal or any other person, in the performance of any act for which a license is required and not belonging to the broker but being held for the benefit of others. Includes:

A.   **Fondos fiduciarios—Dinero u objetos de valor recibidos por el corredor o el vendedor en representación del principal o cualquier otra persona, en la ejecución de un acto cualquiera para el cual se requiere una licencia y que no pertenezcan al corredor pero sean retenidos para el beneficio de otros: Incluye:**

1.   Uncashed checks held according to principal's instructions.

1.   **Cheques sin cobrar retenidos de acuerdo con las instrucciones del principal.**

2.   Cash, personal notes, pink slips, etc., taken as deposit.

2.   **Dinero en efectivo, pagarés personales, recibos rosados o certificado de propiedad de un vehículo etc., tomados como depósito.**

3.   Any form of advance fee.

3.   **Cualquier forma de honorario por adelantado.**

B.   Trust Fund Bank Account—The broker who does not immediately place all funds entrusted to him or her by the principal or others in a neutral escrow depository or in the hands of the principal must maintain a trust fund account with some bank or other recognized depository and place all such entrusted funds therein upon receipt.

B.   **Cuenta bancaria de fondos fiduciarios—El corredor, quien no pone inmediatamente todos los fondos confiados a él o ella por el principal u otros en un depósito fiduciario neutral o en las manos del principal debe mantener una cuenta de fondos fiduciarios con algún banco u otro depositario reconocido y colocar allí todos los fondos que se le han confiado al momento de recibirlos.**

1.   Withdrawals—Licensee must be designated as trustee and account must provide for withdrawal without previous notice. Broker and following persons when authorized by broker, may make withdrawals:

1.   **Retiro de fondos—El agente debe ser designado como fideicomisario y la cuenta debe proveer retirar fondos sin aviso previo. El corredor y las siguientes personas cuan-do son autorizadas por el corredor pueden hacer retiros de fondos:**

a.   Salesperson employed by broker.

a.   **Un agente empleado por el corredor.**

b.   Corporate officer of licensed real estate corporation.

b.   **Oficial corporativo de una corporación licenciada en bienes raíces.**

c.   Bonded unlicensed employee of broker.

c.   **Empleado sin licencia del corredor que tenga fianza.**

2. <u>Broker's Personal Funds</u>—Broker is allowed to have personal funds in trust account for two reasons:

2. **<u>Fondos personales del corredor</u>—Al corredor se le permite tener fondos en la cuenta fiduciaria por dos razones:**

   a. Cover service charges—can have up to $200 in account.

   a. **Para cubrir servicios bancarios—puede tener hasta $ 200.00 en la cuenta.**

   b. Earned commissions—cannot remain more than 30 days in account. Property managers earned commissions are included in rent receipts and usually draw them out at a convenient later date.

   b. **Comisiones devengadas—no puede permanecer más de 30 días en la cuenta. Las comisiones ganadas por los administradores de propiedad están incluidas en los recibos de alquiler y usualmente las retira más tarde en una fecha conveniente.**

3. <u>Records</u>—Broker must keep following records:

3. **<u>Registros</u>—El corredor debe guardar (o llevar) los siguientes registros:**

   a. One for funds not placed in broker's trust account.

   a. **Uno para fondos no depositados en la cuenta fiduciaria.**

   b. One for funds placed in broker's trust account.

   b. **Uno para fondos depositados en la cuenta fiduciaria del corredor.**

   c. A formal trust cash receipt journal and a formal trust cash disbursement journal will suffice for items "a" and "b" above.

   c. **Un diario formal de recibos de dinero fiduciario y un diario formal de desembolsos de dinero fiduciario serán suficientes para los pormenores "a" y "b".**

   d. Separate record for each beneficiary or transaction. (A formal trust ledger or similar record).

   d. **Un registro separado para cada beneficiario o transacción. (Un libro diario formal fiduciario o un registro similar).**

4. <u>Checks</u>

4. **<u>Cheques</u>**

   a. Should be numbered.

   a. **Deben ser numerados.**

   b. Cancelled ones retained for 3 years.

   b. **Los cancelados deben ser retenidos por 3 años.**

   c. Voided ones should be retained.

   c. **Los anulados deben ser guardados.**

5. <u>Reconciliation</u>—Comparing bank's accounting statement with broker's records.

5. **<u>Reconciliación</u>—Comparación de la declaración contable del banco con los registros del corredor.**

C. <u>Commingling</u>—Failure to deposit or place trust funds received (1) into a neutral depository, or (2) in the hands of principals, or (3) into a trust fund account by the next business day following their receipt.

C. **<u>Mezclar fondos</u>—Falla en depositar o poner los fondos fiduciarios recibidos (1) en un depósito neutral, o (2) en las manos de principales o (3) ponerlos en la cuenta de fondos fiduciarios al siguiente día de haberlos recibido.**

1. Written instructions from offeror to hold an uncashed check for specified time permits broker to hold check provided broker has advised offeree. This avoids problem of buyer who withdraws an offer and demands a return of money when the deposit check has not cleared broker's or offeree's account.

1. **Instrucciones escritas de un ofertante para retener un cheque sin cambiar por un tiempo especificado permite al corredor retenerlo siempre y cuando haya informado al ofrecido. Esto evita el problema de un comprador que retire una oferta y exija la devolución del dinero cuando el cheque depósitado aún no haya sido acreditado a la cuenta del corredor o del ofrecido.**

D. <u>Negligence</u>—Failure to deliver a check to named payee, payee's principal, or agent within next business day. Uncashed checks may be held, however, when instructed to do so.

D. **<u>Negligencia</u>—Falla en entregar un cheque al beneficiario nombrado, principal del beneficiario o su agente dentro del siguiente día hábil. Sin embargo, los cheques sin cambiar pueden ser retenidos, si se le ha instruido para hacerlo así.**

X. <u>Transactions in Trust Deeds and Real Property Sales Contracts</u>—The Real Estate law places rigid controls over licensees when they engage in the sale of notes secured by trust deeds, negotiate real estate loans, or notes created in a sale or exchange that was handled by the licensee as the agent. The law controls three general areas of activity: "A"—Sale of ordinary trust deeds and sales contracts. "B"—The negotiation of loans.

X. <u>**Transacciones en escrituras fiduciarias y contratos de ventas de bienes raíces**</u>—**La ley de Bienes Raíces pone controles rígidos sobre los agentes cuando ellos se comprometen en la venta de pagarés garantizados por escrituras fiduciarias, negocian préstamos en bienes raíces, o se ocupan en otras actividades relacionadas con préstamos. Estos controles no se aplican a préstamos o pagarés creados en una venta o intercambio que el agente haya dirigido como el agente licenciado. La ley controla tres áreas generales de actividad: "A"—Venta de escrituras fiduciarias corrientes y contratos de ventas. "B"—La negociación de préstamos. "C"—La venta de una serie de pagarés o en un interés parcial en una serie de pagarés.**

A. <u>Ordinary Trust Deeds and Real Property Sales Contracts (Article 5)</u>—This section of the law applies to the licensee who negotiates new loans; buys or sells existing loans, either as an agent or as a principal; or who make collections on loans, either as an agent or as a principal.

A. <u>**Escrituras fiduciarias corrientes y contratos de ventas de bienes raíces (Artículo 5)**</u>—**Esta sección de la ley se aplica al agente que negocia nuevos préstamos, compra o vende préstamos existentes, sea como agente o principal; o quien hace cobranzas en préstamos, sea como agente o como principal.**

1. <u>Acceptance of Loan Funds</u>—Broker may only accept funds in advance from a prospective buyer or lender when the funds are to be used to purchase specific loans which the broker has written authorization to negotiate or sell, or which the broker owns.

1. <u>**Aceptación de fondos para préstamos**</u>—**El corredor solo puede aceptar fondos por adelantado de un eventual comprador o prestamista cuando los fondos vayan a ser usados para comprar préstamos específicos, los cuales el corredor tiene autorización escrita para negociar o vender, o los cuales el corredor posee.**

2. <u>Retention of Funds</u>—Broker cannot hold funds collected on notes or sales contracts for more than 25 days unless given written authorization to do so.

2. <u>**Retención de fondos**</u>—**El corredor no puede retener fondos cobrados en pagarés o contratos de venta por más de 25 días a menos que haya recibido autorización escrita para hacerlo así.**

3. <u>Written Authorization</u>—Required if the broker is to make collections for others on notes or sales contracts.

3. <u>**Autorización escrita**</u>—**Es requerida si el corredor hace cobros para otros en pagarés o contratos de ventas.**

4. <u>Recording New Loans</u>—If broker negotiates new loan, trust deed must be recorded before loan funds are disbursed. If lender authorizes early release, a written recommendation to record must be given to lender within 10 days of release.

4. <u>**Registro de nuevos préstamos**</u>—**Si el corredor negocia préstamos nuevos, la escritura fiduciaria debe ser registrada antes de entregar los fondos del préstamo. Si el prestamista autoriza una entrega rápida, una recomendación escrita para registrar debe darse al prestamista dentro de los 10 días de la entrega.**

5. <u>Assignment</u>—When a note or sales contract is sold, the assignment must be recorded within 10 working days or written recommendation to record given to purchaser.

5. **<u>Cesión</u>—Cuando un pagaré o un contrato de venta es vendido, la cesión debe ser registrada dentro de los 10 días o dar al comprador una recomendación escrita para registrar.**

6. <u>Misleading Advertising</u>—Strictly prohibited. Any ad implying a specific yield in excess of the interest is misleading unless the interest rate and the discount are shown separately.

6. **<u>Publicidad engañosa</u>—Estrictamente prohibida. Cualquier anuncio dando a entender un rédito específico en exceso del interés es engañoso a menos que la cuota de interés y el descuento sean indicados separadamente.**

7. <u>Inducements</u>—Brokers cannot offer gifts to get loan business.

7. **<u>Incentivos</u>—Los corredores no pueden ofrecer regalos para conseguir negocios de préstamos.**

8. <u>Investor Protections</u>—Any broker who, in any one calendar year, is likely to negotiate any combination of 20 or more new loans or sell 20 or more existing loans, all of which total in the aggregate $2,000,000 or more, must do each of the following:

8. **<u>Protecciones del inversionista</u>—Cualquier corredor que, en un año calendario cualquiera, es posible que negocie alguna combinación de 20 o más préstamos nuevos o venda 20 o más préstamos existentes, todo lo cual dé un total conjunto de $2,000,000 o más, debe hacer cada uno de los requisitos siguientes:**

a. Submit and have approved by the DRE all advertising.

a. **Someter a consideración y obtener la aprobación de toda la publicidad de parte del Departamento de Bienes Raíces.**

b. File a report, of the review by a public accountant, of trust fund financial records.

b. **Presentar un reporte de la revisión por un contador público de todos los registros financieros del fondo fiduciario.**

c. File a trust fund status report each year.

c. **Presentar un reporte del estado del fondo fiduciario cada año.**

d. Provide a disclosure statement to each person making the loan or purchasing the loan.

d. **Proveer una declaración de revelación a cada persona que haga o compre un préstamo.**

B. <u>Negotiation of Loans</u>—(Article 7)—Following restrictions apply to HARD MONEY loans (loans where funds are advanced by lenders on new notes and not just an extension of credit by a seller) arranged by a broker for a fee. Law only applies (with exception of #4 below to first trust deeds of less than $30,000 and junior loans of less than $20,000.

B. **<u>Negociación de préstamos</u>—(Artículo 7)—Las siguientes restricciones se aplican a préstamos de DINERO en EFECTIVO (préstamos donde los fondos son adelantados por prestamistas en pagarés nuevos y no justamente una extensión de crédito por un vendedor) concertados por un corredor que cobra un honoraria. La ley solo se aplica a primeras escrituras fiduciarias de menos de $30,000 y préstamos secundarios de menos de $20,000.**

1. <u>Interest</u>—No limitation. Real estate loans made or arranged by a real estate broker are exempt from the Usury Law.

1. **<u>Interés</u>—No hay limitación. Préstamos en bienes raíces hechos o concertados por un corredor de bienes raíces son exentos de la Ley de Usura.**

2. <u>Maximum Commissions</u>—

2. **<u>Comisiones máximas</u>—**

First Trust Deeds Under $30,000	Junior Trust Deeds Under S20,000
Primeras hipotecas fiduciarias Menos de $30,000	**Hipotecas fiduciarias secundarias Menos de $20,000**
Less than 3 years—5%	Less than 2 years—5%
Menos de 3 años—5%	**Menos de 2 años—5%**
3 years or over—10%	2 years +, but less than 3—10%
3 años o más—10%	**Mas de 2 años, pero menos de 3—10%**
	3 years or more—15%
	3 años o más—15%

3. <u>Maximum Costs and Expenses</u>—Broker must keep expenses within reason, expenses may be fees for appraisal, escrow, title insurance, notary, etc. Total expenses (excluding title charges and recording fees) cannot exceed:

3. **<u>Costos y gastos máximos</u>—El corredor debe mantener los gastos dentro de límites razonables. Los gastos pueden ser honorarios por avalúo, deposito fiduciario, seguro de título, notario, etc. Los gastos totales (excluyendo los cargos por el título y honorarios de registro) no pueden exceder:**

a. Loans of $7,800 or less—Actual expenses but not more than $390.00.

a. **En préstamos de $7,800 o menos—Gastos actuales pero no más de $390.00.**

b. Loan between $7,800 and $14,000—Actual expenses but not more than 5% of loan amount.

b. En préstamos de $7,800 a $14,000—Gastos actuales pero no más del 5% de la cantidad del préstamo.

c. Loans over $14,000—Actual expenses but not more than $700.00.

c. En préstamos de más de $14,000—Gastos actuales pero no más de $700.00.

4. <u>Mortgage Loan Disclosure Statement</u>—On <u>all loans</u> negotiated by a broker (except loans from conventional lender in which broker limits commission to 2% or less), broker must prepare and present to borrower a statement showing all particulars of the loan. Statement must also be given to borrower when broker is loaning own funds or using broker-controlled funds.

4. **<u>Declaración de revelación, en préstamos hipotecarios</u> - En <u>todos</u> los <u>préstamos</u> negociados por un corredor (excepto préstamos hechos por prestamistas convencionales en los cuales el corredor limita su comisión a 2% del préstamo), éste debe preparar y presentar al prestatario una declaración mostrando todos los particulares del préstamo. La declaración también debe darse al prestatario cuando el corredor está prestando sus propios fondos o usando fondos controlados por él.**

a. Form must be approved by Real Estate Commissioner.

a. La forma debe ser aprobada por el Comisionado de Bienes Raíces.

b. Form must be delivered to and signed by borrower before signing other loan documents or within 3 business days after receipt of written loan application, whichever is earlier.

b. La forma debe ser entregada o firmada por el prestatario antes de firmar documentos del préstamo o dentro de los 3 días hábiles después de haber recibido por escrito la aplicación de préstamo, cualquiera que sea primero.

c. Copy must be kept by broker for 3 years.

c. La copia debe ser guardada por el corredor por 3 años.

d. Interest cannot commence until lender has deposited funds in escrow or made them available to borrower.

d. El interés no puede comenzar hasta que el prestamista haya depositado los fondos en depósito fiduciario o los haya puesto disponibles al prestatario.

5. <u>Balloon Payments</u>—Except as noted below, Hard Money installment loans of less than three years cannot have a balloon payment (no one payment can be greater than twice the amount of the smallest installment). Hard Money installment loans on owner-occupied single family dwellings, duplexes, condominium, or cooperative units with a term of six years or less cannot have a balloon payment.

5. **<u>Pagos globales</u>—Excepto como se anota abajo, préstamos de dinero en efectivo por cuotas de menos de tres años no pueden tener un pago global (ningún pago puede ser mayor que el doble de la cuota más pequeña). Préstamos de dinero en efectivo por cuotas en viviendas de dos apartamentos, condominio o unidades cooperativas con un término de seis años o menos no pueden tener un pago global.**

6. <u>Exclusive Agreements</u>—Exclusive agreement employing a licensee to negotiate real estate loans will be limited to term of not more than 45 days.

6. <u>**Convenios exclusivos**</u>**—Un contrato exclusivo empleando a un licenciado para negociar un préstamo de bienes raíces estará limitado a un término de no más de 45 días.**

7. <u>Borrower's Liability</u>—If loan can't be consummated due to borrower's failure to disclose existing liens, borrower may be liable for all costs and expenses and one-half the commission.

7. <u>**Responsabilidad del prestatario**</u>**—Si el préstamo no puede ser consumado debido a la falla del prestatario en revelar los embargos existentes, éste puede ser responsable por todos los costos y gastos y la mitad de la comisión.**

8. <u>Credit Life Insurance</u>—Borrower cannot be required to purchase as condition of loan.

8. <u>**Seguro de vida a crédito**</u>**—El prestatario no puede ser requerido a comprarlo como una condición para el préstamo.**

9. <u>Late Charges</u>—Cannot exceed 10% of installment due, but lender can charge $5.00 minimum. Payments made within 10 days of scheduled due date are not considered "late."

9. <u>**Cobros por retraso**</u>**—No pueden exceder el 10% de la cuota que se debe, pero el prestamista puede cobrar un mínimo de $5.00. Pagos hechos dentro de los 10 días de la fecha de vencimiento no son considerados retrasados.**

10. <u>Prepayment Penalty</u>—Loans on single-family, owner occupied dwellings can have prepayment penalty imposed only if loan is paid off within seven years subject to the following limitations:

10. <u>**Multa por pago adelantado**</u>**—Préstamos en viviendas unifamiliares ocupadas por el dueño pueden tener una multa impuesta por pago adelantado, solo si el préstamo es pagado en su totalidad dentro de siete años se halla sujeto a las siguientes limitaciones:**

    a. Borrower can pay up to 20% of unpaid balance in any 12-month period without penalty.

    a. El prestatario puede pagar hasta el 20% del balance pendiente en cualquier periodo de 12 meses sin estar sujeto a multa.

    b. Penalty cannot exceed 6 month's advance interest on amount prepaid in excess of 20%.

    b. La multa no puede exceder el interés avanzado de 6 meses respecto a la cantidad prepagada por más del 20%.

XI.   Mobile homes—Real estate licensee may act as agent in the sale of a mobile home (not recreational vehicles) provided mobile home has been registered with the Department of Motor Vehicles or the Department of Housing & Community Development for at least one year. No real estate broker may have his or her office where two or more mobile homes are displayed or offered for sale unless the broker is also licensed as a mobile home dealer. (Broker can now sell both new and used homes.)

XI.   **Casas movibles—Un agente en bienes raíces puede actuar como agente en la venta de una casa movible (no vehículos recreacionales) proveyendo que ésta ha sido registrada con el Departamento de Vehículos a Motor o el Departamento de Viviendo y Desarrollo Comunitario por lo menos un año. Ningún corredor de bienes raíces puede tener su oficina donde dos o más casas movibles son exhibidas u ofrecidas para la venta, a menos que el corredor también tenga licencia de comerciante en casas movibles. (Corredor puede vender casas usadas o nuevas.)**

A.   It Is Unlawful for Licensee:

A.   **Es ilegal para un agente:**

1.   To advertise home unless it is in place on a rented or leased lot in a mobile home park or on a site zoned for mobile homes.

1.   **Anunciar la casa, a menos que esté situada en un lote arrendado o alquilado en un parque para casas movibles, o en sitio designado para esta clase de viviendas.**

2.   To continue running advertisements after 48 hours of notice that mobile home is no longer available for sale, lease, or exchange.

2.   **Continuar circulando anuncios después de 48 horas del aviso de que la casa movible ya no está disponible para la venta, contrato de arrendamiento o intercambio.**

3.   To add to the selling price, the licensing or transfer fee due the State unless buyer and seller agree to prorate the fee or licensee paid to avoid late penalty.

3.   **Agregar al precio de venta el honorario de licencia o transferencia debido al Estado, a menos que el comprador y el vendedor acuerden prorratear el honorario, o el agente haya pagado para evitar multa por retraso.**

4.   To make any representation that mobile home can be transported on highway when it does not comply with Vehicle Code requirements.

4.   **Hacer cualquier representación que la casa movible puede ser transportada por la carretera cuando ésta no cumple con los requisitos del Código de Vehículos.**

5.   To advertise or imply that no down payment is required when one is in fact required.

5.   **Anunciar o dar a entender que no se requiere pago inicial, cuando en realidad sí es requerido.**

6.   Not to endorse, date and deliver or cause to deliver certificate of ownership or certificate of title to new owners.

6.   **No endosar, fechar y entregar o causar la entrega del certificado de posesión o certificado de título a los nuevos dueños.**

B. <u>Licensee May Be Disciplined For:</u>

B. <u>El agente puede ser disciplinado por:</u>

1. Using false name or concealing any material fact in the application for the mobile home registration.

1. Usar un nombre falso u ocultar algún hecho material en la solicitud de registro de la casa movible.

2. Failing to provide for delivery of certificate of ownership or certificate of title to buyer.

2. Fallar en proveer la entrega del certificado de propiedad o certificado de título al comprador.

3. Dealing with a stolen mobile home.

3. Comerciar con una casa movible robada.

4. Giving the State a bad check.

4. Dar al Estado un cheque sin fondos.

C. <u>Mobile home</u>—A structure transportable under permit in one or more sections, designed and equipped to contain not more than two dwelling units to be used with or without a foundation system.

C. <u>Casa movible</u>—Una estructura que se puede transportar con permiso en una o más secciones, diseñada y equipada para contener no más de dos unidades de vivienda a ser usadas con o sin un sistema de cimientos.

1. Mobile homes must be registered with the California Department of Housing and Community Development (HCD).

1. Las casas movibles deben ser registradas con el Departamento de Vivienda y Desarrollo de la Comunidad (HCD).

2. Document used to transfer title is <u>Certificate of Title.</u>

2. El documento utilizado para transferir el título es <u>el certificado de título.</u>

3. Certificate of Title issued to registered owner or lien holder by HCD.

3. El certificado de título es expedido por el Departamento de Vivienda y Desarrollo (HCD) al dueño registrado, o al que tiene derecho por medio de un gravamen.

Chapter 8 Capítulo 8

Contracts—Part I Contratos— I Parte

I.   <u>Contract</u>—An agreement to do or not to do a certain thing; or an agreement between two or more persons consisting of a promise or mutual promises which the law in some way will recognize as a duty.

I.   **<u>Contrato</u>—Un acuerdo para hacer o no hacer ciertas cosa; o un acuerdo entre dos o más personas que consiste de una promesa o promesas mutuas las cuales, de algún modo, la ley reconocerá como una obligación.**

   A. <u>Definitions</u>—Following terms are used to classify contracts.

   A. **<u>Definiciones</u>—Los siguientes términos son usados para clasificar los contratos.**

       1. <u>Express Contract</u>—Parties declare the terms and manifest their intentions in words, either verbally (oral) or in writing.

       1. <u>Contrato expreso</u>—Las partes declaran los términos y manifiestan sus intenciones, sea verbalmente (oralmente) o por escrito.

       2. <u>Implied Contract</u>—Parties show their agreement by acts and conduct rather than words.

       2. <u>Contrato implícito o tácito</u>—Las partes muestran su acuerdo con actos y conducta más bien que con palabras.

       3. <u>Bilateral Contract</u>—One in which the promise of one party is given in exchange for the promise of the other party.

       3. <u>Contrato bilateral</u>—Aquél en el cual la promesa de una parte es dada a cambio de la promesa de la otra parte.

       4. <u>Unilateral Contract</u>—Promise is given by one party to induce some actual performance by the other party who is not bound to act but if the other party does, the former must keep his or her promise.

       4. <u>Contrato unilateral</u>—La promesa es dada por una parte para inducir alguna ejecución efectiva por la otra parte que no está obligada a actuar, pero si la otra lo hace, aquélla debe mantener su promesa.

       5. <u>Executory Contract</u>—Something remains to be done by one or both parties.

       5. <u>Contrato ejecutorio</u>—Algo falta por hacer por una de las partes o por ambas.

6. <u>Executed Contract</u>—Both parties to the contract have completely performed. Since a signature may be all that is required to perform, the term "Executed" also means to sign a document.

6.   <u>Contrato ejecutado</u>—Ambas partes han ejecutado sus promesas por completo. Ya que una firma puede que sea todo el requisito para cumplir lo prometido, el término "ejecutado" también significa firmar un documento.

7. <u>Void Contract</u>—No contract at all. Never had and never will have any effect.

7.   <u>Contrato inválido</u>—Actualmente no hay contrato alguno. Nunca ha tenido ni tendrá efecto alguno.

8. <u>Voidable Contract</u>—One which is valid and enforceable on its face, but because of some deficiency, one or more of the parties may reject or refuse to perform.

8.   <u>Contrato anulable</u>—Uno que es válido y obligatorio en su forma pero, por alguna deficiencia, una o varias de las partes pueden rechazarlo y negarse a cumplirlo.

9. <u>Valid Contract</u>—One that is binding and enforceable.

9.   <u>Contrato válido</u>—Uno que es valedero y obligatorio.

10. <u>Illegal Contract</u>—One that is contrary or against the law.

10. <u>Contrato ilegal</u>—Uno que es contra la ley.

11. <u>Unenforceable Contract</u>—One in which one or both parties to the contract cannot be compelled to perform.

11. <u>Contrato inaplicable</u>—Un contrato en el cual una o ambas partes no pueden ser compelidas a ejecutarlo.

B. <u>Essential Elements</u>—Valid contract must have Capable Parties, Mutual Consent, a Lawful Object, Sufficient Consideration.

B. <u>Elementos esenciales</u>—Un contrato válido debe tener partes capaces, consentimiento mutuo, un objetivo legal, y retribución suficiente.

1. <u>Capable Parties</u>—Everyone has capacity to contract except minors, persons of unsound mind, and persons deprived of their civil rights (convicts).

1.   <u>Partes capaces</u>—Toda persona tiene la capacidad para contratar, excepto menores de edad, dementes y personas privadas de sus derechos civiles.

a. <u>Minor</u>—Person under 18 years of age not classified as an <u>Emancipated Minor</u>. <u>Emancipated Minor</u> is one under 18 years of who:

a.   <u>Menor</u>—Cualquier persona menor de 18 años de edad no clasificada como un <u>menor emancipado</u>. <u>Menor emancipado</u> es alguien menor de 18 años que:

(1) Entered in a valid marriage (even if now terminated by dissolution).

(1) Entro en un matrimonio válido (aún si ahora está terminado por disolución).

(2) Is on active duty with any U.S. Armed Forces.

(2) Está en servicio activo en cualquiera de las Fuerzas Armadas de los Estados Unidos.

(3) Has received Declaration of Emancipation by Court.

(3) Ha recibido una Declaración de Emancipación por la Corte.

b. <u>Persons of Unsound Mind</u>—One who is entirely without understanding or one who has been judicially declared of unsound mind.

b. <u>**Personas dementes**</u>—**Aquél está por completo sin entendimiento o una persona quien ha sido judicialmente declarada demente.**

c. <u>Convicts</u>—Persons imprisoned in a state prison lose their right to contract during that time. An inmate may enter into a contract provided it is ratified by the California Adult Authority.

c. <u>**Convictos**</u>—**Personas detenidas en una prisión estatal pierden sus derechos para contratar durante el tiempo que están privadas de su libertad. Un presidiario puede entrar en un contrato proveyendo su ratificación por la Autoridad de Adultos de California.**

2. <u>Mutual Consent</u>—Normally evidenced by an offer of one party and acceptance by the other party.

2. <u>**Consentimiento mutuo**</u>—**Normalmente evidenciado por una oferta de una parte y la aceptación por la otra parte.**

a. <u>Initial Offer</u>—Must express offeror's willingness to enter into a contract. Offer must be communicated to the offeree and manifest a contractual intention. An advertisement or social invitation is merely an invitation.

a. <u>**Oferta inicial**</u>—**Debe expresar la buena voluntad del oferente para entrar en un contrato. La oferta debe ser comunicada al ofrecido y manifestar una intención contractual. Un anuncio o invitación social es solo una invitación.**

b. <u>Definite and Certain</u>—Terms and conditions of offer must be clearly ascertainable.

b. <u>**Definida y cierta**</u>—**Los términos y condiciones de la oferta deben ser claramente comprobables.**

(1) All financing terms should be spelled out.

(1) Todos los términos de la financiación deben ser explicados.

(2) Land must be accurately described.

(2) El terreno debe ser exactamente descrito.

(3) Must not be "illusory." Does not really bind the offeror even if offer is accepted. (Too many contingencies written into the contract that give offeror an easy out.)

(3) No debe ser "ilusoria". Realmente no obliga al oferante aún si la oferta es aceptada. (Muchas contigencias escritas en el contrato que dan al oferante una salida fácil).

c. Genuine Assent—Principal obstacles are fraud, mistake, menace, duress, and undue influence. Presence of anyone makes contract voidable.

c. **Asentimiento genuino—Los principales obstáculos son fraude, equivocación, amenaza, coacción e influencia indebida. La presencia de cualquiera de ellos hace el contrato anulable.**

(1) Actual Fraud—Intentional misrepresentation of material fact used to induce other party to enter the contract to his or her detriment. When complete deception exists, contract is void.

(1) Fraude actual—Representación desfigurada de un hecho material usada para inducir a la otra parte a entrar en el contrato con detrimento de sus intereses. Cuando existe completa decepción el contrato es nulo.

(2) Mistake—Parties are mistaken as to identity *of* subject matter or where subject matter has, unknown to parties, cease to exist. Contract is usually void.

(2) Equivocación—Las partes están equivocadas respecto al asunto en cuestión, o cuando éste ha dejado de existir sin saberlo las partes. El contrato usualmente es inválido.

(3) Carelessness or Negligence—If through carelessness or negligence one signs a contract without reading it or without familiarizing oneself with the contract, no relief is granted.

(3) Descuido o negligencia—Si por descuido o negligencia uno firma un contrato sin leerlo o familiarizarse con sus términos, no se concede exoneración.

(4) Menace, Duress, or Undue Influence—Makes contract voidable by party induced into the contract.

(4) Amenaza, coacción, o influencia indebida—Hace el contrato anulable por la parte inducida en el contrato.

(a) Menace—Threat to commit duress or violent injury.

(a) Amenaza—Intimidación de cometer coacción o lesión violenta.

(b) Duress—Unlawful pressure exercised upon a person whereby he/she is forced to act against his or her will.

(b) Coacción—Presión ilegal ejercida sobre una persona por medio de la cual es forzada a actuar contra su deseo.

(c) <u>Undue Influence</u>—Using a confidence or authority over another to gain unfair advantage.

(c) <u>**Influencia indebida**</u>**—Usar una confidencia o autoridad sobre otro para ganar una ventaja desleal.**

d. <u>Acceptance</u>—Requires proper assent by the offeree to the terms of the offer.

d. <u>**Aceptación**</u>**—Requiere asentimiento apropiado por el ofrecido a los términos de la oferta.**

(1) Offeree must have knowledge of the offer. If acceptance was to be an act and offeree had no knowledge of offer, the performance of the act would not be considered acceptance.

(1) El ofrecido debe tener conocimiento de la oferta. Si la aceptación iba a ser un acto y el ofrecido no tenía conocimiento de la oferta, la realización del acto no sería considerada aceptación.

(2) Acceptance must be absolute and unqualified—Any modification becomes a counter offer.

(2) La aceptación debe ser absoluta e incondicional. Cualquier modificación se vuelve una contraoferta.

(3) Must be within time limits specified or within reasonable period if no time limit specified.

(3) Debe ser dentro de límites de tiempo especificados o dentro de un periodo razonable sino hay límites de tiempo especificados.

(4) Must be expressed or communicated—Silence ordinarily cannot be considered acceptance.

(4) Debe ser expresada o comunicada—El silencio ordinariamente no puede ser considerado aceptación.

(5) Must be in manner specified in the offer—Telephone, telegraph, or signed copy returned to offeror. If not specified, then by any reasonable and usual mode.

(5) Debe ser en una manera especificada en la oferta—Por teléfono, telégrafo, o una copia firmada devuelta al ofertante. Si no se ha especificado, entonces por un modo usual y razonable.

(6) Once accepted, death or insanity of either party will not terminate the contract.

(6) Una vez aceptada, la muerte o trastorno mental de cualquiera de las partes no terminará el contrato.

e. <u>Termination of Offer</u>—Offer may be terminated in any of the following ways before acceptance:

e. <u>**Terminación de la oferta**</u>**—La oferta puede ser terminada en cualquiera de los siguientes modos antes de la aceptación:**

(1) Lapse of Time—Offeree fails to accept within prescribed period or reasonable time if not prescribed.

(1) Lapso de tiempo—El ofrecido falla en dar su aceptación dentro del periodo prescrito o en un tiempo razonable si no estaba prescrito.

(2) Revocation—Offeror may withdraw the offer anytime before offeree has communicated his or her acceptance. Offeror not required to wait for period of time specified in offer.

(2) Revocación—El ofertante puede retirar la oferta a cualquier hora antes de que el ofrecido/a haya comunicado su aceptación. El ofertante no está obligado a esperar que transcurra el periodo de tiempo especificado en la oferta.

(3) Failure of offeree to fulfill a condition—Qualified acceptance becomes a counteroffer.

(3) Falla del ofrecido en cumplir una condición—Aceptación condicional la convierte en contraoferta.

(4) Rejection by offeree—An unequivocal rejection ends the offer. Oral bargaining in the form of suggested changes is not usually considered rejection.

(4) Rechazo por el ofrecido—Un rechazo inequivoco termina la oferta. Negociación oral en la forma de cambios sugeridos no es usualmente considerada un rechazo.

(5) Death or insanity—Whether of offeror or offeree.

(5) Muerte o trastorno mental—Sea del ofertante o el ofrecido.

(6) Supervening Illegality—If proposed contract becomes illegal before acceptance.

(6) Ilegalidad Superviniente—Si el contrato propuesto se vuelve ilegal antes de la aceptación.

3. <u>Lawful Object</u>—Contract must be legal in its information and operation. Its consideration and its object must also be lawful. Types of unenforceable contracts:

3. **<u>Propósito legal</u>—El contrato debe ser legal en su información y operación. Su retribución y su propósito también deben ser legales. Tipos de contratos que no se pueden validar.**

a. Promissory note charging usurious interest.

a. **Pagaré que cobra un interés usurero.**

b. Contracts of unlicensed "brokers."

b. **Contratos de "corredores" sin licencia.**

c. Gambling debts.

c. **Deudas de juego.**

4. <u>Sufficient Consideration</u>—May be money, promise, property, an act of forebearance, or benefit conferred.

4. <u>**Retribución suficiente**</u>**—Puede ser en dinero, una promesa, un acto de indulgencia de morosidad o un beneficio conferido.**

C. <u>Statutes of Frauds</u>—A California Law which provides that certain contracts are invalid unless the same or some note or memorandum is in writing signed by the party to be charged.

C. <u>**Estatutos de fraudes**</u>**—Una ley de California, la cual dispone que ciertos contratos son inválidos a menos que los mismos o alguna nota o memorando esté por escrito y firmado por la parte encargada.**

1. <u>Following Contracts Must Be in Writing. An Agreement:</u>

1. <u>**Los siguientes contratos deben ser por escrito. Un acuerdo:**</u>

    a. That by its terms is not to be performed within a year from the making.

    a. Aquél que por sus términos no es para ser ejecutado dentro de un año de haberse hecho.

    b. To answer for the debt of another.

    b. Para responder por las deudas de otra persona.

    c. For the leasing of real property for more than one year or for the sale of real property or any interest therein.

    c. Para el arrendamiento de propiedad raíz por más de un año, o para la venta de propiedad raíz, o algún interés en ésta.

    d. Employing an agent, broker, or any other person, to purchase or sell real estate, or to lease for more than one year.

    d. Emplear un agente, un corredor, o cualquier otra persona para la compra o venta de propiedad raíz, o para arrendar por más de un año.

    e. Which by its terms is not to be performed during the lifetime of the promisor, or any type of will.

    e. El cual por sus términos no es para ser ejecutado durante la vida del prometedor, o cualquier tipo de testamento.

    f. By a purchaser of real property who is to assume an existing loan unless provided for in the conveyance of the property.

    f. Por el comprador de bienes raíces, quien debe asumir un préstamo existente a menos que se haya provisto en el traspaso de la propiedad.

2. <u>Limited Partnership Agreement</u>—Although not covered in the Statute of Frauds, this must be in writing.

2. <u>**Acuerdo de asociación colectiva limitada**</u>**—Aunque no está cubierto en el Estatuto de Fraudes, éste debe ser por escrito.**

3.   <u>Following Contracts Need Not Be In Writing:</u>
3.   **<u>Los siguientes contratos no necesitan ser por escrito:</u>**

   a.   General partnership agreement.
   a.   **Acuerdo de asociación colectiva general.**

   b.   Lease of real property for one year or less.
   b.   **Arrendamiento de bienes raíces por un año o menos.**

   c.   Listing contract to negotiate a loan or sell a business opportunity or other personal property.
   c.   **Contrato de listado para negociar un préstamo o vender una oportunidad de negocios u otra propiedad personal.**

   d.   Agreement between brokers to split a commission.
   d.   **Un acuerdo entre corredores para repartir una comisión.**

D.   <u>Interpretation and Performance of Contracts</u>
D.   **<u>Interpretación y ejecución de contratos</u>**

   1.   <u>Interpretation of Contracts</u>—Language of the contract governs its interpretation and should be clear and concise.
   1.   **<u>Interpretación de contratos</u>—El lenguaje del contrato gobierna su interpretación y debe ser claro y conciso.**

      a.   Written contract supercedes all negotiations and agreements prior to executing of the contract.
      a.   **Un contrato escrito tiene prelación sobre todas las negociaciones y acuerdos anteriores a la ejecución del contrato.**

      b.   Written parts (longhand or typed) supercede the printed parts.
      b.   **Las partes escritas (a mano o en máquina de escribir) tienen prelación sobre las partes impresas.**

   2.   <u>Performance of Contract</u>—One party may withdraw without breaching the contract by Assignment or Novation.
   2.   **<u>Ejecución de contrato</u>—Una parte puede retirarse sin violar el contrato cuando hay asignación o novación.**

      a.   <u>Assignment</u>—Most contracts are assignable unless it calls for a personal quality of the promisor or it specifically prohibits an assignment. An assignment transfers all of the interest of the assignor to the assignee.
      a.   **<u>Asignación</u>—La mayoría de los contratos son asignables a menos que exija un requisito personal del prometedor o específicamente prohibe una asignación. Una asignación transfiere todo el interés del asignador al asignado.**

      b.   <u>Novation</u>—Substituting a new contract for an existing one, with the intent to extinguish the original contract.
      b.   **<u>Novación</u>—La sustitución de una obligación existente por una obligación nueva, con la intención de extinguir la primera de las nombradas.**

E. <u>Statute of Limitations</u>—State law which sets certain time limits in which to bring legal action for breach of contract. Following real estate activities must be brought within time limits specified:

E. **<u>Estatuto de limitaciones</u>—Una ley estatal que establece ciertos límites de tiempo para iniciar acción legal por incumplimiento de contrato. La acción legal debe ser iniciada dentro de los límites de tiempo especificados en las siguientes actividades:**

1. <u>Within 90 Days</u>—Recovery of personal property left at hotel, motel, or boarding house.

l. **<u>Dentro de 90 días</u>—Recuperación de propiedad personal dejada en un hotel, motel o casa de alojamiento.**

2. <u>Within Two Years</u>—An action upon a contract not founded upon an instrument in writing; an action on a policy of title insurance.

2. **<u>Dentro de dos años</u>—Una acción sobre un contrato no fundado sobre un instrumento por escrito; una acción en una póliza de seguro de título.**

3. <u>Within Three Years</u>—An action for trespass upon real property (encroachment). An attachment.

3. **<u>Dentro de tres años</u>—Una acción por entrada ilegal en una propiedad (invasión). Una incautación (embargo).**

4. <u>Within Four Years</u>—An action upon any contract, obligation, or liability founded upon an instrument in writing.

4. **<u>Dentro de cuatro años</u>—Una acción sobre cualquier contrato, obligación o responsabilidad fundada sobre un instrumento por escrito.**

5. <u>Within Five Years</u>—An action to recover real property (adverse possession, prescription, tax sale, escheat).

5. **<u>Dentro de cinco años</u>—Una acción para recobrar bienes raíces (posesión adversa, prescripción, venta por impuestos no pagados, reversión al estado).**

6. <u>Within Ten Years</u>—An action upon a judgment.

6. **<u>Dentro de diez años</u>—Una acción sobre un fallo judicial.**

Note: <u>Laches</u>—If injured party fails, or through inexcusable delay, does not assert his or her rights within reasonable period of time, court may refuse to grant relief even though action is brought within time limits set by Statute of Limitations.

Nota: **<u>Negligencias</u>—Si la parte perjudicada falla o por una demora inexcusable no hace valer sus derechos dentro de un periodo de tiempo razonable, el tribunal puede negarse a conceder compensación aunque la acción haya sido iniciada dentro de los límites de tiempo establecidos por el Estatuto de Limitaciones.**

F. <u>Tender</u>—An offer by one of the parties to a contract to carry out his or her part of the contract. An offer to perform.

F. **<u>Propuesta</u>—Una oferta por una de las partes en un contrato a realizar su parte del contrato. Una oferta para ejecutar.**

1. Examples:

1. **Ejemplos:**

a. Seller offers (tenders) the deed to purchaser (through escrow usually), demands payments for balance of purchase price, and purchaser defaults.

a. **El vendedor ofrece (propone) la escritura al comprador (usualmente por medio de la plica); demanda los pagos por el saldo del precio de compra, y el comprador incumple.**

b. Buyer offers (tenders) the amount of money he or she contracted to pay, demands deed from seller and seller refuses.

b. **El comprador ofrece (propone) la cantidad de dinero que él o ella ha acordado pagar de acuerdo al contrato, exige la escritura al vendedor pero éste se niega.**

2. <u>Remedies</u>—Party who refuses to accept the tender is considered to have defaulted and other party may rescind or sue for damages or performance.

2. **<u>Recursos</u>—La parte que se niega a aceptar la propuesta se considera que ha incumplido y la otra parte puede demandar por daños y perjuicios o cumplimiento.**

G. <u>Breach of Contract</u>—If victim of breach is not willing to accept the breach, he or she may seek a Unilateral Rescission, an action for Dollar Damages or in some cases, an action for Specific Performance.

G. **<u>Violación de contrato</u>—Si la víctima de la violación no está dispuesta a aceptarla, él o ella pueden buscar una rescisión unilateral, una acción por pago de daños o, en algunos casos, una acción por cumplimiento específico.**

1. Unilateral Rescission

1. **<u>Rescisión unilateral</u>**

a. Available to a party when:

a. **Disponible a una de las partes cuando:**

(1) They entered the contract based on fraud, mistake, duress, menace, or undue influence.

(1) **Han entrado en un contrato basado en fraude, equivocación, coacción, amenaza o influencia indebida.**

(2) The consideration fails in whole or in part.

(2) **Falla la retribución total o parcialmente.**

b. Rescission must be made promptly.

b. La rescisión debe hacerse prontamente.

c. Must restore to the other party everything of value received.

c. Debe devolverse a la otra parte toda cosa de valor recibida.

2. <u>Damages</u>—Victim of breach may ask court to rescind and/or recover compensation equal to the amount of his or her detriment.

2. <u>Daños</u>—La parte afectada puede pedir al tribunal rescindir y/o recuperar una compensación igual a la cantidad de su detrimento (perjuicio).

a. <u>Liquidated Damage Agreement</u>—Disliked by the courts but can be enforced if amount is not excessive and it would be difficult to fix the actual damages.

a. <u>Acuerdos de daños liquidados</u>—No son gustados por los tribunales pero pueden hacerse cumplir si la cantidad no es excesiva y sería difícil fijar los daños actuales.

3. <u>Specific Performance</u>—Where dollar damages at law cannot equitably provide adequate remedy, court may order defendant to perform the contract or restrain the party from doing an act (injunction).

3. <u>Cumplimiento especifico</u>—Cuando por ley no se puede equitativamente proveer un recurso adecuado para los daños en dólares, el tribunal puede ordenar al demandado cumplir el contrato o prohibirle la ejecución de un acto por mandato judicial.

H. <u>Uniform Electronic Transactions Act</u>—California law requires certain contracts and documents to be in writing and signed by the parties being bound. This new law, which became effective January 1, 2000, makes contracts and other documents that are electronically transmitted, including any signatures, valid and binding on the parties.

H. <u>Acta Uniforme de Transacciones Electrónicas</u>—La ley de California requiere que ciertos contratos y documentos deban de hacerse por escrito y firmados por las partes contratantes que serán atados al contrato. Esta ley nueva, que entró en vigencia el 1 de enero del 2000, hace los contratos y otros documentos que se transmiten electrónicamente, incluyendo firma, válido y obligatorio para los contratantes.

1. The law does not apply to the creation of wills, codicils, or testamentary trusts.

1. La ley no se aplica a la creación de testamentos, codicilos o fideicomisos en testamento.

2. Each party to the transaction must have agreed to conduct the transaction by electronic means. This is determined from the context and surrounding circumstances, including the parties' conduct.

2. Cada persona contratante de la transacción debe haber concordado en realizar la transacción por medios electrónicos. Esto se determina por el contexto y por las circunstancias al momento del contrato e, inclusive, por la conducta de las partes contratantes.

3. Notarized documents may be electronically transmitted if the electronic record includes the electronic signature of the party executing the document as well as the electronic signature of the notary public and any other notary requirements.

3. Los documentos notariados pueden ser transmitidos electrónicamente si la constancia incluye la firma electrónica de la parte que ejecuta el documento, así como la firma electrónica del notario público y cualquier otro requisito del notario.

4. If a law requires that a record be maintained, such as required of a real estate broker, the requirement may be satisfied by retaining an electronic record or by making and retaining a paper copy of the document.

4. **Si una ley requiere que se guarde un registro, tal como es requerido de un corredor de bienes raíces, el requisito puede ser cumplido al guardar un registro electrónico o haciendo y guardando una copia de papel del documento.**

    a. Broker must maintain means of viewing copies of electronically stored documents.

    a. **El corredor debe poseer los medios para ver copias de documentos electrónicamente almacenados.**

    b. Make documents available for examination, inspection, and copying by Commissioner or DRE staff, if requested.

    b. **Hacer los documentos disponibles para ser examinados, inspeccionados y copiados por el Comisionado de Bienes Raíces, o por un miembro del Departamento de Bienes Raíces (DRE), si es solicitado.**

5. The law permits the recordation of any document with a county recorder by electronic means provided the county recorder is agreeable.

5. **La ley permite grabar cualquier documento con la oficina del registrador del municipio por medios electrónicos, siempre cuando el condado esté de acuerdo.**

Chapter 9 Capítulo 9

Contracts– Contratos– Part II II Parte

I.   <u>Agency</u>—An agent is a party who is authorized to represent a principal in business dealings with third persons. Places agent in position of highest good faith towards principal and creates fiduciary relationship.

I.   **<u>Agencia</u>—El agente, es una parte autorizada para representar a un principal en transacciones de negocios con terceras personas. Coloca al agente en una posición de la más alta confianza hacia el principal y crea una relación fiduciaria.**

    A.   <u>Creation</u>—Can be created by agreement, ratification, or estoppel.

    A.   **<u>Creación</u>—La agencia puede ser creada por acuerdo, ratificación o impedimento.**

        1.   <u>Agreement</u>—May be express or implied. Real estate agency is generally created by express written contract.

        1.   **<u>Acuerdo</u>—Puede ser expreso o implícito. La agencia de bienes raíces es generalmente creada por contrato expreso escrito.**

            a.   <u>Unilateral Contract</u>—Principal promises to pay commission, broker makes no promises.

            a.   **<u>Contrato unilateral</u>—El principal promete pagar una comisión; el corredor no hace promesas.**

            b.   <u>Bilateral Contract</u>—Created when broker promises to use "due diligence."

            b.   **<u>Contrato bilateral</u>—Es creado cuando el corredor promete usar la "debida diligencia".**

        2.   <u>Estoppel</u>—If principal has knowledge that a person is acting on his or her behalf and takes no steps to correct the representation, he or she may be barred from denying the agency based on doctrine of Estoppel.

        2.   **<u>Impedimento</u>—Si el principal tiene conocimiento de que una persona está actuando en su nombre y no toma los pasos necesarios para corregir la representación, él o ella pueden ser impedidos de negar la agencia basándose en la doctrina de impedimento.**

            a.   Seldom possible in real estate dealings since written contract is needed.

            a.   **Raramente posible en transacciones de bienes raíces ya que se necesita un contrato escrito.**

            b.   Falls short of formal acceptance of agent (ratification).

            b.   **No alcanza la aceptación formal del agente (ratificación).**

3. <u>Ratification</u>—Principal may become bound by ratifying acts of an agent who acted beyond his or her authority, or acts of a person who acted as an agent without any authority. Requires:

3. **<u>Ratificación</u>—El principal puede verse obligado por la ratificación de actos de un agente que actuó más allá de su autorización o actos de una persona que actuó como agente sin tener ninguna autorización. Requiere:**

    a. Profession by agent to act as principal's representative.

    a. **Declaración por el agente para actuar como representante del principal.**

    b. Principal to have been capable of authorizing the act.

    b. **El principal debe haber estado capacitado para autorizar el acto.**

    c. Principal to have knowledge of a material fact(s).

    c. **El principal deber tener conocimiento de hecho(s) materiales.**

    d. Principal to ratify entire act of agent.

    d. **El principal debe ratificar el acto completo del agente.**

    e. Principal to ratify before third party withdraws.

    e. **Principal debe ratificar antes de que la tercera parte se retire.**

    f. Written ratification if dealing in real estate.

    f. **Ratificación por escrito si negocia en bienes raíces.**

B. <u>Agents Authority</u>—To do everything necessary for effecting the purpose of the agency and to male representations of fact on behalf of the principal.

B. **<u>Autorización del agente</u>—Hacer todo lo necesario para efectuar el propósito de la agencia y hacer representaciones de hecho en nombre del principal.**

    1. Actual vs. Ostensible

    1. **Efectiva vs. aparente**

        a. <u>Actual</u>—Authority a principal intentionally confers upon the agent, or by want of ordinary care, allows agent to believe that he or she possesses certain authority.

        a. **<u>Efectiva</u>—Autorización que un principal intencionalmente confiere sobre el agente, o por falta de cuidado ordinario permite al agente creer que él o ella posee cierta autorización.**

        b. <u>Ostensible</u>—Authority a principal intentionally, or by want of ordinary care, causes or allows third persons to believe the agent possesses.

        b. **<u>Aparente</u>—Una autorización que un principal intencionalmente, o por falta de cuidado ordinario, causa o permite que terceras personas crean que el agente posee.**

            (1) Principal is liable to third persons who have, in good faith and without want of ordinary care, relied upon the ostensible authority of agent to their detriment.

            (1) **El principal es responsable ante terceras personas quienes, en buena fe y sin falta de cuidado ordinario, han confiado en la autorización aparente del agente para su perjuicio.**

2. <u>Receipt of Deposits</u>—Most listing contracts authorize broker to accept a deposit.

2. <u>Recibo de depósitos</u>—La mayoría de contratos de venta autorizan al corredor a aceptar un depósito.

    a. If a broker is not authorized, broker becomes buyer's agent for deposits.

    a. Si el corredor no está autorizado, el corredor se convierte en agente del comprador por los depósitos.

    b. Broker cannot hold uncashed checks unless directed to do so.

    b. El corredor no puede retener cheques sin cambiar a menos que se le ordene hacerlo así.

    c. Deposit never belongs to broker.

    c. El depósito nunca pertenece al corredor.

C. <u>Duties Toward Principal</u>—Broker and his or her salespersons owe a definite loyalty to their clients and are placed in a position of trust. They may not obtain any advantage over the principal by the slightest misrepresentation, concealment, duress, or adverse pressure of any kind. Agent:

C. <u>Deberes para con el principal</u>—El corredor y sus vendedores deben lealtad definida a sus clientes y están colocados en posición de confianza. No pueden obtener ninguna ventaja sobre el principal por la más ligera falsedad, encubrimiento, coacción o presión adversa de ninguna clase. El agente:

1. Can't use confidential relationship to his or her benefit. No secret profits.

1. No puede usar relación confidencial para el beneficio de él o ella. No puede haber ganancia secreta.

2. Must disclose all material facts to principal.

2. Debe revelar al principal todos los hechos materiales.

3. Must use reasonable care and skill.

3. Debe ser cuidadoso y usar habilidad de manera razonable.

4. Must obey directions of the principal.

4. Debe obedecer las instrucciones del principal.

5. Must render an account on demand.

5. Debe rendir una cuenta cuando se le exija.

6. May not act for two principals in negotiations with each other without knowledge and consent of both.

6. No puede actuar para dos principales en negociaciones de uno con otro sin el conocimiento y consentimiento de ambos.

D. Liabilities of Agent Toward Third Parties—Agent would be liable for:

D. Responsabilidades del agente respecto a terceras partes—El agente sería responsable por:

1. Injury to the victim's property or person.

1. Daños a la propiedad de la víctima o lesiones personales.

2. Negligent and fraudulent misrepresentations.

2. Desfiguraciones de hecho negligentes y fraudulentas.

a. May be statement made recklessly and carelessly without sufficient knowledge to justify statement.

a. **Puede ser una declaración imprudente e irreflexiva hecha sin el conocimiento suficiente para justificarla.**

b. May be from "silence"—known material facts that broker or salesperson should disclose whether asked for or not. If principal supplies agent with false information and agent repeats such misrepresentations, agent is not liable.

b. **Puede ser por "silencio"—hechos materiales conocidos que el corredor o vendedor deben revelar sea que les pregunten o no. Si el principal suministra al agente una información falsa, éste no es responsable.**

E. <u>Rights of Agent Against Principal</u>—Broker is entitled to commission when:

E. **<u>Derechos del agente contra el principal</u>—El corredor tiene derecho a comisión cuando:**

1. Broker produces a buyer "ready, willing, and able to purchase" upon the exact terms of the listing.

1. **El corredor presenta un comprador "preparado, dispuesto y capaz para comprar" sobre los términos exactos del contrato.**

a. "Ready and willing" denotes a buyer willing to enter into a binding unconditional contract.

a. **"Preparado y dispuesto" denota un comprador que de buena gana entra en un contrato obligatorio e incondicional.**

b. "Able" means a buyer financially able to buy.

b. **"Capaz" significa un comprador competente financieramente para comprar.**

OR

o

2. Broker secures a valid binding contract upon terms and conditions agreeable to the seller.

2. **El corredor obtiene un contrato válido obligatorio conforme a los términos y condiciones del vendedor.**

a. If seller and buyer later rescind, broker still earns commission based on listing contract.

a. **Si el vendedor y el comprador más tarde rescinden, el corredor no obstante gana comisión basado en el contrato de venta.**

3. Make property unmarketable.

3. **Hace la propiedad invendible.**

F. <u>Termination of Agency</u>—The agency may be terminated by acts of the parties or by operation of law as follows:

F. **<u>Terminación de agencia</u>—La agencia puede ser terminada por actos de las partes o por operación de la ley como sigue:**

1. Mutual agreement.

1. **Acuerdo mutuo.**

2. Renouncoment by the agent.
2. **Renuncia por el agente.**

3. Revocation by the principal.
3. **Revocación por el principal.**

4. Expiration of the term.
4. **Expiración del plazo.**

5. Extinction of the subject.
5. **Extinción del motivo.**

6. Death or incapacity of either principal or agent.
6. **Muerte o incapacidad sea del principal o del agente.**

II. Listings (Authorization to Sell)—A contract by which principal employs an agent to do certain things for the principal. This may authorize the agent to sell, lease, or exchange property or to negotiate a loan.

II. **Listados—Un contrato por el cual un principal emplea un agente para hacer ciertas cosas para el principal. Este puede autorizar al agente para vender, arrendar o intercambiar propiedad o para negociar un préstamo.**

A. Exclusive Right to Sell Listing—A contract is which the seller agrees to pay the broker a commission regardless of who sells the property.

A. **Listados de derecho exclusivo para vender—Un contrato en el cual el principal acuerda pagar una comisión al corredor sin importar quien vende la propiedad.**

1. Seller must pay if seller sells the property, another broker sells the property, or the listing broker sells the property.

1. **El principal debe pagar si él mismo vende la propiedad, otro corredor la vende o el corredor que contrató el listado la vende.**

2. Must have definite termination date.
2. **Debe tener una fecha de terminación definida.**

3. Usually contains a "Safety Clause"—Provides for commission if sale is made within specified time after listing expires to buyer introduced during listing period and buyer's name was included in written list submitted prior to expiration.

3. **Usualmente contiene una "cláusula de seguridad"—Estipula una comisión si la venta es hecha durante el tiempo especificado después de expirar el contrato de venta a un comprador introducido durante el periodo del contrato y cuyo nombre estaba incluido en una lista escrita presentada antes de la expiración.**

B. Exclusive Agency Listing—A contract in which the seller agrees to pay the broker a commission if the property is sold by the broker or any other broker.

B. **Listado de agencia exclusiva—Un contrato en el cual el principal acuerda pagar una comisión al corredor si la propiedad es vendida por dicho corredor o cualquier otro corredor.**

1. Seller reserves the right to sell the property himself or herself.
1. **El principal se reserva el derecho de vender la propiedad él mismo o ella misma.**

2. Must have definite termination date.
2. **Debe tener una fecha de terminación definida.**

C.   <u>Open Listing</u>—A contract signed by the seller authorizing the broker to act as his agent on a nonexclusive basis.

C.   **<u>Listado abierto</u>—Un contrato firmado por el principal autorizando al corredor para actuar como su agente sobre una base no exclusiva.**

1.   Usually no termination date given.

1.   Usualmente no tiene fecha de terminación.

2.   Any number of agents may be hired.

2.   Cualquier número de agentes puede ser contratado.

3.   Seller not required to notify agent(s) in event of sale.

3.   Al principal no se le requiere notificar al o los agentes en caso de venderse la propiedad.

4.   Sale cancels all open listings.

4.   La venta cancela todos los listados abiertos.

5.   Seller may sell himself or herself without liability for commission.

5.   El principal puede vender el mismo sin responsabilidad por el pago de comisión.

6.   Broker who is "Procuring Cause" is one who earns commission.

6.   El corredor, quien es la "causa procuradora" (consigue el comprador), es aquél que gana la comisión.

D.   <u>Net Listing</u>—A listing contract in which the compensation is not definitely determined but permits agent to retain all money received in excess of the listed price set by the seller.

D.   **<u>Listado neto</u>—Un contrato de listado en el cual la compensación no está definidamente determinada, pero que permite al agente retener todo el dinero en exceso del precio establecido por el propietario en el contrato.**

1.   Agent must disclose amount of compensation prior to or at time principal binds himself or herself to transaction.

1.   El agente debe divulgar la cantidad de la compensación antes o al momento en que el principal se comprometa él mismo o ella misma en la transacción.

2.   Perfectly legitimate but principal should be fully informed of compensation to avoid a charge of fraud or misrepresentation.

2.   Perfectamente legítimo pero el principal debe ser completamente informado de la compensación para evitar una acusación de fraude o representación falsa.

E.   <u>Multiple Listing Service</u>—Organized listing service conducted by group of brokers who submit all listings to a central bureau which makes the entire list available to all its members.

E.   **<u>Servicio de listado múltiple</u>—Un servicio de listado organizado y conducido por un grupo de corredores, quienes refieren todos los listados a una oficina central, la cual hace disponible la lista completa a todos los miembros.**

1.   Listing broker agrees to split commission with selling broker.

1.   El corredor que contrata el listado acuerda repartir la comisión con el corredor que hace la venta.

CALIFORNIA
ASSOCIATION
OF REALTORS®

RESIDENTIAL LISTING AGREEMENT - AGENCY
(Agency Authorization and Right to Sell)
(C.A.R. Form RLAA, Revised 4/06)

1. **EXCLUSIVE AGENCY RIGHT TO SELL:** _____ ("Seller")
hereby employs and grants _____ ("Broker")
beginning (date) _____ and ending at 11:59 P.M. on (date) _____ ("Listing Period")
the exclusive and irrevocable agency right to sell or exchange the real property in the City of _____,
County of_____, Assessor's Parcel No. _____
California, described as:_____ ("Property").

2. **ITEMS EXCLUDED AND INCLUDED:** Unless otherwise specified in a real estate purchase agreement, all fixtures and fittings that are attached to the Property are included, and personal property items are excluded, from the purchase price.
ADDITIONAL ITEMS EXCLUDED: _____.
ADDITIONAL ITEMS INCLUDED: _____.
Seller intends that the above items be excluded or included in offering the Property for sale, but understands that: **(i)** the purchase agreement supersedes any intention expressed above and will ultimately determine which items are excluded and included in the sale; and **(ii)** Broker is not responsible for and does not guarantee that the above exclusions and/or inclusions will be in the purchase agreement.

3. **LISTING PRICE AND TERMS:**
   A. The listing price shall be: _____
   _____ Dollars $(_____).
   B. Additional Terms: _____
   _____

4. **COMPENSATION TO BROKER:**
   Notice: The amount or rate of real estate commissions is not fixed by law. They are set by each Broker individually and may be negotiable between Seller and Broker (real estate commissions include all compensation and fees to Broker).
   A. Seller agrees to pay to Broker as compensation for services irrespective of agency relationship(s), either ☐ _____ percent of the listing price (or if a purchase agreement is entered into, of the purchase price), or ☐ $ _____, AND _____ as follows:
      (1) If during the Listing Period, or any extension, Broker or any other broker or agent procures a buyer(s) who offers to purchase the Property on the above price and terms, or on any price and terms acceptable to Seller. (Broker is entitled to compensation whether any escrow resulting from such offer closes during or after the expiration of the Listing Period.)
   OR (2) If within _____ calendar days **(a)** after the end of the Listing Period or any extension, or **(b)** after any cancellation of the Agreement, unless otherwise agreed, Seller enters into a contract to sell, convey, lease or otherwise transfer the Property to anyone ("Prospective Buyer") or that person's related entity: **(i)** who physically entered and was shown the Property during the Listing Period or any extension by Broker or a cooperating broker; or **(ii)** for whom Broker or any cooperating broker submitted to Seller a signed, written offer to acquire, lease, exchange or obtain an option on the Property. Seller, however, shall have no obligation to Broker under this paragraph 4A(2) unless, not later than **3 calendar days** after the end of the Listing Period or any extension, Broker has given Seller a written notice of the names of such Prospective Buyers.
   OR (3) If, without Broker's prior written consent, the Property is withdrawn from sale, conveyed, leased, rented, otherwise transferred, or made unmarketable by a voluntary act of Seller during the Listing Period, or any extension, except as specified in paragraph 4G below.
   B. If completion of the sale is prevented by a party to the transaction other than Seller, then compensation due under paragraph 4A shall be payable only if and when Seller collects damages by suit, arbitration, settlement, or otherwise, and then in an amount equal to the lesser of one-half of the damages recovered or the above compensation, after first deducting title and escrow expenses and the expenses of collection, if any.
   C. In addition, Seller agrees to pay Broker: _____.
   D. Seller has been advised of Broker's policy regarding cooperation with, and the amount of compensation offered to, other brokers.
      (1) Broker is authorized to cooperate with and compensate brokers participating through the multiple listing service(s) ("MLS"): **(i)** by offering MLS brokers: either ☐ _____ percent of the purchase price, or ☐ $ _____ **OR (ii)** (if checked) ☐ as per Broker's policy.
      (2) Broker is authorized to cooperate with and compensate brokers operating outside the MLS as per Broker's policy.
   E. Seller hereby irrevocably assigns to Broker the above compensation from Seller's funds and proceeds in escrow. Broker may submit this Agreement, as instructions to compensate Broker pursuant to paragraph 4A, to any escrow regarding the Property involving Seller and a buyer, Prospective Buyer or other transferee.
   F. **(1)** Seller represents that Seller has not previously entered into a listing agreement with another broker regarding the Property, unless specified as follows: _____.
      (2) Seller warrants that Seller has no obligation to pay compensation to any other broker regarding the Property unless the Property is transferred to any of the following individuals or entities: _____
      (3) If the Property is sold to anyone listed above during the time Seller is obligated to compensate another broker: **(i)** Broker is not entitled to compensation under this Agreement; and **(ii)** Broker is not obligated to represent Seller in such transaction.

Seller acknowledges receipt of a copy of this page.
Seller's Initials (_____)(_____)

Reviewed by _____ Date _____

EQUAL HOUSING OPPORTUNITY

RLAA REVISED 4/06 (PAGE 1 OF 3) Print Date

RESIDENTIAL LISTING AGREEMENT - AGENCY (RLAA PAGE 1 OF 3)

Property Address: _____ Date: _____

    G. This is an exclusive agency listing. Seller reserves the right to sell the Property directly to a purchaser without any obligation to pay compensation to Broker, unless otherwise specified in paragraph 4C above or elsewhere in writing.

5. **OWNERSHIP, TITLE AND AUTHORITY:** Seller warrants that: **(i)** Seller is the owner of the Property; **(ii)** no other persons or entities have title to the Property; and **(iii)** Seller has the authority to both execute this Agreement and sell the Property. Exceptions to ownership, title and authority are as follows:_____.

6. **MULTIPLE LISTING SERVICE:** All terms of the transaction, including financing, if applicable, will be provided to the selected MLS for publication, dissemination and use by persons and entities on terms approved by the MLS. Seller authorizes Broker to comply with all applicable MLS rules. MLS rules allow MLS data to be made available by the MLS to additional Internet sites unless Broker gives the MLS instructions to the contrary. MLS rules generally provide that residential real property and vacant lot listings be submitted to the MLS within 48 hours or some other period of time after all necessary signatures have been obtained on the listing agreement. However, Broker will not have to submit this listing to the MLS if, within that time, Broker submits to the MLS a form signed by Seller (C.A.R. Form SEL or the locally required form) instructing Broker to withhold the listing from the MLS. Information about this listing will be provided to the MLS of Broker's selection unless a form instructing Broker to withhold the listing from the MLS is attached to this listing agreement.

7. **SELLER REPRESENTATIONS:** Seller represents that, unless otherwise specified in writing, Seller is unaware of: **(i)** any Notice of Default recorded against the Property; **(ii)** any delinquent amounts due under any loan secured by, or other obligation affecting, the Property; **(iii)** any bankruptcy, insolvency or similar proceeding affecting the Property; **(iv)** any litigation, arbitration, administrative action, government investigation or other pending or threatened action that affects or may affect the Property or Seller's ability to transfer it; and **(v)** any current, pending or proposed special assessments affecting the Property. Seller shall promptly notify Broker in writing if Seller becomes aware of any of these items during the Listing Period or any extension thereof.

8. **BROKER'S AND SELLER'S DUTIES:** Broker agrees to exercise reasonable effort and due diligence to achieve the purposes of this Agreement. Unless Seller gives Broker written instructions to the contrary, Broker is authorized to order reports and disclosures as appropriate or necessary and advertise and market the Property by any method and in any medium selected by Broker, including MLS and the Internet, and, to the extent permitted by these media, control the dissemination of the information submitted to any medium. Seller agrees to consider offers presented by Broker, and to act in good faith to accomplish the sale of the Property by, among other things, making the Property available for showing at reasonable times and referring to Broker all inquiries of any party interested in the Property. Seller is responsible for determining at what price to list and sell the Property. **Seller further agrees to indemnify, defend and hold Broker harmless from all claims, disputes, litigation, judgments and attorney fees arising from any incorrect information supplied by Seller, or from any material facts that Seller knows but fails to disclose.**

9. **DEPOSIT:** Broker is authorized to accept and hold on Seller's behalf any deposits to be applied toward the purchase price.

10. **AGENCY RELATIONSHIPS:**

    A. **Disclosure:** If the Property includes residential property with one-to-four dwelling units, Seller shall receive a "Disclosure Regarding Agency Relationships" form (C.A.R. Form AD) prior to entering into this Agreement.

    B. **Seller Representation:** Broker shall represent Seller in any resulting transaction, except as specified in paragraph 4F.

    C. **Possible Dual Agency With Buyer:** Depending upon the circumstances, it may be necessary or appropriate for Broker to act as an agent for both Seller and buyer, exchange party, or one or more additional parties ("Buyer"). Broker shall, as soon as practicable, disclose to Seller any election to act as a dual agent representing both Seller and Buyer. If a Buyer is procured directly by Broker or an associate-licensee in Broker's firm, Seller hereby consents to Broker acting as a dual agent for Seller and such Buyer. In the event of an exchange, Seller hereby consents to Broker collecting compensation from additional parties for services rendered, provided there is disclosure to all parties of such agency and compensation. Seller understands and agrees that: **(i)** Broker, without the prior written consent of Seller, will not disclose to Buyer that Seller is willing to sell the Property at a price less than the listing price; **(ii)** Broker, without the prior written consent of Buyer, will not disclose to Seller that Buyer is willing to pay a price greater than the offered price; and **(iii)** except for (i) and (ii) above, a dual agent is obligated to disclose known facts materially affecting the value or desirability of the Property to both parties.

    D. **Other Sellers:** Seller understands that Broker may have or obtain listings on other properties, and that potential buyers may consider, make offers on, or purchase through Broker, property the same as or similar to Seller's Property. Seller consents to Broker's representation of sellers and buyers of other properties before, during and after the end of this Agreement.

    E. **Confirmation:** If the Property includes residential property with one-to-four dwelling units, Broker shall confirm the agency relationship described above, or as modified, in writing, prior to or concurrent with Seller's execution of a purchase agreement.

11. **SECURITY AND INSURANCE:** Broker is not responsible for loss of or damage to personal or real property, or person, whether attributable to use of a keysafe/lockbox, a showing of the Property, or otherwise. Third parties, including but not limited to, appraisers, inspectors, brokers and prospective buyers, may have access to, and take videos and photographs of, the interior of the Property. Seller agrees: **(i)** to take reasonable precautions to safeguard and protect valuables that might be accessible during showings of the Property; and **(ii)** to obtain insurance to protect against these risks. Broker does not maintain insurance to protect Seller.

12. **KEYSAFE/LOCKBOX:** A keysafe/lockbox is designed to hold a key to the Property to permit access to the Property by Broker, cooperating brokers, MLS participants, their authorized licensees and representatives, authorized inspectors, and accompanied prospective buyers. Broker, cooperating brokers, MLS and Associations/Boards of REALTORS® are **not** insurers against injury, theft, loss, vandalism or damage attributed to the use of a keysafe/lockbox. Seller does (or if checked ☐ does not) authorize Broker to install a keysafe/lockbox. If Seller does not occupy the Property, Seller shall be responsible for obtaining occupant(s)' written permission for use of a keysafe/lockbox.

13. **SIGN:** Seller does (or if checked ☐ does not) authorize Broker to install a FOR SALE/SOLD sign on the Property.

14. **EQUAL HOUSING OPPORTUNITY:** The Property is offered in compliance with federal, state and local anti-discrimination laws.

15. **ATTORNEY FEES:** In any action, proceeding or arbitration between Seller and Broker regarding the obligation to pay compensation under this Agreement, the prevailing Seller or Broker shall be entitled to reasonable attorney fees and costs, except as provided in paragraph 19A.

Seller acknowledges receipt of a copy of this page.
Seller's Initials (_____)(_____)

Reviewed by _____ Date _____

RESIDENTIAL LISTING AGREEMENT - AGENCY (RLAA PAGE 2 OF 3)

Property Address: _____ Date: _____

16. **ADDITIONAL TERMS:** _____
_____
_____
_____

17. **MANAGEMENT APPROVAL:** If an associate licensee in Broker's office (salesperson or broker-associate) enters into this Agreement on Broker's behalf, and Broker or Manager does not approve of its terms, Broker or Manager has the right to cancel this Agreement, in writing, within **5 Days** After its execution.

18. **SUCCESSORS AND ASSIGNS:** This Agreement shall be binding upon Seller and Seller's successors and assigns.

19. **DISPUTE RESOLUTION:**

   A. **MEDIATION:** Seller and Broker agree to mediate any dispute or claim arising between them out of this Agreement, or any resulting transaction, before resorting to arbitration or court action, subject to paragraph 19B(2) below. Paragraph 19B(2) below applies whether or not the arbitration provision is initialed. Mediation fees, if any, shall be divided equally among the parties involved. If for any dispute or claim to which this paragraph applies, any party commences an action without first attempting to resolve the matter through mediation, or refuses to mediate after a request has been made, then that party shall not be entitled to recover attorney fees, even if they would otherwise be available to that party in any such action. THIS MEDIATION PROVISION APPLIES WHETHER OR NOT THE ARBITRATION PROVISION IS INITIALED.

   B. **ARBITRATION OF DISPUTES: (1)** Seller and Broker agree that any dispute or claim in law or equity arising between them regarding the obligation to pay compensation under this Agreement, which is not settled through mediation, shall be decided by neutral, binding arbitration, including and subject to paragraph 19B(2) below. The arbitrator shall be a retired judge or justice, or an attorney with at least 5 years of residential real estate law experience, unless the parties mutually agree to a different arbitrator, who shall render an award in accordance with substantive California law. The parties shall have the right to discovery in accordance with Code of Civil Procedure §1283.05. In all other respects, the arbitration shall be conducted in accordance with Title 9 of Part III of the California Code of Civil Procedure. Judgment upon the award of the arbitrator(s) may be entered in any court having jurisdiction. Interpretation of this agreement to arbitrate shall be governed by the Federal Arbitration Act.
   (2) EXCLUSIONS FROM MEDIATION AND ARBITRATION: The following matters are excluded from mediation and arbitration: (i) a judicial or non-judicial foreclosure or other action or proceeding to enforce a deed of trust, mortgage, or installment land sale contract as defined in Civil Code §2985; (ii) an unlawful detainer action; (iii) the filing or enforcement of a mechanic's lien; and (iv) any matter that is within the jurisdiction of a probate, small claims, or bankruptcy court. The filing of a court action to enable the recording of a notice of pending action, for order of attachment, receivership, injunction, or other provisional remedies, shall not constitute a waiver of the mediation and arbitration provisions.

   "NOTICE: BY INITIALING IN THE SPACE BELOW YOU ARE AGREEING TO HAVE ANY DISPUTE ARISING OUT OF THE MATTERS INCLUDED IN THE 'ARBITRATION OF DISPUTES' PROVISION DECIDED BY NEUTRAL ARBITRATION AS PROVIDED BY CALIFORNIA LAW AND YOU ARE GIVING UP ANY RIGHTS YOU MIGHT POSSESS TO HAVE THE DISPUTE LITIGATED IN A COURT OR JURY TRIAL. BY INITIALING IN THE SPACE BELOW YOU ARE GIVING UP YOUR JUDICIAL RIGHTS TO DISCOVERY AND APPEAL, UNLESS THOSE RIGHTS ARE SPECIFICALLY INCLUDED IN THE 'ARBITRATION OF DISPUTES' PROVISION. IF YOU REFUSE TO SUBMIT TO ARBITRATION AFTER AGREEING TO THIS PROVISION, YOU MAY BE COMPELLED TO ARBITRATE UNDER THE AUTHORITY OF THE CALIFORNIA CODE OF CIVIL PROCEDURE. YOUR AGREEMENT TO THIS ARBITRATION PROVISION IS VOLUNTARY."

   "WE HAVE READ AND UNDERSTAND THE FOREGOING AND AGREE TO SUBMIT DISPUTES ARISING OUT OF THE MATTERS INCLUDED IN THE 'ARBITRATION OF DISPUTES' PROVISION TO NEUTRAL ARBITRATION."

   Seller's Initials _____ / _____   Broker's Initials _____ / _____

20. **ENTIRE AGREEMENT:** All prior discussions, negotiations, and agreements between the parties concerning the subject matter of this Agreement are superseded by this Agreement, which constitutes the entire contract and a complete and exclusive expression of their agreement, and may not be contradicted by evidence of any prior agreement or contemporaneous oral agreement. If any provision of this Agreement is held to be ineffective or invalid, the remaining provisions will nevertheless be given full force and effect. This Agreement and any supplement, addendum, or modification, including any photocopy or facsimile, may be executed in counterparts.

By signing below, Seller acknowledges that Seller has read, understands, received a copy of and agrees to the terms of this Agreement.

Seller _____ Date _____
Address _____ City _____ State _____ Zip _____
Telephone _____ Fax _____ E-mail _____

Seller _____ Date _____
Address _____ City _____ State _____ Zip _____
Telephone _____ Fax _____ E-mail _____

Real Estate Broker (Firm) _____ DRE Lic. # _____
By (Agent) _____ DRE Lic. # _____ Date _____
Address _____ City _____ State _____ Zip _____
Telephone _____ Fax _____ E-mail _____

RLAA REVISED 4/06 (PAGE 3 OF 3)   Reviewed by _____ Date _____

RESIDENTIAL LISTING AGREEMENT - AGENCY (RLAA PAGE 3 OF 3)

2. Multiple listing form is usually "Exclusive Right to Sell."

2. El formulario para listado múltiple es usualmente el "derecho exclusivo para vender."

3. Prearranged schedule of commissions and commission splits are prohibited by Justice Department.

3. El plan de comisiones y repartición de éstas, convenido de antemano, es prohibido por el Departamento de Justicia.

F. Miscellaneous Provisions

F. Disposiciones varias

1. Broker must be licensed at time authorized act is performed but not necessarily when commission is paid.

1. El corredor debe estar licenciado al tiempo que el acto autorizado es ejecutado, pero no necesariamente cuando la comisión es pagada.

2. All listings for the sale, the lease for more than one year, or the exchange of real property must be in writing.

2. Todos los listados para la venta, arrendamiento por más de un año o el intercambio de bienes raíces deben ser por escrito.

3. Listing cannot be recorded whether notarized or not.

3. Los listados no pueden ser registrados sean notarizados o no.

4. Salesperson may take listing on broker's behalf but listing belongs to the broker.

4. Un vendedor puede contratar un listado en nombre del corredor, pero dicho listado pertenece al corredor.

5. Copy of listing must be given to each party who signs contract at time of signing.

5. Una copia del listado debe ser dada a cada parte que firma el contrato al momento de la firma.

III. Broker's Disclosure of Agency Relationship—At the outset of any negotiations with a seller or buyer, the broker is required to make two disclosures.

III. Divulgación de la relación de agencia por el corredor—Al principio de cualquier negociación con un vendedor o un comprador, se le requiere al corredor hacer dos divulgaciones.

A. General Disclosure to Seller and/or Buyer Regarding Real Estate Agency Relationship—Disclosure form must be given to seller and/or buyer and a signed acknowledgement obtained.

A. Divulgación general al vendedor y/o comprador en cuanto a la relación de agencia en bienes raíces—El formulario de divulgación debe ser dado al vendedor y/o comprador y obtener un reconocimiento (recibo) firmado.

1. Type of Transaction—A sale or exchange of real property, a lease for more than one year, or a sale under a real property sales contract.

1. Tipo de transacción—Una venta o intercambio de bienes raíces, un contrato de arrendamiento por más de un año o una venta bajo un contrato de venta de bienes raíces.

2. <u>Type of Property</u>—Real property improved with one to four dwelling units or a mobile home. Excludes sale of land or individual lots to be used for residential development.

2. **Tipo de propiedad**—**Propiedad mejorada con una a cuatro unidades de vivienda o una casa movible. Excluye venta de terreno o lotes individuales a ser usados en urbanización residencial.**

3. <u>Who Must Comply</u>—Broker and broker's associates.

3. **Quien debe cumplir**—**El corredor y sus asociados.**

    a. Real Estate Broker—When acting for seller only, buyer only, or both seller and buyer; acting for lessor, lessee, or both; vendor, vendee, or both.

    a. **Corredor de bienes raíces**—**Cuando actúa para el vendedor solamente, para el comprador solamente o ambos vendedor y comprador; actuar para un arrendador, arrendatario o ambos; vendedor (vendor), comprador (vendee) o ambos.**

    b. Real Estate Associate—Since broker bears responsibility for all acts of his or her associate licensees, associates must also comply when acting for broker in any of above situations "Associate" includes: (1) salesperson licensee, (2) broker licensee working under another broker's license.

    b. **Asociado de bienes raíces**—**Ya que el corredor asume la responsabilidad por todos los actos de sus asociados licenciados, dichas personas también deben cumplir cuando actúan por el corredor en cualquiera de los casos antes citados. "Asociación" incluye: (1) vendedor/a licenciado, (2) corredor licenciado que trabaja bajo la licencia de otro corredor.**

4. <u>When to Comply</u>—Broker and/or associates must give seller and/or buyer the Disclosure Form and obtain signed acknowledgement of receipt at following times:

4. **Cuando debe cumplir**—**El corredor y/o los asociados deben dar al vendedor y/o comprador el formulario de divulgación y obtener un recibo de reconocimiento firmado en las siguientes instancias:**

    a. To seller at time of listing by the listing agent before seller signs listing.

    a. **Al vendedor al tiempo del listado por el agente de listado antes de que el propietario firme dicho listado.**

    b. To seller prior to presentation of offer by selling agent when selling agent is not also listing agent.

    b. **Al vendedor antes de la presentación de una oferta por el agente que efectúa la venta cuando dicho agente no es quien ha obtenido el contrato de listado.**

    c. If selling agent does not present offer directly to seller, listing agent may deliver selling agent's copy or selling agent can send Disclosure by certified mail to seller without required signed acknowledgment.

    c. **Si el agente que hace la venta no presenta la oferta directamente al propietario, el agente del listado puede entregar la copia del agente vendedor o éste puede enviar la divulgación por correo certificado al propietario sin el reconocimiento firmado requerido.**

    d. To buyer at time of offer by the selling agent before buyer signs offer.

      d.   **Al comprador al tiempo de la oferta por el agente vendedor antes de que el comprador firme dicha oferta.**

      e.   If buyer writes own offer, selling agent must deliver Disclosure to buyer by next business day following receipt of offer.

      e.   **Si el comprador presenta su propia oferta, el agente vendedor debe entregar la divulagación al comprador al siguiente día hábil después de recibirse la oferta.**

  5.   <u>Refusal to Acknowledge</u>—If seller or buyer refuses to sign and acknowledge receipt of disclosure, broker or associate should explain facts in writing, sign and date, and hold for future reference.

  5.   **<u>Negativa a reconocer</u>—Si el vendedor o el comprador se niegan a firmar y reconocer el recibo de la divulgación, el corredor o el asociado deberán explicar los hechos por escrito, firmar, fechar y archivar para referencia futura.**

B. Specific Disclosure of Agent's Status—

B. **<u>Divulgación específica de la condición del agente</u>—**

  1.   <u>Listing Agent</u>—Must disclose to seller before seller signs listing contract, whether agent is acting:

  1.   **<u>Agente de listado</u>—Debe divulgar al propietario antes de que éste firme el contrato de listado, si el agente está actuando:**

      a.   Exclusively as seller's agent, or as

      a.   **Exclusivamente como agente del propietario o como**

      b.   Agent for both seller and buyer (Dual Agent). *

      b.   **Agente para el propietario y el comprador (agente doble). ***

  2.   <u>Selling Agent</u>—Must disclose to buyer and seller before or at time purchase and sell contract is signed, whether agent is acting:

  2.   **<u>Agente vendedor</u>—Debe divulgar al propietario y al comprador antes o al tiempo que el contrato de compra y venta es firmado, si el agente está actuando:**

      a.   Exclusively as buyer's agent,

      a.   **Exclusivamente como agente del comprador,**

      b.   Exclusively as seller's agent, or

      b.   **Exclusivamente como agente del propietario, o**

      c.   Agent for both buyer and seller (Dual Agent).*

      c.   **Agente para el comprador y el propietario (agente doble).***

*<u>Note</u>—Dual Agent cannot disclose to:

***<u>Nota</u>—El agente doble no puede divulgar al:**

  1.   Buyer that seller is willing to sell the property at a price less than the listing price unless express written consent has been given by seller.

  1.   **Comprador que el propietario está dispuesto a vender por una cantidad menor que el precio del listado a menos que el propietario haya dado su consentimiento expreso por escrito.**

2. Seller that buyer is willing to pay a price greater than the offering price unless express written consent has been given by buyer.

2. **Propietario que el comprador está dispuesto a pagar un precio más alto que el precio ofrecido en el listado a menos que el comprador haya dado su consentimiento expreso por escrito.**

C. <u>Single agency vs. Dual agency</u>—Broker may either represent only one party (seller or buyer) or both parties (seller and buyer).

C. <u>**Una sola agencia contra una agencia doble**</u>—**Corredor puede representar solo a un partido (vendedor o comprador) o ambos partidos (vendedor y comprador).**

1. <u>Single Agency</u>—Broker represents only one client, either buyer or seller.

1. <u>**Una sola agencia**</u>- **Corredor representa solo un cliente, sea el comprador o sea el vendedor.**

a. Under a listing contract, any cooperating broker is subagent of listing broker.

a. **Bajo un contrato de listado, cualquier corredor que coopera es subagente del corredor a cargo del listado.**

b. Listing broker and/or cooperating broker must advise prospective buyers that buyers represent themselves.

b. **El corredor a cargo del listado y/o corredor que coopera debe aconsejar a posibles compradores de que los compradores se representan a sí mismos.**

c. Some brokers represent buyers only as single agents.

c. **Algunos corredores representan a compradores como una sola agencia.**

2. <u>Dual agency</u>—Broker represents both seller and buyer and owes fiduciary duties to both.

2. <u>**La agencia doble**</u>- **El corredor representa tanto al vendedor como al comprador y les debe los deberes fiduciarios a los dos.**

a. Places broker in difficult position due to inherent conflict of interest.

a. **Coloca al corredor en una posición difícil debido al conflicto inherente de intereses.**

b. Dual agency is different from subagency. In dual agency, agent represents two principals; in subagency, two agents represent one principal.

b. **La agencia doble es diferente a la subagencia. En agencia doble, el agente representa a dos principales; en una subagencia, dos agentes representan a un principal.**

c. Under Multiple Listing Service, cooperating broker becomes <u>subagent</u> of listing broker, not a dual agent.

c. **Bajo un servicio de listado múltiple, el corredor que coopera llega a ser <u>subagente</u> del corredor, no un agente doble.**

IV.   Option—An option is a contract in which one party (optionor) gives the other party (optionee) a right to purchase or lease real property upon specific terms within a specified time in exchange for actual consideration. It is a contract to keep an offer open.

IV.   **Opción—Una opción es un contrato en el cual una parte (el opcionador) da a otra parte (el opcionado) derecho a comprar o tomar en arrendamiento bienes raíces sobre términos específicos durante un periodo de tiempo determinado a cambio de retribución real. Es contrato para mantener oferta abierta.**

A.   Essential Characteristics

A.   **Características esenciales**

1.   Must be in writing.

1.   **Debe ser por escrito.**

2.   Actual consideration must pass to optionor.

2.   **La retribución real debe pasar al opcionador.**

a.   May be cash, check, promissory note, or other thing of value.

a.   **Puede ser dinero efectivo, cheque, pagaré u otra cosa de valor.**

b.   May be as little as $.05.

b.   **Puede ser tan poco como $.05.**

c.   If an unsecured promissory note, option cannot be assigned without consent of optionor.

c.   **Si es un pagaré sin garantía, la opción no se puede asignar (transferir) sin consentimiento del opcionador.**

3.   Optionor retains consideration whether option is exercised or not.

3.   **El opcionador retiene la retribución si la opción es ejercida o no.**

4.   Can be in the form of an exclusive right to purchase or lease, or in the form of a privilege of first right of refusal to purchase or lease.

4.   **Puede ser en forma de derecho exclusivo a comprar o tomar en arrendamiento o en forma de privilegio de primer derecho a la negativa de comprar o arrendar.**

5.   Optionor cannot sell or lease optional property to anyone other than optionee during option period.

5.   **Opcionador no puede vender ni arrendar propiedad opcional a alguien distinto que el opcionado durante periodo del contrato de opción.**

B.   Options Held By Agents—If a broker who holds a listing also takes an option on the property, broker is placed in dual position of agent and principal. If broker exercises option, he or she must:

B.   **Opciones poseídas por agentes—Si un corredor tiene un listado también toma una opción en la propiedad, se coloca en posición doble de agente y principal. Si el corredor ejercita opción, él/ella debe:**

1.   Advise buyer he or she is acting as a principal and not as owner's agent.

1.   **Informar al comprador que él o ella está actuando como principal y no como agente del propietario.**

DISCLOSURE REGARDING
REAL ESTATE AGENCY RELATIONSHIPS
(As required by the Civil Code)
(C.A.R. Form AD, Revised 4/06)

When you enter into a discussion with a real estate agent regarding a real estate transaction, you should from the outset understand what type of agency relationship or representation you wish to have with the agent in the transaction.

SELLER'S AGENT
A Seller's agent under a listing agreement with the Seller acts as the agent for the Seller only. A Seller's agent or a subagent of that agent has the following affirmative obligations:
To the Seller:
    A Fiduciary duty of utmost care, integrity, honesty and loyalty in dealings with the Seller.
To the Buyer and the Seller:
    (a) Diligent exercise of reasonable skill and care in performance of the agent's duties.
    (b) A duty of honest and fair dealing and good faith.
    (c) A duty to disclose all facts known to the agent materially affecting the value or desirability of the property that are not known to, or within the diligent attention and observation of, the parties.
An agent is not obligated to reveal to either party any confidential information obtained from the other party that does not involve the affirmative duties set forth above.

BUYER'S AGENT
A selling agent can, with a Buyer's consent, agree to act as agent for the Buyer only. In these situations, the agent is not the Seller's agent, even if by agreement the agent may receive compensation for services rendered, either in full or in part from the Seller. An agent acting only for a Buyer has the following affirmative obligations:
To the Buyer:
    A fiduciary duty of utmost care, integrity, honesty and loyalty in dealings with the Buyer.
To the Buyer and the Seller:
    (a) Diligent exercise of reasonable skill and care in performance of the agent's duties.
    (b) A duty of honest and fair dealing and good faith.
    (c) A duty to disclose all facts known to the agent materially affecting the value or desirability of the property that are not known to, or within the diligent attention and observation of, the parties.
An agent is not obligated to reveal to either party any confidential information obtained from the other party that does not involve the affirmative duties set forth above.

AGENT REPRESENTING BOTH SELLER AND BUYER
A real estate agent, either acting directly or through one or more associate licensees, can legally be the agent of both the Seller and the Buyer in a transaction, but only with the knowledge and consent of both the Seller and the Buyer.
In a dual agency situation, the agent has the following affirmative obligations to both the Seller and the Buyer:
    (a) A fiduciary duty of utmost care, integrity, honesty and loyalty in the dealings with either the Seller or the Buyer.
    (b) Other duties to the Seller and the Buyer as stated above in their respective sections.
In representing both Seller and Buyer, the agent may not, without the express permission of the respective party, disclose to the other party that the Seller will accept a price less than the listing price or that the Buyer will pay a price greater than the price offered.
The above duties of the agent in a real estate transaction do not relieve a Seller or Buyer from the responsibility to protect his or her own interests. You should carefully read all agreements to assure that they adequately express your understanding of the transaction. A real estate agent is a person qualified to advise about real estate. If legal or tax advice is desired, consult a competent professional.
Throughout your real property transaction you may receive more than one disclosure form, depending upon the number of agents assisting in the transaction. The law requires each agent with whom you have more than a casual relationship to present you with this disclosure form. You should read its contents each time it is presented to you, considering the relationship between you and the real estate agent in your specific transaction.
This disclosure form includes the provisions of Sections 2079.13 to 2079.24, inclusive, of the Civil Code set forth on page 2. Read it carefully.
I/WE ACKNOWLEDGE RECEIPT OF A COPY OF THIS DISCLOSURE AND THE PORTIONS OF THE CIVIL CODE PRINTED ON THE BACK (OR A SEPARATE PAGE).

BUYER/SELLER _____ Date _____ Time _____ AM/PM
BUYER/SELLER _____ Date _____ Time _____ AM/PM
AGENT _____ By _____ Date _____
    (Please Print)   (Associate-Licensee or Broker Signature)

THIS FORM SHALL BE PROVIDED AND ACKNOWLEDGED AS FOLLOWS (Civil Code § 2079.14):
• When the listing brokerage company also represents Buyer, the Listing Agent shall have one AD form signed by Seller and one signed by Buyer.
• When Buyer and Seller are represented by different brokerage companies, the Listing Agent shall have one AD form signed by Seller and the Buyer's Agent shall have one AD form signed by Buyer and one AD form signed by Seller.

Published and Distributed by:
REAL ESTATE BUSINESS SERVICES, INC.
a subsidiary of the California Association of REALTORS®
525 South Virgil Avenue, Los Angeles, California 90020

AD REVISED 4/06 (PAGE 1 OF 2) PRINT DATE

| Reviewed by _____ Date _____ |

DISCLOSURE REGARDING REAL ESTATE AGENCY RELATIONSHIPS (AD PAGE 1 OF 2)

CIVIL CODE SECTIONS 2079.13 THROUGH 2079.24 (2079.16 APPEARS ON THE FRONT)

2079.13 As used in Sections 2079.14 to 2079.24, inclusive, the following terms have the following meanings:
(a) "Agent" means a person acting under provisions of title 9 (commencing with Section 2295) in a real property transaction, and includes a person who is licensed as a real estate broker under Chapter 3 (commencing with Section 10130) of Part 1 of Division 4 of the Business and Professions Code, and under whose license a listing is executed or an offer to purchase is obtained. **(b)** "Associate licensee" means a person who is licensed as a real broker or salesperson under Chapter 3 (commencing with Section 10130) of Part 1 of Division 4 of the Business and Professions Code and who is either licensed under a broker or has entered into a written contract with a broker to act as the broker's agent in connection with acts requiring a real estate license and to function under the broker's supervision in the capacity of an associate licensee. The agent in the real property transaction bears responsibility for his or her associate licensees who perform as agents of the agent. When an associate licensee owes a duty to any principal, or to any buyer or seller who is not a principal, in a real property transaction, that duty is equivalent to the duty owed to that party by the broker for whom the associate licensee functions. **(c)** "Buyer" means a transferee in a real property transaction, and includes a person who executes an offer to purchase real property from a seller through an agent, or who seeks the services of an agent in more than a casual, transitory, or preliminary manner, with the object of entering into a real property transaction. "Buyer" includes vendee or lessee. **(d)** "Dual agent" means an agent acting, either directly or through an associate licensee, as agent for both the seller and the buyer in a real property transaction. **(e)** "Listing agreement" means a contract between an owner of real property and an agent, by which the agent has been authorized to sell the real property or to find or obtain a buyer. **(f)** "Listing agent" means a person who has obtained a listing of real property to act as an agent for compensation. **(g)** "Listing price" is the amount expressed in dollars specified in the listing for which the seller is willing to sell the real property through the listing agent. **(h)** "Offering price" is the amount expressed in dollars specified in an offer to purchase for which the buyer is willing to buy the real property. **(i)** "Offer to purchase" means a written contract executed by a buyer acting through a selling agent which becomes the contract for the sale of the real property upon acceptance by the seller. **(j)** "Real property" means any estate specified by subdivision (1) or (2) of Section 761 in property which constitutes or is improved with one to four dwelling units, any leasehold in this type of property exceeding one year's duration, and mobile homes, when offered for sale or sold through an agent pursuant to the authority contained in Section 10131.6 of the Business and Professions Code. **(k)** "Real property transaction" means a transaction for the sale of real property in which an agent is employed by one or more of the principals to act in that transaction, and includes a listing or an offer to purchase. **(l)** "Sell," "sale," or "sold" refers to a transaction for the transfer of real property from the seller to the buyer, and includes exchanges of real property between the seller and buyer, transactions for the creation of a real property sales contract within the meaning of Section 2985, and transactions for the creation of a leasehold exceeding one year's duration. **(m)** "Seller" means the transferor in a real property transaction, and includes an owner who lists real property with an agent, whether or not a transfer results, or who receives an offer to purchase real property of which he or she is the owner from an agent on behalf of another. "Seller" includes both a vendor and a lessor. **(n)** "Selling agent" means a listing agent who acts alone, or an agent who acts in cooperation with a listing agent, and who sells or finds and obtains a buyer for the real property, or an agent who locates property for a buyer or who finds a buyer for a property for which no listing exists and presents an offer to purchase to the seller. **(o)** "Subagent" means a person to whom an agent delegates agency powers as provided in Article 5 (commencing with Section 2349) of Chapter 1 of Title 9. However, "subagent" does not include an associate licensee who is acting under the supervision of an agent in a real property transaction.

2079.14 Listing agents and selling agents shall provide the seller and buyer in a real property transaction with a copy of the disclosure form specified in Section 2079.16, and, except as provided in subdivision (c), shall obtain a signed acknowledgement of receipt from that seller or buyer, except as provided in this section or Section 2079.15, as follows: **(a)** The listing agent, if any, shall provide the disclosure form to the seller prior to entering into the listing agreement. **(b)** The selling agent shall provide the disclosure form to the seller as soon as practicable prior to presenting the seller with an offer to purchase, unless the selling agent previously provided the seller with a copy of the disclosure form pursuant to subdivision (a). **(c)** Where the selling agent does not deal on a face-to-face basis with the seller, the disclosure form prepared by the selling agent may be furnished to the seller (and acknowledgement of receipt obtained for the selling agent from the seller) by the listing agent, or the selling agent may deliver the disclosure form by certified mail addressed to the seller at his or her last known address, in which case no signed acknowledgement of receipt is required. **(d)** The selling agent shall provide the disclosure form to the buyer as soon as practicable prior to execution of the buyer's offer to purchase, except that if the offer to purchase is not prepared by the selling agent, the selling agent shall present the disclosure form to the buyer not later than the next business day after the selling agent receives the offer to purchase from the buyer.

2079.15 In any circumstance in which the seller or buyer refuses to sign an acknowledgement of receipt pursuant to Section 2079.14, the agent, or an associate licensee acting for an agent, shall set forth, sign, and date a written declaration of the facts of the refusal.

2079.17 (a) As soon as practicable, the selling agent shall disclose to the buyer and seller whether the selling agent is acting in the real property transaction exclusively as the buyer's agent, exclusively as the seller's agent, or as a dual agent representing both the buyer and the seller. This relationship shall be confirmed in the contract to purchase and sell real property or in a separate writing executed or acknowledged by the seller, the buyer, and the selling agent prior to or coincident with execution of that contract by the buyer and the seller, respectively. **(b)** As soon as practicable, the listing agent shall disclose to the seller whether the listing agent is acting in the real property transaction exclusively as the seller's agent, or as a dual agent representing both the buyer and seller. This relationship shall be confirmed in the contract to purchase and sell real property or in a separate writing executed or acknowledged by the seller and the listing agent prior to or coincident with the execution of that contract by the seller.
(c) The confirmation required by subdivisions (a) and (b) shall be in the following form.

_____(DO NOT COMPLETE. SAMPLE ONLY)_____ is the agent of (check one): ☐ the seller exclusively; or ☐ both the buyer and seller.
(Name of Listing Agent)

_____(DO NOT COMPLETE. SAMPLE ONLY)_____ is the agent of (check one): ☐ the buyer exclusively; or ☐ the seller exclusively; or
(Name of Selling Agent if not the same as the Listing Agent) ☐ both the buyer and seller.

(d) The disclosures and confirmation required by this section shall be in addition to the disclosure required by Section 2079.14.

2079.18 No selling agent in a real property transaction may act as an agent for the buyer only, when the selling agent is also acting as the listing agent in the transaction.

2079.19 The payment of compensation or the obligation to pay compensation to an agent by the seller or buyer is not necessarily determinative of a particular agency relationship between an agent and the seller or buyer. A listing agent and a selling agent may agree to share any compensation or commission paid, or any right to any compensation or commission for which an obligation arises as the result of a real estate transaction, and the terms of any such agreement shall not necessarily be determinative of a particular relationship.

2079.20 Nothing in this article prevents an agent from selecting, as a condition of the agent's employment, a specific form of agency relationship not specifically prohibited by this article if the requirements of Section 2079.14 and Section 2079.17 are complied with.

2079.21 A dual agent shall not disclose to the buyer that the seller is willing to sell the property at a price less than the listing price, without the express written consent of the seller. A dual agent shall not disclose to the seller that the buyer is willing to pay a price greater than the offering price, without the express written consent of the buyer. This section does not alter in any way the duty or responsibility of a dual agent to any principal with respect to confidential information other than price.

2079.22 Nothing in this article precludes a listing agent from also being a selling agent, and the combination of these functions in one agent does not, of itself, make that agent a dual agent.

2079.23 A contract between the principal and agent may be modified or altered to change the agency relationship at any time before the performance of the act which is the object of the agency with the written consent of the parties to the agency relationship.

2079.24 Nothing in this article shall be construed to either diminish the duty of disclosure owed buyers and sellers by agents and their associate licensees, subagents, and employees or to relieve agents and their associate licensees, subagents, and employees from liability for their conduct in connection with acts governed by this article or for any breach of a fiduciary duty or a duty of disclosure.

Buyer's Initials (_____)(_____)
Seller's Initials (_____)(_____)

| Reviewed by _____ Date _____ |

DISCLOSURE REGARDING REAL ESTATE AGENCY RELATIONSHIPS (AD PAGE 2 OF 2)

2. Reveal all facts to owner (including anticipated profit) and obtain owner/optionor's written approval.

2. Revelar todos los hechos al propietario (incluyendo la ganancia que espera obtener) y obtener la aprobación escrita del propietario/opcionador.

V. <u>Purchase Contract and Receipt for Deposit</u>—Since most offers to purchase include a money deposit known as "Earnest Money," the contract of sale (Purchase Contract) is also a receipt of the deposit and is known as a Deposit Receipt. Following is a review of the key factors of a purchase contract.

V. <u>**Contracto de compra y recibo por depósito**</u>—**Ya que la mayoría de las ofertas de compra incluyen un depósito de dinero conocido como "dinero de fianza", el contrato de compra es también un recibo y se le conoce como "recibo por depósito". Lo siguiente es una revisión de los factores claves de un contrato de compra.**

A. <u>Initial Offer</u>—Must express offeror's willingness to enter into contract. Must:

A. <u>**Oferta inicial**</u>—**Debe expresar la disposición del ofertante de entrar en un contrato. Debe:**

1. Be communicated to offeree.

1. Ser comunicada al ofrecido.

2. Manifest contractual intention.

2. Manifestar intención contractual.

3. Be definite and certain in its terms.

3. Ser definida y cierta en sus términos.

B. <u>Acceptance</u>—Requires proper assent by the offeree to the terms of the offer.

B. <u>**Aceptación**</u>—**Requiere el asentimiento (aprobación) apropiado por el ofrecido a los términos de la oferta.**

1. Offeree must have knowledge of the offer. If acceptance was to be an act and offeree had no knowledge of offer, the performance of the act would not be considered acceptance.

1. El ofrecido debe tener conocimiento de la oferta. Si la aceptación iba a ser un acto y el ofrecido no tenía conocimiento de la oferta, la ejecución del acto no sería considerada como aceptación.

2. Acceptance must be absolute and unqualified. Any modification becomes a counter offer.

2. La aceptación debe ser absoluta e incondicional. Cualquier modificación la convierte en una contraoferta.

3. Must be within time limits specified or within reasonable period if no time limit specified.

3. Debe ser dentro de los límites de tiempo especificados o dentro de un periodo razonable sino hay límites de tiempo especificados.

4. Must be express or communicated. Silence ordinarily cannot be considered acceptance.

4. Debe ser expresada o comunicada. El silencio ordinariamente no puede ser considerado como una aceptación.

5. Must be in a manner specified in the offer. If not specified, then by any reasonable and usual mode.

5. Debe ser en una manera especificada en la oferta. Si no ha sido especificada, entonces en algún modo usual y razonable.

6. Once accepted, death or insanity of party will not terminate contract.

6. Una vez aceptada, muerte o trastorno mental de cualquiera de las partes no terminará contrato.

C. <u>Termination of Offer</u>—Offer may be terminated before acceptance if:

C. **<u>Terminación de la oferta</u>—La oferta puede ser terminada en las siguientes maneras antes de la aceptación:**

1. <u>Lapse of Time</u>—Offeree fails to accept within prescribed period or reasonable time if not prescribed.

1. **<u>Lapso de tiempo</u>—El ofertante puede retirar la oferta en cualquier momento antes de que el ofrecido haya comunicado su aceptación.**

2. <u>Revocation</u>—Offeror may withdraw the offer anytime before offeree has communicated the acceptance.

2. **<u>Revocacion</u>—El ofertante puede retirar la oferta en cualquier momento antes de que el ofrecido haya comunicado su aceptación.**

   a. Offeror not required to wait for period specified in offer.

   a. **El ofertante no está obligado a esperar por un periodo de tiempo especificado en la oferta para retirarla.**

3. <u>Failure of Offeree to Fulfill a Condition</u>—Qualified acceptance becomes a counter offer.

3. **<u>Falla del ofrecido en cumplir una condición</u>—Aceptación condicional la convierte en una contraoferta.**

4. <u>Rejection by Offeree</u>—An unequivocal rejection ends the offer. Oral bargaining in the form of suggested changes is not usually considered rejection.

4. **<u>Rechazo por el ofrecido</u>—Un rechazo inequívoco termina la oferta. Negociación verbal en la forma de cambios sugeridos no es usualmente considerada un rechazo.**

5. <u>Death or Insanity</u>—Whether of offeror or offeree.

5. **<u>Muerte o trastorno mental</u>—Sea del ofertante o el ofrecido.**

6. <u>Supervening Illegality</u>—If proposed contract becomes illegal before acceptance.

6. **<u>Ilegalidad superviniente</u>—Si el contrato se vuelve ilegal antes de la aceptación.**

D. <u>Escrow Company or Agent</u>—A contract to sell a single family residence by a developer cannot contain a condition requiring escrow services to be performed by an escrow entity in which the developer has a financial interest.

D. **<u>Compañía o agente de plica</u>—Un contrato para vender una residencia para una sola familia por un urbanizador no puede contener una condición requiriendo que los servicios de plica (tramitación documentaria) sean ejecutados por una entidad en la cual dicho urbanizador tenga un interés financiero.**

E. <u>Contingencies</u>—If offeror wants to make any condition or act subject to a specified contingency, the clause should be preceded with any of the following:

E.   <u>Contingencias</u>—**Si el ofertante desea hacer alguna condición o acto sujeto a una contingencia especificada, la cláusula deberá ser precedida por cualquier de los siguientes términos:**

1.   Offer subject to, or Offer contingent upon, or Offer conditioned upon.

1.   **"Oferta sujeta", "oferta contingente sobre", u "oferta condicionada a".**

F.   <u>Structural Pest Control Certification Reports</u>—When a report is a condition of the sale or the financing of the sale in which a licensee is the agent, it is the duty of the agent to see that the report is delivered by the agent or seller to the buyer before close of escrow or at least advise buyer that the report should be delivered according to the law.

F.   <u>Reportes de certificación de control de peste estructural</u>—**Cuando un reporte es una condición de venta o la financiación de la venta en la cual un licenciado es el agente, es la obligación del agente tener cuidado de que el reporte sea entregado por él mismo o por propietario al comprador antes del cierre de la transacción o por lo menos avisarle que el reporte será entregado de acuerdo a la ley.**

1.   <u>Types of Reports</u>—Two types can be issued by licensed pest control operator.

1.   <u>Tipos de reportes</u>—**Dos tipos de reportes pueden ser expedidos por un operador licenciado en control de pestes.**

a.   Report which lists recommended work needed to repair or correct existing damage.

a.   **Un reporte que enumere el trabajo recomendado necesario para corregir o reparar el daño existente.**

b.   Report which lists recommended work that should be done to correct conditions that are likely to lead to infestation.

b.   **Reporte que enumera trabajo recomendado que debería hacerse para corregir condiciones que posiblemente conducen a infestación.**

2.   <u>Other Factors</u>

2.   **Otros factores**

a.   Pest control operator must always give copy of report to owner, even when inspection was ordered by another party.

a.   **Operador de control de insectos dañinos debe siempre entregar copia del reporte al propietario del inmueble, aún cuando haya sido ordenada una inspección por alguna otra parte.**

b.   Pest control reports are filed in Sacramento and copies are available upon request to the Structural Pest Control Board.

b.   **Los reportes de control de pestes son archivados en Sacramento y las copias son disponibles haciendo una petición a la Oficina de Control de Pestes Estructurales.**

VI.   <u>Disclosure Responsibilities of Brokers and Sellers</u>—Real Estate brokers and sellers are required to make a thorough inspection of property being offered for sale and make written disclosures as to its condition.

VI.   <u>Responsabilidades de divulgación de los corredores y propietarios</u>—**A los corredores y propietarios de bienes raíces se les requiere hacer inspección minuciosa de la propiedad ofrecida para la venta y hacer divulgaciones escritas en cuanto a su condición.**

A. <u>Broker's Responsibilities</u>—Imposed by case law (Easton *vs.* Strassburger) and statute (Civil Code Section 2079).

A. **<u>Responsabilidades del corredor</u>—Impuestos por jurisprudencia (Easton vs. Strassburger) y por estatuto (Sección 2079 del Código Civil).**

1. <u>Easton *vs.* Strassburger</u>—Court held that a broker acting as an agent in the sale of a residential property has a duty to the prospective buyer, not only to disclose material facts about the property known to the broker, but also a duty to conduct a reasonably competent and diligent inspection of property . . . in order to discover defects . . . " that should be disclosed.

1. **<u>Easton vs. Strassburger</u>—La Corte juzgó que un corredor actuando como agente en la venta de una propiedad residencial tiene el deber con el presunto comprador no solo de revelar los hechos materiales conocidos por el corredor, sino también el "deber de conducir una inspección razonablemente competente y diligente de la propiedad a fin de descubrir defectos . . ." que deberían ser divulgados.**

2. <u>Civil Code Section 2079</u>—Requires listing broker and cooperating broker (if any) to conduct a reasonably competent and diligent visual inspection of the property and to disclose to any prospective purchaser, all facts materially affecting the value or desirability of the property that such an investigation would reveal.

2. **<u>Sección 2079 del Código Civil</u>—Requiere al corredor que toma el listado y al corredor cooperador (si lo hay) conducir una inspección visual diligente y razonablemente competente y divulgar a cualquier presunto comprador todos los hechos que afectan materialmente el valor o conveniencia de la propiedad que dicha inspección podría revelar.**

a. <u>Application</u>—Applies to purchases of residential real property comprising one to four dwelling units.

a. **<u>Aplicación</u>—Se aplica a la compra de bienes raíces residencial es que comprende de una a cuatro unidades de vivienda.**

b. <u>Standard of Care</u>—The degree of care owed by the broker is that which a reasonably prudent real estate licensee would exercise and is measured by the degree of knowledge through education, experience, and examination that is required to obtain a real estate license.

b. **<u>Norma de cuidado</u>—Grado de cuidado debido por el corredor es aquél que un licenciado en bienes raíces razonablemente prudente ejercería y es medido por el grado de conocimiento obtenido por medio de la educación, experiencia y el examen que es requerido para obtener una licencia en bienes raíces.**

c. <u>Area to Be Inspected</u>—Does not include areas that are reasonably and normally inaccessible to such an inspection.

c. **<u>Area a ser inspeccionada</u>—No incluye áreas que son razonable y normalmente inaccesibles a dicha inspección.**

d. <u>Time Limit for Legal Action</u>—Legal action for failure to disclose commence within 2 years from date of possession or close of escrow.

d. **<u>Límite de tiempo para acción legal</u>—Acción legal por la falla en divulgar debe ser iniciada dentro de los 2 años de la fecha de posesión de la propiedad o el cierre de plica.**

e. <u>Buyer's Responsibilities</u>—Buyer has duty to exercise reasonable care to protect himself or herself, including facts known to or within the diligent attention and observation of buyer.

e. **Responsabilidad del comprador—El comprador tiene el deber de ejercer un cuidado razonable para su propia protección, incluyendo aquellos hechos que son conocidos o dentro de su observación y atención diligente.**

B. <u>Seller's Responsibilities</u>—Civil Code Section 1102 requires seller or seller's agent to provide transferee with seller's written disclosures relating to condition of seller's property. Section 1134.5 requires seller to disclose to buyer whether, during course of seller's ownership or previous knowledge, any structural addition or alterations were made with or without benefit of appropriate permit.

B. **Responsabilidades del propietario—Sección 1102 del Código Civil requiere que el propietario o su agente provean al cesionario (transferee) con divulgaciones escritas relacionadas con la condición de su propiedad. Sección 1134.5 del mencionado código requiere del propietario, divulgar al comprador si durante el tiempo que propiedad le ha pertenecido, o por conocimiento previo, cualesquier adición estructural o alteraciones han sido hechas con o sin beneficio del permiso apropiado.**

1. <u>Condition of Property Disclosure Form</u>—Sample copy on opposite page.

1. **Formulario de divulgación de la condición de la propiedad—Una copia del ejemplar en la página opuesta.**

2. <u>Application</u>—Applies to transfers of one to four family dwelling units by sale, installment sale, lease with option to purchase, or ground lease coupled with improvements. Excludes certain types of transfers such as trustee's sale, court sale, estate sale, or sale of regulated subdivision property.

2. **Aplicación—Aplica a las transferencias de unidades de vivienda para una a cuatro familias por venta, venta a plazos, contrato de arrendamiento con opción de compra o arrendamiento de terreno junto con mejoras. Excluye ciertos tipos de transferencias tales como venta de fiduciario, venta judicial, venta de propiedad hereditaria, venta de propiedad de urbanización regulada.**

3. <u>Time Limit for Delivery</u>—The disclosure statement must be delivered:

3. **Límite de tiempo para entrega—El informe de divulgación debe ser entregado:**

a. As soon as possible before transfer of title in the case of a sale, or

a. **Tan pronto como sea viable antes de la transferencia de título en el caso de una venta, o**

b. Before execution of the contract in the case of an installment sale, ground lease, or lease/option.

b. **Antes de la ejecución del contrato en el caso de una venta a plazos, arrendamiento de terreno, o contrato de arrendamiento con opción de compra.**

4. <u>Right of Rescission</u>—If the delivery of the disclosure statement, or any material amendment to the original disclosure is made after the execution of an offer to purchase, the transferee may terminate the offer within:

4. **Derecho de cancelación—Si la entrega de la declaración de divulgación o cualquier enmienda a la divulgación original es hecha después de la ejecución de una oferta de compre, el cesionario puede terminar (cancelar) la oferta dentro de:**

a. Three days if delivery was made in person.

a. Tres días si la entrega fue hecha en persona.

b. Five days if delivery was made by mail.

b. Cinco días si la entrega fue hecha por correo.

5. <u>Limit of Liability</u>—Neither the transferor nor the transferor's agent is liable for any error, inaccuracy, or omission of any information that is required to be delivered, provided the information:

5. <u>Límite de responsabilidad</u>—Ni transferidor ni agente de este son responsables por cualquier error, inexactitud u omisión de alguna información que requiere sea entregada, a condición de que dicha información:

a. Was not within the personal knowledge of the transferor or the transferor's agent,

a. No estaba dentro del conocimiento personal del transferidor o su agente,

b. Was based on information timely provided by public agencies or professional parties (contractor, engineer, geologist, etc.), and

b. Estaba basada en información suministrada oportunamente por agencias públicas o partes profesionales (contratista, ingeniero, geólogo, etc.), y

c. Ordinary care was exercised in obtaining and transmitting it.

c. Cuidado ordinario fue ejercido en obtenerla y transmitirla.

6. <u>Cooperating Brokers</u>—If more than one broker is acting in the transaction, the broker who has obtained the transferee's offer shall deliver the Disclosure Statement unless the transferor has given written instructions to the contrary. If the transferee's broker cannot obtain the Disclosure Statement and does not have written assurance from the transferee that the statement has been received, the broker shall advise the transferee in writing of his or her rights to the Disclosure Statement.

6. <u>Corredores cooperadores</u>—Si más de un corredor está actuando en la transacción, el corredor que ha obtenido la oferta del cesionario (comprador) deberá entregar el informe de divulgación, a menos que el transferidor haya dado instrucciones escritas en sentido contrario. Si el corredor del cesionario no puede obtener el informe de divulgación y no tiene la aseveración escrita del cesionario de que el informe ha sido recibido, el corredor deberá notificarle por escrito de su derecho a obtener la declaración de divulgación.

7. <u>Failure to Comply</u>—Failure to comply with any provision of this law will not in itself, invalidate the transaction. Any party who willfully or negligently violates the provisions of the law will be liable for actual damages suffered by the transferee.

7. <u>Falla en cumplir</u>—Falla en cumplir con cualquier provisión de esta ley por sí misma no invalida la transacción. Cualquiera de las partes que a sabiendas o por negligencia viola las provisiones de la ley será responsable por los perjuicios actuales sufridos por el cesionario.

REAL ESTATE TRANSFER DISCLOSURE STATEMENT
(CALIFORNIA CIVIL CODE §1102, ET SEQ.)
(C.A.R. Form TDS, Revised 10/03)

THIS DISCLOSURE STATEMENT CONCERNS THE REAL PROPERTY SITUATED IN THE CITY OF _____, COUNTY OF _____, STATE OF CALIFORNIA, DESCRIBED AS _____.

THIS STATEMENT IS A DISCLOSURE OF THE CONDITION OF THE ABOVE DESCRIBED PROPERTY IN COMPLIANCE WITH SECTION 1102 OF THE CIVIL CODE AS OF (date) _____. IT IS NOT A WARRANTY OF ANY KIND BY THE SELLER(S) OR ANY AGENT(S) REPRESENTING ANY PRINCIPAL(S) IN THIS TRANSACTION, AND IS NOT A SUBSTITUTE FOR ANY INSPECTIONS OR WARRANTIES THE PRINCIPAL(S) MAY WISH TO OBTAIN.

I. COORDINATION WITH OTHER DISCLOSURE FORMS

This Real Estate Transfer Disclosure Statement is made pursuant to Section 1102 of the Civil Code. Other statutes require disclosures, depending upon the details of the particular real estate transaction (for example: special study zone and purchase-money liens on residential property).

Substituted Disclosures: The following disclosures and other disclosures required by law, including the Natural Hazard Disclosure Report/Statement that may include airport annoyances, earthquake, fire, flood, or special assessment information, have or will be made in connection with this real estate transfer, and are intended to satisfy the disclosure obligations on this form, where the subject matter is the same:

☐ Inspection reports completed pursuant to the contract of sale or receipt for deposit.
☐ Additional inspection reports or disclosures: _____
_____

II. SELLER'S INFORMATION

The Seller discloses the following information with the knowledge that even though this is not a warranty, prospective Buyers may rely on this information in deciding whether and on what terms to purchase the subject property. Seller hereby authorizes any agent(s) representing any principal(s) in this transaction to provide a copy of this statement to any person or entity in connection with any actual or anticipated sale of the property.

THE FOLLOWING ARE REPRESENTATIONS MADE BY THE SELLER(S) AND ARE NOT THE REPRESENTATIONS OF THE AGENT(S), IF ANY. THIS INFORMATION IS A DISCLOSURE AND IS NOT INTENDED TO BE PART OF ANY CONTRACT BETWEEN THE BUYER AND SELLER.

Seller ☐ is ☐ is not occupying the property.

A. The subject property has the items checked below (read across):

☐ Range	☐ Oven	☐ Microwave
☐ Dishwasher	☐ Trash Compactor	☐ Garbage Disposal
☐ Washer/Dryer Hookups		☐ Rain Gutters
☐ Burglar Alarms	☐ Smoke Detector(s)	☐ Fire Alarm
☐ TV Antenna	☐ Satellite Dish	☐ Intercom
☐ Central Heating	☐ Central Air Conditioning	☐ Evaporator Cooler(s)
☐ Wall/Window Air Conditioning	☐ Sprinklers	☐ Public Sewer System
☐ Septic Tank	☐ Sump Pump	☐ Water Softener
☐ Patio/Decking	☐ Built-in Barbecue	☐ Gazebo
☐ Sauna		
☐ Hot Tub	☐ Pool	☐ Spa
☐ Locking Safety Cover*	☐ Child Resistant Barrier*	☐ Locking Safety Cover*
☐ Security Gate(s)	☐ Automatic Garage Door Opener(s)*	☐ Number Remote Controls ____
Garage: ☐ Attached	☐ Not Attached	☐ Carport
Pool/Spa Heater: ☐ Gas	☐ Solar	☐ Electric
Water Heater: ☐ Gas	☐ Water Heater Anchored, Braced, or Strapped*	
Water Supply: ☐ City	☐ Well	☐ Private Utility or
Gas Supply: ☐ Utility	☐ Bottled	Other _____
☐ Window Screens	☐ Window Security Bars ☐ Quick Release Mechanism on Bedroom Windows*	

Exhaust Fan(s) in _____ 220 Volt Wiring in _____ Fireplace(s) in _____
☐ Gas Starter _____ ☐ Roof(s): Type: _____ Age: _____ (approx.)
☐ Other: _____

Are there, to the best of your (Seller's) knowledge, any of the above that are not in operating condition? ☐ Yes ☐ No. If yes, then describe. (Attach additional sheets if necessary): _____

(*see footnote on page 2)

TDS REVISED 10/03 (PAGE 1 OF 3) Print Date

Buyer's Initials (_____)(_____)
Seller's Initials (_____)(_____)

Reviewed by _____ Date _____

REAL ESTATE TRANSFER DISCLOSURE STATEMENT (TDS PAGE 1 OF 3)

Property Address: _____ Date: _____

B. Are you (Seller) aware of any significant defects/malfunctions in any of the following? ☐ Yes ☐ No. If yes, check appropriate space(s) below.

☐ Interior Walls ☐ Ceilings ☐ Floors ☐ Exterior Walls ☐ Insulation ☐ Roof(s) ☐ Windows ☐ Doors ☐ Foundation ☐ Slab(s)
☐ Driveways ☐ Sidewalks ☐ Walls/Fences ☐ Electrical Systems ☐ Plumbing/Sewers/Septics ☐ Other Structural Components
(Describe: _____
_____
_____
_____)

If any of the above is checked, explain. (Attach additional sheets if necessary.): _____
_____
_____
_____
_____

*This garage door opener or child resistant pool barrier may not be in compliance with the safety standards relating to automatic reversing devices as set forth in Chapter 12.5 (commencing with Section 19890) of Part 3 of Division 13 of, or with the pool safety standards of Article 2.5 (commencing with Section 115920) of Chapter 5 of Part 10 of Division 104 of, the Health and Safety Code. The water heater may not be anchored, braced, or strapped in accordance with Section 19211 of the Health and Safety Code. Window security bars may not have quick release mechanisms in compliance with the 1995 edition of the California Building Standards Code.

C. Are you (Seller) aware of any of the following:

1. Substances, materials, or products which may be an environmental hazard such as, but not limited to, asbestos, formaldehyde, radon gas, lead-based paint, mold, fuel or chemical storage tanks, and contaminated soil or water on the subject property . . . . ☐ Yes ☐ No
2. Features of the property shared in common with adjoining landowners, such as walls, fences, and driveways, whose use or responsibility for maintenance may have an effect on the subject property . . . . ☐ Yes ☐ No
3. Any encroachments, easements or similar matters that may affect your interest in the subject property . . . . ☐ Yes ☐ No
4. Room additions, structural modifications, or other alterations or repairs made without necessary permits . . . . ☐ Yes ☐ No
5. Room additions, structural modifications, or other alterations or repairs not in compliance with building codes . . . . ☐ Yes ☐ No
6. Fill (compacted or otherwise) on the property or any portion thereof . . . . ☐ Yes ☐ No
7. Any settling from any cause, or slippage, sliding, or other soil problems . . . . ☐ Yes ☐ No
8. Flooding, drainage or grading problems . . . . ☐ Yes ☐ No
9. Major damage to the property or any of the structures from fire, earthquake, floods, or landslides . . . . ☐ Yes ☐ No
10. Any zoning violations, nonconforming uses, violations of "setback" requirements . . . . ☐ Yes ☐ No
11. Neighborhood noise problems or other nuisances . . . . ☐ Yes ☐ No
12. CC&R's or other deed restrictions or obligations . . . . ☐ Yes ☐ No
13. Homeowners' Association which has any authority over the subject property . . . . ☐ Yes ☐ No
14. Any "common area" (facilities such as pools, tennis courts, walkways, or other areas co-owned in undivided interest with others) . . . . ☐ Yes ☐ No
15. Any notices of abatement or citations against the property . . . . ☐ Yes ☐ No
16. Any lawsuits by or against the Seller threatening to or affecting this real property, including any lawsuits alleging a defect or deficiency in this real property or "common areas" (facilities such as pools, tennis courts, walkways, or other areas co-owned in undivided interest with others) . . . . ☐ Yes ☐ No

If the answer to any of these is yes, explain. (Attach additional sheets if necessary.): _____
_____
_____
_____
_____

Seller certifies that the information herein is true and correct to the best of the Seller's knowledge as of the date signed by the Seller.

Seller_____ Date _____

Seller_____ Date _____

Buyer's Initials (_____)(_____)
Seller's Initials (_____)(_____)

TDS REVISED 10/03 (PAGE 2 OF 3)

Reviewed by _____ Date _____

EQUAL HOUSING
OPPORTUNITY

REAL ESTATE TRANSFER DISCLOSURE STATEMENT (TDS PAGE 2 OF 3)

Property Address: _____ Date: _____

III. AGENT'S INSPECTION DISCLOSURE
(To be completed only if the Seller is represented by an agent in this transaction.)

THE UNDERSIGNED, BASED ON THE ABOVE INQUIRY OF THE SELLER(S) AS TO THE CONDITION OF THE PROPERTY AND BASED ON A REASONABLY COMPETENT AND DILIGENT VISUAL INSPECTION OF THE ACCESSIBLE AREAS OF THE PROPERTY IN CONJUNCTION WITH THAT INQUIRY, STATES THE FOLLOWING:

☐ Agent notes no items for disclosure.

☐ Agent notes the following items: _____
_____
_____
_____
_____

Agent (Broker Representing Seller) _____ By _____ Date _____
(Please Print)   (Associate Licensee or Broker Signature)

IV. AGENT'S INSPECTION DISCLOSURE
(To be completed only if the agent who has obtained the offer is other than the agent above.)

THE UNDERSIGNED, BASED ON A REASONABLY COMPETENT AND DILIGENT VISUAL INSPECTION OF THE ACCESSIBLE AREAS OF THE PROPERTY, STATES THE FOLLOWING:

☐ Agent notes no items for disclosure.

☐ Agent notes the following items: _____
_____
_____
_____
_____

Agent (Broker Obtaining the Offer) _____ By _____ Date _____
(Please Print)   (Associate Licensee or Broker Signature)

V. BUYER(S) AND SELLER(S) MAY WISH TO OBTAIN PROFESSIONAL ADVICE AND/OR INSPECTIONS OF THE PROPERTY AND TO PROVIDE FOR APPROPRIATE PROVISIONS IN A CONTRACT BETWEEN BUYER AND SELLER(S) WITH RESPECT TO ANY ADVICE/INSPECTIONS/DEFECTS.

I/WE ACKNOWLEDGE RECEIPT OF A COPY OF THIS STATEMENT.

Seller _____ Date _____ Buyer _____ Date _____
Seller _____ Date _____ Buyer _____ Date _____

Agent (Broker Representing Seller) _____ By _____ Date _____
(Please Print)   (Associate Licensee or Broker Signature)

Agent (Broker Obtaining the Offer) _____ By _____ Date _____
(Please Print)   (Associate Licensee or Broker Signature)

SECTION 1102.3 OF THE CIVIL CODE PROVIDES A BUYER WITH THE RIGHT TO RESCIND A PURCHASE CONTRACT FOR AT LEAST THREE DAYS AFTER THE DELIVERY OF THIS DISCLOSURE IF DELIVERY OCCURS AFTER THE SIGNING OF AN OFFER TO PURCHASE. IF YOU WISH TO RESCIND THE CONTRACT, YOU MUST ACT WITHIN THE PRESCRIBED PERIOD.

A REAL ESTATE BROKER IS QUALIFIED TO ADVISE ON REAL ESTATE. IF YOU DESIRE LEGAL ADVICE, CONSULT YOUR ATTORNEY.

SURE TRAC
The System for Success®

Published and Distributed by:
REAL ESTATE BUSINESS SERVICES, INC.
a subsidiary of the California Association of REALTORS®
525 South Virgil Avenue, Los Angeles, California 90020

TDS REVISED 10/03 (PAGE 3 OF 3)

Reviewed by _____ Date _____

EQUAL HOUSING OPPORTUNITY

REAL ESTATE TRANSFER DISCLOSURE STATEMENT (TDS PAGE 3 OF 3)

Display/Reprinted with permission, CALIFORNIA ASSOCIATION OF REALTORS®. Endorsement not implied.

CALIFORNIA
ASSOCIATION
OF REALTORS®

CALIFORNIA
RESIDENTIAL PURCHASE AGREEMENT
AND JOINT ESCROW INSTRUCTIONS
For Use With Single Family Residential Property — Attached or Detached
(C.A.R. Form RPA-CA, Revised 1/06)

Date _____, at _____, California.
1. **OFFER:**
   A. **THIS IS AN OFFER FROM** _____ ("Buyer").
   B. **THE REAL PROPERTY TO BE ACQUIRED** is described as _____
      _____, Assessor's Parcel No. _____, situated in
      _____, County of _____, California, ("Property").
   C. **THE PURCHASE PRICE** offered is _____
      _____ Dollars $ _____
   D. **CLOSE OF ESCROW** shall occur on _____ (date)(or ☐ _____ **Days** After Acceptance).
2. **FINANCE TERMS:** Obtaining the loans below **is a contingency** of this Agreement unless: (i) either 2K or 2L is checked below; or **(ii)** otherwise agreed in writing. Buyer shall act diligently and in good faith to obtain the designated loans. Obtaining deposit, down payment and closing costs **is not a contingency.** Buyer represents that funds will be good when deposited with Escrow Holder.
   A. **INITIAL DEPOSIT:** Buyer has given a deposit in the amount of ....$ _____
      to the agent submitting the offer (or to ☐ _____), by personal check
      (or ☐ _____), made payable to _____,
      which shall be held uncashed until Acceptance and then deposited within **3** business days after
      Acceptance (or ☐ _____), with
      Escrow Holder, (or ☐ into Broker's trust account).
   B. **INCREASED DEPOSIT:** Buyer shall deposit with Escrow Holder an increased deposit in the amount of ....$ _____
      within _____ **Days** After Acceptance, or ☐ _____.
   C. **FIRST LOAN IN THE AMOUNT OF** ....$ _____
      (1) NEW First Deed of Trust in favor of lender, encumbering the Property, securing a note payable at
      maximum interest of _____% fixed rate, or _____% initial adjustable rate with a maximum
      interest rate of _____%, balance due in _____ years, amortized over _____ years. Buyer
      shall pay loan fees/points not to exceed _____. (These terms apply whether the designated loan
      is conventional, FHA or VA.)
      (2) ☐ FHA ☐ VA: (The following terms only apply to the FHA or VA loan that is checked.)
      Seller shall pay _____% discount points. Seller shall pay other fees not allowed to be paid by
      Buyer, ☐ not to exceed $ _____. Seller shall pay the cost of lender required Repairs
      (including those for wood destroying pest) not otherwise provided for in this Agreement, ☐ not to
      exceed $ _____. (Actual loan amount may increase if mortgage insurance premiums,
      funding fees or closing costs are financed.)
   D. **ADDITIONAL FINANCING TERMS:** ☐ Seller financing, (C.A.R. Form SFA); ☐ secondary financing, ...$ _____
      (C.A.R. Form PAA, paragraph 4A); ☐ assumed financing (C.A.R. Form PAA, paragraph 4B)
      _____
      _____
   E. **BALANCE OF PURCHASE PRICE** (not including costs of obtaining loans and other closing costs) in the amount of ...$ _____
      to be deposited with Escrow Holder within sufficient time to close escrow.
   F. **PURCHASE PRICE (TOTAL):** ....$ _____
   G. **LOAN APPLICATIONS:** Within **7 (or ☐ _____) Days** After Acceptance, Buyer shall provide Seller a letter from lender or mortgage loan broker stating that, based on a review of Buyer's written application and credit report, Buyer is prequalified or preapproved for the NEW loan specified in 2C above.
   H. **VERIFICATION OF DOWN PAYMENT AND CLOSING COSTS:** Buyer (or Buyer's lender or loan broker pursuant to 2G) shall, within **7 (or _____) Days** After Acceptance, provide Seller written verification of Buyer's down payment and closing costs.
   I. **LOAN CONTINGENCY REMOVAL:** (i) Within **17 (or ☐ _____) Days** After Acceptance, Buyer shall, as specified in paragraph 14, remove the loan contingency or cancel this Agreement; **OR (ii)** (if checked) ☐ the loan contingency shall remain in effect until the designated loans are funded.
   J. **APPRAISAL CONTINGENCY AND REMOVAL:** This Agreement is (**OR**, if checked, ☐ is NOT) contingent upon the Property appraising at no less than the specified purchase price. If there is a loan contingency, at the time the loan contingency is removed (or, if checked, ☐ within **17 (or _____) Days** After Acceptance), Buyer shall, as specified in paragraph 14B(3), remove the appraisal contingency or cancel this Agreement. If there is no loan contingency, Buyer shall, as specified in paragraph 14B(3), remove the appraisal contingency within **17 (or _____) Days** After Acceptance.
   K. ☐ **NO LOAN CONTINGENCY** (If checked): Obtaining any loan in paragraphs 2C, 2D or elsewhere in this Agreement is NOT a contingency of this Agreement. If Buyer does not obtain the loan and as a result Buyer does not purchase the Property, Seller may be entitled to Buyer's deposit or other legal remedies.
   L. ☐ **ALL CASH OFFER** (If checked): No loan is needed to purchase the Property. Buyer shall, within **7 (or ☐ _____) Days** After Acceptance, provide Seller written verification of sufficient funds to close this transaction.
3. **CLOSING AND OCCUPANCY:**
   A. Buyer intends (or ☐ does not intend) to occupy the Property as Buyer's primary residence.
   B. **Seller-occupied or vacant property:** Occupancy shall be delivered to Buyer at _____ AM/PM, ☐ on the date of Close Of Escrow; ☐ on _____; or ☐ no later than _____ **Days** After Close Of Escrow. (C.A.R. Form PAA, paragraph 2.) If transfer of title and occupancy do not occur at the same time, Buyer and Seller are advised to: **(i)** enter into a written occupancy agreement; and **(ii)** consult with their insurance and legal advisors.

RPA-CA REVISED 1/06 (PAGE 1 OF 8) Print Date

Buyer's Initials (_____)(_____)
Seller's Initials (_____)(_____)

Reviewed by _____ Date _____

EQUAL HOUSING
OPPORTUNITY

Property Address: _____ Date: _____

C. **Tenant-occupied property: (i) Property shall be vacant** at least **5 (or** ☐ _____ **) Days** Prior to Close Of Escrow, unless otherwise agreed in writing. **Note to Seller: If you are unable to deliver Property vacant in accordance with rent control and other applicable Law, you may be in breach of this Agreement.**

OR (ii) (if checked) ☐ **Tenant to remain in possession.** The attached addendum is incorporated into this Agreement (C.A.R. Form PAA, paragraph 3.);

OR (iii) (if checked) ☐ **This Agreement is contingent** upon Buyer and Seller entering into a written agreement regarding occupancy of the Property within the time specified in paragraph 14B(1). If no written agreement is reached within this time, either Buyer or Seller may cancel this Agreement in writing.

D. At Close Of Escrow, Seller assigns to Buyer any assignable warranty rights for items included in the sale and shall provide any available Copies of such warranties. Brokers cannot and will not determine the assignability of any warranties.

E. At Close Of Escrow, unless otherwise agreed in writing, Seller shall provide keys and/or means to operate all locks, mailboxes, security systems, alarms and garage door openers. If Property is a condominium or located in a common interest subdivision, Buyer may be required to pay a deposit to the Homeowners' Association ("HOA") to obtain keys to accessible HOA facilities.

4. **ALLOCATION OF COSTS** (If checked)**:** Unless otherwise specified here, this paragraph only determines who is to pay for the report, inspection, test or service mentioned. If not specified here or elsewhere in this Agreement, the determination of who is to pay for any work recommended or identified by any such report, inspection, test or service shall be by the method specified in paragraph 14B(2).

A. **WOOD DESTROYING PEST INSPECTION:**

(1) ☐ Buyer ☐ Seller shall pay for an inspection and report for wood destroying pests and organisms ("Report") which shall be prepared by _____, a registered structural pest control company. The Report shall cover the accessible areas of the main building and attached structures and, if checked: ☐ detached garages and carports, ☐ detached decks, ☐ the following other structures or areas _____ _____. The Report shall not include roof coverings. If Property is a condominium or located in a common interest subdivision, the Report shall include only the separate interest and any exclusive-use areas being transferred and shall not include common areas, unless otherwise agreed. Water tests of shower pans on upper level units may not be performed without consent of the owners of property below the shower.

OR (2) ☐ **(If checked)** The attached addendum (C.A.R. Form WPA) regarding wood destroying pest inspection and allocation of cost is incorporated into this Agreement.

B. **OTHER INSPECTIONS AND REPORTS:**

(1) ☐ Buyer ☐ Seller shall pay to have septic or private sewage disposal systems inspected _____.

(2) ☐ Buyer ☐ Seller shall pay to have domestic wells tested for water potability and productivity _____.

(3) ☐ Buyer ☐ Seller shall pay for a natural hazard zone disclosure report prepared by _____.

(4) ☐ Buyer ☐ Seller shall pay for the following inspection or report _____.

(5) ☐ Buyer ☐ Seller shall pay for the following inspection or report _____.

C. **GOVERNMENT REQUIREMENTS AND RETROFIT:**

(1) ☐ Buyer ☐ Seller shall pay for smoke detector installation and/or water heater bracing, if required by Law. Prior to Close Of Escrow, Seller shall provide Buyer a written statement of compliance in accordance with state and local Law, unless exempt.

(2) ☐ Buyer ☐ Seller shall pay the cost of compliance with any other minimum mandatory government retrofit standards, inspections and reports if required as a condition of closing escrow under any Law. _____.

D. **ESCROW AND TITLE:**

(1) ☐ Buyer ☐ Seller shall pay escrow fee _____. Escrow Holder shall be _____.

(2) ☐ Buyer ☐ Seller shall pay for **owner's** title insurance policy specified in paragraph 12E _____. Owner's title policy to be issued by _____. (Buyer shall pay for any title insurance policy insuring Buyer's **lender**, unless otherwise agreed in writing.)

E. **OTHER COSTS:**

(1) ☐ Buyer ☐ Seller shall pay County transfer tax or transfer fee _____.

(2) ☐ Buyer ☐ Seller shall pay City transfer tax or transfer fee _____.

(3) ☐ Buyer ☐ Seller shall pay HOA transfer fee _____.

(4) ☐ Buyer ☐ Seller shall pay HOA document preparation fees _____.

(5) ☐ Buyer ☐ Seller shall pay the cost, not to exceed $ _____, of a one-year home warranty plan, issued by _____, with the following optional coverage: _____.

(6) ☐ Buyer ☐ Seller shall pay for _____.

(7) ☐ Buyer ☐ Seller shall pay for _____.

5. **STATUTORY DISCLOSURES (INCLUDING LEAD-BASED PAINT HAZARD DISCLOSURES) AND CANCELLATION RIGHTS:**

A. **(1)** Seller shall, within the time specified in paragraph 14A, deliver to Buyer, if required by Law: **(i)** Federal Lead-Based Paint Disclosures and pamphlet ("Lead Disclosures"); and **(ii)** disclosures or notices required by sections 1102 et. seq. and 1103 et. seq. of the California Civil Code ("Statutory Disclosures"). Statutory Disclosures include, but are not limited to, a Real Estate Transfer Disclosure Statement ("TDS"), Natural Hazard Disclosure Statement ("NHD"), notice or actual knowledge of release of illegal controlled substance, notice of special tax and/or assessments (or, if allowed, substantially equivalent notice regarding the Mello-Roos Community Facilities Act and Improvement Bond Act of 1915) and, if Seller has actual knowledge, an industrial use and military ordnance location disclosure (C.A.R. Form SSD).

(2) Buyer shall, within the time specified in paragraph 14B(1), return Signed Copies of the Statutory and Lead Disclosures to Seller.

(3) In the event Seller, prior to Close Of Escrow, becomes aware of adverse conditions materially affecting the Property, or any material inaccuracy in disclosures, information or representations previously provided to Buyer of which Buyer is otherwise unaware, Seller shall promptly provide a subsequent or amended disclosure or notice, in writing, covering those items. **However, a subsequent or amended disclosure shall not be required for conditions and material inaccuracies disclosed in reports ordered and paid for by Buyer.**

Buyer's Initials (_____)(_____)
Seller's Initials (_____)(_____)

RPA-CA REVISED 1/06 (PAGE 2 OF 8)

Reviewed by _____ Date _____

CALIFORNIA RESIDENTIAL PURCHASE AGREEMENT (RPA-CA PAGE 2 OF 8)

Property Address: _____ Date: _____

(4) If any disclosure or notice specified in 5A(1), or subsequent or amended disclosure or notice is delivered to Buyer after the offer is Signed, Buyer shall have the right to cancel this Agreement within **3 Days** After delivery in person, or **5 Days** After delivery by deposit in the mail, by giving written notice of cancellation to Seller or Seller's agent. (Lead Disclosures sent by mail must be sent certified mail or better.)

(5) Note to Buyer and Seller: Waiver of Statutory and Lead Disclosures is prohibited by Law.

B. NATURAL AND ENVIRONMENTAL HAZARDS: Within the time specified in paragraph 14A, Seller shall, if required by Law: **(i)** deliver to Buyer earthquake guides (and questionnaire) and environmental hazards booklet; **(ii)** even if exempt from the obligation to provide a NHD, disclose if the Property is located in a Special Flood Hazard Area; Potential Flooding (Inundation) Area; Very High Fire Hazard Zone; State Fire Responsibility Area; Earthquake Fault Zone; Seismic Hazard Zone; and **(iii)** disclose any other zone as required by Law and provide any other information required for those zones.

C. DATA BASE DISCLOSURE: Notice: Pursuant to Section 290.46 of the Penal Code, information about specified registered sex offenders is made available to the public via an Internet Web site maintained by the Department of Justice at www.meganslaw.ca.gov. Depending on an offender's criminal history, this information will include either the address at which the offender resides or the community of residence and ZIP Code in which he or she resides. (Neither Seller nor Brokers are required to check this website. If Buyer wants further information, Broker recommends that Buyer obtain information from this website during Buyer's inspection contingency period. Brokers do not have expertise in this area.)

6. CONDOMINIUM/PLANNED UNIT DEVELOPMENT DISCLOSURES:

A. SELLER HAS: 7 (or ☐ _____) Days After Acceptance to disclose to Buyer whether the Property is a condominium, or is located in a planned unit development or other common interest subdivision (C.A.R. Form SSD).

B. If the Property is a condominium or is located in a planned unit development or other common interest subdivision, Seller has **3 (or ☐ _____) Days** After Acceptance to request from the HOA (C.A.R. Form HOA): **(i)** Copies of any documents required by Law; **(ii)** disclosure of any pending or anticipated claim or litigation by or against the HOA; **(iii)** a statement containing the location and number of designated parking and storage spaces; **(iv)** Copies of the most recent 12 months of HOA minutes for regular and special meetings; and **(v)** the names and contact information of all HOAs governing the Property (collectively, "CI Disclosures"). Seller shall itemize and deliver to Buyer all CI Disclosures received from the HOA and any CI Disclosures in Seller's possession. Buyer's approval of CI Disclosures is a contingency of this Agreement as specified in paragraph 14B(3).

7. CONDITIONS AFFECTING PROPERTY:

A. Unless otherwise agreed: **(i) the Property is sold (a) in its PRESENT physical condition as of the date of Acceptance and (b) subject to Buyer's Investigation rights; (ii)** the Property, including pool, spa, landscaping and grounds, is to be maintained in substantially the same condition as on the date of Acceptance; and **(iii)** all debris and personal property not included in the sale shall be removed by Close Of Escrow.

B. SELLER SHALL, within the time specified in **paragraph 14A, DISCLOSE KNOWN MATERIAL FACTS AND DEFECTS affecting the Property, including known insurance claims within the past five years, AND MAKE OTHER DISCLOSURES REQUIRED BY LAW (C.A.R. Form SSD).**

C. NOTE TO BUYER: You are strongly advised to conduct investigations of the entire Property in order to determine its present condition since Seller may not be aware of all defects affecting the Property or other factors that you consider important. Property improvements may not be built according to code, in compliance with current Law, or have had permits issued.

D. NOTE TO SELLER: Buyer has the right to inspect the Property and, as specified in paragraph 14B, based upon information discovered in those inspections: (i) cancel this Agreement; or (ii) request that you make Repairs or take other action.

8. ITEMS INCLUDED AND EXCLUDED:

A. NOTE TO BUYER AND SELLER: Items listed as included or excluded in the MLS, flyers or marketing materials are **not** included in the purchase price or excluded from the sale unless specified in 8B or C.

B. ITEMS INCLUDED IN SALE:

(1) All EXISTING fixtures and fittings that are attached to the Property;

(2) Existing electrical, mechanical, lighting, plumbing and heating fixtures, ceiling fans, fireplace inserts, gas logs and grates, solar systems, built-in appliances, window and door screens, awnings, shutters, window coverings, attached floor coverings, television antennas, satellite dishes, private integrated telephone systems, air coolers/conditioners, pool/spa equipment, garage door openers/remote controls, mailbox, in-ground landscaping, trees/shrubs, water softeners, water purifiers, security systems/alarms; and

(3) The following items: _____
_____.

(4) Seller represents that all items included in the purchase price, unless otherwise specified, are owned by Seller.

(5) All items included shall be transferred free of liens and without Seller warranty.

C. ITEMS EXCLUDED FROM SALE: _____
_____.

9. BUYER'S INVESTIGATION OF PROPERTY AND MATTERS AFFECTING PROPERTY:

A. Buyer's acceptance of the condition of, and any other matter affecting the Property, is a contingency of this Agreement as specified in this paragraph and paragraph 14B. Within the time specified in paragraph 14B(1), Buyer shall have the right, at Buyer's expense unless otherwise agreed, to conduct inspections, investigations, tests, surveys and other studies ("Buyer Investigations"), including, but not limited to, the right to: **(i)** inspect for lead-based paint and other lead-based paint hazards; **(ii)** inspect for wood destroying pests and organisms; **(iii)** review the registered sex offender database; **(iv)** confirm the insurability of Buyer and the Property; and **(v)** satisfy Buyer as to any matter specified in the attached Buyer's Inspection Advisory (C.A.R. Form BIA). Without Seller's prior written consent, Buyer shall neither make nor cause to be made: **(i)** invasive or destructive Buyer Investigations; or **(ii)** inspections by any governmental building or zoning inspector or government employee, unless required by Law.

B. Buyer shall complete Buyer Investigations and, as specified in paragraph 14B, remove the contingency or cancel this Agreement. Buyer shall give Seller, at no cost, complete Copies of all Buyer Investigation reports obtained by Buyer. Seller shall make the Property available for all Buyer Investigations. Seller shall have water, gas, electricity and all operable pilot lights on for Buyer's Investigations and through the date possession is made available to Buyer.

Buyer's Initials (_____)(_____)
Seller's Initials (_____)(_____)

Reviewed by _____ Date _____

RPA-CA REVISED 1/06 (PAGE 3 OF 8)

CALIFORNIA RESIDENTIAL PURCHASE AGREEMENT (RPA-CA PAGE 3 OF 8)

Property Address: _____ Date: _____

10. **REPAIRS:** Repairs shall be completed prior to final verification of condition unless otherwise agreed in writing. Repairs to be performed at Seller's expense may be performed by Seller or through others, provided that the work complies with applicable Law, including governmental permit, inspection and approval requirements. Repairs shall be performed in a good, skillful manner with materials of quality and appearance comparable to existing materials. It is understood that exact restoration of appearance or cosmetic items following all Repairs may not be possible. Seller shall: **(i)** obtain receipts for Repairs performed by others; **(ii)** prepare a written statement indicating the Repairs performed by Seller and the date of such Repairs; and **(iii)** provide Copies of receipts and statements to Buyer prior to final verification of condition.

11. **BUYER INDEMNITY AND SELLER PROTECTION FOR ENTRY UPON PROPERTY:** Buyer shall: **(i)** keep the Property free and clear of liens; **(ii)** Repair all damage arising from Buyer Investigations; and **(iii)** indemnify and hold Seller harmless from all resulting liability, claims, demands, damages and costs. Buyer shall carry, or Buyer shall require anyone acting on Buyer's behalf to carry, policies of liability, workers' compensation and other applicable insurance, defending and protecting Seller from liability for any injuries to persons or property occurring during any Buyer Investigations or work done on the Property at Buyer's direction prior to Close Of Escrow. Seller is advised that certain protections may be afforded Seller by recording a "Notice of Non-responsibility" (C.A.R. Form NNR) for Buyer Investigations and work done on the Property at Buyer's direction. Buyer's obligations under this paragraph shall survive the termination of this Agreement.

12. **TITLE AND VESTING:**
    A. Within the time specified in paragraph 14, Buyer shall be provided a current preliminary (title) report, which is only an offer by the title insurer to issue a policy of title insurance and may not contain every item affecting title. Buyer's review of the preliminary report and any other matters which may affect title are a contingency of this Agreement as specified in paragraph 14B.
    B. Title is taken in its present condition subject to all encumbrances, easements, covenants, conditions, restrictions, rights and other matters, whether of record or not, as of the date of Acceptance except: **(i)** monetary liens of record unless Buyer is assuming those obligations or taking the Property subject to those obligations; and **(ii)** those matters which Seller has agreed to remove in writing.
    C. Within the time specified in paragraph 14A, Seller has a duty to disclose to Buyer all matters known to Seller affecting title, whether of record or not.
    D. At Close Of Escrow, Buyer shall receive a grant deed conveying title (or, for stock cooperative or long-term lease, an assignment of stock certificate or of Seller's leasehold interest), including oil, mineral and water rights if currently owned by Seller. Title shall vest as designated in Buyer's supplemental escrow instructions. THE MANNER OF TAKING TITLE MAY HAVE SIGNIFICANT LEGAL AND TAX CONSEQUENCES. CONSULT AN APPROPRIATE PROFESSIONAL.
    E. Buyer shall receive a CLTA/ALTA Homeowner's Policy of Title Insurance. A title company, at Buyer's request, can provide information about the availability, desirability, coverage, and cost of various title insurance coverages and endorsements. If Buyer desires title coverage other than that required by this paragraph, Buyer shall instruct Escrow Holder in writing and pay any increase in cost.

13. **SALE OF BUYER'S PROPERTY:**
    A. This Agreement is NOT contingent upon the sale of any property owned by Buyer.
    OR B. ☐ (If checked): The attached addendum (C.A.R. Form COP) regarding the contingency for the sale of property owned by Buyer is incorporated into this Agreement.

14. **TIME PERIODS; REMOVAL OF CONTINGENCIES; CANCELLATION RIGHTS: The following time periods may only be extended, altered, modified or changed by mutual written agreement. Any removal of contingencies or cancellation under this paragraph must be in writing (C.A.R. Form CR).**
    A. **SELLER HAS: 7 (or ☐ _____) Days** After Acceptance to deliver to Buyer all reports, disclosures and information for which Seller is responsible under paragraphs 4, 5A and B, 6A, 7B and 12.
    B. (1) **BUYER HAS: 17 (or ☐ _____) Days** After Acceptance, unless otherwise agreed in writing, to:
       (i) complete all Buyer Investigations; approve all disclosures, reports and other applicable information, which Buyer receives from Seller; and approve all matters affecting the Property (including lead-based paint and lead-based paint hazards as well as other information specified in paragraph 5 and insurability of Buyer and the Property); and
       (ii) return to Seller Signed Copies of Statutory and Lead Disclosures delivered by Seller in accordance with paragraph 5A.
       (2) Within the time specified in 14B(1), Buyer may request that Seller make repairs or take any other action regarding the Property (C.A.R. Form RR). Seller has no obligation to agree to or respond to Buyer's requests.
       (3) By the end of the time specified in 14B(1) (or 2I for loan contingency or 2J for appraisal contingency), Buyer shall, in writing, remove the applicable contingency (C.A.R. Form CR) or cancel this Agreement. However, if **(i)** government-mandated inspections/ reports required as a condition of closing; or **(ii)** Common Interest Disclosures pursuant to paragraph 6B are not made within the time specified in 14A, then Buyer has **5 (or ☐ _____) Days** After receipt of any such items, or the time specified in 14B(1), whichever is later, to remove the applicable contingency or cancel this Agreement in writing.
    C. **CONTINUATION OF CONTINGENCY OR CONTRACTUAL OBLIGATION; SELLER RIGHT TO CANCEL:**
       (1) **Seller right to Cancel; Buyer Contingencies:** Seller, after first giving Buyer a Notice to Perform (as specified below), may cancel this Agreement in writing and authorize return of Buyer's deposit if, by the time specified in this Agreement, Buyer does not remove in writing the applicable contingency or cancel this Agreement. Once all contingencies have been removed, failure of either Buyer or Seller to close escrow on time may be a breach of this Agreement.
       (2) **Continuation of Contingency:** Even after the expiration of the time specified in 14B, Buyer retains the right to make requests to Seller, remove in writing the applicable contingency or cancel this Agreement until Seller cancels pursuant to 14C(1). Once Seller receives Buyer's written removal of all contingencies, Seller may not cancel this Agreement pursuant to 14C(1).
       (3) **Seller right to Cancel; Buyer Contract Obligations:** Seller, after first giving Buyer a Notice to Buyer to Perform (as specified below), may cancel this Agreement in writing and authorize return of Buyer's deposit for any of the following reasons: **(i)** if Buyer fails to deposit funds as required by 2A or 2B; **(ii)** if the funds deposited pursuant to 2A or 2B are not good when deposited; **(iii)** if Buyer fails to provide a letter as required by 2G; **(iv)** if Buyer fails to provide verification as required by 2H or 2L; **(v)** if Seller reasonably disapproves of the verification provided by 2H or 2L; **(vi)** if Buyer fails to return Statutory and Lead Disclosures as required by paragraph 5A(2); or **(vii)** if Buyer fails to sign or initial a separate liquidated damage form for an increased deposit as required by paragraph 16. **Seller is not required to give Buyer a Notice to Perform regarding Close of Escrow.**
       (4) **Notice To Buyer To Perform:** The Notice to Buyer to Perform (C.A.R. Form NBP) shall: **(i)** be in writing; **(ii)** be signed by Seller; and **(iii)** give Buyer at least **24 (or ☐ _____)** hours (or until the time specified in the applicable paragraph, whichever occurs last) to take the applicable action. A Notice to Buyer to Perform may not be given any earlier than **2 Days** Prior to the expiration of the applicable time for Buyer to remove a contingency or cancel this Agreement or meet a 14C(3) obligation.

Buyer's Initials (_____)(_____)
Seller's Initials (_____)(_____)

| Reviewed by _____ Date _____ |

RPA-CA REVISED 1/06 (PAGE 4 OF 8)

Property Address: _____ Date: _____

   D. **EFFECT OF BUYER'S REMOVAL OF CONTINGENCIES :** If Buyer removes, in writing, any contingency or cancellation rights, unless otherwise specified in a separate written agreement between Buyer and Seller, Buyer conclusively shall be deemed to have: **(i)** completed all Buyer Investigations, and review of reports and other applicable information and disclosures pertaining to that contingency or cancellation right; **(ii)** elected to proceed with the transaction; and **(iii)** assumed all liability, responsibility and expense for Repairs or corrections pertaining to that contingency or cancellation right, or for inability to obtain financing.

   E. **EFFECT OF CANCELLATION ON DEPOSITS:** If Buyer or Seller gives written notice of cancellation pursuant to rights duly exercised under the terms of this Agreement, Buyer and Seller agree to Sign mutual instructions to cancel the sale and escrow and release deposits to the party entitled to the funds, less fees and costs incurred by that party. Fees and costs may be payable to service providers and vendors for services and products provided during escrow. **Release of funds will require mutual Signed release instructions from Buyer and Seller, judicial decision or arbitration award. A party may be subject to a civil penalty of up to $1,000 for refusal to sign such instructions if no good faith dispute exists as to who is entitled to the deposited funds (Civil Code §1057.3).**

15. FINAL VERIFICATION OF CONDITION: Buyer shall have the right to make a final inspection of the Property within **5 (or _____) Days** Prior to Close Of Escrow, NOT AS A CONTINGENCY OF THE SALE, but solely to confirm: **(i)** the Property is maintained pursuant to paragraph 7A; **(ii)** Repairs have been completed as agreed; and **(iii)** Seller has complied with Seller's other obligations under this Agreement.

16. LIQUIDATED DAMAGES: If Buyer fails to complete this purchase because of Buyer's default, Seller shall retain, as liquidated damages, the deposit actually paid. If the Property is a dwelling with no more than four units, one of which Buyer intends to occupy, then the amount retained shall be no more than 3% of the purchase price. Any excess shall be returned to Buyer. Release of funds will require mutual, Signed release instructions from both Buyer and Seller, judicial decision or arbitration award.
BUYER AND SELLER SHALL SIGN A SEPARATE LIQUIDATED DAMAGES PROVISION FOR ANY INCREASED DEPOSIT. (C.A.R. FORM RID)

Buyer's Initials _____/_____	Seller's Initials _____/_____

17. DISPUTE RESOLUTION:

   A. **MEDIATION:** Buyer and Seller agree to mediate any dispute or claim arising between them out of this Agreement, or any resulting transaction, before resorting to arbitration or court action. Paragraphs 17B(2) and (3) below apply to mediation whether or not the Arbitration provision is initialed. Mediation fees, if any, shall be divided equally among the parties involved. If, for any dispute or claim to which this paragraph applies, any party commences an action without first attempting to resolve the matter through mediation, or refuses to mediate after a request has been made, then that party shall not be entitled to recover attorney fees, even if they would otherwise be available to that party in any such action. THIS MEDIATION PROVISION APPLIES WHETHER OR NOT THE ARBITRATION PROVISION IS INITIALED.

   B. **ARBITRATION OF DISPUTES: (1) Buyer and Seller agree that any dispute or claim in Law or equity arising between them out of this Agreement or any resulting transaction, which is not settled through mediation, shall be decided by neutral, binding arbitration, including and subject to paragraphs 17B(2) and (3) below. The arbitrator shall be a retired judge or justice, or an attorney with at least 5 years of residential real estate Law experience, unless the parties mutually agree to a different arbitrator, who shall render an award in accordance with substantive California Law. The parties shall have the right to discovery in accordance with California Code of Civil Procedure §1283.05. In all other respects, the arbitration shall be conducted in accordance with Title 9 of Part III of the California Code of Civil Procedure. Judgment upon the award of the arbitrator(s) may be entered into any court having jurisdiction. Interpretation of this agreement to arbitrate shall be governed by the Federal Arbitration Act.**
(2) EXCLUSIONS FROM MEDIATION AND ARBITRATION: The following matters are excluded from mediation and arbitration: (i) a judicial or non-judicial foreclosure or other action or proceeding to enforce a deed of trust, mortgage or installment land sale contract as defined in California Civil Code §2985; (ii) an unlawful detainer action; (iii) the filing or enforcement of a mechanic's lien; and (iv) any matter that is within the jurisdiction of a probate, small claims or bankruptcy court. The filing of a court action to enable the recording of a notice of pending action, for order of attachment, receivership, injunction, or other provisional remedies, shall not constitute a waiver of the mediation and arbitration provisions.
(3) BROKERS: Buyer and Seller agree to mediate and arbitrate disputes or claims involving either or both Brokers, consistent with 17A and B, provided either or both Brokers shall have agreed to such mediation or arbitration prior to, or within a reasonable time after, the dispute or claim is presented to Brokers. Any election by either or both Brokers to participate in mediation or arbitration shall not result in Brokers being deemed parties to the Agreement.
     "NOTICE: BY INITIALING IN THE SPACE BELOW YOU ARE AGREEING TO HAVE ANY DISPUTE ARISING OUT OF THE MATTERS INCLUDED IN THE 'ARBITRATION OF DISPUTES' PROVISION DECIDED BY NEUTRAL ARBITRATION AS PROVIDED BY CALIFORNIA LAW AND YOU ARE GIVING UP ANY RIGHTS YOU MIGHT POSSESS TO HAVE THE DISPUTE LITIGATED IN A COURT OR JURY TRIAL. BY INITIALING IN THE SPACE BELOW YOU ARE GIVING UP YOUR JUDICIAL RIGHTS TO DISCOVERY AND APPEAL, UNLESS THOSE RIGHTS ARE SPECIFICALLY INCLUDED IN THE 'ARBITRATION OF DISPUTES' PROVISION. IF YOU REFUSE TO SUBMIT TO ARBITRATION AFTER AGREEING TO THIS PROVISION, YOU MAY BE COMPELLED TO ARBITRATE UNDER THE AUTHORITY OF THE CALIFORNIA CODE OF CIVIL PROCEDURE. YOUR AGREEMENT TO THIS ARBITRATION PROVISION IS VOLUNTARY."
     "WE HAVE READ AND UNDERSTAND THE FOREGOING AND AGREE TO SUBMIT DISPUTES ARISING OUT OF THE MATTERS INCLUDED IN THE 'ARBITRATION OF DISPUTES' PROVISION TO NEUTRAL ARBITRATION."

Buyer's Initials _____/_____	Seller's Initials _____/_____

Buyer's Initials (_____)(_____)
Seller's Initials (_____)(_____)

RPA-CA REVISED 1/06 (PAGE 5 OF 8)

Reviewed by _____ Date _____

CALIFORNIA RESIDENTIAL PURCHASE AGREEMENT (RPA-CA PAGE 5 OF 8)

Property Address: _____ Date: _____

18. **PRORATIONS OF PROPERTY TAXES AND OTHER ITEMS:** Unless otherwise agreed in writing, the following items shall be PAID CURRENT and prorated between Buyer and Seller as of Close Of Escrow: real property taxes and assessments, interest, rents, HOA regular, special, and emergency dues and assessments imposed prior to Close Of Escrow, premiums on insurance assumed by Buyer, payments on bonds and assessments assumed by Buyer, and payments on Mello-Roos and other Special Assessment District bonds and assessments that are now a lien. The following items shall be assumed by Buyer WITHOUT CREDIT toward the purchase price: prorated payments on Mello-Roos and other Special Assessment District bonds and assessments and HOA special assessments that are now a lien but not yet due. Property will be reassessed upon change of ownership. Any supplemental tax bills shall be paid as follows: **(i)** for periods after Close Of Escrow, by Buyer; and **(ii)** for periods prior to Close Of Escrow, by Seller. TAX BILLS ISSUED AFTER CLOSE OF ESCROW SHALL BE HANDLED DIRECTLY BETWEEN BUYER AND SELLER. Prorations shall be made based on a 30-day month.

19. **WITHHOLDING TAXES:** Seller and Buyer agree to execute any instrument, affidavit, statement or instruction reasonably necessary to comply with federal (FIRPTA) and California withholding Law, if required (C.A.R. Forms AS and AB).

20. **MULTIPLE LISTING SERVICE ("MLS"):** Brokers are authorized to report to the MLS a pending sale and, upon Close Of Escrow, the terms of this transaction to be published and disseminated to persons and entities authorized to use the information on terms approved by the MLS.

21. **EQUAL HOUSING OPPORTUNITY:** The Property is sold in compliance with federal, state and local anti-discrimination Laws.

22. **ATTORNEY FEES:** In any action, proceeding, or arbitration between Buyer and Seller arising out of this Agreement, the prevailing Buyer or Seller shall be entitled to reasonable attorney fees and costs from the non-prevailing Buyer or Seller, except as provided in paragraph 17A.

23. **SELECTION OF SERVICE PROVIDERS:** If Brokers refer Buyer or Seller to persons, vendors, or service or product providers ("Providers"), Brokers do not guarantee the performance of any Providers. Buyer and Seller may select ANY Providers of their own choosing.

24. **TIME OF ESSENCE; ENTIRE CONTRACT; CHANGES:** Time is of the essence. All understandings between the parties are incorporated in this Agreement. Its terms are intended by the parties as a final, complete and exclusive expression of their Agreement with respect to its subject matter, and may not be contradicted by evidence of any prior agreement or contemporaneous oral agreement. If any provision of this Agreement is held to be ineffective or invalid, the remaining provisions will nevertheless be given full force and effect. **Neither this Agreement nor any provision in it may be extended, amended, modified, altered or changed, except in writing Signed by Buyer and Seller.**

25. **OTHER TERMS AND CONDITIONS,** including attached supplements:
   A. ☑ Buyer's Inspection Advisory (C.A.R. Form BIA)
   B. ☐ Purchase Agreement Addendum (C.A.R. Form PAA paragraph numbers: _____)
   C. ☐ Statewide Buyer and Seller Advisory (C.A.R. Form SBSA)
   D. _____
   _____

26. **DEFINITIONS:** As used in this Agreement:
   A. **"Acceptance"** means the time the offer or final counter offer is accepted in writing by a party and is delivered to and personally received by the other party or that party's authorized agent in accordance with the terms of this offer or a final counter offer.
   B. **"Agreement"** means the terms and conditions of this accepted California Residential Purchase Agreement and any accepted counter offers and addenda.
   C. **"C.A.R. Form"** means the specific form referenced or another comparable form agreed to by the parties.
   D. **"Close Of Escrow"** means the date the grant deed, or other evidence of transfer of title, is recorded. If the scheduled close of escrow falls on a Saturday, Sunday or legal holiday, then close of escrow shall be the next business day after the scheduled close of escrow date.
   E. **"Copy"** means copy by any means including photocopy, NCR, facsimile and electronic.
   F. **"Days"** means calendar days, unless otherwise required by Law.
   G. **"Days After"** means the specified number of calendar days after the occurrence of the event specified, not counting the calendar date on which the specified event occurs, and ending at 11:59PM on the final day.
   H. **"Days Prior"** means the specified number of calendar days before the occurrence of the event specified, not counting the calendar date on which the specified event is scheduled to occur.
   I. **"Electronic Copy"** or **"Electronic Signature"** means, as applicable, an electronic copy or signature complying with California Law. Buyer and Seller agree that electronic means will not be used by either party to modify or alter the content or integrity of this Agreement without the knowledge and consent of the other.
   J. **"Law"** means any law, code, statute, ordinance, regulation, rule or order, which is adopted by a controlling city, county, state or federal legislative, judicial or executive body or agency.
   K. **"Notice to Buyer to Perform"** means a document (C.A.R. Form NBP), which shall be in writing and Signed by Seller and shall give Buyer at least 24 hours **(or as otherwise specified in paragraph 14C(4))** to remove a contingency or perform as applicable.
   L. **"Repairs"** means any repairs (including pest control), alterations, replacements, modifications or retrofitting of the Property provided for under this Agreement.
   M. **"Signed"** means either a handwritten or electronic signature on an original document, Copy or any counterpart.
   N. **Singular and Plural** terms each include the other, when appropriate.

Buyer's Initials (_____)(_____)
Seller's Initials (_____)(_____)

RPA-CA REVISED 1/06 (PAGE 6 OF 8)

Reviewed by _____ Date _____

CALIFORNIA RESIDENTIAL PURCHASE AGREEMENT (RPA-CA PAGE 6 OF 8)

Property Address: _____ Date: _____

27. AGENCY:
  A. DISCLOSURE: Buyer and Seller each acknowledge prior receipt of C.A.R. Form AD "Disclosure Regarding Real Estate Agency Relationships."
  B. POTENTIALLY COMPETING BUYERS AND SELLERS: Buyer and Seller each acknowledge receipt of a disclosure of the possibility of multiple representation by the Broker representing that principal. This disclosure may be part of a listing agreement, buyer-broker agreement or separate document (C.A.R. Form DA). Buyer understands that Broker representing Buyer may also represent other potential buyers, who may consider, make offers on or ultimately acquire the Property. Seller understands that Broker representing Seller may also represent other sellers with competing properties of interest to this Buyer.
  C. CONFIRMATION: The following agency relationships are hereby confirmed for this transaction:
  Listing Agent _____ (Print Firm Name) is the agent of (check one): ☐ the Seller exclusively; or ☐ both the Buyer and Seller.
  Selling Agent _____ (Print Firm Name) (if not same as Listing Agent) is the agent of (check one): ☐ the Buyer exclusively; or ☐ the Seller exclusively; or ☐ both the Buyer and Seller. Real Estate Brokers are not parties to the Agreement between Buyer and Seller.

28. JOINT ESCROW INSTRUCTIONS TO ESCROW HOLDER:
  A. The following paragraphs, or applicable portions thereof, of this Agreement constitute the joint escrow instructions of Buyer and Seller to Escrow Holder, which Escrow Holder is to use along with any related counter offers and addenda, and any additional mutual instructions to close the escrow: 1, 2, 4, 12, 13B, 14E, 18, 19, 24, 25B and 25D, 26, 28, 29, 32A, 33 and paragraph D of the section titled Real Estate Brokers on page 8. If a Copy of the separate compensation agreement(s) provided for in paragraph 29 or 32A, or paragraph D of the section titled Real Estate Brokers on page 8 is deposited with Escrow Holder by Broker, Escrow Holder shall accept such agreement(s) and pay out from Buyer's or Seller's funds, or both, as applicable, the Broker's compensation provided for in such agreement(s). The terms and conditions of this Agreement not set forth in the specified paragraphs are additional matters for the information of Escrow Holder, but about which Escrow Holder need not be concerned. Buyer and Seller will receive Escrow Holder's general provisions directly from Escrow Holder and will execute such provisions upon Escrow Holder's request. To the extent the general provisions are inconsistent or conflict with this Agreement, the general provisions will control as to the duties and obligations of Escrow Holder only. Buyer and Seller will execute additional instructions, documents and forms provided by Escrow Holder that are reasonably necessary to close the escrow.
  B. A Copy of this Agreement shall be delivered to Escrow Holder within **3** business days after Acceptance (or ☐ _____). Buyer and Seller authorize Escrow Holder to accept and rely on Copies and Signatures as defined in this Agreement as originals, to open escrow and for other purposes of escrow. The validity of this Agreement as between Buyer and Seller is not affected by whether or when Escrow Holder Signs this Agreement.
  C. Brokers are a party to the escrow for the sole purpose of compensation pursuant to paragraphs 29, 32A and paragraph D of the section titled Real Estate Brokers on page 8. Buyer and Seller irrevocably assign to Brokers compensation specified in paragraphs 29 and 32A, respectively, and irrevocably instruct Escrow Holder to disburse those funds to Brokers at Close Of Escrow or pursuant to any other mutually executed cancellation agreement. Compensation instructions can be amended or revoked only with the written consent of Brokers. Escrow Holder shall immediately notify Brokers: **(i)** if Buyer's initial or any additional deposit is not made pursuant to this Agreement, or is not good at time of deposit with Escrow Holder; or **(ii)** if Buyer and Seller instruct Escrow Holder to cancel escrow.
  D. A Copy of any amendment that affects any paragraph of this Agreement for which Escrow Holder is responsible shall be delivered to Escrow Holder within **2** business days after mutual execution of the amendment.

29. BROKER COMPENSATION FROM BUYER: If applicable, upon Close Of Escrow, **Buyer** agrees to pay compensation to Broker as specified in a separate written agreement between Buyer and Broker.

30. TERMS AND CONDITIONS OF OFFER:
  This is an offer to purchase the Property on the above terms and conditions. All paragraphs with spaces for initials by Buyer and Seller are incorporated in this Agreement only if initialed by all parties. If at least one but not all parties initial, a counter offer is required until agreement is reached. Seller has the right to continue to offer the Property for sale and to accept any other offer at any time prior to notification of Acceptance. Buyer has read and acknowledges receipt of a Copy of the offer and agrees to the above confirmation of agency relationships. If this offer is accepted and Buyer subsequently defaults, Buyer may be responsible for payment of Brokers' compensation. This Agreement and any supplement, addendum or modification, including any Copy, may be Signed in two or more counterparts, all of which shall constitute one and the same writing.

RPA-CA REVISED 1/06 (PAGE 7 OF 8)

Buyer's Initials (_____)(_____)
Seller's Initials (_____)(_____)
Reviewed by _____ Date _____

CALIFORNIA RESIDENTIAL PURCHASE AGREEMENT (RPA-CA PAGE 7 OF 8)

Property Address: _____ Date: _____

31. EXPIRATION OF OFFER: This offer shall be deemed revoked and the deposit shall be returned unless the offer is Signed by Seller and a Copy of the Signed offer is personally received by Buyer, or by _____, who is authorized to receive it by 5:00 PM on the third Day after this offer is signed by Buyer (or, if checked, ☐ by _____ (date), at _____ AM/PM).

Date _____ Date _____

BUYER _____ BUYER _____

_____ _____
(Print name)   **(Print name)**

_____
(Address)

32. BROKER COMPENSATION FROM SELLER:
   A. Upon Close Of Escrow, **Seller** agrees to pay compensation to Broker as specified in a separate written agreement between Seller and Broker.
   B. If escrow does not close, compensation is payable as specified in that separate written agreement.
33. ACCEPTANCE OF OFFER: Seller warrants that Seller is the owner of the Property, or has the authority to execute this Agreement. Seller accepts the above offer, agrees to sell the Property on the above terms and conditions, and agrees to the above confirmation of agency relationships. Seller has read and acknowledges receipt of a Copy of this Agreement, and authorizes Broker to deliver a Signed Copy to Buyer.
   ☐ (If checked) **SUBJECT TO ATTACHED COUNTER OFFER, DATED** _____.

Date _____ Date _____

SELLER _____ SELLER _____

_____ _____
(Print name)   **(Print name)**

_____
(Address)

(___/___)   **CONFIRMATION OF ACCEPTANCE:** A Copy of Signed Acceptance was personally received by Buyer or Buyer's authorized
_____ agent on (date) _____ at _____ AM/PM. **A binding Agreement is created when**
(Initials)   **a Copy of Signed Acceptance is personally received by Buyer or Buyer's authorized agent whether or not confirmed in this document. Completion of this confirmation is not legally required in order to create a binding Agreement; it is solely intended to evidence the date that Confirmation of Acceptance has occurred.**

REAL ESTATE BROKERS:
A. Real Estate Brokers are not parties to the Agreement between Buyer and Seller.
B. Agency relationships are confirmed as stated in paragraph 27.
C. If specified in paragraph 2A, Agent who submitted the offer for Buyer acknowledges receipt of deposit.
D. COOPERATING BROKER COMPENSATION: Listing Broker agrees to pay Cooperating Broker (**Selling Firm**) and Cooperating Broker agrees to accept, out of Listing Broker's proceeds in escrow: **(i)** the amount specified in the MLS, provided Cooperating Broker is a Participant of the MLS in which the Property is offered for sale or a reciprocal MLS; or **(ii)** ☐ (if checked) the amount specified in a separate written agreement (C.A.R. Form CBC) between Listing Broker and Cooperating Broker.

Real Estate Broker (Selling Firm) _____ License # _____
By _____ License # _____ Date _____
Address _____ City _____ State _____ Zip _____
Telephone _____ Fax _____ E-mail _____

Real Estate Broker (Listing Firm) _____ License # _____
By _____ License # _____ Date _____
Address _____ City _____ State _____ Zip _____
Telephone _____ Fax _____ E-mail _____

ESCROW HOLDER ACKNOWLEDGMENT:
Escrow Holder acknowledges receipt of a Copy of this Agreement, (if checked, ☐ a deposit in the amount of $ _____), counter offer numbers _____ and _____ _____, and agrees to act as Escrow Holder subject to paragraph 28 of this Agreement, any supplemental escrow instructions and the terms of Escrow Holder's general provisions.

Escrow Holder is advised that the date of Confirmation of Acceptance of the Agreement as between Buyer and Seller is _____

Escrow Holder _____ Escrow # _____
By _____ Date _____
Address _____
Phone/Fax/E-mail _____
Escrow Holder is licensed by the California Department of ☐ Corporations, ☐ Insurance, ☐ Real Estate. License # _____

(___/___)   **REJECTION OF OFFER:** No counter offer is being made. This offer was reviewed and rejected by Seller on
(Seller's Initials) _____ (Date)

THIS FORM HAS BEEN APPROVED BY THE CALIFORNIA ASSOCIATION OF REALTORS® (C.A.R.). NO REPRESENTATION IS MADE AS TO THE LEGAL VALIDITY OR ADEQUACY OF ANY PROVISION IN ANY SPECIFIC TRANSACTION. A REAL ESTATE BROKER IS THE PERSON QUALIFIED TO ADVISE ON REAL ESTATE TRANSACTIONS. IF YOU DESIRE LEGAL OR TAX ADVICE, CONSULT AN APPROPRIATE PROFESSIONAL.
This form is available for use by the entire real estate industry. It is not intended to identify the user as a REALTOR®. REALTOR® is a registered collective membership mark which may be used only by members of the NATIONAL ASSOCIATION OF REALTORS® who subscribe to its Code of Ethics.

Published and Distributed by:
REAL ESTATE BUSINESS SERVICES, INC.
a subsidiary of the California Association of REALTORS®
525 South Virgil Avenue, Los Angeles, California 90020

Reviewed by _____ Date _____

RPA-CA REVISED 1/06 (PAGE 8 OF 8)

CALIFORNIA RESIDENTIAL PURCHASE AGREEMENT (RPA-CA PAGE 8 OF 8)

Display/Reprinted with permission, CALIFORNIA ASSOCIATION OF REALTORS®. Endorsement not implied.

Chapter 10

Taxation

Capítulo 10

Imposición de Impuestos

I.   <u>Property Taxes</u>—Most real property and some personal property are subject to taxation.

I.   **Impuestos prediales**—**La mayor parte de las bienes raíces y alguna propiedad personal están sujetas a impuestos.**

   A.   <u>Valuation and Rates</u>

   A.   **Valuación y cuotas**

      1.   "<u>Full Cash Value</u>"—Basis for tax is the full value shown on County Assessor's 1975/76 Tax Bill with increases up to 2% per year allowed. Property is reappraised upon resale and most other changes of ownership, which brings assessed value in line with current market value.

      1.   **"Valor efectivo completo"**—**La base para el impuesto es el valor completo indicado en la Cuenta de Impuestos del Tasador del Condado para 1975/76 con aumentos permitidos hasta del 2% por año. La propiedad es reavaluada cuando se revende y cuando ocurre algun otro cambio de posesión, lo cual acerca el valor tasado en línea con el valor del mercado.**

      2.   <u>Assessed Value</u>—100% of "Full Cash Value" as set by County Assessor. If value appears high, owner can file appeal with Tax Appeals Board.

      2.   **Valor tasado**—**100% del "valor efectivo completo" como está fijado por el Tasador del Condado. Si el valor parece ser alto, el dueño puede registrar una petición con la Junta de Registros para Impuestos.**

      3.   <u>Public Utilities</u>—Assessed by State Board of Equalization.

      3   **Servicios públicos**—**Tasados por la Junta Estatal de Compensación.**

      4.   <u>Taxes</u>—Limited to 1% of "full cash value" plus any voter approved indebteness. Rate set by County Board of Supervisors.

      4.   **Impuestos**—**Limitados al 1% del "valor efectivo completo" más cualquier endeudamiento. Cuota establecida por la Junta de Supervisores del Condado.**

      5.   "<u>Ad Valorem</u>"—Means according "to value." Property taxes are said to be an "ad valorem" tax.

      5.   **"Al valor"**—**Significa de acuerdo al valor. Se dice que los impuestos a la propiedad son un impuesto al valor.**

   B.   <u>Tax Calendar</u>

   B.   **Calendario de impuestos**

      1.   Tax year, or fiscal year, is July 1 through June 30.

      1.   **El año impositivo o año fiscal es desde el(1) primero de julio hasta el 30 de junio.**

2.　Taxes become a lien on January 1 preceding each fiscal year.

2.　Los impuestos se convierten en un embargo preventivo el (1) primero de enero precediendo cada año fiscal.

3.　<u>First Installment</u>—Due November 1; delinquent after December 10.

3.　<u>Primera cuota</u>—Debida el (1) primero de noviembre, morosa a partir 10 del diciembre.

4.　<u>Second Installment</u>—Due February 1; delinquent after April 10.

4.　<u>Segunda cuota</u>—Debida el (1) primero de febrero; morosa a partir del 10 de abril.

C.　<u>Tax Sale</u>—If taxes are unpaid, following steps are taken:

C.　<u>Venta de propiedad por impuestos no pagados</u>—Si los impuestos no son pagados, se toman las siguientes medidas:

1.　County tax collector publishes list of all unpaid tax bills in Notice of Impending Default on or before June 8th of that fiscal year.

1.　El recaudador de impuestos del condado publica una lista de todas las cuentas de impuestos sin pagar en el "aviso de incumplimiento inminente" el 8 de junio o antes de ese año fiscal.

2.　If these are not paid by June 30th, taxes are in default and property becomes known as Tax defaulted property.

2.　Si los impuestos no son pagados el 30 de junio, estos están incumplidos y la propiedad llega a ser conocida como "propiedad atrasada en pago de impuestos".

3.　County tax collector holds lien on property for next five years.

3.　El recaudador de impuestos del condado retiene un embargo sobre la propiedad por los siguientes cinco años.

    a.　Owner remains in undisturbed possession.

    a.　El dueño permanece en tranquila posesión.

    b.　Owner may redeem property by paying delinquent taxes, costs, interest, and penalties.

    b.　El dueño puede rescatar la propiedad pagando los impuestos atrasados, costos, intereses y multas.

4.　After 5 years of being Tax defaulted property, County Tax Collector has power to sell at public auction, by sealed bid sale or to a public agency. Original owner can redeem up to final sale date.

4.　Después de ser "propiedad atrasada en impuestos" por 5 años, el recaudador de impuestos del condado tiene poder para venderla en subasta pública, venta con oferta sellada o a una agencia pública. El propietario original puede rescatarla hasta fecha de la venta final.

5.　County tax collector must attempt to try to sell the property within 2 years of the time the property becomes subject to sale. Upon sale of property, tax collector issues tax <u>deed</u> to purchaser.

5.　El recaudador de impuestos del condado está obligado a tratar de vender la propiedad dentro de los 2 años de estar en posesión del Estado. El recaudador de impuestos dirige la venta y otorga al comprador una escritura de dominio por impuestos no pagados.

D. <u>Exemptions</u>—Must be filed by April 15.

D. <u>**Exenciones**</u>—**Deben ser presentadas el 15 de april.**

    1. <u>Veterans</u>—$4,000 of Cull cash value provided veteran does not own property worth $20,000 or more ($40,00 if married).

    1. <u>**Veteranos**</u>—**$4,000 del "valor efectivo completo" considerando que el veterano no posee propiedad con valor de $20,000 o más ($40,000 si es casado).**

    2. <u>Homeowners</u>—$7,000 of Full cash values on owner-occupied single family or multi-family residences and condominiums.

    2. <u>**Propietarios**</u>—**$7,000 del "valor efectivo completo" en casas para una familia ocupadas por el dueño o residencias multifamiliares y condominios.**

E. <u>Personal Property Taxes</u>—Some tangible personal property is subject to taxation (boats, store fixtures, machinery, etc.).

E. <u>**Impuestos de propiedad personal**</u>—**Alguna propiedad personal tangible está sujeta a impuestos (botes, equipos e instalaciones de tiendas, maquinaria, etc.).**

    1. <u>Unsecured Personal Property (Tenant Does Not Own the Building)</u>—Tax due when billed, delinquent after August 31.

    1. <u>**Propiedad personal sin garantía (el poseedor no es dueño del edificio)**</u>—**Normalmente debido y pagadero en la misma fecha que los impuestos de bienes raíces.**

    2. <u>Secured Personal Property (Tenant Owns Building)</u>—Normally due and payable on same dates as real estate taxes.

    2. <u>**Propiedad personal con garantía (el ocupante posee el edificio)**</u>—**Normalmente vencido y pagadero en las mismas fechas en que se pagan los impuestos prediales.**

F. <u>Change in Ownership Statement</u>—Person acquiring an interest in real property must file statement with assessor within 45 days of recording deed.

F. <u>**Cambios en cuanto a la declaración de propietario**</u>—**Cualquier persona que adquiere un interés en bienes raíces debe registrar una declaración con el tasador dentro de los 45 días que se registra la escritura.**

G. <u>Postponement of Property Taxes</u>—Senior citizens (age 62 or older) and persons blind or disabled may defer paying each year's taxes. To qualify, household income cannot exceed $24,000. State pays taxes and postponed tax plus interest is paid to state when owner moves, sells, or dies.

G. <u>**Posponer el pago de impuesto predial**</u>—**Las personas mayores (con 62 o más años de edad) y personas ciegas o incapacitadas pueden diferir el pago de los impuestos cada año. Para poder calificar el ingreso del hogar no puede exceder de $24,000 anuales. El estado paga los impuestos y dichos impuestos diferidos más intereses son pagados cuando el propietario se muda, vende o muere.**

II. <u>Special Assessments</u>—Levied for the cost of specific local improvements such as streets, sewers, lighting, etc. Property taxes and assessment liens have priority over all other liens but are on a parity with each other.

II. <u>**Impuestos especiales**</u>—**Recaudados para el costo de mejoramientos específicos locales tales como calles, alcantarillados, alumbrado público, etc. Los embargos por impuestos de bienes raíces e impuestos especiales tienen prioridad sobre todos los otros gravámenes pero están en paridad entre ellos.**

A. <u>Street Improvement Act of 1911</u>—Widely utilized for street improvements.

A. **<u>Acta para el Mejoramiento de Calles de 1911</u> —Se utiliza frecuentemente para el mejoramiento de las calles.**

    1. City or county enter into contract with contractor. Upon completion, each owner is sent a bill for his or her proportionate share (based on front footage of property).

    1. La ciudad o el condado celebran un contrato con un constructor. Cuando el trabajo ha sido completado cada propietario recibe una cuenta por su cuota proporcional (basada en la longitud en pies del frente de la propiedad).

        a Owner has 30 days to pay all, part or none of bill.

        a. El dueño tiene 30 días para pagar toda la cuenta, parte de la cuenta o no pagarla.

        b. Bonds are issued to cover unpaid portions and owner pays the cost over bonding period. Interest received by bond holder is free of federal income taxes.

        b. Se emiten bonos para cubrir las porciones sin pagar y el dueño paga los costos durante el periodo de los bonos. El interés recibido por el poseedor de los bonos es libre del impuesto federal sobre los ingresos.

III. <u>Documentary Transfer Tax</u>—A tax adopted by most California counties which is levied at the time a deed is recorded.

III. <u>Impuesto de transferencia documentaria</u>—Un impuesto adoptado por la mayoría de los condados de California, el cual es recaudado al tiempo de registrar una escritura.

    A. Rate is $.55 for each $500 of consideration or part thereof.

    A. La tasa es de $.55 por cada $500 de retribución o parte de la misma.

    B. Consideration is usually selling price except that a loan on property at time of sale that is transferred to a new owner can be deducted from selling price. No tax if consideration is $100 or less.

    B. La retribución es, usualmente, el precio de venta excepto que un préstamo en la propiedad que es transferido al tiempo de la venta al nuevo dueño pueda ser deducido del precio de venta. Cuando la retribución es de $100 o menos no se cobra impuesto.

    C. <u>Federal Gift Tax</u>—All gifts in excess of $10,000 per year per person are subject to a federal gift tax.

    C. <u>Impuesto federal a donaciones</u>—Todas las donaciones en exceso de $10,000 por año por persona están sujetos a un impuesto federal a donaciones.

        1. A husband and wife could give an annual gift of up to $20,000 to one person without a tax.

        1. Una pareja (esposo y esposa) pueden dar una donación anual hasta de $20,000 a una persona sin impuesto.

        2. Gift tax rates are the same as estate tax rates.

        2. Las tasas del impuesto a donaciones son las mismas tasas del impuesto herencial.

        3. Gifts for medical bills or for school tuition, in any amount, are exempt from gift taxes.

        3. Donaciones para gastos médicos o para matricula escolar en cualquier cantidad, están exentas del impuesto a donaciones.

4.   Although a gift tax may be due on gifts in excess of $10,000, the actual tax may not have to be paid as the federal estate and gift tax law allows the tax to be offset by special credit. Accumulated gift and/or estate taxes can be offset by a credit of up to $192,800.

4.   **Aunque se puede deber un impuesto por donación que excedan la cantidad de $10,000, dicho impuesto puede no pagarse dado que le ley federal de patrimonio y donación permite que el impuesto sea contrarrestado por un crédito especial. La donación y/o los impuestos a la propiedad acumulados pueden ser contrarrestados por un crédito de hasta $192,800.**

IV.   Federal Income Taxation—Since most real estate transactions have important income tax consequences, a basic understanding is vital to all real estate licensees. Tax consciousness begins prior to the acquisition.

IV.   **Imposición de impuestos federales sobre ingresos—Ya que la mayoría de las transacciones de bienes raíces tienen importantes consecuencias en los impuestos sobre ingresos, un entendimiento básico es vital para todos los agentes licenciados en bienes raíces. Conciencia de los impuestos empieza antes de la adquisición.**

A.   Definitions

A.   **Definiciones**

1.   Ordinary Income—Income derived from wages, operation of a business, commissions, portfolio investments, passive investments, etc., taxed at rates of 10% on income of $7,000 or less to 35% on income over $311,950.

1.   **Ingreso ordinario—Ingreso derivado de sueldos, operación de un negocio, comisiones, cartera de valores para inversión, gravado a tasas del 10% en ingresos de $7,000 o menos hasta 35% en ingresos sobre $311,950.**

2.   Capital Gains—Profits realized from sale of Capital Assets or Section 1231 Assets. Maximum tax rate is 15%.

2.   **Ganancias de capital—Ganancias realizadas en la venta de activos de capital o activos Sección 1231. La tasa de impuesto máxima es 15%.**

3.   Portfolio Investments—Investments in stocks, bonds, or savings accounts that earn interest, dividends, royalties, etc..

3.   **Cartera de valores para inversión—Inversiones en acciones, bonos o cuentas de ahorro que devengan interés, dividendos, regalías, etc.**

4.   Capital Assets—Property held for investment (stocks, bonds, land) or property held for personal use (residence, jewelry, auto).

4.   **Activos de capital—Propiedad poseída para inversiones (acciones, bonos, sierras) o propiedad poseída para uso personal (residencia, joyas, auto).**

5.   Section 1231 Assets—Property used in taxpayer's trade or business (rental property, broker's real estate office, manufacturing plant).

5.   **Activos Sección 1231—Propiedad usada en la profesión o negocio del contribuyente (propiedad para arrendar, la oficina del corredor en bienes raíces, fábrica de manufacturas).**

6.   Passive Investments—Investments in business ventures in which taxpayer does not "materially participate" in its operation. To "materially participate," investor must own at least a 10% interest and make bona fide management decisions.

6. <u>Inversiones pasivas</u>—**Inversiones en empresas comerciales en la cual el contribuyente no "participa materialmente" en su operación. Para "participar materialmente", el contribuyente posee por lo menos un interés de 10 % y toma decisiones administrativas.**

    a.   For income property investors, this means approving new tenants, capital expenditures, and repairs.

    a.   **Para inversionistas en propiedades arrendadas, significa dar aprobación a nuevos arrendatarios y autorizar gastos de fondos y reparaciones.**

    b.   Limited partners in a limited partnership do not "materially participate."

    b.   **Un socio limitado en una compañía limitada no "participa materialmente".**

7. <u>Passive Investment Income</u>—Income from passive investments. Taxed as ordinary income.

7. <u>**Ingreso de inversión pasiva**</u>—**Ingreso derivado de inversiones pasivas. Gravado como ingreso ordinario.**

8. <u>Passive Investment Losses</u>—Losses from passive investments can only be used to offset passive income (if any) with one major exception. Real estate investors (except limited partners) who "materially participate" may deduct up to $25,000 of losses against ordinary income.

8. <u>**Pérdidas en inversiones pasivas**</u>—**Pérdidas ocurridas en inversiones pasivas. Las pérdidas pueden ser usadas para compensar el ingreso pasivo (si lo hay) con una excepción principal. Inversionistas en bienes raíces (excepto socios limitados) quienes "participan materialmente" pueden deducir hasta $25,000 de pérdidas contra ingreso ordinario.**

9. <u>Book Value</u>—Value on taxpayer's books and is used to establish gain or loss at time of sale. Referred to as "cost," "adjusted cost," or "basis." Consists of original cost of property, plus any capital improvements, less any depreciation allowed.

9. <u>**Valor según libros**</u>—**Valor en libros contables del contribuyente es usado para establecer ganancia o pérdida al tiempo de venta. Referido como "costo", "costo ajustado", o "base". Consiste del costo original de la propiedad, más cualesquier mejoras de capital, menos cualquier depreciación permitida.**

10. <u>Tax Shelter</u>—Legal way of reducing ones taxes. Includes use of depreciation allowances, installment sale, and tax deferred exchanges.

10. <u>**Protección contra impuestos**</u>—**Manera legal para una persona de reducir impuestos. Incluye uso de la depreciación permitida, ventas a plazos e intercambios con impuestos diferidos.**

11. <u>Involuntary Conversion</u>—Forced sale by owner to government in condemnation proceedings.

11. <u>**Conversión involuntaria**</u>—**El dueño es forzado a vender su propiedad al gobierno por proceso de condenación.**

B. <u>Classification of Property</u>—Classification is important when considering gains, losses, depreciation, or whether eligible for "tax free" exchange.

B. <u>**Clasificación de la propiedad**</u>—**La clasificación es importante cuando se considera utilidades, pérdidas depreciación o adecuada para un intercambio "libre de impuestos".**

1. <u>Personal Residence</u>—Place owned by and where taxpayer is living. May be a single family residence, mobile home, condominium unit, or yacht.

1. **<u>Residencia personal</u>—Vivienda poseída por el contribuyente y lugar donde él vive. Puede ser una residencia unifamiliar, una casa movible, una unidad de condominio o un yate.**

2. <u>Investment Property</u>—Vacant land held for an expected increase in value.

2. **<u>Propiedad para inversión</u>—Terreno vacante poseído en la expectativa de un aumento en su valor.**

3. <u>Property Held for Production of Income</u>—Property earning income for owner who does not rely on income as major source of income.

3. **<u>Propiedad tenida para producción de ingresos</u>—Propiedad que le gana ingresos al dueño pero quien no la considera una fuente principal de ingresos.**

4. <u>Property Used in a Trade or Business (Section 1231 Asset)</u>—Property in which owner derives major source of livelihood from or property used for operation of his or her business.

4. **<u>Propiedad usada en una profesión o negocio (Activo Sección 1231)</u>—Propiedad en la cual el dueño deriva la mayor fuente de su subsistencia o propiedad usada para la operación de su negocio.**

5. <u>Dealer Property</u>—Property held for sale to customers. May be subdivided lots, tract of new homes, or miscellaneous properties being bought and sold by an active licensee or investor.

5. **<u>Propiedad del negociante</u>—Propiedad tenida para venta a clientes. Puede ser lotes subdivididos, urbanización de casas nuevas, propiedades diversas que están siendo compradas y vendidas por agente licenciado en bienes raíces o un inversionista.**

C. <u>Personal Residence</u>—Special rules apply to taxpayer's personal residence.

C. **<u>Residencia personal</u>—Reglas especiales aplican a la residencia personal del contribuyente.**

1. <u>Gains and Losses</u>—Gains are considered capital gains. Losses are not deductible except to offset a gain that resulted from a previous residence transaction.

1. **<u>Ganancias y pérdidas</u>—Las ganancias son consideradas utilidades de capital-las pérdidas no son deducibles, excepto para compensar la ganancia que resultó de la transacción de una residencia.**

2. <u>Expenses</u>—Taxpayers filing "long form" returns who itemize deductions may deduct expenses for property taxes, interest on loans, and part of any uninsured casualty losses. No deduction for depreciation or maintenance expenses.

2. **<u>Gastos</u>—Los contribuyentes que presentan su declaración de impuestos usando la forma larga" y quienes pormenorizan las deducciones pueden deducir gastos por impuestos prediales, interés en préstamos y parte de cualquier pérdida accidental no cubierta por seguro. No hay deducción por depreciación o gastos de mantenimiento.**

3. <u>Tax Free Gains</u>—Married homeowners of any age may exclude up to $500,000 in gain from the sale of their principal residence. Single persons may exclude up to $250,000 in gain.

3. <u>Ganancias gratuitas de impuestos</u>—Los propietarios casados de cualquier edad pueden excluir hasta $500,000 en ganancias por venta de su residencia principal. Las personas solteras pueden excluir hasta $250,000 en ganancias.

    a.   To qualify as a principal residence the property must have been owned and used by the taxpayer as the principal residence for periods aggregating two years or more within the past 5 years ending on the date of sale.

    a.   **Para calificar como residencia principal, la propiedad tendría que ser comprada y usada por el contribuyente de impuestos en términos como residencia principal por periodos de dos años o más entre los últimos 5 años de acuerdo a la fecha de venta.**

    b.   This tax break can be reused every two years.

    b.   **Esta deducción fiscal puede ser reusada cada dos años.**

    c.   Gains may no longer be rolled-over into the new basis of a replacement residence if a new residence is purchased.

    c.   **Las ganancias no se prodrán transmitir a nuevas bases de una residencia de reemplazo si una residencia nueva es comprada.**

    d.   The age benefit for persons 55 or older is no longer in effect.

    d.   **El beneficio para personas de 55 años de edad o mayor ya no está en efecto.**

D. <u>Installment Sales</u>—A type of sale in which the seller takes back all or part of the purchase price in the form of a loan or a real property sales contract.

D. <u>**Ventas a plazos**</u>—**Un tipo de venta en la cual el vendedor recibe el total o una parte del precio de compra en la forma de un préstamo o un contrato de venta de bienes raíces.**

    1.   On the sale of investment property or a residence, the seller is only taxed on the monies received, as they are received, and not on the entire gain realized in the year of sale.

    1.   **En la venta de propiedad de inversión o una residencia, el vendedor solo es gravado con impuestos sobre los dineros recibidos, cuando éstos son recibidos, y no sobre la utilidad total realizada en el año de la venta.**

Example
Ejemplo

Assume a taxpayer is selling a home for $150,000 that has a book value of $50,000. If the seller is not willing to carry back any part of the purchase price in the form of a loan or installment sales contract, the entire capital gain of $100,000 will be taxed at the prevailing rates in the year of sale.
Suponga que un contribuyente está vendiendo una casa por $150,000, la cual tiene un valor según libros de $50,000. Si el vendedor no está dispuesto a recibir una parte del precio de compra en la forma de un préstamo o un contrato de venta a plazos, la utilidad de capital total de $100,000 será gravada con impuestos a las tasas prevalecientes en el año de la venta.

If the seller, however, was to receive $30,000 down and take back a loan of $120,000, the sale would be considered an installment sale and the IRS will only tax the gain as the money is received from the sale. Applying the ratio of cost over selling price, $50,000/$150,000 every dollar received is broken down into a 1/3 and 2/3 ratio ($.33 1/3 representing a return of money invested and $.66 2/3 as capital gain).

Sin embargo, si el vendedor recibe $30,000 de pago inicial y acepta un préstamo de $120,000, la venta sería considerada como una venta a plazas y el "IRS" solo gravaría la utilidad cuando el dinero de la venta fuera recibido. Aplicando la proporción de costo sobre un precio de venta, $50,000/$150,000, cada dólar recibido es repartido en la proporción de 1/3 y 2/3 ($.33 1/3 representando un reembolso del dinero invertido y $.66 2/3 una utilidad del capital).

By structuring the sale in this manner, the seller would report the sale and show the potential capital gain of $100,000 but would only have to pay tax on the cash received in the first year (the $30,000 down plus a few dollars paid on the principal). Of the $30,000 collected, only 2/3 is taxable gain, the remaining 1/3 is a return of capital invested.

Estructurando la venta en esta manera, el vendedor reportaría la venta y mostraría la utilidad potencial de capital de $100,000 pero solo tendría que pagar impuesto sobre el dinero recibido en el primer año (los $30,000 del pago inicial, más unos cuantos dólares pagados sobre el principal). De los $30,000 recibidos, solamente 2/3 es utilidad gravable y el restante 1/3 es un reembolso del capital invertido.

In the following years, the seller reports the money received on the principal payments on the loan and pays tax on 2/3 of every dollar collected. To benefit from the installment sale, the seller attempts to set up the receipt of money in those years when he or she anticipates that the tax rates will be lower or when the seller will be in a lower tax bracket.

En los años siguientes, el vendedor reporta el dinero recibido de los pagos en la suma principal del préstamo y paga impuestos sobre 2/3 de cada dólar cobrado. Para beneficiarse de la venta a plazas, el vendedor intenta establecer el recibo de dinero en aquellos años cuando él o ella anticipan que las tasas de impuesto serán más bajas o cuando el vendedor estará en una categoría de ingresos gravables más baja.

Special Note—The calculation to establish the ratio of gain in each payment received is different if there is an existing loan that the buyer has agreed to assume. Assume the buyer pays $30,000 down, assumes an existing loan of $50,000 and the seller carries a $70,000 loan. Now subtract the existing loan ($50,000) from the selling price ($150,000) to arrive at the Contract Price ($100,000). The ratio is the Contract Price over the Capital gain ($100,000/ $100,000 or 100%) In effect, all of the down payment is gain as well as every dollar of principal to be received by the seller on the $70,000 loan.

Nota especial—El cálculo para establecer la proporción de ganancia en cada pago es diferente si hay un préstamo existente que el comprador acepta asumir. Suponga que el comprador da un pago inicial de $30,000, asume un préstamo existente de $50,000 y el propietario acepta un préstamo por $70,000. Ahora resta el préstamo existente ($50,000) del precio de venta ($150,000) para llegar al precio del contrato ($100,000). La proporción es el precio del contrato sobre la utilidad del capital $100,000/$100,000 o sea 100%). En efecto, toda la cantidad del pago inicial es utilidad así como cada dólar de la suma principal del préstamo de $70,000 a ser recibido por el vendedor.

2. <u>Recapture Rule</u>—In the sale of income property, or trade or business property, any depreciation that had been taken on the property will be taxed as ordinary income whether taxpayer receives any payments or not. Depreciation recapture income is fully recognized in year of sale.

2. **Regla de recuperación—En la venta de propiedad de inversión o propiedad usada en una profesión o negocio, cualquier depreciación que haya sido tomada en la propiedad será gravada como utilidad de capital sea que el contribuyente reciba o no reciba algunos pagos. El ingreso por recuperación de depreciación es completamente reconocido en el año de la venta.**

E. <u>Depreciation</u>—An owner of property held for the production of income or used in a trade or business is allowed to deduct from income a reasonable amount for depreciation. This is to compensate the owner for exhaustion, wear and tear, and normal obsolescence of owner's property.

E. **Depreciación—A un dueño de propiedad poseída para la producción de ingresos o usada en una profesión o negocio le es permitido deducir de dichos ingresos una cantidad razonable por depreciación. Esto es para compensar al propietario por desgaste, deterioro causado por el uso y la caída en desuso normal de su propiedad.**

1. <u>Application</u>—Applies to real and personal property, and all improvements on the land including fruit and nut bearing trees of commercial orchards.

1. **Aplicación—Se aplica a bienes raíces y propiedad personal y a todas las mejoras en el terreno incluyendo árboles frutales de los huertos comerciales.**

    a. Land cannot be depreciated.

    a. **El terreno no puede ser depreciado.**

    b. Assessor's valuation may be used to establish ratio of land value to improvement value.

    b. **El avalúo del tasador de impuestos puede ser usado para establecer la proporción entre el valor del terreno y el valor de las mejoras (edificaciones).**

2. <u>Life of Property</u>—Following must be used on new or used property acquired after December 31, 1986.

2. **Duración de la propiedad—La siguiente debe ser usada en propiedad nueva o usada adquirida después del 31 de diciembre de 1986.**

    a. Residential rental property—27.5 years

    a. **Propiedad residencial para arrendar—27.5 años**

    b. Commercial real property—31.5 years

    b. **Bienes raíces comercial—31.5 años**

3. <u>Method of Calculating</u>—Owner may only use Straight Line Method.

3. **Método de cálculo—El propietario solo puede usar el método de línea directa.**

Example
Ejemplo

An individual purchased an eight-unit rental property that was 6 years old, on January 5, 2006, for $355,000. The land value is set at $80,000 which leaves $275,000 of improvements to be depreciated over the 27 1/2 year remaining life. By dividing $275,000 by 27 1/2 years, the owner may deduct $10,000 each year for depreciation.

Un individuo compró una propiedad para arrendar de ocho unidades que tenía 6 años de haber sido construida el 5 de enero de 2006 por $355,000. El valor del terreno es fijado en $80,000, lo cual deja $275,000 como valor de la edificación para ser depreciada durante los 27 y medio años de duración restante. Dividiendo $275,000 por 27 y medio años, el dueño puede deducir $10,000 cada año por depreciación.

4. Tax Shelter—Since depreciation is merely a bookkeeping entry and not an out-of-pocket expense, an owner may realize a cash profit from a real estate investment but still show a book loss for tax purposes.

4. **Resguardo contra impuestos—Ya que la depreciación es solamente una entrada en los libros de contabilidad y no un desembolso de dinero en efectivo, un propietario puede obtener una ganancia de una inversión en bienes raíces y, aún, mostrar una pérdida en sus registros contables para propósitos de impuestos.**

Example
Ejemplo

The owner of an 8-unit rental paid $355,000 for the property on January 5, 2006. If the land is valued at $80,000, the depreciation allowed on the improvements would be $10,000 per year ($355,000 − $80,000 = $275,000 divided by 27 1/2 year life). If the net income (gross rents less operation expenses) amounts to $14,200, the owner is allowed to further reduce the income with a deduction for interest paid on the mortgage and $10,000 for depreciation. If the owner can generate enough rental income to offset the "out-of-pocket" expenses (operating costs and mortgage payments), he or she may break even and have no negative cash flow. By deducting an additional $10,000 for depreciation, the investment will show a bookkeeping loss. This loss (assuming this is not a passive investment for this owner) is deducted from the owner's ordinary income, thereby reducing the tax liability or sheltering some of the ordinary income.

El dueño de una propiedad para arrendar de 8 unidades pagó por ésta $355,000 el 5 de enero de 2006. Si el terreno está avaluado en $80,000, la depreciación permitida en las mejoras sería de $10,000 por ano ($355,000 − $80,000 = $275,000 dividido por 27% años de duración). Si el ingreso neto (rentas totales menos gastos de operación) llega a $14,200, al dueño se le permite reducir el ingreso aún más con una deducción por interés pagado en la hipoteca y $10,000 por depreciación. Si el propietario puede generar suficiente ingreso por arrendamientos para compensar el desembolso de fondos para gastos (costos de operación y pagos de la hipoteca), él o ella no puede ganar ni perder y así no tener un flujo de dinero negativo. Deduciendo los $10,000 adicionales por depreciación, la inversión mostrará un pérdida en los libros contables. Esta pérdidas (asumiendo que ésta no es una inversión pasiva) es deducida del ingreso ordinario del propietario, por consiguiente reducir la obligación de impuestos o proteger algo del ingreso ordinario.

F. <u>Financing</u>—Following are tax aspects of real estate financing.

F. <u>**Financiación**</u>—**Los siguientes son aspectos fiscales de la financiación de bienes raíces.**

   1.   <u>Interest on Loans</u>

   1.   <u>**Interés en préstamos**</u>

      a.   Income to lender when received—excess prepaid interest not permitted.

      a.   **Se considera ingreso para el prestamista cuando lo recibe. El exceso de interés pagado por anticipado no es permitido.**

      b.   Deductible expense for borrower at time of payment.

      b.   **Gasto deducible para el prestatario al tiempo de pagarlo.**

   2.   <u>Prepayment Penalties</u>—Considered as interest.

   2.   <u>**Multas por pago anticipado**</u>—**Consideradas como interés**

   3.   <u>Discount Points</u>—When paid by:

   3.   <u>**Puntos de descuento**</u>—**Cuando son pagados por:**

      a.   <u>Borrower</u>—Classified as deductible interest.

      a.   <u>**Prestatario**</u>—**Clasificados como interés deducible.**

      b.   <u>Seller</u>—Considered a cost of sale.

      b.   <u>**Vendedor**</u>—**Considerados un costo de la venta.**

   4.   <u>Finance Charges</u>—Loan costs (commission, fee, escrow, etc.) must be amortized over loan term. Deduction only available on income or business property.

   4.   <u>**Gastos financieros**</u>—**Costos del préstamo (comisión, honorarios, plica, etc.) deben ser amortizados durante el termino del préstamo. La deducción solo es disponible en propiedad para ingresos o negocio.**

   5.   <u>Refinancing</u>—Has no tax effect whatsoever. Does not:

   5.   <u>**Refinanciación**</u>—**No tiene efecto fiscal de ninguna clase.**

      a.   Affect basis.

      a.   **No afecta la base.**

      b.   Give rise to any gain or loss.

      b.   **No da lugar a ganancia o pérdida alguna.**

G. <u>Sale and Lease Back</u>—Many tax advantages can be gained through the sale of the property by an owner with provisions for continued occupancy by the seller under a lease agreement.

G. <u>**Venta y arrendamiento**</u>—**Muchas ventajas en los impuestos pueden obtenerse a través de la venta de la propiedad por un dueño con provisiones para continuar ocupandola bajo un contrato de arrendamiento.**

   1.   <u>Advantages:</u>

   1.   **Ventajas:**

      a.   <u>Seller/Lessee;</u>

      a.   <u>**Vendedor/arrendatario;**</u>

      (1)   Can create working capital when large equity exists.

      (1)   **Puede crear capital cuando existe una equidad grande.**

      (2)   Rent is fully deductible.

      (2)   **El valor del arrendamiento es completamente deducible.**

      (3)   Lease can qualify for tax free exchange if it's for 30 yrs or more.

      (3)   **Contrato de arrendamiento puede calificar para un intercambio libre de impuestos si es por 30 años o más.**

      (4)   Can sell or assign lease, if at a profit, reports it as capital gain.

      (4)   **Puede vender o asignar el contrato de arrendamiento y, si hay utilidad, reportarla como ganancia de capital.**

      (5)   Can depreciate any later improvements over term of lease.

      (5)   **Puede depreciar cualquier mejora posterior durante el término del contrato de arrendamiento.**

   b.   Buyer/Lessor;

   b.   **Para el comprador/arrendador;**

      (1)   Establishes new basis for depreciation.

      (1)   **Establece nueva base para la depreciación.**

      (2)   Has prearranged tenant which aids financing.

      (2)   **Tiene un arrendatario contratado de antemano lo cual le ayuda en la financiación.**

      (3)   Reports rental payments as income when received.

      (3)   **Reporta los pagos de arrendamiento como ingreso cuando los recibe.**

H. Establishing Basis—Since basis is the starting point for computing depreciation and it determines the amount of gain or loss upon sale, it has significant tax consequences. Basis is determined by method of acquisition.

H. **Estableciendo una base—Ya que la base es el punto inicial para computar la depreciación y determina la cantidad de utilidad o pérdida al momento de vender, tiene con secuencias respecto a los impuestos. La base es determinada por el metodo de adquisición.**

   1.   Purchase—Cost of acquisition including escrow fees, title insurance, etc.

   1.   **Compra—Costo de adquisición incluyendo honorarios de plica, seguro de título, etc.**

   2.   Gift—Usually donor's adjusted basis plus gift tax, if any, paid.

   2.   **Donación—Usualmente es la base ajustada del donador más impuesto a donaciones, si ha sido pagado.**

   3.   Inheritance—Fair market value at date of death or at alternate valuation date as provided in tax laws.

   3.   **Herencia—Valor de mercado justo en la fecha de la muerte o la fecha de la avaluación alterna coma está provisto en las leyes de impuestos.**

4. <u>Joint Tenancy</u>—Survivor's original interest remains at book value; interest received from deceased is fair market value at date of death.

4. **Tenencia conjunta**—**El interés original del sobreviviente retiene su valor según libros; el interés recibido del fallecido es el valor de mercado justo en la fecha de la muerte.**

5. <u>Community Property</u>—Surviving spouse has new basis on entire property equal to fair market value at date of death or alternate valuation date as provided in tax laws.

5. **Propiedad comunitaria**—**El esposo o esposa sobreviviente tiene una nueva base en la propiedad entera al precio de mercado justo en la fecha de fallecimiento o en una fecha de avaluación alterna coma lo provee la ley de impuestos.**

V. <u>Real Estate Exchanging</u>—The Internal Revenue Code permits a taxpayer to defer paying taxes on a gain or profit by exchanging the property. Although called "Tax free," it merely defers the gain and only applies to certain transactions.

V. **Intercambiando bienes raíces**—**El Código de Rentas Internas permite a un contribuyente aplazar el pago de impuestos sobre una utilidad o ganancia si hace intercambio de propiedad. Aún cuando es llamado "libre de impuestos" simplemente difiere la utilidad y solo es aplicable a ciertas transacciones.**

A. <u>Like Properties</u>—Law only permits exchange of Like for Like property. Like property includes:

A. **Propiedades equivalentes**—**La ley solamente permite el intercambio de propiedad "igual por igual". La propiedad equivalents incluye:**

1. Investment property.
1. **Propiedad para inversión.**

2. Property held for the production of income.
2. **Propiedad poseída para la producción de ingresos.**

3. Property used in your trade or business.
3. **Propiedad usada en su profesión o negocio.**

Note: Although it is permissible to exchange a personal residence and defer a gain, provisions for that type of exchange is under a separate section of the law and is not considered here under "tax free" exchanges.

Aunque se permite el intercambio de una residencia personal y aplazar la utilidad, las provisiones para este tipo de intercambio están bajo una sección separada de la ley y no están considerados aquí como intercambios libres de impuestos.

B. <u>Boot and Mortgage Relief</u>—Since the receipt of boot or mortgage relief may result in a tax liability, an understanding of each is essential.

B. **Adiciona equidad y asistencia hipotecaria**—**Ya que el recibo de adición a equidad o asistencia hipotecaria puede resultar en una obligación tributaria, un entendimiento de cada una es esencial.**

1. <u>Boot</u>—When the equity of the parties to the exchange is unequal, the deficient party must give something (cash, a note, or other property) to the other party to offset the deficiency called "Boot."

1. <u>Adición a equidad</u>—**Cuando la equidad de las partes en un intercambio es desigual, la parte deficiente tiene que dar algo (dinero efectivo, un pagaré u otra propiedad) a la otra parte para compensar la deficiencia. La compensación se llama "adición a equidad".**

2. <u>Mortgage Relief</u>—If one of the parties to the exchange reduces their loan liability, they receive mortgage relief and may be subject to tax liability.

2. <u>Asistencia hipotecaria</u>—**Si una de las partes en el intercambio reduce su obligación en el préstamo, recibe asistencia hipotecaria y puede estar sujeto a una obligación tributaria.**

Example
Ejemplo

A		B
$300,000	Market Value **Valor de mercado**	$400,000
$200,000	First Trust Deed **Primera escritura fiduciaria**	$250,000
$100,000	Equity **Equidad**	$150,000

If "A" trades property to "B," "B" will receive $50,000 in boot to equalize equities as well as $50,000 in mortgage relief. This could result in a tax liability to "B."

Si "A" intercambia la propiedad con "B", "B" recibirá $50, 000 de "adición a equidad" para igualar las equidades y también $50,000 en asistencia hipotecaria. Esto puede resultar en una obligación tributaria para "B".

C. <u>Tax Consequences</u>—Party receiving boot and/or mortgage relief will be taxed on net amount received up to any gain realized from the exchange.

C. <u>Consecuencias tributarias</u>—**La parte que recibe adición a equidad y/o asistencia hipotecaria será gravada en la cantidad neta recibida hasta cualquier utilidad realizada en el intercambio.**

Example
Ejemplo

Assume values and loans as follows with Party "B" having a book value of $250,000. If "B" sold the property outright, "B" would report a $150,000 gain. An exchange works in the following manner:
Asuma valores y préstamos como sigue con la parte "B" teniendo un valor según libros de $250,000. Si "B" vendiera, la propiedad de una vez tendría que reportar una ganancia de $150,000. Un intercambio trabaja en la siguiente manera:

<u>A</u>		<u>b</u>
$300,000	Market Value **Valor de mercado**	$400,000
$200,000	First Trust Deed **Primera escritura fiduciaria**	$250,000
$100,000	Equity **Equidad**	$150,000

The tax law states that "B" pays tax on any gain up to the amount of boot or mortgage relief received. "B" has a potential gain of $150,000 but since "B" only realized $100,000 ($50,000 boot and $50,000 in mortgage relief) from the exchange, "B" need only pay tax on the $100,000. If "B" later sells, "B" will be taxed on the additional $50,000.
La ley de impuestos establece que "B" paga impuestos sobre cualquier utilidad hasta la cantidad de adición a equidad o asistencia hipotecaria recibida. "B" tiene una utilidad potencial de $150,000 pero como solo realizó $100,000 en el intercanbio ($50,000 de adición a equidad y $50,000 de asistencia hipotecaria) solo necesita pagar impuesto sobre los $100,000. Si "B" vende después será gravado sobre los $50, 000 adicionales.

Chapter 11 Capítulo 11

Public Control Control Público

Government exercises great deal of control over real estate activities at the federal state and local level. Various aspects and applicable laws are reviewed in the following sections.

El gobierno ejerce una gran cantidad de control sobre las actividades de bienes raíces en los niveles federal, estatal y local. Varios aspectos y las leyes aplicables son revisadas en las secciones siguientes.

I.   State Subdivision Map Act—Gives local government bodies the direct control over the kind and type of subdivisions to be developed in each community and to control the physical improvements to be installed.

I.   **Acta del Mapa de la Subdivisión Estatal—Da a los cuerpos gubernamentales locales el control directo sobre la clase y tipo de subdivisiones a ser desarrolladas en cada comunidad y los mejoramientos físicos que se van a instalar.**

   A.   Major Objectives—

   A.   **Objetivos principales—**

      1.   To coordinate the subdivision plans and planning, including lot design, street patterns, sewer systems, utilities, water supplies, and protection against flood, quake, and slide hazards.

      1.   **Coordinar los pianos de la subdivisión y la planeación, incluyendo diseño de lotes, el patrón de las calles, sistemas de alcantarillas, servicios públicos, suministros de agua y protección contra inundaciones, temblores de tierra y peligro de deslizamientos o avalanchas.**

      2.   To ensure that dedicated areas for public purposes will be improved at the outset by the subdivider.

      2.   **Asegurar que las áreas dedicadas para uso del público serán mejoradas al principo por el urbanizador.**

   B.   Definition—Any real property, improved or unimproved, divided into two or more contiguous lots or parcels, for the purpose of sale, lease, or financing. Includes condominiums and community apartments. Does not control:

   B.   **Definición—Cualquier propiedad, con mejoras o sin ellas, dividida entre dos o más parcelas o lotes contiguos para propósito de venta, arrendamiento o financiación. Incluye condominios y apartamentos comunitarios. No controla:**

      1.   Financing or leasing of apartments, offices, stores, or similar space within apartment buildings, industrial buildings, commercial buildings, mobile home parks, or trailer parks;

      1.   **Financiación o arrendamiento de apartamentos, oficinas, tiendas o espacio similar dentro de edificios de apartamentos, edificios industriales, edificios comerciales, parques para casas movibles o parques para vehículos recreacionales.**

      2.   Mineral, oil, or gas leases.

      2.   **Contratos de arrendamiento para minerales, petróleo o gas.**

   C.   Requirements—Map Act requires that a map be prepared and approved for the subdivision. Two types of maps:

   C.   **Requisitos—El Acta del Mapa requiere que un mapa sea preparado y aprobado para cada subdivisión. Hay dos tipos de mapas:**

1. <u>Parcel Map</u>—Required where subdivision is four or less parcels. City or county can only regulate dedication of rights-of-way, easements, and construction of reasonable offsite or onsite improvements.

1. **<u>Mapa de parcela</u>—Requerido donde la subdivisión es de cuatro parcelas o menos. Solamente la ciudad o el condado pueden regular la dedicación de los derechos de paso o calles, servidumbres y la construcción de mejoramientos razonables en el sitio y fuera del sitio.**

2. <u>Final Map</u>—Required where subdivision is five or more parcels. City or county regulates all aspects of development.

2. **<u>Mapa final</u>—Requerido donde la subdivisión es de cinco parcelas o más. La ciudad o el condado regula todos los aspectos de la urbanización.**

D. <u>Procedure</u>

D. **<u>Procedimiento</u>**

1 Prepare tentative map showing design of subdivision.

1. **Preparar mapa tentativo mostrando el diseño de la subdivisión.**

2. File copies with local planning agency for review and recommendations.

2. **Presentar copias a la agencia local de planeación para revisión y recomendaciones.**

3. Prepare final map following recommendations, if any.

3. **Preparar el mapa final siguiendo las recomendaciones, si las hay.**

    a. Survey land, name streets, designate each lot.

    a. **Medir el terreno, nombrar las calles y designar cada lote.**

    b. Submit detailed plans for sewers, roads, utilities, etc.

    b. **Presentar pianos detallados para las alcantarillas, calles, servicios públicos, etc.**

4. Obtain certificates from:

4. **Obtener certificados de:**

    a. Owner consenting to preparation and recordation of final map.

    a. **El propietario, consintiendo a la preparación y registro del mapa final.**

    b. Parties of interest dedicating portions for specific uses.

    b. **Partes interesadas, dedicando porciones para usos específicos.**

    c. Governing body accepting map and dedicated parcels.

    c. **Organo gubernamental, aceptando el mapa y las parcelas dedicadas.**

5. Record approved final map.

5. **Registrar el mapa final aprobado.**

II. <u>Housing and Construction</u>—Basic regulation of these industries is accomplished by three different laws:

II. **<u>Vivienda y construcción</u>—La regulación básica de estas industrias es llevada a cabo por tres leyes diferentes:**

A. <u>State Housing Law</u>—Provides minimum construction and occupancy requirements for dwellings, apartment houses, and hotels.

A. <u>Ley estatal de vivienda</u>—**Provee requisitos mínimos de construcción y ocupación para viviendas, casas de apartamentos y hoteles.**

    1. City or county may impose more stringent requirements.
    1. La ciudad o el condado pueden imponer requisitos más estrictos.

    2. Construction requirements handled by local building inspectors.
    2. Los requisitos de construcción son dirigidos por los inspectores de construcción locales.

    3. Occupancy and sanitation regulations enforced by local health officers.
    3. Las regulaciones de ocupación e higiene las hacen cumplir los funcionarios de salud locales.

B. <u>Local Building Codes</u>—Each city or county may establish their own construction and occupancy requirements.
B. <u>Códigos de construcción locales</u>—**Cada ciudad o condado puede establecer sus propios requisitos de construcción y ocupación.**

    1. Most stringent of any city, state, or county law applies.
    1. Se aplica la ley más estricta de cualquier ciudad, estado o condado.

    2. Building permit from local building department usually required.
    2. Permiso para construir del departamento de construcción local es usualmente requerido.

    3. Each city and county must appoint health officer who regulates drainage, plumbing and sewage disposal, and water supplies.
    3. Cada ciudad y condado deben nombrar un funcionario de salud encargado de regular drenajes, instalación de tuberías y disposición de aguas negras y los suministros de agua potable.

C. <u>Contractors State License Law</u>—Purpose is to protect public against incompetent building contractors and subcontractors.
C. <u>Ley estatal de licencia para contratistas</u>—**El propósito es proteger al público contra contratistas y subcontratistas de construcción incompetentes.**

    1. Requires all construction to be done by licensed contractors.
    1. Requiere que toda construcción sea hecha por contratistas licenciados.

D. <u>Indirect Controls</u>—FHA, G.I., and Cal-Vet financing programs provide more elaborate building requirements called MPRs (Minimum Property Requirements).
D. <u>Controles indirectos</u>—**Los programas de financiación de FHA, G.I. y Cal-Vet proveen requisitos de construcción más detallados llamados MPRs (Requisitos mínimos de propiedad).**

III. <u>City Planning, Zoning, and Redevelopment</u>
III. <u>Planeación, zonificación, y desarrollo urbano</u>

A. <u>General Plans</u>—Every city and county in California by state law must adopt a comprehensive, long-term general plan.
A. <u>Planes generales</u>—**Por ley estatal cada ciudad y condado en California deben adoptar un plan general de conjunto a largo plazo.**

1. Areas of concern include land use, housing, open space, conservation, safety, seismic safety, noise, and scenic highway.

1. **Areas de interés incluyen uso del terreno, vivienda, espacios abiertos, conservación, seguridad, seguridad sísmica, ruido y carreteras con vista panorámica.**

2. Zoning and subdivision approvals must be consistent with the adopted general plan.

2. **Las aprobaciones para zonificación y subdivisión deben ser consistentes con el plan general adoptado.**

B. <u>Zoning</u>—The most important legal tool for carrying out local general plans.

B. **<u>Zonificación</u>—El instrumento legal más importante para llevar a efecto los planes generales locales.**

1. Zoning is an exercise of police power and must promote the "public health, safety, and general welfare." Controls setbacks, building heights, building size, use, etc.

1. **Zonificación es un ejercicio del poder público y debe promover "la salud, seguridad y bienestar públicos". Controla los espacios libres, altura de las edificaciones, tamaño de la construcción, uso etc.**

2. If owner feels blanket zoning ordinance is neither fair nor reasonable, owner may:

2. **Si al dueño le parece que la ordenanza de zonificación no es justa ni razonable, él puede hacer lo siguiente.**

    a. Petition to the planning commission (appointive positions) for rezoning provided there are a number of parcels. If denied, owner may appeal to the city council or board of supervisors.

    a. **Presentar una petición a la comisión de planeación (los miembros son nombrados) para una rezonificación. Si es negada, el dueño puede apelar al concejo de la ciudad o a la junta de supervisores.**

    b. Petition for exception to use (variance) if single lot is involved.

    b. **Hacer una petición de excepción para uso (variación) si se trata de un solo lote.**

    c. File court action to have ordinance set aside as being unfair and unreasonable.

    c. **Presentar una demanda en el tribunal para invalidar la ordenanza por ser injusta o irrazonable.**

3. <u>Zoning Symbols</u>—Not consistent throughout the state but following are considered standard.

3. **<u>Símbolos de zonificación</u>—No son consistentes a lo largo del Estado, pero los siguientes son considerados estándar.**

M-1 Light industrial or manufacturing
Zona industrial o manufactura liviana.

R-1 Single family residence
Residencias unifamiliares

R-3 Multiple f amily
Residencias multifamiliares

4. Downzoning—Change in zoning law which restricts new development to a more restrictive use such as rezoning commercial property to residential use.

4. Zonificación restrictiva—Un cambio en las ordenanzas de zonificación la cual limita las urbanizaciones nuevas a un uso más restringido, tal como rezonificar una propiedad comercial para uso residencial.

IV. Subdivided Lands Act—(California Real Estate Law)—Basic purpose is to protect California purchasers of new subdivided land, regardless of location, from fraud, deceit, or misrepresentation.

IV. **Acta de Terrenos Subdivididos—(Ley de Bienes Raíces de California)—El propósito básico es proteger a los compradores de terrenos en subdivisiones nuevas en California, sin tener en cuenta la ubicación, contra fraude, engaño o representación falsa.**

A. Definition—Subdivision is:

A. **Definición—Una subdivisión es:**

1. Division of land into five or more parcels, for the purpose of sale, lease, or financing, whether now or in the future. Excludes divided parcels of 160 acres or more (unless used for mineral, oil, or gas purposes) and industrial and commercial subdivisions.

1. **La división de terreno en cinco o más parcelas, para el propósito de venta, arrendamiento o financiación sea ahora o en el futuro. Excluye parcelas divididas de 160 acres o más (a menos que sean usadas para propósitos de minerales, petróleo, o gas) y subdivisiones industriales y comerciales.**

2. Condominium project of five or more units, community apartment project of five or more apartments, stock cooperative with five or more shareholders, or a planned development containing five or more parcels.

2. **Proyecto de condominio de cinco o más unidades, proyecto de apartamento comunitario de 5 o más apartamentos, cooperativa de acciones con cinco o más accionistas o una urbanización planeada conteniendo cinco o más parcelas.**

3. Creation of five or more undivided interests in land of any size, for purpose of sale, lease, or financing. Excludes transactions between relatives and knowledgeable investors.

3. **Creación de cinco o más intereses indivisos (enteros) en terreno de cualquier tamaño, para el propósito de venta, arrendamiento o financiación. Excluye transacciones entre familiares e inversionistas informados.**

B. Administration—Law is directly administered by the Real Estate Commissioner. No sale can be made until Commissioner has issued Subdivision Public Report.

B. **Administración—La ley es directamente administrada por el Comisionado de Bienes Raíces. No se pueden efectuar ventas hasta que el Comisionado haya expedido el reporte público de la subdivisión.**

1. Public Report Exemptions—No public report required on subdivisions (other than Land Projects, Stock Cooperatives, or sale of Undivided Interests) if all of the following are satisfied:

1. **Exenciones del reporte público—No se requiere reporte público en subdivisiones (diferentes a proyectos de terreno, cooperativas de acciones o la venta de intereses indivisos) si todos los puntos siguientes son satisfechos:**

a.   Each parcel is located entirely within the boundary of a city.

a.   Cada parcela está localizada enteramente dentro de los límites de una ciudad.

b.   Each parcel has a completed residential structure with all the necessary improvements needed for occupancy or adequate financial arrangements have been made to complete them.

b.   Cada parcela tiene una estructura residencial completa con todos los mejoramientos necesarios para ser ocupada o arreglos financieros adecuados han sido hechos para completarla.

c.   Subdivider has complied with laws regarding escrow of funds and bonds.

c.   El urbanizador ha cumplido con las leyes relativas a plica de fondos y bonos.

2.   <u>Preliminary Public Report</u>—Issued by Commissioner when a requirement has not been fulfilled but can be expected to be completed. Expires in one year, upon issuance of final report, or if material change occurs. Subdivider:

2.   <u>Reporte público preliminar</u>—Expedido por el Comisionado cuando un requisito no ha sido cumplido pero puede esperarse que sea completado. Expira en un año, cuando se expide el reporte final, o si ocurre un cambio material. El urbanizador:

a.   Must give purchaser copy, have it read, and obtain a receipt.

a.   Debe dar copia al comprador, que la lea y obtener recibo.

b.   Can only accept reservations (no sales to be made or contracts entered into) but may give listing to a broker.

b.   Solamente puede aceptar reservaciones (no puede hacer ventas ni entrar en contratos), aunque puede dar el listado a un corredor.

3.   <u>Final Public Report</u>—Issued when subdivision is approved by Commissioner. Can only be used for advertising if used in its entirety.

3.   <u>Reporte público final</u>—Es expedido cuando la subdivisión es aprobada por el Comisionado. Puede solamente usarse para publicidad si es en su totalidad.

a.   Final public report must be:

a.   El reporte público final debe ser:

(1)   Given to prospective purchaser.

(1)   Entregado al comprador eventual.

(2)   Read by prospective purchaser.

(2)   Leído por el comprador probable.

b.   Purchaser must sign separate receipt stating purchaser has read and received copy of public report before purchasing.

b.   El comprador debe firmar recibo por separado declarando que ha leído y recibido copia del reporte público antes de comprar.

(1)   Receipt must be on approved form and retained three years.

(1)   El recibo debe ser en un formulario aprobado y retenido en archivo por tres años.

c. Final public report is valid for five years unless material change occurs. Material change includes:

c. **El reporte público final es válido por cinco años a menos que ocurra un cambio material. Un cambio material incluye:**

(1) Physical changes—lot size or street lines.

(1) **Cambios físicos—tamaño de los lotes o líneas de las calles.**

(2) Changes in contracts, deeds, or other instruments used in the sale or financing.

(2) **Cambios en los contratos, escrituras u otros documentos usados en la venta o la financiación.**

(3) Sale or option of five or more parcels to one party.

(3) **Venta u opción a un cliente de cinco o más parcelas.**

4. <u>Desist and Refrain Order</u>—If Commissioner should find that any person is violating subdivision law, Commissioner can stop sales or violation by issuance of an Order to Desist and Refrain.

4. **<u>Orden de desistir y abstenerse</u>—Si el Comisionado encontrara que una persona está violando la ley de subdivisiones, él puede impedir las ventas o la violación de la ley expidiendo una orden de desistir y abstenerse.**

C. <u>Types of Subdivisions</u>

C. **<u>Tipos de subdivisiones</u>**

1. <u>Standard Subdivision</u>—Where sole interest to be conveyed is individual improved or unimproved parcel.

1. **<u>Subdivisión estándar</u>—Aquélla donde el único interés que se transfiere es el de una parcela individual mejorada o sin mejoras.**

2. <u>Condominium Project</u>—Condominium is "an estate in real property consisting of an undivided interest in common in a portion of a parcel of real property together with a separate interest in space in a residential, industrial, or commercial building on such real property, and may include in addition, a separate interest in other portions of such property."

2. **<u>Proyecto de condominio</u>—Condominio es "un bien en bienes raíces consistente de un interés indiviso en común en una porción de una parcela de bienes raíces junto con un interés separado en espacio en un edificio residencial, industrial o comercial en dicha propiedad y puede incluir además un interés separado en otras porciones de dicha propiedad".**

a. Purchaser usually owns:

a. **El comprador usualmente posee:**

(1) In fee simple, the air space in his or her apartment.

(1) **Dominio absoluto del espacio de aire de su apartamento.**

(2) An undivided interest in common in certain other defined sections of the whole property.

(2) **Un interés indiviso en común en ciertas otras secciones definidas de la propiedad entera.**

b. Definitions:

b. **Definiciones:**

    (1) <u>Unit</u>—Area not owned in common (air space, partitions, interior wall surface).

    (1) <u>**Unidad**</u>**—Area no poseída en común (espacio de aire, divisiones, superficie interior de las paredes).**

    (2) <u>Common Areas</u>—Areas owned in common (bearing walls, land, walks, elevators, roof, central air conditioning system).

    (2) <u>**Areas comunes**</u>**—Areas poseídas en común (paredes de soporte, el terreno, andenes, ascensores, el techo, el sistema central de aire acondicionado).**

    (3) <u>Project</u>—Combination of units and common areas.

    (3) <u>**Proyecto**</u>**—Combinación de las unidades y las áreas comunes.**

c. <u>Each Purchaser:</u>

c. <u>**Cada comprador:**</u>

    (1) Receives separate tax bill and assessment.

    (1) Recibe cuenta de impuestos y tasaciones especiales por separado.

    (2) May obtain individual financing and title insurance.

    (2) Puede obtener financiación individual y seguro de título.

    (3) Must receive copy of CC&Rs, Association's Financial Statement and amount of any unpaid assessment.

    (3) Debe recibir copia de las CC&Rs (Condiciones, Convenios y Restricciones) el estado financiero de la Asociación y la cantidad de cualquier tasación especial que no se haya pagado.

    (4) Would be subject to mechanics lien for unpaid work done on his or her unit.

    (4) Estaría sujeto a embargo de constructor por trabajo hecho en su unidad que no haya sido pagado.

    (5) Receives separate deed.

    (5) Recibe una escritura separada.

3. <u>Community Apartment Project</u>—Buyer receives undivided interest in property coupled with the right to occupy a certain unit or apartment.

3. <u>**Proyecto de apartamento comunitario**</u>**—El comprador recibe interés indiviso en la propiedad asociado con el derecho a ocupar cierta unidad o apartamento.**

a. All owners usually are Tenants in Common.

a. **Todos los dueños son usualmente poseedores en común.**

b. Control and operation is by elected governing body.

b. **El control y la operación son llevados a cabo por un consejo de administración elegido.**

c. Only one loan and one tax bill on entire property. Failure to pay by one owner affects all interests.

    c.   **Solamente un préstamo y una cuenta de impuestos sobre toda la propiedad. La falla en pagar por uno de los dueños afecta todos los intereses.**

4.   <u>Stock Cooperative Project</u>—Corporation formed primarily for purpose of holding title to improved real property with each shareholder receiving a right of exclusive occupancy of a portion of the real property.

4.   <u>**Proyecto de cooperativa de acciones**</u>—**Una corporación formada principalmente para el propósito de posesión de título a bienes raíces con mejoramiento en la cual cada accionista recibe el derecho de ocupación exclusiva de una porción de dicha propiedad.**

    a   Title held by corporation.

    a.   **El título es retenido por la corporación.**

    b.   Right of occupancy must be transferred with share of stock .

    b.   **El derecho de ocupación debe ser transferido con la acción de la cooperativa.**

    c.   Only one tax bill and loan on entire project.

    c.   **Solamente una cuenta de impuestos y un préstamo sobre todo el proyecto.**

    d.   Stock holder/owner can deduct property taxes and interest the same as other home owners or owners of condominiums.

    d.   **El accionista/propietario puede deducir los impuestos de propiedad y el pago de intereses como lo hacen los propietarios de casas y condominios.**

5.   <u>Planned Development Project</u>—Similar to standard subdivision except some or all buyers also receive an interest in common of reserved areas or lots. May be community club house, swimming pool, etc.

5.   <u>**Proyecto de urbanización planeada**</u>—**Es similar a una subdivisión estándar excepto que algunos o todos los compradores también reciben un interés en común a ciertas áreas o lotes reservados. Puede ser la sede de un club comunitario, piscina, etc.**

6.   <u>Out-of-State Subdivisions</u>—Offerings of subdivisions located outside of California to residents of California require a special permit and are closely scrutinized by Commissioner.

6.   <u>**Subdivisiones fuera del estado**</u>—**Ofertas de subdivisiones localizadas fuera de California a residentes de California requieren un permiso especial y son examinadas a fondo por el Comisionado.**

7.   <u>Interstate Land Sales Full Disclosure Act</u>—Federal law designed to protect purchasers or lessees of subdivision property being offered in interstate commerce or by mail.

7.   <u>**Acta de Revelación Completa en Ventas Interestatales de Terreno**</u>—**Una ley federal concebida para proteger a los compradores o arrendatarios de propiedad de subdivisiones siendo ofrecidas en comercio interestatal o por correo.**

    a.   <u>Subdivision Covered</u>—Law controls subdivisions of 25 or more lots which are not improved with a residential, commercial, or industrial building at the time of sale.

    a.   <u>**Subdivisiones cubiertas**</u>—**La ley controla subdivisiones de 25 o más lotes no mejorados con una edificación residencial, comercial, o industrial al tiempo de venta.**

b. <u>Registration</u>—Developer must register subdivision with the Office of Interstate Land Sales Registration, a division of HUD, and furnish a copy of the Property Report to each purchaser or lessee.

b. **<u>Registro</u>—El urbanizador debe registrar la subdivisión en la Oficina de Registro de Ventas Interestatales de Terreno, una división de HUD y suministrar una copia del reporte de propiedad a cada comprador o arrendatario.**

c. <u>Right of Rescission</u>—Any contract for purchase or lease of lots may be revoked by purchaser or lessee within 7 days of signing contract.

c. **<u>Derecho de rescindir</u>—Cualquier contrato para la compra o arrendamiento de lotes puede ser revocado por el comprador o arrendatario dentro de 7 días después de haberlo firmado.**

d. <u>Penalties</u>—Violations are punishable by:

d. **<u>Penas</u>—Las violaciones son castigadas por:**

1. Fine of up to $5,000.00, or

1. **Multa hasta de $5,000.00, o**

2. Imprisonment of up to five years, or

2. **Encarcelamiento hasta por cinco años, o**

3. Both fine and imprisonment.

3. **Ambas penas, multa y encarcelamiento.**

V. <u>Fair Housing</u>—Various state and federal laws have been enacted to prohibit discrimination in the sale leasing or financing of housing.

V. **<u>Vivienda justa</u>—Varias leyes federales y estatales han sido promulgadas para prohibir discriminación en venta, arrendamiento o financiación de vivienda.**

A. <u>Unruh Civil Rights Act</u>—(Civil Code Section 51, et. seq.)—Prohibits discrimination based upon race, sex, color, religion, ancestry, or national origin by businesses in providing "accommodations, advantages, facilities, privileges, or services of every kind whatsoever." Also prohibits violence or intimidation by threat of violence against a person or his or her property because of race, color, religion, ancestry, national origin, political affiliation, sex, sexual orientation, age, disability, or position in a labor dispute.

A. **<u>Acta Unruh de los Derechos Civiles</u>—(Sección 51 del Código Civil, et. seq.)—Prohíbe la discriminación basada sobre la raza, sexo, color, religión, ascendencia u origen nacional por negocios en la provisión de "alojamientos, ventajas, facilidades, privilegios o servicios de toda clase, cualquiera que sean". También prohíbe violencia o intimidación por intento de violencia contra una persona o su propiedad a causa de raza, religión, ascendencia, origen nacional, conexión política, sexo, orientación sexual, edad, incapacidad o posición en una disputa de trabajo.**

1. Intended to give all persons lull and equal accommodations and privileges in places of public accommodation and amusement.

1. **Con propósito de dar a todas las personas alojamientos y privilegios completas e iguales en sitios públicos de alojamiento y diversión.**

2. Applies to real estate sales and rentals.

2. **Se aplica a las ventas y arrendamientos de bienes raíces.**

3.   Injured party must file lawsuit.

3.   La parte ofendida debe presentar demanda legal.

4.   Acts of discrimination can result in actual damages, up to 3 times actual damages but not less than $250, and attorney's fees.

4.   Actos de discriminación pueden resultar en daños existentes hasta 3 veces del daño actual, pero no menos de $250 y costos de abogado.

5.   Acts of violence or intimidation can result in actual damages, exemplary damages, a civil penalty of $25,000, and attorney's fee.

5.   Actos de violencia o intimidación puede resultar en daños actuales, daños ejemplares, una penalidad civil de $25,000 y costos de abogado.

B.   <u>California Fair Employment and Housing Act</u>—Prohibits discrimination against any person when providing housing accommodations, based on race, color, religion, sex, marital status, national origin, or ancestry of such person. Familial status means a pregnant woman of person(s) with minor children.

B.   <u>Acta del Empleo y Vivienda Justo de California</u>—Prohíbe la discriminación contra cualquier persona cuando se proporciona acomodación de vivienda, en bas a la raza, color, religión, sexo, estado civil, origen nacional o ascendencia de dicha persona. Relación familiar significa una mujer embarazada o persona(s) con niños menores.

1.   This law, found in Government Code sections 12900 et. seq., expanded original fair housing act known as Rumford Act.

1.   Esta ley, que encuentra en el Código de Gobierno secciones 12900 y siguientes, amplía el acta original de vivienda justa conocida como el Acta Rumford.

2.   Prohibits discrimination by owner, lessee, sublessee, assignee, managing agent, real estate broker, or salesperson, or any person having legal or equitable right of ownership.

2.   Prohíbe discriminación por el dueño, arrendatario, subarrendatario, apoderado, agente administrador, corredor, o vendedor o cualquier persona que tenga algún derecho de pertenencia legal o equitativo.

3.   Discrimination includes refusal to sell, rent, or lease the property; refusal to show or negotiate a sale or lease; represent that the property is not available when it is; quote different terms to different parties on the same unit; or make inquiries as to the prospects race, color, or religion. An owner who occupies a single family residence can discriminate against a roomer or boarder when renting a room within the household.

3.   La discriminación incluye rehusar vender, rentar o arrendar propiedad; negativa a mostrar o negociar una venta o contrato de arrendamiento; representar que la propiedad no está disponible cuando sí lo está; cotizar diferentes términos a diferentes personas por la misma unidad; hacer preguntas relativas a raza, color o religión del cliente eventual. Un propietario que ocupa residencia unfamiliar puede discriminar contra un huésped o inquilino cuando está arrendando un cuarto de su propio domicilio.

4.   Complaints are filed with the Department of Fair Employment and Housing and must be made within one year of alleged violation.

4.   Las demandas son presentadas al Departamento de Empleo y Vivienda Justos, y tiene que hacerse dentro de un año de la violación alegada.

5. If a violation exists, the Department has the authority to require violator to:

5. **Si una violación existe, el Departantento tiene la autoridad para exigir al violador lo siguiente:**

   a. Proceed with the sale or lease;

   a. **Proceder con la venta o contrato de arrendamiento;**

   b. Make the next vacancy available;

   b. **Hacer disponible la siguiente vivienda desocupada;**

   c. Pay up to $1,000.00 in punitive damages plus actual damages.

   c. **Pagar hasta $1,000.00 en daños punitivos más los daños efectivos.**

C. <u>Housing Financial Discrimination Act of 1977</u>—California law that prohibits discriminatory loan practices by financial institutions based on race, color, religion, sex, marital status, national origin, or ancestry.

C. <u>**Acta Contra la Discriminación Financiera en Vivienda de 1977**</u>—**Una ley de California que prohíbe a las instituciones financieras la prácticas discriminatorias en préstamos basadas en la raza, color, religión, sexo, estado civil, origen, nacional o ascendencia.**

1. Applies to banks, savings & loan associations, mortgage loan brokers, mortgage bankers, and public agencies.

1. **Se aplica a los bancos, las asociaciones de ahorros y préstamos, los corredores de préstamos hipotecarios, los banqueros hipotecarios y las agencias públicas.**

2. Applies to loans on owner-occupied residences of four units or less.

2. **Se aplica a residencias ocupadas por el dueño con cuatro unidades o menos.**

3. Prohibits "redlining." Financial institution cannot consider the racial, ethnic, or religious composition of a neighborhood or geographical area when establishing lending guidelines and practices.

3. **Prohíbe la negativa sistemática. La institución financiera no puede considerar la composición racial, étnica o religiosa de un vecindario o área geográfica cuando establece sus principios y práctica prestamistas.**

4. Secretary of the Business and Transportation Agency regulates and enforces the law. If violation is found, Secretary can:

4. **El Secretario de la Agencia de Negocios y Transportación regula y hace cumplir la ley. Si el Secretario encuentra que hay alguna violación, él puede:**

   a. Order loan to be made, or

   a. **Ordenar que el préstamo sea hecho, o**

   b. Impose fine of up to $1,000.

   b. **Imponer un multa hasta de $1,000.**

5. Financial institutions must notify loan applicants of the law.

5. **Las instituciones financieras deben notificar a los aspirantes a préstamos de la existencia de la ley.**

D. <u>Title VIII of Civil Rights Act of 1968</u>—Federal law which prohibits discrimination in housing and sale of land intended for use for a "dwelling," based upon race, color, religion, or national origin.

D. <u>Título VIII del Acta de Derechos Civiles de 1968</u>—Una ley federal que prohíbe la discriminación en vivienda y la venta de terreno proyectado para el uso de una vivienda, basada sobre la raza, color, religión u origen nacional.

   1.   Also known as Federal Fair Housing Act.

   1.   **También conocido coma el Acta Federal de Vivienda Justa.**

   2.   Complaints must be filed within 365 days of violation.

   2.   **Las demandas deben ser presentadas dentro de los 365 días de haber ocurrido la violación.**

E. <u>H.U.D.</u>—Federal agency which oversees all aspects of housing including FHA programs, redevelopment, fair housing, etc..

E. <u>**H.U.D.**</u>—**Agencia federal que supervisa todos los aspectos de la vivienda incluyendo los programas de la FHA, reurbanización, vivienda justa, etc.**

   1.   <u>HUD</u>—Housing and Urban Development

   1.   <u>**HUD**</u>—**Vivienda y Desarrollo Urbano.**

   2.   Symbol adopted to represent Equal Housing Opportunity.

   2.   **Símbolo adoptado para representar "oportunidad igual de vivienda".**

F. <u>Jones *vs.* Mayer</u>—1968 Supreme Court case where court interpreted and applied an 1866 Act of Congress which prohibited racial discrimination by anyone in the United States in the sale or rental of property.

F. <u>**Jones vs. Mayer**</u>—**Un caso de la Corte Suprema en 1968 en donde ésta interpretó y aplicó un Acta del Congreso de 1866, la cual prohibía la discriminación racial por cualquiera en los Estados Unidos en la venta o arrendamiento de propiedad.**

   1.   Rested its constitutionality on 13th Amendment which prohibits slavery.

   1.   **Su constitucionalidad radicaba en la Enmienda Decimotercera, la cual prohíbe la esclavitud.**

VI. <u>Real Estate Syndicates and Investment Trusts</u>—An organization or combination of investors who pool their capital for a real estate investment. By pooling their investment they are able to purchase a property that individually they could not buy. Following laws and considerations must be considered.

VI. <u>**Los sindicatos de bienes raíces y consorcios de inversión**</u>—**Organización o combinación de inversionistas quienes reúnen sus capitales para hacer inversiones en bienes raíces. Poniendo en un fondo común sus inversiones, ellos están en capacidad de comprar propiedad cuando individualmente no lo podrían hacer. Las siguientes leyes y consideraciones deben tenerse en cuenta.**

A. <u>Corporation</u>—A legal person or entity that will exist for an indefinite period of time.

A. <u>**Corporación**</u>—**Una persona o entidad legal que existirá por un periodo indefinido de tiempo.**

   1.   Composed of stockholders who elect board of directors.

   1.   **Compuesta de accionistas quienes eligen una junta de directores.**

2. Board of directors manage business on behalf of stockholders.

2. La junta de directores administra el negocio en representación de los accionistas.

3. Stockholder limits liability to amount of stock investment.

3. El accionista limita su responsabilidad a la cantidad invertida en acciones.

4. Use of Corporate seal implies authority of party signing.

4. El uso del sello corporativo implica autoridad de la persona quien firma.

5. Disadvantage—Double taxation. Usually corporation is taxed on profits and when profits are distributed in form of dividends, stockholder must pay additional tax.

5. Desventaja—Gravámen doble de impuesto. Usualmente la corporación paga impuestos sobre las ganancias y cuando éstas utilidades son distribuidas en forma de dividendos, el accionista debe pagar un impuesto adicional.

6. Cannot take title with another party as a joint tenant due to its perpetual existence.

6. No puede tomar título con otra parte como tenedor conjunto debido a su existencia perpetua.

B. General Partnership—Where two or more persons carry on a business as co-owners for profit with the following characteristics.

B. Sociedad colectiva general—Aquélla donde dos o más personas dirigen un negocio para obtener ganancias como co-propietarios con las siguientes características:

1. Each partner is "Jointly and Severally" liable for partnership debts. One partner could be held liable for entire company debt.

1. Cada socio es responsable "mancomunada e individualmente" por las deudas de la sociedad. Un socio puede ser hecho responsable por sodas las deudas de la sociedad.

2. Each partner participates in management and may use his or her name in firm name.

2. Cada socio participa en la administración y puede usar su nombre en la razón social de la compañía.

3. Avoids double taxation.

3. Evita el gravamen doble de impuestos.

4. Ceases upon death of a general partner.

4. Cesa al morir un socio general.

5. Agreement need not be in writing.

5. El acuerdo no necesita ser por escrito.

C. Limited Partnership—Similar to general partnership except for the following:

C. Sociedad colectiva limitada—Similar a una sociedad colectiva general, excepto por lo siguiente:

1. Must have one general partner and one limited partner.

1. Debe tener un socio general y un socio limitado.

2. Contract must be in writing.

2. El contrato debe ser por escrito.

3. Limited partner has no "say" in management, considered "silent" partner.

3. El socio limitado no tiene parte en la administración, es considerado un socio "silencioso".

4. Limited partner limits his or her liability to amount invested or pledged.
4. **El socio limitado limita su responsabilidad a la cantidad invertida o dada en prenda.**

5. Most common type of syndicate in California.
5. **Es el tipo de sindicato más común en California.**

6. Must file a Certificate of Limited Partnership in office of Secretary of State.
6. **Debe presentar un Certificado de Sociedad Limitada en la oficina del Secretario de Estado.**

D. <u>Joint Venture</u>—Similar to a general partnership but usually formed to accomplish a single project or aim.
D. <u>**Empresa conjunta**</u>—**Similar a una sociedad colectiva general, pero es usualmente formada para llevar a cabo un solo proyecto u objetivo.**

E. <u>Real Estate Investment Trust</u>—Created through Federal law which permitted investors to form an association that would receive many of the benefits of a corporation but would not be subject to taxation as a corporation.
E. <u>**Consorcio de inversión en bienes raíces**</u>—**Creado por medio de una ley federal, la cual permitió a los inversionistas formar una asociación que recibiría muchos de los beneficios de una corporación pero no estaría sujeta al pago de impuestos como una corporación.**

1. Investors have limited liability.
1. **Los inversionistas tienen responsabilidad limitada.**

2. Profits are not subject to double taxation. Investor pays tax on profits when received; company is not taxed on exempt profits.
2. **Las ganancias no están sujetas a doble gravamen de impuestos. El inversionista paga impuestos en las ganancias cuando las recibe; la compañía no está sujeta a impuestos en las ganancias exentas.**

3. Must conform to following:
3. **Debe cumplir con lo siguiente:**

    a. 90% or more of ordinary income must be distributed to shareholders annually.
    a. **90% o más del ingreso ordinario debe ser distribuido a los accionistas anualmente.**

    b. Capital gains, when distributed, taxed as capital gains to each shareholder.
    b. **Cuando las ganancias son distribuidas son gravadas como utilidades de capital de cada accionista.**

    c. Must be beneficially owned by at least 100 investors.
    c. **Debe ser poseída beneficiosamente por lo menos por 100 inversionistas.**

    d. 75% of income must be from real estate investments.
    d. **El 75% del ingreso debe proceder de inversiones en bienes raíces.**

F. <u>Regulation of Real Estate Syndicates</u>—All offerings are controlled by the Corporations Commissioner.

F. <u>**Regulación de los sindicatos de bienes raíces**</u>—**Todas las ofertas están controladas por el Comisionado de Corporaciones.**

1. Permit must be obtained before offering can be made to the public and must meet "fair, just, and equitable" rule.

1. **Debe obtenerse un permiso antes de hacer la oferta al público y ésta debe cumplir con la regla de "correcto, justo y equitativo".**

2. No permit needed for <u>Private Offering</u>—one in which:

2. **No se necesita permiso para una <u>oferta privada</u>, una que:**

   a. Offering is not sold to more than 35 investors, and

   a. **La oferta no es vendida a más de 35 inversionistas, y**

   b. These investors have a pre-existing personal or business relationship with the syndicator.

   b. **Estos inversionistas tienen relaciones personales o comerciales preexistentes con el sindicador.**

3. Sellers must have real estate license or securities license.

3. **Los vendedores deben tener licencia en bienes raíces o licencia para vender acciones y bonos.**

4. Real estate licensees can only sell interests in partnerships, joint ventures, or unincorporated associations, provided there are 100 or less interests being offered.

4. **Los licenciados en bienes raíces pueden solamente vender intereses en sociedades, empresas conjuntas o sociedades no incorporadas si son menos de 100 los intereses ofrecidos.**

Chapter 12 Capítulo 12

Arithmetic Aritmética

Introduction—Anyone concerned with real estate, whether it be as an investor or as an agent, should be familiar with some of the basic mathematical calculations that are essential to real estate. The many calculators and computers available today eliminate the need for being a "math expert" but it is important to understand some of the simple calculations that are useful in the business.

Introducción—Cualquiera que esté relacionado con bienes raíces, sea como inversionista o como agente, deberá familiarizarse con algunos de los cálculos matemáticos básicos que son esenciales en el campo de las bienes raíces. Hay muchas calculadoras y computadoras disponibles en la actualidad que eliminan la necesidad de ser un "experto matemático" pero es importante entender algunos cálculos simples que son útiles en el negocio.

I. Review—Much of the difficulty results from a lack of knowledge or forgetfulness of some of the basic rules of arithmetic, particularly with regard to percentages, decimals, and fractions.

I. **Revisión—La mayor dificultad resulta de una falta de conocimiento u olvido de algunas de las reglas básicas de la aritmética, particularmente con relación a porcentajes, decimales y fracciones.**

A. The following chart lists most of the common ones used in real estate mathematics:

A. **El cuadro siguiente enumera los más comunes usados en matemáticas de bienes raíces:**

Percentage/**Porcentaje**	Decimal	Fraction/**Fracción**
4 1/2%	.045	————
6 2/3%	.0667	1/15
10%	.10	1/10
12 1/2%	.125	1/8
16 2/3%	.1667	1/6
25%	.25	1/4
33 1/3%	.333	1/3
50%	.50	1/2
66 2/3%	.667	2/3
75%	.75	3/4
100%	1.00	1/1

B. Converting a Percentage to a Decimal—To remove the percent (%) sign, you must move the decimal point two places, or numbers, to the left.

B. **Convirtiendo un porcentaje a un decimal—Para remover el signo de por ciento (%), usted debe mover el punto decimal dos lugares o números hacia la izquierda.**

4%	=	$\overset{\frown}{.04}.\%$	or/*o sea*	.04
4½%	=	$\overset{\frown}{.04}.5\%$	or/*o sea*	.045
105%	=	$1.\overset{\frown}{05}.\%$	or/*o sea*	1.05

C. <u>Dividing by Decimals</u>—In a division problem which contains a decimal in the divider, it is necessary to remove it before proceeding with the problem. Move the decimal the same number of places in the dividend as you do in the divisor.

C. **<u>Dividiendo por decimales</u>—En un problema de división que contiene un decimal en el divisor, es necesario removerlo antes de proceder con el problema. Mueva el decimal el mismo número de lugares en el dividendo así como en el divisor.**

$$.045\overline{)270.000}\ \ \ \ \ \ \ \ \ \frac{6,000}{}$$

D. <u>Multiplying Decimals</u>—Multiply the two numbers as in any other multiplication problem and then mark off the total number of decimal places in the answer as there is in the two numbers being multiplied.

D. **<u>Multiplicando decimales</u>—Multiplique los dos números como en cualquier otro problema de multiplicación y luego marque el número total de lugares decimales en la respuesta como los que hay en los dos números que son multiplicados.**

$$16.55 \times 3.5 = 57.925$$

II. <u>Paid X Percent = "Made Formula"</u>—This basic formula can be used in a wide variety of problems. The formula is written as follows:

II. **<u>Fórmula "Pagado X Por ciento = Hecho"</u>—Esta fórmula básica puede ser usada en una amplia variedad de problemas. La fórmula se escribe como sigue:**

$$\text{Paid/}\textbf{Pagado} \times \% = \overline{)\text{made-}\textbf{hecho}}$$

In any problem that can be solved with this formula, you are always given two of the three items. It is your job to find which figures given represent "Paid" or "%" or made. Once these are identified you know that you either multiply or divide. In the following sections we learn how to identify these items.

En cualquier problema que pueda ser resuelto con esta fórmula, a usted siempre se le dan dos de los tres factores. Es su tarea encontrar cuáles de los factores dados representan "pagado" o "%" o "hecho". Una vez que usted los haya identificado, usted sabe que se trata de una multiplicación o una división. En las siguientes secciones aprenderemos cómo identificar estos factores.

A. <u>Investment Problems</u>—You may be asked to calculate the yield or return on an investment or the amount of the investment needed to yield a stated number of dollars. Use formula as follows and substitute new names for "Paid," "%," and "Made."

A. **<u>Problemas de inversión</u>—A usted le pueden preguntar que calcule el rédito o la retribución en una inversión o la cantidad de inversión necesaria para retribuir cierta cantidad de dólares. Use la fórmula como sigue y sustituya los nuevos términos para "pagado", "%", y "hecho".**

Paid/**Pagado**	×	%	=	$\overline{)\text{made-}\textbf{hecho}}$
Amount Invested		% Rate of Return		Income or Yield
Cantidad invertida		**% Tasa de retribución**		**Ingreso o Rendimiento**

1. To find amount invested = $\% \overline{)\text{made}}$

1. **Para encontrar la cantidad invertida = $\% \overline{)\text{hecho}}$**

2. To find rate of return = $\text{paid}\overline{)\text{made}}$
2. **Para encontrar la tasa de retribución =**

3. To find income or yield = paid × %
3. **Para encontrar el ingreso o rédito =**

Example #1
Ejemplo #1

If an investor wants to earn $75.00 per month from his savings account and the account pays 5% simple interest, how much must he invest?

Si un inversionista desea ganar $75.00 por mes en su cuenta de ahorros y ésta paga el 5% de interés simple, ¿cuanto debe el invertir?

Made/**Hecho**　　= $75. 00 × 12 months/**meses** =　　　$900. 00 per year/**por año**
%　　　　　　 = 5% Interest/**Interés**
Paid /**Pagado**　= ?
Solution/**Solución:**　　? × 5% = $\overline{)900}$

$$.05\overline{)900.\,00} = \$18,000$$

Example #2
Ejemplo #2

An individual purchased a property for a *total* price of $10,000 paying $1,000 down and financing the balance. If the annual gross income was $800 and his expenses, including interest were $540.00, what was the rate of return on his investment?

Un individuo compró una propiedad por un precio total de $10,000 dando $1,000 de pago inicial y financiando el saldo. Si el ingreso bruto fue de $800.00 y sus gastos incluyendo el interés llegaron a $540.00, ¿cual fue la tasa de retribución en su inversión?

Gross Income **Ingreso bruto**	$800.00	Paid **Pagado**	=$1,000	Investment **Inversión**
Less Expenses **Menos gastos**	<u>540.00</u>	%	=	?
Net Income or Yield **Ingreso neto o rédito**	$260.00	Made **Hecho**	=	$260 Income **Ingreso**

$$\text{Solution/Solucidn } \$1,000 \times ? = \overline{)260}$$
$$1,000\,\overline{)260.00} = .26 \text{ or/sea } 26\%$$

Example #3
Ejemplo #3

An investor purchased a 5-year straight note with a face amount of $4,000 at a 20% discount. If the interest rate on the note was 6%, what was the annual rate of yield to the purchaser?

Un inversionista compró un pagaré directo a 5 años con un valor nominal de $4,000 con un descuento del 20%. Si la tasa de interés en el pagaré es de 6%, ¿cuál fue la tasa de rédito anual para el comprador?

Face amount of note/*Valor nominal del pagaré*	$4000
20% Discount/**Descuento del 20%**	−800
Amount invested (paid)/*Cantidad invertida (pagado)*	$3200
Annual interest/*Interés anual*—$4000 × 6% =	$ 240
Annualized discount/*Descuento anualizado*—800 ÷ 5 yrs./*años*	160
Annual amount made/*Total anual hecho*	$ 400

$400 *(made/hecho)* ÷ *$3200* (paid/*pagado*) = 12.5%

B. <u>Appraisal Problems</u>—It is possible to establish the value of an apartment building or other income producing property by capitalizing the net income. This follows the same basic thinking used in the investment problems in which a stated amount of investment (the purchase price) will develop a certain amount of income, depending upon the rate of return desired. The Rate of Return is called a capitalization rate. Use the formula as follows but substitute new names for "Paid," "%," and "Made."

B. <u>Problemas de avalúo</u>—Es posible establecer el valor de un edificio de apartamentos u otra propiedad que produce ingresos haciendo la capitalización del ingreso neto. Se sigue el mismo proceso básico usado en los problemas de inversión en los cuales una cantidad especifica de inversión (el precio de compra) producirá cierta cantidad de ingresos, dependiendo sobre la tasa de retribución deseada. La tasa de retribución es llamada en este caso: tasa de capitalización. Use la fórmula siguiente pero sustituya los términos nuevos por "pagado", "%", y "hecho".

Paid /Pagado	×	%	=	$\overline{)\text{Made - } \textbf{Hecho}}$
Value of property		Capitalization Rate		Net income or Net loss
Valor de la Propiedad		**Tasa de Capitalización**		**Ingreso Neto o Pérdida**

1. To find Value = % $\overline{)\text{made}}$
1. **Para encontrar valor = %** $\overline{)\text{hecho}}$

2. To find Capitalization Rate = Paid $\overline{)\text{made}}$
2. **Para encontrar tasa de capitalización = Pagado** $\overline{)\text{hecho}}$

3. To find Income or Loss = Paid × %.
3. **Para encontrar ingreso o pérdida = Pagado × %.**

Example #1
Ejemplo #1

An apartment building produces a net income of $13,200. If a prospective purchaser wants a return of 8% on his purchase price, what should he pay for the property?

Un edificio de apartamentos produce un ingreso neto de $13,200. Si un comprador eventual desea una retribución del 8% en su precio de compra, ¿cuánto debería pagar por la propiedad?

Paid/**Pagado**	=	?
%	=	8%
Made/**Hecho**	=	$13,200
Solution/**Solución:**	? × 8%=	$\overline{)13,200}$

$$.08\overline{)13,200.\widehat{00}}.\ \ \ \ \ \ \ \ \ \ = \$165,000.00$$

with quotient 1650 00. above

Example #2
Ejemplo #2

An apartment owner has a property that is immediately adjacent to a new proposed freeway route. He estimates that the noise created by the freeway will result in a reduction of rents and he will lose $210 per month. Assuming a capitalization rate of 12%, what will be the overall loss in value of his property?

Un dueño de apartamentos tiene una propiedad inmediatamente adyacente a la ruta propuesta para una nueva autopista. El estima que el ruido creado por la autopista resultará en una reducción en los arriendos y perderá $210 por mes. Asumiendo una tasa de capitalización del 12%, ¿cuál será la pérdida de valor total de su propiedad?

Paid/**Pagado**	=	?		
%	=	12%		
Lost/**Pérdida**	=	$210 × 12	=	$\overline{)2520}$

$$.12.\overline{)2520.\widehat{00}}.\ \ \ \ \ \ \ \ \ \ = \$21,000.00$$

with quotient 210 00 above

Example #3
Ejemplo #3

Mrs. Thompson owns a 6-unit apartment building and presently has all units rented for $125 per month each. If, for some reason, rents were to drop to $110 per month per unit, the overall loss in value, using a 9% capitalization rate, would be?

La Señora Thompson tiene un edificio de apartamentos de 6 unidades y actualmente tiene todas las unidades arrendadas a razón de $125 por mes cada una. Si por alguna razón debiera rebajar el valor del alquiler a $110 por mes por unidad, ¿cuál sería la pérdida total en valor usando una tasa de capitalización del 9%?

Present rent—	$125.00 per month/**por mes**
Valor de arrendamiento actual	
Reduced rent—	$110.00 per month/**por mes**
Valor de arrendamiento reducido	
Loss—	$15.00 per month/**por mes**
Pérdida	

$15 per month × 12	= $180 per yr. per unit
$15 por mes × 12	**= $180 por año por unidad**

$180 × 6 units	= $1,080 per year
$180 × 6 unidades	**= $1,080 por año**

$1,080 (lost) ÷ 9%	= $12,000 reduction in value
$1,080 (pérdida) ÷ 9% = $12,000 reducción en valor	

C. Commission Problem—You may be asked to calculate the amount of commission to be earned on a sale of property. This is not an unusual type of problem and the "Paid × % = Made" formula can be applied as follows:

C. **Problemas de comisiones—A usted le pueden pedir que calcule la cantidad de una comisión a ser ganada en una venta de propiedad. Este no es un tipo de problema poco común y la fórmula "Pagado × % = Hecho" puede ser aplicada como sigue:**

Paid/***Pagado***	×	%	=	Made/***Hecho***
Selling Price		Rate of Commission		Amount of Commission
Precio de venta		**Tasa de comisión**		**Cantidad de la comisión**

1. To find selling price = % $)\overline{\text{made}}$

1. **Para encontrar el precio de venta = % $)\overline{\text{hecho}}$**

2. To find commission rate = paid $)\overline{\text{made}}$

2. **Para encontrar la tasa de comisión = pagado $)\overline{\text{hecho}}$**

3. To find commission = paid × %.

3. **Para encontrar la cantidad de la comisión = pagado × %.**

Example #1
Ejemplo #1

Assume you sold a residence for $36,500. Your office pays 40% of commission to the selling salesman and the office retains the remaining amount. If the listing was based on a 6% selling commission, what amount did you receive?

Asuma que usted vendió una residencia por $36,500. Su oficina paga el 40% de la comisión al vendedor que negocia la propiedad y retiene la cantidad restante. Si el listado estaba basado en una comisión de venta del 6%, ¿qué cantidad recibió usted?

Paid/***Pagado***	= $36,500
%	= 6%
Made/***Hecho***	= ? × 40%
Solution/***Solución:***	$36,500 × 6% = $2,190 × 40% = $876.00

Example #2
Ejemplo #2

Your office listed 10 acres of recreational property for $26,000 with an agreed commission of 10%. You present an offer to the seller for 10% less than the listed price which he agrees to accept if your office will reduce the commmissión by 25%. If the broker agrees to the reduction, what is the total commission paid?

Su oficina ha obtenido el listado de una propiedad recreacional de 10 acres por $26,000 y han acordado una comisión del 10%. Usted presenta una oferta al dueño por un 10% menos del precio listado el cual el dueño accede a aceptar si su oficina reduce un 25% de la comisión. Si el corredor está de acuerdo en hacer la reducción, ¿cuál sería el total de la comisión pagada?

Paid/**Pagado**	= $26,000 less/**menos** 10% or/**o sea** $23,400
%	= 10% less/**menos** 25%, or/**o sea** 7%
Made/Hecho	= ?
Solution/ **Solución:**	$23,400 × 7½% = $1,755.00

Example #3
Ejemplo #3

Broker Martin negotiated a lease for 3,000 square feet of warehouse storage space at a monthly rental of $.50 per square foot. If Martin's commission is 8% of the first year's gross rent, what is her commission?
La corredora Martin negoció un contrato de arrendamiento para 3,000 pies cuadrados de espacio de almacenamiento en una bodega a razón de $.50 por pie cuadrado. Si la comisión de Martin es el 8% del valor total del arrendamiento por el primer año, ¿cuál es su comisión?

3,000 sq.ft.	×	$.50 per sq.ft.	=	$1,500 rent per month
pies cuadrados		**por pie cuadrado**		**de arriendo por mes.**

$1,500 × 12 months/**mesas** = $18,000 per year/**por año**
$18,000 × 8% = $1,440 Commission/**Comisión**

D. <u>Interest and Loan Problems</u>—One of the best applications of this formula is to interest problems. One pitfall, however, is forgetting to work on an annual basis. Usually the interest payment is only for one month. This must be converted to an annual amount before proceeding since interest rates are always quoted on a "per annum" basis. Use the formula by substituting the following:

D. <u>**Problemas de interés y préstamos**</u>—**Una de las mejores aplicaciones de esta fórmula es en problemas de interés. Una dificultad, sin embargo, es olvidarse de trabajar sobre una base anual. Usualmente el pago de interés es solo por urz mes. Esto debe ser convertido a una cantidad anual ya que las tasas de interés siempre son cotizadas sobre una base anual. Use la fórmula sustituyendo lo siguiente:**

Paid/Pagado	×	%	=	Made/Hecho
Amount of Loan		Rate of Interest		Amount of Interest
Cantidad del préstamo		**Tasa de interés**		**Cantidad de interés**

1. To find Loan Amount = % $\overline{)\text{made}}$
1. Para encontrar la cantidad del préstamo = % $\overline{)\text{hecho}}$

2. To find Interest Rate = Paid $\overline{)\text{made}}$
2. Para encontrar la tasa de interés = Pagado $\overline{)\text{hecho}}$

3. To find Interest = Paid ×%.
3. **Para encontrar la cantidad de interés = Pagado × %.**

Example #1
Ejemplo #1

If you borrowed $5,000 for 90 days on a straight note and paid $100 in interest, what was the interest rate?

Usted prestó $5,000 por 90 días en un pagaré directo y pagó $100 en interés. ¿Cual es la tasa de interés?

Paid/**Pagado**	= $5,000
%	= ?
Made/**Hecho**	= $100 per quarter/**por trim estre** × 4 = $400 per year/**por año.**

Solution: % = Paid$\overline{)\text{made}}$ **Solución: % = Pagado$\overline{)\text{hecho}}$**

$$5{,}000\overline{)400.00}^{.08} \text{ or } 8\%$$

Example #2
Ejemplo #2

If a straight note of $60,000 with a three-year term yields $1,640 interest per quarter, what is the interest rate on the note?

Si un pagaré directo de $60,000 con un término de tres años produce un interés de $1,640 por trimestre, ¿cuál es la tasa de interés en la nota?

$1,640 per qtr/**por trimestre** × 4 = $6,560 per year/ **por año**
$6,560 (made/**hecho**) ÷ $60,000 (paid/**pagado**) = 10.9%

Example #3
Ejemplo #3

If one month's interest is $22.50 on a five-year straight note which calls for interest at 4 1/2% per annum, what is the amount of the loan?

Si el interés de un mes es $22.50 en un pagaré directo a cinco años que exige una tasa de interés de 4 1/2% por año, ¿cuál es la cantidad del préstamo?

Paid/Pagado	= ?
%	= 4 1/2%
Made/**Hecho**	= $22.50 × 12 = $270

Solution/**Solución**: Paid/**Pagado** = %$\overline{)\text{made/}\textbf{hecho}}$

$$.045.\overline{)270.000}^{6.000}$$

4. The formula for interest is sometimes stated as follows:

4. La fórmula para el interés a veces es expresada como sigue:

$$\text{"I"} = \text{"P"} \times \text{"R"} \times \text{"T"} \text{ or/} \textit{o sea,}$$

$$\text{Interest} = \text{Principal} \times \text{Rate} \times \text{Time}$$

Interés = Principal × Rata o Tasa × Tiempo

5. A short cut is available on problems using 6% or 7.2% or 8.4% interest rates. When you are asked to calculate one month's interest, do not multiply the loan amount by the annual rate and then divide by 12. Instead you multiply the loan amount by the one month rate as follows:

5. Hay un método fácil disponible en problemas con tasas de interés de 6% o 7.2% 8.4%. Cuando a usted le pidan calcular un mes de interés, no multiplique la cantidad del préstamo por la tasa anual y luego divida entre 12. En cambio, usted multiplique la cantidad del préstamo por la tasa de un mes como sigue:

6% annual/***anual*** = .005 per month/***por mes***

7.2% annual/***anual*** = .006 per month/***por mes***

8.4% annual/***anual*** = .007 per month/***por mes***

III. <u>Acreage and Area Problems</u>—A number of problems will require your knowledge of geometry. This is not as difficult as the word implies. Most of us remember the simple formula used to find the area of a rectangle as follows:

III. <u>**Problemas de área y superficie en acres**</u>—**Un número de problemas exigirán su conocimiento de geometría. La mayoría de nosotros recordamos la fórmula simple usada para encontrar el área de un rectángulo que es como sigue:**

Length/***Longitud*** × Width/***Anchura*** = Area

For real estate purposes, we vary the terms to fit as follows:

Para propósitos de bienes raíces, nosotros variamos los términos para adaptarlos como se indica a continuación:

Width of lot × depth of lot = total area

Anchura del lote × fondo del lote = área total

To find width = Depth$)\overline{\text{area}}$

Para encontrar la anchura = Fondo$)\overline{\text{área}}$

To find depth = Width$)\overline{\text{area}}$

Para en contrar el fondo = Anchura$)\overline{\text{área}}$

To find area = Width × Depth

Para encontrar el área = Anchura × fondo

Example #1
Exemplo #1

A rectangle lot contains 10,800 square feet of land. If the depth of the lot is 180 feet, what is the width?

Un lote rectangular contiene 10,800 pies cuadrados de terreno. Si el fondo del lote es de 180 pies, ¿cuál es la anchura?

Solution/**Solución:** Width/**Anchura** = Depth/**Fondo** $\overline{)\text{area}}$

$$\frac{60 \text{ Feet-}\textbf{Pies}}{180\overline{)10,800 \text{ sq.ft.-}\textbf{pies cuadrados}}}$$

Example #2
Ejemplo #2

If you bought a commercial lot that measured 50 feet × 100 feet and paid $3.00 per square foot, what would the cost be per front foot? (Front footage would be its width of 50 feet.)

Si usted compró un lote comercial que mide 50 pies × 100 pies y pagó $3.00 por pie cuadrado, ¿cuál sería el costo por pie de frente? (La longitud en pies del frente sería de anchura de 50 pies).

Solution/**Solución**
Area = width/**anchura** × depth/**fondo**
50' × 100' = 5,000 sq.ft./**pies cuadrados**

5,000 sq.ft. × $3.00 per sq. ft. = $15,000
5,000 pies cuadrados × $3.00 el pie cuadrado = $15,000

$15,000 price ÷ 50 front feet = $300 per front foot.
$15,000 precio ÷ 50 pies de frente = $300 por pie de frente

Example #3
Ejemplo #3

A rectangular parcel of land contains three acres. If the depth of the parcel is 1,139 feet, what is its width?

Una parcela rectangular de terreno contiene tres acres. Si el fondo de la parcela mide 1,139 pies, ¿cuál es su anchura?

Solution/Solución: Width/**Anchura** = Depth/**Fondo** $\overline{)\text{area}}$

3 acres = 130,680 square feet/**pies cuadrados** (3 × 43,560)

$$1,139\overline{)130,680} = 114.7+ \text{ Feet/}\textbf{Pies}$$

A. <u>Additional Factors</u>—The following are helpful and sometimes necessary when calculating your problems:

A. <u>Factores adicionales</u>—Los siguientes factores son útiles y, a veces, necesarios para calcular sus problemas:

1. <u>Acre of Land</u> = 43,560 square feet.
1. <u>Un acre de terreno</u> = 43,560 pies cuadrados.

2. <u>One Square Yard</u> = 9 square feet.
2. <u>Una yarda cuadrada</u> = 9 pies cuadrados.

3. <u>Square Acre</u>—About 209 feet × 209 feet
3. <u>Acre cuadrado</u>—Casi 209 pies × 209 pies

4. <u>Lot Dimensions</u>—First dimension is width, second dimension is depth. (e.g. 50 feet × 100 feet)
4. <u>Dimensiones de un lote</u>—La primera dimensión es la anchura, la segunda dimensión es el fondo (por ejemplo: 50 pies × 100 pies).

IV. <u>Cost Problems</u>—One of the most difficult problems encountered is the so-called cost. problem. In these problems, you are given a selling price and are asked to calculate the profit or the cost before a fixed profit. These can be solved by using algebra but an easier solution is based on the following:

IV. <u>Problemas de costo</u>—Algunos de los más difíciles problemas que se encuentran son llamados problemas de "costo". En estos problemas, a usted le dan un precio de venta y le preguntan que calcule la ganancia o el costo antes de una ganancia fija. Estos pueden ser resueltos usando álgebra, pero una solución más fácil está basada en lo siguiente:

Cost/***Costo*** (100%) + % of Profit/***de Ganancia*** = Selling Price/***Precio de venta***

Cost/***Costo*** = 100% + Profit/***Ganancia*** /selling price/***precio de venta***

Consider your cost as 100%. Add the profit to 100% and divide the total percentage into the selling price to arrive at the cost.
Considere su costo como 100%. Sume la ganancia al 100% y divida el precio de venta entre el porcentaje total para obtener el costo.

Example #1
Ejemplo #1

An investor sold his property for $35,200 which represented a 10% profit over what he paid for it. What was his cost?
Un inversionista vendió su propiedad por $35,200 lo cual representó una ganancia del 10% sobre lo que el pagó por ella. ¿Cuál fue su costo?

Cost/***Costo*** = 100% + 10%)‾35,200

$$1.\widehat{10.} \overline{)35,200.\widehat{00.}} = \$32,000$$
(320 00)

Example #2
Ejemplo #2

A man sold two acres of land for $48,300. If he made 15% profit over his original cost, what was his profit?

Un hombre vendió dos acres de terreno por $48,300. Si el tuvo una ganancia del 15% sobre su costo original, ¿cuál fue su ganancia?

$$\text{Cost/}\textbf{\textit{Costo}} = 100\% + 15\% \,)\overline{\$48,300}$$

$$\begin{array}{r} \$420\ 00 \\ 1.\widehat{15.}\,)\overline{48,300.\widehat{00}} \end{array} \quad \text{Cost/}\textbf{\textit{Costo}}$$

Selling price/**_Precio de venta_**	$48,300
Cost/**_Costo_**	$42,000
Profit/Ganancia	$6,300

Example #3
Ejemplo #3

If the house sold for $56,950 and this price was 11% more than the original cost, what was the original cost of the house?

Si una casa se vendió por $56, 950 y el precio fue 11% más que el costo original, ¿cuál fue el costo original de la casa?

100% (cost/**_costo_**)	+ 11% (profit/**_ganancia_**)	= $56,950.00
	111%	= $56,950.00
$56,950	÷ 111%	= $51,306.30

V. Selling Price Problems—One other difficult type of problem is used in which you are given a net amount received by a seller after escrow or by a holder of a note after selling it at a discount and then asked to establish the selling price or face amount of the loan. The solution to these problems is based on the following:

V. **Problemas del precio de venta—Otro tipo difícil de problema es cuando a usted le dan una cantidad neta recibida por un vendedor después de la plica, o por el tenedor de un pagare después de venderlo a descuento, y luego le preguntan que establezca el precio o valor nominal del préstamo. La solución a estos problemas se basa en la fórmula siguiente:**

$$\text{Selling price} = 100\% - \text{Commission Rate}\,)\overline{\text{net amount}}$$
$$\textbf{Precio de venta} = \textbf{100\%} - \textbf{Tasa de comisión}\,)\overline{\textbf{cantidad neta}}$$

Example #1
Ejemplo #1

A seller received a check of $23,500 from a broker who had sold the property and deducted a 6% commission from the selling price. What was the selling price?

Un propietario recibió un cheque de $23,500 de un corredor quien había vendido la propiedad y descontó una comisión del 6% del precio de venta. ¿Cuál fue el precio de venta?

Selling price/***Precio de venta*** $= 100\% - 6\% \overline{)23{,}500}$

$$\begin{array}{r} 25{,}000 \\ \overline{.94.)23{,}500.\widehat{00}.} \end{array}$$

Example #2
Ejemplo #2

If a bank sold a note at a 4% discount on the face amount and received $16,800, what was the face amount of the note?
Si un banco vendió un pagaré con un descuento del 4% sobre la cantidad nominal y recibió $16,800, ¿cuál fue la cantidad nominal del pagaré?

Face amount/**Cantidad nominal** $= 100\% -$ Discount-**Descuento** /net-**neto**
Face amount/**Cantidad nominal** $= 100\% - 4\%$ 16,800

$$\begin{array}{r} 17{,}500 \\ \overline{.96.)16{,}800.\widehat{00}.} \end{array}$$

Example #3
Ejemplo #3

A commercial property has an existing loan of $110,500. If the owner wants to sell and net $101,000 after paying a 6% and paying off the loan, the minimum selling price must be what amount?
Una propiedad comercial tiene un préstamo existente de $110,500. Si el dueño desea vender y obtener $101,000 netos después de pagar 6% de comisión y el balance del préstamo, ¿cuál sería la cantidad del precio de venta mínimo?

Net of $101,000 + loan of $110,500 = $211,500
$101,000 Netos + $110,500 de préstamo = $211,500

$211,500 is net required after paying 6% Commission
$211,500 es el neto requerido después de pagar 6% de comisión

Selling price (100%) – Commission (6%) = 94%
Precio de venta (100%) – Comisión (6%) = 94%

94%   = $211,500
$211,500 ÷ 94% = $225,000 Selling price/***Precio de venta***

VI. <u>Amortization Chart</u>—One of the most valuable tools for the real estate salesperson is the amortization chart. It is used primarily to calculate the monthly payment required to pay off a given loan in equal payments at a specified interest rate over a stated period of time. An example of a partial table and examples of problems follows:

VI. **Tabla de amortización**—**Uno de los instrumentos más valiosos para el vendedor de propiedad es la tabla de amortización. Se usa principalmente para calcular la cantidad mensual requerida para saldar un préstamo en pagos iguales a una tasa de interés especificada en determinado periodo de tiempo. Un ejemplar de una tabla parcial y ejemplos de problemas se muestran a continuación:**

Table of Monthly Payments to Amortize $1,000 Loan
Tabla de pagos mensuales para amortizar un préstamo de $1,000

Term of Years Términos de años	9%	10%	11%	12%	12½%	13%	13½%	14%	14 ½%	15%
10	12.67	13.22	13.78	14.35	14.64	14.93	15.23	15.53	15.83	16.13
15	10.15	10.75	11.37	12.00	12.33	12.65	12.99	13.32	13.66	14.00
20	9.00	9.66	10.32	11.01	11.36	11.72	12.08	12.44	12.80	13.17
25	8.40	9.09	9.80	10.53	10.90	11.28	11.66	12.04	12.43	12.81
30	8.05	8.78	9.52	10.29	10.67	11.06	11.85	11.85	12.25	12.64
35	7.84	8.60	9.37	10.16	10.55	10.95	11.36	11.76	12.17	12.57

A. <u>Typical Problems</u>

A. **Problemas típicos**

1. What is the monthly payment required to pay off a $1,000 loan at 11% interest over a 15-year period?

1. ¿Cuál es el pago mensual requerido para cancelar un préstamo de $1,000 por 15 años a una tasa de interés del 11%?

$11.37 per month—Go down the 11% interest column until you find the payment directly to the right of the 15-year line.

$11.37 por mes—Vaya hacia abajo en la columna de 11% de interés hasta que usted encuentre la cantidad del pago directamente a la derecha de la línea de 15 años.

2. What is the monthly payment required to amortize a $12,500 loan at 12.5% interest over a 25-year period?

2. **¿Cuál es el pago mensual requerido para amortizar un préstamo de $12,500 a un interés del 12.5% sobre un periodo de 25 años?**

$10.90 \times 12.5 = \$136.25$—Go down the 12.5% interest column to the payment that is opposite the 25-year line. This is 10.90 which is the payment required to pay off $1,000. Since the loan is $12,500, or 12.5 thousands, you multiply the amount by 12.5.

$10.90 \times 12.5 = \$136.25$—Vaya hacia abajo en la columna del 12.5% de interés que es opuesta a la línea de 25 años. Esto es $10.90, el cual es el pago mensual requerido para

cancelar **$1,000. Ya que el préstamo es por $12,500, o sea 12.5 miles, usted multiplica la cantidad por 12.5.**

3.   What is the total interest paid over the life of a 30-year loan of $1,000 at 11% interest?

3.   **¿Cual es el interés total pagado sobre la duración de un préstamo de $1,000 a 30 años con una tasa de interés del 11%?**

Table shows payment of $9.52 per month for a 30-year loan. A 30-year loan requires 360 payments.
La tabla muestra un pago de $9.52 por mes para un préstamo a 30 años. Un préstamo a 30 años requiere 360 pagos.

$9.52 \times 360 = \qquad$ $3,427.20 Total payments/*Total de pagos*
$\qquad\qquad\quad$ − $1,000.00 Amount borrowed/*Cantidad prestada*
$\qquad\qquad\quad$ $2,427.20 Total interest/*Total de interés pagado*

Chapter 13 Capítulo 13

Valuation and Valuacíon y Appraisal–Part I Avalúo–I Parte

I.   <u>Basic Concepts</u>—An appraisal is an unbiased estimate of the nature, quality, value, or utility of an interest in or aspect of identified real estate. Value is the principal goal of an appraisal.

I.   **<u>Conceptos básicos</u>—Un avalúo es una estimación imparcial de la naturaleza, calidad, valor o utilidad de un interés en o aspecto de la propiedad identificada. Valor es el objetivo principal de un avalúo.**

   A. <u>Value</u>—Various types of value exist. Since the purpose and use of an appraisal may vary, the different types of value must be understood. Types of value are:

   A. **<u>Valor</u>—Existen varios tipos de valor. Ya que el propósito y uso de un avalúo puede variar, los diferentes tipos de valor deben ser entendidos. Los tipos de valor son:**

      1. <u>Market Value</u> (Objective Value)—Defined as "the most probable price in cash, terms equivalent to cash, or in other precisely revealed terms, for which the appraised property will sell in a competitive market under all conditions requisite to fair sale, with the buyer and seller each acting prudently, knowledgeably, and for self-interest, and assuming that neither is under undue duress." Based on "willing buyer"—"willing seller" concept. Not to be confused with price or cost.

      1. **<u>Valor comercial</u> (valor objetivo)—Definido como "el precio más probable en dinero efectivo, términos equivalentes a dinero efectivo o en otros términos precisamente revelados, por los cuales se venderá la propiedad avaluada en un mercado competitivo bajo todas las condiciones prescritas a una venta justa con el vendedor y el comprador cada uno actuando prudentemente, informadamente y para interés propio y asumiendo que ninguno de ellos está bajo coacción indebida". Basado en el concepto "comprador dispuesto"—"vendedor dispuesto". No debe confundirse con precio o costo.**

         a. <u>Market Value</u>—The value or expected price that should result in the market place.

         a. **<u>Valor comercial</u>—El valor o precio esperado que resultaría en el mercado.**

         b. <u>Price</u>—Amount paid to seller. Could be more or less than market value.

         b. **<u>Precio</u>—Cantidad pagada al vendedor. Podría ser más o menos que el valor comercial.**

         c. <u>Cost</u>—Total dollar expenditure for labor, materials, financing, profit, and other expenses, to acquire and develop a specific property. An improved property's cost is seldom its market value.

         c. **<u>Costo</u>—Gasto total en dólares para mano de obra, materiales, financiación, ganancias, y otros gastos para adquirir y urbanizar una propiedad específica. El costo de una propiedad mejorada es raramente su valor comercial.**

2. <u>Utility or Use Value</u>—(Subjective Value)—Value in use to an owner. Special purpose buildings (churches, city hall, museums, etc.) have relatively few potential buyers and are limited market properties. A property's utility value is seldom its market value.

2. <u>Valor de utilidad o uso</u>—(valor subjetivo)—Valor en uso para un dueño. Edificios para propósitos especiales (iglesias, oficinas municipales, museos, etc.) tienen relativamente pocos compradores potenciales y son propiedades de mercado limitado. El valor de utilidad de una propiedad es rara vez su valor comercial.

3. <u>Investment Value</u>—Value of an investment to a particular investor based on his or her investment requirements. Highest price a particular investor would pay to satisfy his or her investment goal.

3. <u>Valor de inversión</u>—Valor de una inversión para determinado inversionista basado en sus requisitos de inversión. El precio más alto que un inversionista determinado pagaría para satisfacer sus objetivos de inversión.

4. <u>Insurance Value</u>—The amount of insurance that may or should be carried on destructible portions of a property to indemnify the owner in the event of loss.

4. <u>Valor de seguro</u>—La cantidad de seguro que puede o debería ser tomada en las porciones destructibles de una propiedad para indemnizar al dueño en caso de pérdida.

5. <u>Assessed Value</u>—Value set by tax assessor for tax rolls in ad valorem taxation.

5. <u>Valor tasado</u>—Valor establecido por el tasador de impuestos para el registro tributario en una imposición de impuestos al valor.

6. <u>Liquidation Value</u>—Price that an owner is compelled to accept when the property's sale must occur with less-than reasonable market exposure.

6. <u>Valor de liquidación</u>—Precio que un dueño es obligado a aceptar cuando la venta de la propiedad debe ocurrir con una exposición menos que razonable en el mercado.

B. <u>Four Economic Factors</u>—Four interdependent economic factors must be present to create value:

B. <u>Cuatro factores económicos</u>—Cuatro factores económicos interdependientes deben estar presentes para crear valor:

1. <u>Utility</u>—Property must be useful and have the ability to satisfy a human want, need, or desire. Property's utility is affected by:

1. <u>Utilidad</u>—La propiedad debe ser útil y tener la aptitud para satisfacer un deseo, necesidad o conveniencia humana. La utilidad de la propiedad es afectada por:

    a. <u>Characteristics of Property Itself</u>—Size, design, locations, etc.

    a. <u>Características de la propiedad en sí misma</u>—Tamaño, diseño, localización, etc.

    b. <u>Private and Public Restrictions</u>—Deed restrictions, zoning codes, environmental control regulations.

    b. <u>Restricciones privadas y públicas</u>—Restricciones de escritura, códigos de zonificación, regulaciones de control del medio ambiente.

2. <u>Scarcity</u>—Present or anticipated supply of an item relative to the demand for it. If demand stays the same, a commodity becomes more valuable the scarcer it becomes.

2. **<u>Escasez</u>—Abastecimiento presente o anticipado de un artículo relativo a la demanda por dicho artículo. Si la demanda permanece lo mismo, un producto adquiere más valor cuanto más escaso es.**

3. <u>Demand or Desire</u>—Purchaser's wish for an item to satisfy human needs (food, clothing, housing) or individual wants beyond essential life support needs.

3. **<u>Demanda o deseo</u>—El deseo de un comprador por un artículo para satisfacer necesidades humanas (alimentos, vestuario, vivienda) o deseos individuales más allá de las necesidades esenciales para el sostén de la vida.**

   a. <u>Demand Must Be Supported by Effective Purchasing Power</u>—Allows an individual who wants a commodity to acquire the item.

   a. **<u>La demanda debe ser apoyada por poder de compra efectivo</u>—Le permite a un individuo que desea una mercadería los medios para adquirirla.**

   b. Advertising usually creates demand.

   b. **La publicidad usualmente crea demanda.**

4. <u>Transferability</u>—Commodity must be transferable as to use. In real estate, title must be marketable (free from reasonable encumbrances).

4. **<u>Transmisión</u>—La mercancía debe ser transferible en cuanto a uso: En bienes raíces, el título debe ser comerciable (libre de gravámenes razonables).**

C. <u>Basic Forces Influencing Value</u>—Value of real estate is created, maintained, modified, and destroyed by the interplay of four basic factors:

C. **<u>Fuerzas básicas que influencian el valor</u>—El valor de las bienes raíces es creado, mantenido, modificado por la interacción de cuatro factores básicos:**

1. <u>Physical and Environmental Forces</u>—These may be natural or man-made and include:

1. **<u>Fuerzas físicas y ambientales</u>—Estas pueden ser naturales o artificiales e incluyen:**

   a. Climatic conditions (snowfall, rainfall, temperature, humidity).
   a. **Condiciones climáticas (nevadas, lluvias, temperatura, humedad).**

   b. Topography and soil.
   b. **Topografía y suelo.**

   c. Natural barriers to future development (rivers, mountains, oceans).
   c. **Barreras naturales para desarrollo futuro (ríos, montañas, el mar).**

   d. Primary transportation systems.
   d. **Los sistemas principales de transporte.**

   e. Nature and desirability of immediate area.
   e. **Naturaleza y conveniencia del área inmediata.**

2. <u>Social Ideals and Standards</u>—Population characteristics exert primary force.

2. <u>**Ideales y normas sociales**</u>—**Las características de la población ejercen una fuerza fundamental.**

 a. Population growth and decline.

 a. **Crecimiento y declinación de la población.**

 b. Rate of births, divorce, and deaths.

 b. **La tasa de natalidad, mortalidad y divorcios.**

 c. Attitudes toward education, recreation, and lifestyle.

 c. **Actitudes hacia la educación, diversiones, y estilo de vida.**

 d. Age distributions.

 d. **Distribuciones por edad.**

3. <u>Economic Forces</u>—Relationship of population's puchasing power and current and expected supply and demand conditions.

3. <u>**Fuerzas económicas**</u>—**La relación entre el poder de compra de la población y las condiciones actuales y futuras de la oferta y demanda.**

 a. <u>Supply Characteristics</u>—Available property, new development, vacancy rates, construction costs.

 a. <u>**Características de la oferta**</u>—**Propiedades disponibles, nuevas urbanizaciones, tasas de desocupación, costos de construcción.**

 b. <u>Demand Characteristics</u>—Employment, wage levels, price levels, cost, and availability of credit.

 b. <u>**Características de la demanda**</u>—**Empleo, niveles de salario, niveles de precios, costo y disponibilidad del crédito.**

4. <u>Political and Governmental Forces</u>—Government influences many important elements in land-use patterns.

4. <u>**Fuerzas políticas y gubernamentales**</u>—**El gobierno influencia muchos elementos importantes en la pauta del uso del terreno.**

 a. <u>Public Services</u>—Fire and police protection, utilities, refuse collection.

 a. <u>**Servicios públicos**</u>—**Protección de polícia y contra incendios, servicios públicos, recolección de basura.**

 b. Zoning, building, and health codes.

 b. **Códigos de zonificación, construcción y salud.**

 c. National, state, and local fiscal policies.

 c. **Políticas fiscales nacionales, estatales y locales.**

 d. <u>Legislation</u>—Rent control, environmental protection, regulation of lenders.

 d. <u>**Legislación**</u>—**Control de arrendamientos, protección ambiental, regulación de prestamistas.**

D. Other Factors Influencing Value

D. Otros factores que influencian el valor

1. Amenities—Conditions of agreeable living or a beneficial influence from the location or improvements; pleasing features. Important influence on single-family residences.

1. Amenidades—Condiciones de vida agradables o una influencia benéfica de la localización o los mejoramientos; características placenteras. Influencia importante en residencia unifamiliar.

2. Blighted Area—A declining area in which real property values are affected by destructive economic forces, such as rapidly deteriorating buildings, heavy crime incident, encroaching inharmonious property usages. Natural barriers such as river, lake, or hill act as a buffer.

2. Area dilapidada—Un área en declive en la cual los valores de las bienes raíces son afectados por fuerzas económicas destructivas, tales como edificaciones que se deterioran rápidamente, alta incidencia de crimen, intrusión de usos no armoniosos de la propiedad. Las barreras naturales tales como un río, lago o colina actúan como un tapón.

3. Building Restrictions and Zones—May operate to increase or decrease values. Zone change from residential to commercial use may enhance value of land.

3. Restricciones de construcción y zonas—Pueden actuar para aumentar o disminuir los valores. Un cambio de zona de uso residencial a uso comercial puede incrementar el valor del terreno.

4. Character of Soil—Both surface soil and subsoil conditions affect value. Soil tests may have to be conducted by Registered Civil Engineer.

4. Carácter del suelo—Las condiciones del suelo de la superficie y el subsuelo ambos afectan el valor. Los exámenes de suelo pueden tener que ser conducidos por un ingeniero civil registrado.

    a. Soft subsoil may prohibit construction of large, heavy buildings or result in high construction costs.

    a. Un subsuelo blando puede prohibir la construcción de edificios grandes y pesados o resultar en costos de construcción altos.

    b. Top soil affects agricultural potential and growth of grass, plants, and shrubs.

    b. La capa superficial de suelo puede afectar el potencial agrícola y el crecimiento de hierba, plantas y arbustos.

    c. Heavy clay or adobe soil reduces percolation and may cause drainage problems.

    c. El suelo arcilloso pesado o adobe reduce la filtración y puede causar problemas de drenaje.

5. Character of Business Climate—Larger cities require apartments, commercial shopping areas, business districts, industrial areas.

5. El carácter del ambiente de negocios—Las ciudades grandes requieren edificios de apartamentos, áreas para centros comerciales, distritos de negocios y áreas industriales.

6. <u>Conspicuousness</u>—Gas stations, restaurants, motels, and certain types of business draw from heavy vehicle or pedestrian traffic.

6. **<u>Visibilidad</u>—Las estaciones gasolineras, restaurantes, moteles y ciertos tipos de negocios se benefician de un tráfico denso de vehículos y peatones.**

    a. Demand for corner locations creates additional value known as corner influence.

    a. **La demanda por la localización en esquina crea un valor adicional llamado influencia de esquina.**

    b. Sites near freeway off-ramps are premium locations.

    b. **Los sitios cerca a las salidas de autopistas son localidades muy solicitadas.**

7. <u>Directional Growth</u>—Refers to the manner and direction in which the city tends to expand. Properties in path of growth increase in value.

7. **<u>Crecimiento direccional</u>—Se refiere a la manera y dirección, en la cual la ciudad tiende a crecer. Las propiedades en el camino del crecimiento aumentan su valor.**

8. <u>Exposure</u>—Since shady side of street is preferred by shoppers in hot climates, lots for retail stores on the south or west side of the street are preferred. At an intersection, the southwest corner is most desirable one. A windy location can be disadvantageous to a resort or recreational area.

8. **<u>Exposición</u>—Ya que el lado sombreado de la calle es preferido por los compradores en los climas cálidos, los lotes para tiendas de comercio al menudeo en el lado oeste o sur de la calle son los preferidos. En una intersección, la esquina del sudoeste es la más conveniente. Una localidad expuesta al viento puede ser desventajosa para un área de recreación o turismo.**

9. <u>Location</u>—Most important factor influencing the value of real estate.

9. **<u>Localización</u>—El factor más importante que influencia el valor de bienes raíces.**

    a. Quality of neighborhood and surrounding community has tremendous effect upon property.

    a. **La calidad del vecindario y la comunidad circundante tiene un efecto extraordinario sobre la propiedad.**

    b. Access to freeways, airport, shopping centers.

    b. **El acceso a autopistas, aeropuertos y centros comerciales.**

    c. Excessive traffic can cause congestion; noise, dust, and fumes can be detrimental.

    c. **El tráfico excesivo puede causar congestión; el ruido, el polvo, y el humo pueden ser perjudiciales.**

10. <u>Grades</u>—Vary from level land to hillside properties. Defined as <u>topography.</u>

10. **<u>Grados de nivel del terreno</u>—Varían de terreno plano a propiedades en ladera. Definido como topografía.**

    a. Cost of grading or potential slides are important considerations on hillside lots.

    a. **El costo de nivelar y el peligro de deslizamientos o aludes son consideraciones importantes en los lotes en ladera.**

    b. Level land tends to create monotony.

    b. **El terreno plano tiende a crear monotonía.**

    c.   Rolling hills create pleasing sight and usually are most desirable.

    c.   Las colinas onduladas crean una vista placentera y usualmente son las más deseables.

11.   <u>Obsolescence</u>—Caused by economic changes and decreasing functional utility. Changes in type of construction, style of architecture, changing uses of neighboring property may create loss in value.

11.   <u>Caída en desuso</u>—Causada por cambios económicos y utilidad funcional decreciente. L0 cambios en el tipo de construcción, estilo de la arquitectura, cambios en el uso de las propiedades vecinas pueden crear pérdida de valor.

12.   <u>Orientation</u>—Placing a house on its lot with regard to its exposure to the rays of the sun, prevailing winds, privacy from the street, and protection from outside noises.

12.   <u>Orientación</u>—La situación de una casa en su lote en relación con la exposición a los rayos solares, vientos predominantes, privacidad de la calle y protección contra los ruidos exteriores.

13.   <u>Plottage</u>—An added increment of value that results from assembling two or more parcels of land under single ownership as opposed to the same number under multiple owners.

13.   <u>Area de un lote</u>—Un incremento sumado de valor cuando se ensamblan o reúnen dos o más parcelas de terreno contiguas bajo un mismo propietario en oposición al mismo número bajo diferentes dueños.

    a.   Often found in redevelopment projects.

    a.   A menudo se encuentra en proyectos de reurbanización.

    b.   Significant in agricultural land since small farms cannot support expensive modern equipment and are less-than-optimum size.

    b.   Es significante en terrenos agrícolas ya que las granjas pequeñas no pueden sostener equipo moderno costoso y son menores que el tamaño óptimo.

14.   <u>Private Restrictions</u>—Subdividers, developers, or individual sellers may restrict the use for the benefit of all purchasers. If beneficial, they uphold values.

14.   <u>Restricciones privadas</u>—Dueños de subdivisiones, urbanizadores o vendedores individuales pueden restringir el uso para beneficio de todos los compradores. Si son benéficas, ellas sostienen los valores.

15.   <u>Size</u>—Width and depth of a parcel determines its possible use. Home buyers desire wider lots today.

15.   <u>Tamaño</u>—La anchura y el fondo de una parcela determinan su posible uso. Los compradores de casas desean lotes más anchos hoy en día.

16.   <u>Shape</u>—Parcels of irregular shape generally cannot be developed as advantageously as rectangular lots.

16.   <u>Forma</u>—Las parcelas de forma irregular generalmente no pueden ser urbanizadas tan ventajosamente como los lotes rectangulares.

17. <u>Thoroughfare Conditions</u>—Width and condition of streets and traffic congestion have an effect upon properties fronting these streets.

17. **<u>Condiciones de las vías públicas</u>—La anchura y condición de las calles y la congestión del tráfico tienen un efecto sobre las propiedades situadas en estas calles.**

    a. High-volume (not-congested) local traffic in commercial areas is usually an asset.

    a. **Tráfico local de alto volumen (no congestionado) en áreas comerciales es usualmente una ventaja.**

    b. Volume of traffic is determined by a traffic count.

    b. **El volumen de tráfico es determinado por una cuenta del él mismo.**

18. <u>Utilities</u>—On and offsite services for gas, electricity, telephone, water, sewer are important factors.

18. **<u>Servicios públicos</u>—Los servicios en el sitio y fuera de él para gas, electricidad, teléfono, agua, alcantarillado son factores importantes.**

    a. Adequacy, cost, quality, and availability.

    a. **Suficiencia, costo, calidad y disponibilidad.**

19. <u>Utility</u>—Includes the capacity to produce income. Involves good judgment as to the land's best use. Building and zoning restrictions affect utility

19. **<u>Utilidad</u>—Incluye la capacidad para producir ingreso. Involucra buen juicio en cuanto al mejor uso del terreno. Las restricciones de construcción y zonificación afectan la utilidad.**

20. <u>Unearned Increment</u>—An increase in value of real estate due to no effort on the part of the owner; often due to increase in population.

20. **<u>Plusvalía</u> — Un aumento en el valor de las bienes raíces sin esfuerzo alguno de parte del dueño; a menudo es debido al aumento de población.**

II. <u>Principles of Value</u>—An understanding of these principles is essential to an understanding of the purpose, techniques, and procedures of valuation.

II. **<u>Principios del valor</u>—Un entendimiento de estos principios es esencial para la comprensión del propósito, técnicas y procedimientos de la valuación.**

A. <u>Principle of Supply and Demand</u>—Demand for a commodity is created partly by its scarcity and partly by its desirability.

A. **<u>Principios de la oferta y la demanda</u>—La demanda por un artículo es creada en parte por su escasez y en parte por su conveniencia.**

1. Desire influences demand and can be created through education and advertising.

1. **El deseo influencia la demanda y puede ser creado por medio de la educación y la publicidad.**

2. Desire must be backed by purchasing power.

2. **El deseo debe ser respaldado por el poder de compra.**

B.   <u>Principle of Change</u>—Always present, it is the law of cause and effect. The state or condition existing today evolved from yesterday and is the forecast or shadow of tomorrow. The appraiser must attempt to interpret future trends and influences that will affect value. There are three subsidiary principles:

B.   **<u>Principio de cambio</u>—Siempre presente, es la ley de causa y efecto. El estado o condición existente hoy evolucionó de ayer y es la previsión o sombra del mañana. El valuador debe intentar la interpretación de tendencias e influencias futuras que afectarán el valor. Hay tres principios secundarios.**

1.   <u>Principle of Integration and Disintegration</u>—All property goes through three stages: Integration (development); Equilibrium (static stage); and Disintegration (decline or decay).

1.   **<u>Principio de integración y desintegración</u> – Toda propiedad pasa por tres etapas: integración (urbanización); equilibrio (estado estático); y desintegración (decadencia o deterioro).**

2.   <u>Principle of Regression</u>—If dissimilar properties are constructed in the same neighborhood, the worth of the better property is adversely affected by its presence among lesser properties.

2.   **<u>Principio de regresión</u>—Si se construyen diferentes propiedades en el mismo vecindario, el valor de la mejor propiedad es adversamente afectado por estar entre propiedades inferiores.**

3.   <u>Principle of Progression</u>—When dissimilar properties are constructed in the neighborhood, the worth of the lesser property is enhanced by its presence among better properties.

3.   **<u>Principio de progresión</u>—Cuando diferentes propiedades son construidas en el mismo vecindario, el valor de la propiedad de menos categoría es aumentado por estar entre propiedades mejores.**

C.   <u>Principle of Substitution</u>—Holds that when two or more commodities with about the same utility are available, the one with the lowest price receives the greatest demand. Market value is indicated by the value of an equally desirable substitute property. It is applied in all three appraisal approaches and provides basis for the following premises:

C.   **<u>Principio de sustitución</u>—Sostiene que cuando dos o más artículos con casi la misma utilidad están disponibles, aquél con el precio más bajo tiene la mayor demanda. El valor comercial es indicado por el valor de una propiedad sustituta igualmente conveniente. Se aplica en todos los tres planteamientos de avalúo y provee la base para las siguientes premisas:**

1.   Value of a property tends to coincide with the value indicated by the actions of informed buyers in the market for comparable properties.

1.   **El valor de una propiedad suele concidir con el valor indicado por las acciones de compradores informados en el mercado para propiedades comparables.**

2.   The cost of producing, through new construction, an equally desirable substitute property usually sets the upper limit of value.

2.   **El costo de producir una propiedad sustituta igualmente conveniente, por medio de nueva construcción, por lo general establece el límite superior del valor.**

3. On income producing property, the limit of prices, rents, and rates tend to be set by prevailing prices, rents, and rates for equally desirable substitutes.

3. El límite de precios, valor de arriendos y tasas en propiedades que producen ingresos, tiende a ser establecido por los precios, valor de arriendos y tasas imperantes para substitutos igualmente convenientes.

D. <u>Principle of Highest and Best Use</u>—That use which at the time of the appraisal is most likely to produce the greatest net return to the land and/or building over a period of time. Net return may be in terms of money or amenities.

D. <u>Principio del máximo y mejor uso</u>—Aquél uso que, al tiempo del avalúo, muy probablemente produce el mayor rendimiento neto al terreno y/o el edificio sobre un periodo de tiempo determinado. El rendimiento neto puede ser en términos monetarios o servicios.

1. If land use is inconsistent with improvements (zoned commercial but has single family residence on it), improvements may have no value and may represent penalty to cover cost of removal.

1. Si el uso del terreno es inconsistente con los mejoramientos (casa unifamiliar edificada en zona comercial), dichos mejoramientos pueden no tener valor y pueden representar una contrapartida para cubrir el costo de remoción.

2. If existing improvements have interim use, a more profitable use (through demolition and rebuilding) may be delayed due to insufficient demand.

2. Si los mejoramientos existentes tienen un uso provisional, un uso más rentable (por medio de la demolición y reconstrucción) puede ser retardado por demanda insuficiente.

E. <u>Principle of Balance</u>—Holds that value is created and maintained in proportion to the equilibrium (balance) attained in the amount and location of essential use of land. A given population can only support a limited number of grocery stores, gas stations, etc.

E. <u>Principio de balance</u>—Sostiene que el valor es creado y mantenido en proporción al equilibrio (balance) alcanzado en la cantidad y localización del uso esencial del terreno. Una población determinada solamente puede sustentar un número limitado de tiendas de comestibles, estaciones de gasolina, etc.

F. <u>Theory of Surplus Productivity</u>—Any surplus of net income remaining after deducting costs of labor, coordination, and capital is credited to the land and tends to set the land's value.

F. <u>Teoría de productividad excedente</u>—Cualquier excedente de ingreso neto sobrante después de deducir los costos de labor, coordinación y capital es acreditado al terreno y tiende a establecer el valor de éste.

1. <u>Labor</u>—Consists of wages of property's employees and are first to be satisfied.

1. <u>Labor</u>—Consiste del salario de los empleados de la propiedad y son los primeros en ser satisfechos.

2. <u>Coordination</u>—Expenses of management, taxes, insurance, etc.

2. <u>Coordinación</u>—Gastos de administración, impuestos, seguro, etc.

3. <u>Capital</u>—Costs of interest on and repayment of funds invested in improvements.

3. <u>Capital</u>—Costos del interés en y reintegro de los fondos invertidos en los mejoramientos.

4. <u>Land</u>—Last to be satisfied.

4. **<u>Terreno</u>—Ultimo en ser satisfecho.**

G. <u>Principle of Increasing and Decreasing Returns</u>—Holds that when larger amounts of capital are invested, the rate of return increases. When the optimum rate is reached, however, any increase of capital reduces the rate of return.

G. **<u>Principio de rendimientos crecientes y decrecientes</u>—Sostiene que cuando grandes cantidades de capital son in vertidas, la tasa de rendimiento aumenta (rendimiento creciente) . Cuando la tasa máxima es alcanzada, sin embargo, cualquier aumento de capital reduce la tasa de rendimiento (rendimiento decreciente).**

1. Fertilization of land increases crop yield up to a point. Excessive use merely adds to cost and does not increase yield.

1. **La fertilización de la sierra aumenta la producción del cultivo hasta cierto punto. El uso excesivo simplemente se suma al costo y no necesariamente aumenta la producción.**

2. Proper balance betwen land and improvements will result in highest and best use of property. Constructing 16 units on a given lot may yield a higher return than constructing only 3 units. But maybe 32 units would be too many and would result in a lower yield or net return.

2. **El balance correcto entre el terreno y los mejoramientos resultara en el uso maximo y mejor de la propiedad. Construir 16 unidades en un lote determinado pueden producir un rendimiento más alto que construir solamente 3 unidades. Pero tal vez 32 unidades serían muchas y resultaría en un producto o rendimiento neto más bajo.**

H. <u>Principle of Contribution</u>—Same as principle of Increasing and Decreasing Returns but is applied to only a portion of the improvements. A swimming pool costing $10,000 does not necessarily increase a home's value by that amount.

H. **<u>Principio de contribución</u>—Igual que el principio de rendimiento creciente y decreciente pero es aplicado solamente a una porción de las mejoras. Una piscina de natación que cuesta $10,000 no necesariamente aumenta el valor de una casa en esa misma cantidad.**

Example

Ejemplo

An owner of a 12-unit apartment is renting unfurnished apartments. If he converts these to furnished apartments, will the additional investment contribute to an overall increase in his rate of return?

Un dueño de un edificio de 12 unidades arrienda los apartamentos desamueblados. El convierte estos en apartamentos amueblados, contribuirá la inversión adicional a un aumento total en su tasa de rendimiento?

I. <u>Principle of Competition</u>—Derived from the fact that profit tends to breed competition and excess profit tends to breed ruinous competition.

I. **<u>Principio de competencia</u>—Derivado del hecho de que la ganancia engendra la competencia y la ganancia en exceso engendra competencia ruinosa.**

Example
Ejemplo

The first grocery store in a new and expanding residential area may have a near monopoly which results in higher than normal profits. This brings in other competition, sometimes to an extent that the area cannot support the number of stores built and the older and less desirable ones fail.
La primera tienda de comestibles en un área residencial nueva que se está expandiendo tiene casi un monopolio lo cual resulta en ganancias más altas de las normales. Esto atrae otra competencia, algunas veces, a tal extremo que las antiguas y menos convenientes fallan.

J. <u>Principle of Conformity</u>—Holds that maximum value is realized when a reasonable degree of sociological, architectural, and economic similarity exists.

J. <u>Principio de conformidad</u>—Sostiene que el valor máximo es realizado cuando existe un grado razonable de semejanza sociológica, arquitectónica y económica.

1. Government regulates conformity with zoning and building codes.

1. El gobierno regula la conformidad con los códigos de zonificación y construcción.

2. Commercial shopping centers are usually made up of stores catering to customers with similar incomes or demands.

2. Los centros comerciales de compras son, por lo general, constituidos por tiendas que abastecen a clientes con ingresos y demandas similares.

3. Residential neighborhoods comprised of homes of similar style, size, and design.

3. Vecindarios residenciales que constan de casas con estilo, tamaño y diseño similares.

III. <u>The Valuation Process</u>—A systematic procedure employed by the appraiser to answer the client's request concerning the value of a particular property. Chart (from AIREA text "The Appraisal of Real Estates") found on the following page, illustrates the valuation process.

III. <u>El proceso de valuación</u>—Un procedimiento sistemático empleado por el valuador para responder a la solicitud del cliente, concerniente al valor de una casa o propiedad determinada. El cuadro que se encuentra en la pagina siguiente ilustra el proceso de valuación (Tomado del texto de AIRED llamado "El avalúo de bienes raíces").

A. <u>Definition of the Problem</u>—Sets the limits of the appraisal and sets forth the following:

A. <u>Definición del problema</u>—Señala los límites del avalúo y expone lo siguiente:

1. <u>Identification of the Real Estate</u>—Street address and/or legal description.

1. <u>Identificación de las bienes raíces</u>—Dirección de la calle y/o descripción legal.

2. <u>Property to Be Valued</u>—May be the fee simple estate, leasehold, mineral rights, air space, easement, etc.

2. <u>Propiedad para ser valuada</u>—Puede ser propiedad de dominio absoluto, contrato de arrendamiento, derechos minerales, espacio de aire, servidumbre, etc.

3. <u>Date</u>—Since changing conditions may influence value from one day to the next, the exact date must be specified.

3. <u>Fecha</u>—Ya que las condiciones cambiantes pueden influenciar el valor de un día al siguiente, la fecha exacta debe ser especificada.

4. Use—Specified by client; may be method to determine purchase or selling price, loan amount, tax base, eminent domain compensation.

4. **Uso—Especificado por el cliente; puede ser método para determinar precio de compra o venta, cantidad de préstamo, base para impuestos, compensación por dominio eminente.**

5. Definition of Value—Type of value is specified (market value, use value, going-concern value, etc.).

5. **Definición de valor—El tipo de valor es especificado (valor comercial, valor de uso, valor de empresa que funciona bien, etc.).**

6. Other Limiting Conditions—May be market value of property excluding mineral, oil and gas rights or made without engineering survey.

6. **Otras condiciones limitantes—Puede ser el valor comercial de la propiedad excluyendo derechos de minerales, petróleo y gas o hecho sin mediciones de ingeniería.**

B. Preliminary Analysis—Considers the character and scope of the appraisal and amount of time and work required to gather pertinent data.

B. **Análisis preliminar—Considera el carácter y alcance del avalúo y la cantidad de tiempo y trabajo para reunir los datos pertinentes.**

1. General Data—All social, economic, government, and environmental influences.

1. **Datos generales—Todas las influencias sociales, económicas, gubernamentales y ambientales.**

2. Property—Specific Data—Physical, locational, cost, and income and expense information.

2. **Datos específicos de la propiedad—Información física, de localización, costo e ingresos y gastos.**

C. Highest and Best Use Analysis

C. **Análisis de máximo y mejor uso**

1. Land as Though Vacant—Helps to identify comparable properties as well as the use that would produce the maximum income.

1. **Terreno como si estuviera vacío—Ayuda a identificar propiedades comparables así como el uso que produciría el ingreso máximo.**

2. Property as Improved—Helps to identify comparable properties and to decide whether improvements should be demolished, renovated, or retained in their present condition.

2. **Propiedad con mejoras—Ayuda a identificar propiedades comparables y decidir si las mejoras (edificaciones) deberían ser demolidas, renovadas o retenidas en su condición presente.**

D. Land Value Estimate—Since land value may be a major part of total property value, it is often estimated separately.

D. **Estimación del valor del terreno—Ya que el valor del terreno puede ser una parte principal del valor total de la propiedad, frecuentemente es estimado por separado.**

1. Comparison approach is most reliable but one of following procedures (discussed later) might be employed:

1. El planteamiento de comparación es el más confiable pero uno de los procedimientos siguientes (discutidos más adelante) podría ser empleado:

    a. Allocation

    a. Reparto

    b. Development

    b. Desarrollo

    c. Land residual

    c. Residual del terreno

E. <u>Application of the Three Approaches</u>—When applicable and possible, the appraiser will apply three distinct approaches:

E. <u>Aplicación de los tres planteamientos</u>—Cuando es posible y pertinente, el valuador aplicará los tres distintos planteamientos:

1. <u>Sales Comparison</u>—Compares recent selling prices of comparable properties.

1. <u>Comparación de ventas</u>—Compara los precios de venta recientes de propiedades semejantes.

2. <u>Income Capitalization</u>—New income is capitalized (converted) to reflect present value of future income.

2. <u>Capitalización de ingreso</u>—El ingreso nuevo es capitalizado (convertido) para reflejar el valor presente del ingreso futuro.

3. <u>Cost</u>—Uses replacement or reproduction cost less depreciation and value of land.

3. <u>Costo</u>—Usa el costo de reposición o reproducción menos la depreciación y el valor del terreno.

F. <u>Reconciliation of Value Indications</u>—Appraiser correlates all data and reconciles indications into a single dollar figure.

F. <u>Reconciliación de indicaciones de valor</u> – El valuador correlaciona datos y reconcilia indicaciones en una sola cantidad de dólares.

1. A wide spread in values when using the three approaches may indicate one or two approaches not applicable (cost approach may be way-off on an old structure due to heavy depreciation).

1. Una amplia gama de valores cuando se usan los tres planteamientos puede indicar que uno o dos de estos no son aplicables (el planteamiento de costo puede estar distante en una estructura antigua debido a una depreciación grande).

2. Not an averaging process. Weighs all facts and uses most reliable data.

2. No es proceso de promediar. Da valor a todos los hechos y usa los datos más confiables.

G. <u>Report of Defined Value</u>—Final step is to issue report. Three types of written appraisal reports:

G. <u>Informe del valor definido</u>—El paso final es expedir el informe. Hay tres tipos de informes de avalúas escritos.

1. <u>Letter Report</u>—Often used by real estate licensees. Consists of letter and certificate indicating value estimate, date, description of property, and any limiting conditions.

1. **<u>Informe por carta</u>—Frecuentemente usado por agentes de bienes raíces. Consiste de una carta y un certificado indicando estimado de valor, fecha, descripción de propiedad, y condiciones limitantes.**

2. <u>Form Report</u>—A standard form designed by and for tile use of a financial institution, insurance company, or government agency.

2. **<u>Formulario para informe</u>—Formulario estándar diseñado por y para el uso de la institución financiera, compañía de seguro y agencia del gobierno.**

3. <u>Narrative Report</u>—An extensive report with complete documentation of pertinent data. Type usually issued by M.A.I. appraiser.

3. **<u>Informe narrativo</u>—Un informe extensivo con documentación completa de los datos pertinentes. Es el tipo de informe usualmente expedido por un valuador M.A.I.**

IV. <u>Appraisers</u>—Appraisers handling "federally related transactions" must be licensed by California Office of Real Estate Appraisers. Appraiser may also be a member of private professional association.

IV. **<u>Valuadores</u>—Los valuadores que manejan "transacciones federalmente relacionadas" deben ser licenciados por la Oficina de Valuadores de Bienes Raíces de California. El valuador también puede ser miembro de una asociación profesional privada.**

A. <u>Four State Licenses:</u>

A. **<u>Cuatro licencias estatales</u>**

1. <u>Trainee</u>—may appraise properties which supervising appraiser is permitted to appraise.

1. **<u>Entrenando</u>—Puede valuar propiedades supervisadas que sean permitidas por el valuador titulado.**

2. <u>Licensed</u>—may appraise 1-4 unit residential to $1,000,000 and nonresidential up to $250,000.

2. **<u>Licenciado</u>—Puede avaluar de 1-4 unidades residenciales a $1,000,000 y no-residenciales hasta $250,000.**

3. <u>Certified Residential</u>—may appraise 1-4 unit residential of any value and nonresidential up to $250,000.

3. **<u>Certificado residencial</u>—Puede valuar de 1-4 unidades residenciales de cualquier valor y no-residencial hasta $250, 000.**

4. <u>Certified General</u>—may appraise any and all property.

4. **<u>Certificado general</u>—puede valuar cualquiera o toda la propiedad**

B. <u>Professional Associations:</u>

B. **<u>Asociaciones profesionales:</u>**

1. American Institute of Real Estate Appraisers.

1. **Instituto Americano de Valuadores de Bienes Raíces.**

   a. Members hold M.A.I. designation (Member Appraisal Institute).

   a. **Miembros poseen designación M.A.I. (Miembro Instituto de Avalúos).**

      b.   Code of Ethics prohibits basing fee on percentage of final value estimate; not disclosing interest, if any, in property being appraised; disclosing confidential portions to anyone other than client.

      b.   **El código de ética les prohíbe basar el honorario en un porcentaje del estimado final de valor; no divulgar si tienen un interés en la propiedad que se valúa; divulgar partes confidenciales a alguien distinto del cliente.**

   2.   <u>Society of Residential Appraisers</u>—Members receive S.R.A. designation.

   2.   **<u>Sociedad de Valuadores Residenciales</u>—Miembros reciben designación S.R.A.**

C.   <u>Fee Appraiser</u>—Person hired as an independent contrator to perform an appraisal on behalf of hiring party.

C.   **<u>Valuador por honorario</u>—Persona empleada como contratista independiente para efectuar un avalúo a nombre de persona que lo emplea.**

D.   <u>Employee</u>—Person employed by lender or mortgage company to perform appraisals for the benefit of the firm.

D.   **<u>Empleado</u>—Una persona empleada por un prestamista o compañía hipotecaria para ejecutar avalúos para el beneficio de la firma.**

V.   <u>Market Analysis</u>—Since the real estate market is influenced by the attitudes, motivation, and interactions of buyers and sellers, which are in turn subject to many social, economic, government, and enviromental influences, the appraiser must thoroughly understand the market(s) relevant to the assignment. A market analysis identifies and studies a pertinent market.

V.   **<u>Análisis de mercado</u>—Ya que el mercado de bienes raíces es influenciado por las actitudes, motivación, e interacciones de compradores y vendedores, quienes a su turno están sujetos a muchas influencias sociales, económicas, gubernamentales y ambientales, el valuador debe emender perfectamente el mercado o los mercados referentes al encargo. Un análisis de mercado identifica y estudia un mercado pertinente.**

A.   <u>Types of Markets</u>—Five broad categories.

A.   **<u>Tipos de mercados</u>—Cinco categorías amplias.**

   1.   <u>Residential</u>—May be divided as to:

   1.   **<u>Residencial</u>—Puede dividirse en cuanto a:**

      a.   <u>Location</u>—Urban, suburban, or rural.

      a.   **<u>Localización</u>—Urbano, suburbano o rural.**

      b.   <u>Pricing</u>—Low, medium, or high.

      b.   **<u>Precio</u>—Bajo, medio o alto.**

   2.   <u>Commercial</u>—Offices, stores, loft buildings, parking garages, motels, hotels, shopping centers.

   2.   **<u>Comercial</u>—Oficinas, tiendas, galerías, garajes de estacionamiento, moteles, hoteles, centros comerciales.**

   3.   <u>Industrial</u>—Factories, warehousing, mining.

   3.   **<u>Industrial</u>—Fábricas, almacenamiento, minería.**

   4.   <u>Agricultural</u>—Pasture, crops, timber, ranch, or orchard.

4. <u>Agrícola</u>—**Pastos, cultivos, madera, haciendas, o estancias y huertos.**

5. <u>Special Purpose</u>—Parks, churches, cemeteries, public utilities, and government properties.

5. <u>Propósito especial</u>—**Parques, iglesias, cementerios, servicios públicos, y propiedades del gobierno.**

B. <u>Neighborhood Analysis</u>—Neighborhood is that section of community where occupants have common interests, whether it be sociological, economic, or environmental. Forces influencing value:

B. <u>Análisis del vecindario</u>—**El vecindario es aquella sección de la comunidad donde los ocupantes tienen intereses comunes, sean sociológicos, económicos, o ambientales. Fuerzas que influencian el valor:**

1. <u>Social</u>—Population density, educational level, age level, crime, and quality of medical, educational, social, cultural, and commercial services.

1. <u>Sociales</u>—**Densidad de población, nivel educativo, nivel de edad, incidencia de crimen, y la calidad de los servicios médicos, educativos, sociales, culturales y comerciales.**

2. <u>Economic</u>—Financial capacity of occupants to own or rent, maintain property, and renovate when necessary. Considers income levels, owners vs. renters, vacancy rates, new development, etc.

2. <u>Económicos</u>—**Capacidad financiera de los ocupantes para poseer o arrendar, mantener la propiedad y renovarla cuando sea necesario. Considera los niveles de ingreso, propietarios vs. arrendatarios, tasas de desocupación, nueva urbanización, etc.**

3. <u>Governmental</u>—Zoning codes, building codes, tax burden, and fire and police protection.

3. <u>Gubernamentales</u>—**Códigos de zonificación, códigos de construcción carga tributaria (tax burden) y protección contra el fuego y protección de la policía.**

4. <u>Environmental</u>—Natural or man-made features in or around neighborhood; size, type, density of buildings; open space vs. nuisances of noise; proximity and access to place of employment, shopping centers, etc.

4. <u>Ambiental</u>—**Características naturales o artificiales en el vecindario o los alrededores; tamaño, tipo y densidad de los edificios; espacio abierto vs. molestias por el ruido; proximidad y acceso al lugar de empleo, centros comerciales, etc.**

C. <u>District Analysis</u>—Multifamily, commercial, and industrial areas are usually referred to as districts, not neighborhoods.

C. <u>Análisis del distrito</u>—**Las áreas multifamiliares, comerciales e industriales son generalmente calificadas como distritos, no vecindarios.**

1. <u>Apartment District</u>—Buildings may be multi-story, garden, row, or townhouse. May be rental, privately owned condominiums, or cooperatives.

1. <u>Distrito de apartamentos</u>—**Los edificios pueden ser de varios pisos, con jardines, edificios en hilera o casas de dos pisos contiguas (townhouses). Pueden ser condominios arrendados o poseídos privadamente o cooperativos.**

2.   Commercial District—A grouping of stores along a business street (a strip development), a regional or neighborhood shopping center, or downtown central business district.

2.   **Distrito comercial—Una agrupación de tiendas a lo largo de una calle comercial (una urbanización en franja) (strip development), un centro comercial regional o de vecindario o un distrito comercial en el centro de la ciudad.**

   a.   Regional Shopping Center—Contains 40 to 100 stores, extensive parking and over 250,000 square feet of gross leaseable area. Favorable affects surrounding land values and increases demand for new single and multi-family housing. A 100% location is the core of store groupings—the best location.

   a.   **Centro comercial regional—Contiene de 40 a 100 tiendas, grandes sitios para estacionamiento de vehículos y más de 250,000 pies cuadrados de área construida para arrendamiento. Afecta favorablemente el valor del terreno circundante y aumenta la demanda por viviendas multi-familiares y de unifamiliares. Una localización 100% es el núcleo de las agrupaciones de tiendas—la mejor de todas.**

   b.   Community Shopping Center—Smaller than regional shopping center. Anchor tenant is usually variety or junior department store.

   b.   **Centro comercial de la comunidad—Más pequeño que un centro comercial regional. Un arrendatario estable es, por lo general, una tienda por departamentos secundaria o tienda de variedades.**

   c.   Neighborhood Shopping Center—Center containing ten or more stores, usually a supermarket, drug store, and service establishments.

   c.   **Centro comercial de vecindario—Un centro que contiene diez o más tiendas, normalmente un supermercado, droguería, y establecimientos de servicios.**

3.   Industrial Districts—Containing manufacturing or warehousing firms. Value affected by available public utilities, labor, materials, and distribution facilities.

3.   **Distritos industriales—Contienen empresas manufactureras y almacenamiento (bodegas). El valor es afectado por la disponibilidad de servicios públicos, mano de obra e instalaciones para materiales y distribución.**

4.   Agricultural Districts—May be defined by soil types, crops grown, or size of farms.

4.   **Distritos agrícolas—Pueden ser definidos por los tipos de suelo, clase de cultivos o tamaño de las granjas.**

5.   Other Districts—May consist of offices, medical facilities, high technology or educational facilities.

5.   **Otros distritos—Pueden consistir de oficinas, instalaciones médicas, instalaciones educativas o de alta tecnologia.**

VI.   Land or Site Analysis—Appraisal may be used to establish value of land only or land and improvements. Land must be identified, factors influencing value must be ascertained, and final value estimate made.

VI.   **Análisis del terreno o sitio—El avalúo puede ser usado para establecer el valor del terreno solamente o del terreno y las mejoras. El terreno debe ser identificado, los factores que influyen en el valor deben ser comprobados y hacer un estimado final del valor.**

A. <u>Identifying Land or Site</u>—Must give legal description and features.

A. <u>Identificación del terreno o sitio</u>—Deben darse la descripción legal y características.

   1. <u>Legal Description</u>—Can use Metes and Bounds, U.S. Rectangular or Government Survey, or Lot and Block system.

   1. <u>Descripción legal</u>—Puede usarse medidas y límites, medición gubernamental o rectangular de los Estados Unidos o sistema de lote y bloque.

   2. Legal Features

   2. Características legales

      a. <u>Recorded Data</u>—Owner, easements, public and private restrictions.

      a. <u>Datos registrados</u>—Dueño, servidumbres, restricciones públicas y privadas.

      b. <u>Government Regulations</u>—Zoning, building height limits, setbacks, rent control, Coastal Commission, etc.

      b. <u>Regulaciones del gobierno</u>—Zonificación, límite de altura de edificios, espacio libre, control de arrendamiento, Comisión de la Costa, etc.

      c. <u>Assessments and Taxes</u>—Assessed value and tax burdens.

      c. <u>Tasaciones e impuestos</u>—Valor tasado o carga impositiva.

B. <u>Factors Influencing Value</u>—Physical characteristics of site and relationship of improvements to land and to neighboring properties.

B. <u>Factores que influencian el valor</u>—Características físicas del sitio y relación entre las mejoras y el terreno y las propiedades vecinas.

   1. <u>Size and Shape</u>

   1. <u>Tamaño y forma</u>

      a. <u>Agricultural and Large Industrial Tracts</u>—Described in acres.

      a. <u>Terrenos agrícolas e industriales grandes</u>—Descritos en acres.

      b. <u>Residential and Commercial Sites</u>—Described in square feet. As depth of lot increases, square foot value decreases.

      b. <u>Sitios residenciales y comerciales</u>—Descritos en pies cuadrados. Cuando aumenta el fondo del lote, el valor del pie cuadrado disminuye.

      c. <u>Frontage</u>—Footage that abuts a street. Great value to retail establishments. The deeper the lot, the greater the front foot value.

      c. <u>Frente</u>—Longitud en pies que linda con la calle. De gran valor para establecimientos de ventas al menudeo. Entre mayor sea el fondo del lote, el valor del pie frontal es mayor.

      d. <u>Depth</u>—Lot may be deeper than typical lots in neighborhood. Added value may be gauged by:

      d. <u>Fondo</u>—El lote puede tener más fondo que los lotes típicos en el vecindario. El valor sumado puede ser aforado por:

         (1) <u>Depth Table</u>—Designed for appraisers to aid in adjusting depth.

         (1) <u>Tabla de fondo</u>—Tablas diseñadas para ayudar a valuadores en el ajuste del fondo del lote.

(2) <u>4-3-2-1 Rule</u>—Theory is that in typical lot, first Y4 of depth carries 40% of value; next 1/4—30%; next 1/4—20%; and last 1/4—10%. Deeper than normal lots are increased by 9% for extra quarter.

(2) **<u>Regla de 4-3-2-1</u>—La teoría es que en un lote típico el primer 1/4 de fondo tiene 40% del valor; el siguiente 1/4 el 30%; el siguiente 1/4 el 20% y el último 1/4 e 10%. Los lotes con un fondo mayor que el normal son aumentados en 9% por cada cuarto extra.**

2. <u>Corner Influence</u>—Corner lots have advantages and disadvantages.

2. **<u>Influencia de esquina</u>—Los lotes de esquina tienen ventajas y desventajas.**

    a. <u>Commercial Businesses</u>—Usually an advantage due to added exposure and easier access.

    a. **<u>Negocios comerciales</u>—Normalmente es una ventaja debido a la mayor exposición y acceso más fácil.**

    b. <u>Residential</u>—Allows for rear garage and two abutting neighbors. May also create more traffic noise and double street assessments.

    b. **<u>Residencial</u>—Permite un garaje en la parte de atrás y solo dos vecinos colindantes. También crea más ruido por el tráfico y doble tasación para mejoras por estar sobre dos calles.**

3. <u>Plottage</u>—Land may have potential of greater value if two or more adjacent sites may be brought under single ownership.

3. **<u>Area de un lote</u>—El terreno puede tener un potencial de valor más grande si dos o más sitios adyacentes pueden ser reunidos bajo un mismo propietario.**

4. <u>Topography</u>—Study reveals land's contours, grades, natural drainage, soil conditions, view, and general physical usability.

4. **<u>Topografía</u>—El estudio topográfico revela los contornos del terreno, los grados de inclinación, desagüe o drenaje natural, condiciones del suelo, vista panorámica y utilidad física general.**

5. <u>Utilities</u>—Major ones to be considered are sanitary sewers; domestic water; types and cost of water for commercial, industrial, and agricultural uses; natural gas; electricity; storm drainage; and telephone systems.

5. **<u>Servicios públicos</u>—Los más importantes para ser considerados son alcantarillas sanitarias; agua potable para uso doméstico; tipos y costo de agua para usos comerciales, industriales agrícolas; gas natural; drenaje para agua de lluvia; y sistemas telefónicos.**

6. <u>Site Improvements</u>—May be on or off-site.

6. **<u>Mejoras del sitio</u>—Pueden ser en el sitio o fuera del sitio.**

    a. Off-site includes sewers, utility lines, access to roads, etc.

    a. **Fuera del sitio incluyen alcantarillas, líneas de servicios (agua, gas, electricidad, telefono) acceso a las carreteras, etc.**

    b. On-site includes buildings, landscaping, curbs, gutters, and other man-made improvements on the site.

b. En el sitio incluye edificios, jardines, bordillos o sardineles, cunetas y otras mejoras artificiales.

c. Plot Plan is drawing of site which shows all major buildings in relation to lot lines.

c. El plano del lote es un dibujo que muestra las edificaciones principales en relación con las líneas del lote.

7. Location—Focuses on time—distance relationship between site and common origins and destinations.

7. Localización—Se enfoca en una relación de tiempo—distancia entre el sitio y los orígenes y destinos comunes.

a. Residential—Parking; location and condition of streets and alleys; proximity to freeways, highways; traffic congestion; noise, dust, or fumes.

a. Residencial—Estacionamiento de vehículos; localización y condición de calles y callejones; proximidad a las autopistas y carreteras; congestión del trafico; ruido, polvo o humo.

b. Industrial and Commercial—Proximity of airports, freeway, public transportation, railroad, and other means of shipping.

b. Industrial y comercial—Proximidad de aeropuertos, autopista, transporte público, ferrocarril y otros medios de embarque.

8. Environment—Considers climatic conditions and neighboring properties.

8. Ambiental—Considera condiciones climáticas y propiedades vecinas.

a. Exposure to wind, sun, fog, or smog.

a. Exposición al viento, sol, niebla, mezcla de niebla y humo.

b. Effects of hazards or nuisances of neighboring properties.

b. Efectos de peligros o molestias de propiedades vecinas.

c. Amenities of nearby parks, attractive buildings, recreational facilities.

c. Servicios de parques cercanos, edificios atractivos o instalaciones recreativas.

C. Final Value Estimate—Various procedures can be applied.

C. Estimado final de valor—Varios procedimientos pueden ser aplicados.

1. Sales Comparison Approach—Most reliable. Sales of similar vacant parcels are weighed, compared, and related to land being appraised.

1. Planteamiento de comparación de ventas—El más confiable. Las ventas de parcelas similares vacías son pesadas, comparadas y relacionadas con el terreno que está siendo valuado.

2. Land Residual Technique—Land is assumed to be improved to its highest and best use, and the net income (imputable to the land after all expenses of operation and return attributable to the other agents in production) is capitalized to estimate land value.

2. Técnica residual del terreno—Se asume que el terreno está mejorado a su máximo y mejor uso y el ingreso neto (imputable al terreno después de todos los gastos de

operación y retribución atribuibles a los otros agentes en la producción) es capitalizado para estimar el valor del terreno.

3. <u>Capitalization of Ground Rental</u>—By using sales prices of leased land, the ground rental can be capitalized to indicate value of site.

3. **<u>Capitalización del arriendo del terreno</u>—Usando los precios de venta del terreno alquilado, el arriendo del terreno puede ser capitalizado para indicar el valor del sitio**

4. <u>Allocation Procedure</u>—Sales of other improved properties are analyzed, and the prices paid are allocated between land and improvements.

4. **<u>Procedimiento de reparto</u>—Las ventas de otras propiedades mejoradas son analizados y los precios pagados son repartidos entre el terreno y las mejoras.**

5. <u>Extraction Method</u>—By analyzing improved property sales, value of the improvements is estimated and deducted from total price. Works best when value of improvements to total sales price is small.

5. **<u>Método de extracción</u>—Analizando las ventas de propiedad mejorada, el valor de las mejoras es estimado y deducido del precio total. Trabaja mejor cuando el valor de las mejoras es comparado con el precio de venta total es pequeño.**

6. <u>Development Procedure</u>—Estimate of value is made as if land were fully developed and sold. Deducting development costs from sales price, land value is established.

6. **<u>Procedimiento de urbanización</u>—El estimado del valor es hecho como si el terreno estuviera enteramente urbanizado y vendido. Deduciendo los costos de urbanización del precio de venta, el valor del terreno es establecido.**

The Valuation Process
El Proceso de Valuación

Definition of the Problem					
Identification of real estate	Identification of property rights to be valued	Date of estimate of Value	Use of appraisal	Definition of value	Other limiting conditions

Definición del Problema					
Identificación de las bienes raíces	Identificación de los derechos de propiedad a ser valuados	Fecha del estimado de valor	Uso del a valúo	Definición de valor	Otras condiciones limitantes

Preliminary Analysis and Data Selection and Collection	
General	Specific (Subject and Comps)
Social	Site and improvements
Economic	Sales
Government	Cost
Enviromental	Income/expense

Análisis Preliminar y Selección y Colección de datos

General	Específico (Sujeto y Comparables)
Social	Sitio y mejoramientos
Económico	Ventas
Gubernamental	Costo
Ambiental	Ingreso/Gasto

Highest and Best Use Analysis

Análisis del máximo y mejor uso

Land as though vacant

Property as improved

Terreno como si estuviera vacío

Propiedad con mejoras

Land Value Estimate

Estimado del valor del terreno

Application of the Three Approaches

Aplicación de los tres planteamientos

Sales Comparison	Income Capitalization	Cost
Comparación de ventas	**Capitalización de ingresos**	**Costo**

Reconciliation of Value Indications and Final Value Estimate

Reconciliación de Indicaciones de Valor y Estimado final de valor

Report of Defined Value

Informe de valor definido

Uniform Residential Appraisal Report   File

The purpose of this summary appraisal report is to provide the lender/client with an accurate, and adequately supported, opinion of the market value of the subject property.

Property Address		City	State	Zip Code
Borrower	Owner of Public Record		County	
Legal Description				
Assessor's Parcel #		Tax Year	R.E. Taxes $	
Neighborhood Name		Map Reference	Census Tract	
Occupant ☐ Owner ☐ Tenant ☐ Vacant	Special Assessments $	☐ PUD	HOA $ ☐ per year ☐ per month	
Property Rights Appraised ☐ Fee Simple ☐ Leasehold ☐ Other (describe)				
Assignment Type ☐ Purchase Transaction ☐ Refinance Transaction ☐ Other (describe)				
Lender/Client	Address			

Is the subject property currently offered for sale or has it been offered for sale in the twelve months prior to the effective date of this appraisal? ☐ Yes ☐ No
Report data source(s) used, offering price(s), and date(s).

I ☐ did ☐ did not analyze the contract for sale for the subject purchase transaction. Explain the results of the analysis of the contract for sale or why the analysis was not performed.

Contract Price $ Date of Contract   Is the property seller the owner of public record? ☐ Yes ☐ No Data Source(s)
Is there any financial assistance (loan charges, sale concessions, gift or downpayment assistance, etc.) to be paid by any party on behalf of the borrower? ☐ Yes ☐ No
If Yes, report the total dollar amount and describe the items to be paid.

Note: Race and the racial composition of the neighborhood are not appraisal factors.

Neighborhood Characteristics			One-Unit Housing Trends				One-Unit Housing		Present Land Use %	
Location ☐ Urban ☐ Suburban ☐ Rural			Property Values ☐ Increasing ☐ Stable ☐ Declining				PRICE	AGE	One-Unit	%
Built-Up ☐ Over 75% ☐ 25–75% ☐ Under 25%			Demand/Supply ☐ Shortage ☐ In Balance ☐ Over Supply				$ (000)	(yrs)	2-4 Unit	%
Growth ☐ Rapid ☐ Stable ☐ Slow			Marketing Time ☐ Under 3 mths ☐ 3–6 mths ☐ Over 6 mths				Low		Multi-Family	%
Neighborhood Boundaries							High		Commercial	%
							Pred.		Other	%

Neighborhood Description

Market Conditions (including support for the above conclusions)

Dimensions	Area	Shape	View
Specific Zoning Classification	Zoning Description		

Zoning Compliance ☐ Legal ☐ Legal Nonconforming (Grandfathered Use) ☐ No Zoning ☐ Illegal (describe)
Is the highest and best use of the subject property as improved (or as proposed per plans and specifications) the present use? ☐ Yes ☐ No If No, describe

Utilities	Public	Other (describe)		Public	Other (describe)	Off-site Improvements—Type	Public	Private
Electricity	☐	☐	Water	☐	☐	Street	☐	☐
Gas	☐	☐	Sanitary Sewer	☐	☐	Alley	☐	☐

FEMA Special Flood Hazard Area ☐ Yes ☐ No FEMA Flood Zone   FEMA Map #   FEMA Map Date
Are the utilities and off-site improvements typical for the market area? ☐ Yes ☐ No If No, describe
Are there any adverse site conditions or external factors (easements, encroachments, environmental conditions, land uses, etc.)? ☐ Yes ☐ No If Yes, describe

General Description		Foundation		Exterior Description	materials/condition	Interior	materials/condition
Units ☐ One ☐ One with Accessory Unit		☐ Concrete Slab ☐ Crawl Space		Foundation Walls		Floors	
# of Stories		☐ Full Basement ☐ Partial Basement		Exterior Walls		Walls	
Type ☐ Det. ☐ Att. ☐ S-Det./End Unit		Basement Area sq. ft.		Roof Surface		Trim/Finish	
☐ Existing ☐ Proposed ☐ Under Const.		Basement Finish %		Gutters & Downspouts		Bath Floor	
Design (Style)		☐ Outside Entry/Exit ☐ Sump Pump		Window Type		Bath Wainscot	
Year Built		Evidence of ☐ Infestation		Storm Sash/Insulated		Car Storage ☐ None	
Effective Age (Yrs)		☐ Dampness ☐ Settlement		Screens		☐ Driveway # of Cars	
Attic ☐ None		Heating ☐ FWA ☐ HWBB ☐ Radiant		Amenities ☐ Woodstove(s) #		Driveway Surface	
☐ Drop Stair ☐ Stairs		☐ Other Fuel		☐ Fireplace(s) # ☐ Fence		☐ Garage # of Cars	
☐ Floor ☐ Scuttle		Cooling ☐ Central Air Conditioning		☐ Patio/Deck ☐ Porch		☐ Carport # of Cars	
☐ Finished ☐ Heated		☐ Individual ☐ Other		☐ Pool ☐ Other		☐ Att. ☐ Det. ☐ Built-in	

Appliances ☐ Refrigerator ☐ Range/Oven ☐ Dishwasher ☐ Disposal ☐ Microwave ☐ Washer/Dryer ☐ Other (describe)
Finished area **above** grade contains: Rooms   Bedrooms   Bath(s)   Square Feet of Gross Living Area Above Grade
Additional features (special energy efficient items, etc.)

Describe the condition of the property (including needed repairs, deterioration, renovations, remodeling, etc.).

Are there any physical deficiencies or adverse conditions that affect the livability, soundness, or structural integrity of the property? ☐ Yes ☐ No If Yes, describe

Does the property generally conform to the neighborhood (functional utility, style, condition, use, construction, etc.)? ☐ Yes ☐ No If No, describe

Uniform Residential Appraisal Report   File

There are	comparable properties currently offered for sale in the subject neighborhood ranging in price from $				to $			

There are	comparable sales in the subject neighborhood within the past twelve months ranging in sale price from $				to $			

FEATURE	SUBJECT	COMPARABLE SALE # 1		COMPARABLE SALE # 2		COMPARABLE SALE # 3	
Address							
Proximity to Subject							
Sale Price	$		$		$		$
Sale Price/Gross Liv. Area	$ sq. ft.	$ sq. ft.		$ sq. ft.		$ sq. ft.	
Data Source(s)							
Verification Source(s)							
VALUE ADJUSTMENTS	DESCRIPTION	DESCRIPTION	+(-) $ Adjustment	DESCRIPTION	+(-) $ Adjustment	DESCRIPTION	+(-) $ Adjustment
Sale or Financing Concessions							
Date of Sale/Time							
Location							
Leasehold/Fee Simple							
Site							
View							
Design (Style)							
Quality of Construction							
Actual Age							
Condition							
Above Grade	Total Bdrms. Baths	Total Bdrms. Baths		Total Bdrms. Baths		Total Bdrms. Baths	
Room Count							
Gross Living Area	sq. ft.	sq. ft.		sq. ft.		sq. ft.	
Basement & Finished Rooms Below Grade							
Functional Utility							
Heating/Cooling							
Energy Efficient Items							
Garage/Carport							
Porch/Patio/Deck							
Net Adjustment (Total)		□ + □ -	$	□ + □ -	$	□ + □ -	$
Adjusted Sale Price of Comparables		Net Adj. % Gross Adj. %	$	Net Adj. % Gross Adj. %	$	Net Adj. % Gross Adj. %	$

I □ did □ did not research the sale or transfer history of the subject property and comparable sales. If not, explain

My research □ did □ did not reveal any prior sales or transfers of the subject property for the three years prior to the effective date of this appraisal.

Data source(s)

My research □ did □ did not reveal any prior sales or transfers of the comparable sales for the year prior to the date of sale of the comparable sale.

Data source(s)

Report the results of the research and analysis of the prior sale or transfer history of the subject property and comparable sales (report additional prior sales on page 3).

ITEM	SUBJECT	COMPARABLE SALE # 1	COMPARABLE SALE # 2	COMPARABLE SALE # 3
Date of Prior Sale/Transfer				
Price of Prior Sale/Transfer				
Data Source(s)				
Effective Date of Data Source(s)				

Analysis of prior sale or transfer history of the subject property and comparable sales

Summary of Sales Comparison Approach

Indicated Value by Sales Comparison Approach $

Indicated Value by: **Sales Comparison Approach** $ **Cost Approach** (if developed) $ **Income Approach** (if developed) $

This appraisal is made □ "as is", □ subject to completion per plans and specifications on the basis of a hypothetical condition that the improvements have been completed, □ subject to the following repairs or alterations on the basis of a hypothetical condition that the repairs or alterations have been completed, or □ subject to the following required inspection based on the extraordinary assumption that the condition or deficiency does not require alteration or repair:

Based on a complete visual inspection of the interior and exterior areas of the subject property, defined scope of work, statement of assumptions and limiting conditions, and appraiser's certification, my (our) opinion of the market value, as defined, of the real property that is the subject of this report is
$, as of   , which is the date of inspection and the effective date of this appraisal.

Uniform Residential Appraisal Report   File

ADDITIONAL COMMENTS

COST APPROACH TO VALUE (not required by Fannie Mae)

Provide adequate information for the lender/client to replicate the below cost figures and calculations.

Support for the opinion of site value (summary of comparable land sales or other methods for estimating site value)

COST APPROACH		
ESTIMATED ☐ REPRODUCTION OR ☐ REPLACEMENT COST NEW	OPINION OF SITE VALUE .... = $	
Source of cost data	Dwelling	Sq. Ft. @ $ .... =$
Quality rating from cost service Effective date of cost data		Sq. Ft. @ $ .... =$
Comments on Cost Approach (gross living area calculations, depreciation, etc.)		
	Garage/Carport	Sq. Ft. @ $ .... =$
	Total Estimate of Cost-New	.... = $
	Less Physical Functional External	
	Depreciation	=$( )
	Depreciated Cost of Improvements....................................... =$	
	"As-is" Value of Site Improvements....................................... =$	
Estimated Remaining Economic Life (HUD and VA only) Years	Indicated Value By Cost Approach .... =$	

INCOME APPROACH TO VALUE (not required by Fannie Mae)

Estimated Monthly Market Rent $ X Gross Rent Multiplier = $ Indicated Value by Income Approach	
Summary of Income Approach (including support for market rent and GRM)	

PROJECT INFORMATION FOR PUDs (if applicable)

Is the developer/builder in control of the Homeowners' Association (HOA)? ☐ Yes ☐ No   Unit type(s) ☐ Detached ☐ Attached

Provide the following information for PUDs ONLY if the developer/builder is in control of the HOA and the subject property is an attached dwelling unit.

Legal name of project

Total number of phases   Total number of units   Total number of units sold

Total number of units rented   Total number of units for sale   Data source(s)

Was the project created by the conversion of an existing building(s) into a PUD? ☐ Yes ☐ No If Yes, date of conversion

Does the project contain any multi-dwelling units? ☐ Yes ☐ No Data source(s)

Are the units, common elements, and recreation facilities complete? ☐ Yes ☐ No If No, describe the status of completion.

Are the common elements leased to or by the Homeowners' Association? ☐ Yes ☐ No If Yes, describe the rental terms and options.

Describe common elements and recreational facilities

Chapter 14

Valuation and Appraisal— Part II

Capítulo 14

Valucación Y Avalúo–II Parte

I.   <u>Approaches to Value</u>—Three methods available to estimate value—Sales Comparison, Income Capitalization, and Cost Analysis. One or more of these approaches is used in all appraisals.

I.   **<u>Planteamientos sobre el valor</u>—Hay tres métodos disponibles para estimar el valor—comparación de ventas, capitalización de ingreso y análisis de costo. Uno o más de estos planteamientos son usados en todos los avalúos.**

    A. <u>Sales Comparison or Market Data Approach</u>—Method of estimating market value whereby a subject property is compared to comparable properties that have sold recently. Can be applied to all types of properties (land, residences, commercial, industrial) provided sufficient number of comparable sales are available. Best method for residences and easiest for salespersons to learn.

    A. **<u>Planteamiento de la comparación de ventas o datos del mercado</u>—Método para estimar el valor comercial por medio del cual una propiedad que se valúa es comparada con propiedades parecidas o semejantes que se han vendido recientemente. Puede ser aplicado a todos los tipos de propiedades (terrenos, residencias, propiedades industriales y comerciales) con tal que un número suficiente de ventas comparables esté disponible. Es el mejor método para residencias y más fácil de aprender por los agentes de bienes raíces.**

        1. <u>Employs Various Appraisal Principles</u>

        1. **<u>Emplea variós principiós de avalúo</u>**

            a. <u>Supply and Demand</u>—Sellers constitute the supply, buyers the demand. Emphasis is on the demand side.

            a. **<u>Oferta y demanda</u>—Los vendedores constituyen la oferta, los compradores la demanda. El énfasis está en lado de la demanda.**

            b. <u>Balance</u>—There is seldom a balance between supply and demand. Shifts in population, financing, consumer tastes cause demand to fluctuate.

            b. **<u>Balance</u>—Raramente hay un balance entre la oferta y la demanda. Cambios en la población, la financiación, gustos del consumidor causan que la demanda fluctúe.**

            c. <u>Substitution</u>—The cost of acquiring an equally desirable substitute property tends to set the value of a replaceable property.

            c. **<u>Sustitución</u>—El costo de adquirir una propiedad sucedánea igualmente conveniente tiende a establecer el valor de una propiedad sustituible.**

            d. <u>Externalities</u>—External forces have greatest impact on residential properties. Clean streets, surrounding properties, views, parks, and schools have positive influence; dirty streets, high crime rate, pollution, noise, etc. have negative.

            d. **<u>Aspectos exteriores</u>—Las fuerzas externas tienen el mayor impacto en propiedades residenciales. Calles limpias, propiedades circundantes, vista panorámica, parques, y escuelas tienen una influencia positiva; calles sucias, alta incidencia de crimen, polución, ruido, etc. tienen una influencia negativa.**

2. <u>Elements of Comparison</u>—Characteristics of property and other factors that affect prices.

2. **<u>Elementos de comparación</u>—Las características de la propiedad y otros factores que afectan los precios.**

   a. <u>Financing Terms</u>—Buyers might pay more if existing loan rate was below market rates and could assume loan or seller may carry back all or part of purchase price as incentive or necessity.

   a. **<u>Términos de financiación</u>—El comprador podría pagar más si la tasa del préstamo existente estuviera por debajo de las tasas del mercado y podría asumir el préstamo o bien, el vendedor acepta recibir una hipoteca como pago total o parcial del precio de compra como un incentivo o necesidad.**

   b. <u>Conditions of Sale</u>—Purchase was made for tax write-off reasons at inflated price or sale may have been made between family members. Sale made due to pending foreclosure, death of owner, relocation, or normal "willing buyer—willing seller" transaction.

   b. **<u>Condiciones de la venta</u>—La compra fue hecha a un precio excesivo por razones de impuestos o la venta puede haber sido hecha entre miembros de una familia. La venta hecha debido a un juicio hipotecario pendiente, muerte del dueño, cambio de sitio o una transacción normal "comprador dispuesto—vendedor dispuesto".**

   c. <u>Market Conditions (Time)</u>—Sales made in past 3 to 6 months might have been affected by inflation, deflation, shortages, higher interest, etc.

   c. **<u>Condiciones del mercado (Tiempo)</u>—Las ventas hechas en los pasados 3 a 6 meses podrían haber sido afectadas por la inflación, insuficiencias, tasas de interés más altas, etc.**

   d. <u>Location</u>—When comparables cannot be found in same neighborhood, sales in other neighborhoods must be adjusted up or down depending on desirability.

   d. **<u>Localización</u>—Cuando no se pueden encontrar propiedades comparables en el mismo vecindario, las ventas de propiedades en otros vecindarios deben ser ajustadas hacia arriba o hacia abajo dependiendo en la conveniencia.**

   e. <u>Physical Characteristics</u>—Adjustments made for differences such as square footage, age, condition, style, number of bedrooms, lot size, view, swimming pool, jacuzzi, appliances, etc.

   e. **<u>Características físicas</u>—Ajustes hechos por diferencias tales como superficie en pies cuadrados, edad, condición, estilo, número de dormitorios, tamaño del lote, vista panorámica, piscina de natación, jacuzzi, aparatos electrodomésticos, etc.**

   f. <u>Income Characteristics</u>—On income producing properties, gross rent multiplier may be applied. Gross rent multiplier explained later.

   f. **<u>Características del ingreso</u>—Propiedades que producen ingresos, se puede aplicar un multiplicador de renta total. El multiplicador de renta total se explica más adelante en este capítulo.**

3. <u>Collecting and Adjusting Data</u>

3. **<u>Reunión y ajuste de los datos</u>**

a. <u>Actual Sales</u>—Price may be verified by seller or buyer, selling broker, multiple listing service, public records (tax assessor or recorder), or lender.

a. <u>**Ventas actuales**</u>—**El precio puede ser verificado por el vendedor o el comprador, el corredor vendedor, servicio de listado múltiple, registros o archivos públicos (tasador de impuestos o registrador) o el prestamista.**

b. <u>Listed Prices</u>—Indicate maximum value or asking price. Obtained through newspaper ads, multiple listing service, or "For Sale By Owner" signs.

b. <u>**Precio listado**</u>—**Indica el valor máximo o precio inicial. Obtenido a través de los anuncios en los periódicos, servicio de listado múltiple o avisos del tipo "Para La venta por el dueño".**

c. <u>Adjustments</u>—Adjustments for differences may be made by using percentages or dollar amounts.

c. <u>**Ajustes**</u>—**Los ajustes para las diferencias pueden ser hechos usando porcentajes o cantidades en dólares.**

4. <u>Application of Sales Comparison Approach</u>—Following example illustrates how to summarize and adjust the data.

4. <u>**Aplicación del planteamiento de comparación de ventas**</u>- **El siguiente ejemplo muestra cómo resumir y ajustar los datos.**

Sales Comparison Data Appraisal Rating Grid-Single-Family Residential Tract Home
Gráfico para la estimación de los datos de avalúo por la comparación de ventas—Residencia Para Una unifamiliar

Elements/Units **Elementos/Unidades**	Comparables			Subject/**Propiedad que se Avalúa**
	Date/**Datos** 1	Date/**Datos** 2	Date/**Datos** 3	
Sales Price/**Precio de venta**	$164,000	$176,000	$178,000	
Adjustments/*Ajustes*				
Financing Terms/**Terminos de la financiación**	Normal	Normal	Normal	Normal
Condition of Sale/**Condiciónes de la venta**	Normal	Normal	Normal	Normal
Time (Sale Date)/**Tiempo (Fecha de la venta)**	**June 19**	Nov. 19	Apr. 19	Aug. 19
Adjustment 1% month/**Ajuste 1% mes**	+$22,960	+$15,840	+$7,120	
Location to Beach/**Del sitio a la Playa**	1 Block **Cuadra**	3 Blocks **Cuadras**	4 Blocks **Cuadras**	2 Blocks **Cuadras**
Adjustment/**Ajuste**	*(inferior) −$6,000	*(superior) +$2,000	*(superior) +$4,000	

---

* Inferior means the subject property is inferior to the comparable in this regard. Superior means the opposite. Subtract the adjustment if the subject property is inferior to the comparable property. Add the adjustment if the subject property is superior to the comparable property.
Inferior significa que la propiedad que se valúa es inferior a la propiedad comparable. Superior quiere decir lo opuesto. Reste el ajuste si la propiedad que se valúa es inferior a la propiedad comparable. Sume el ajuste si la propiedad que se valúa es superior a la propiedad comparable.

Elements/Units **Elementos/Unidades**	Comparables			Subject/**Propiedad que se Avalúa**
Garage/**Garaje.**	Equal/**Igual**	Equal/**Igual**	Equal/**Igual**	Equal/**Igual**
Age/**Edad**	Equal/**Igual**	Equal/**Igual**	Equal/**Igual**	Equal/**Igual**
Rooms/**Habitaciónes**	Equal/**Igual**	Equal/**Igual**	Equal/**Igual**	Equal/**Igual**
Bathrooms/**Cuartos de Bano**	Equal/**Igual**	Equal/**Igual**	Equal/**Igual**	Equal/**Igual**
View/**Vista (el panorama)**	None/**Ninguna**	Some/**Alguna**	Fine/**Excelente**	Fair/**Buena**
Adjustment/***Ajuste***	*(superior) + $4,000	*(superior) + $1,000	*(inferior) -$6,000	
Square Footage/**Superficie en pies cuadrados**	2,400	2,430	2,390	2,400
Adjustment/***Ajuste***	0	0	0	
Total Adjustments/**Total de los ajustes**	$20,960	$18,840	55,120	
Adjusted Sales Price/**Precios de venta ajustados**	$184,960	$194,840	$183,120	
Indicated Value/**Valor indicado**				$195,000

<u>Reconciliation:</u> Data 2 is perhaps the better comparable because it is closest to the subject property in size, location, and view although not as good as the subject. Data 3 is the latest sale but has the greatest difference in view and location. Data 1 is the oldest sale and is most useful for confirming the indication of value. Indicated value—say $195,000.

<u>Reconciliación:</u> Los datos #2 son tal vez los que mejor se comparan porque son los más parecidos a los de la propiedad que se valúa en tamaño, localización y vista, aún cuando no tan buenos como los de ésta. Los datos #3 son los de la última venta pero tienen la diferencia más grande en localización y vista. Los datos #1 son los de la venta más anterior y son los más utiles para confirmar la indicación de valor. El valor indicado—digamos $195,000.

    B. <u>Cost Approach</u>—Estimating value by using cost new of replacing or reproducing the subject improvements(s).

    B. <u>Planteamiento de costo</u>—Estimar el valor usando el costo nuevo para reportar o reproducir los mejoramientos que se valúan.

        1. <u>Reproduction vs. Replacement Cost</u>—Appraiser must use one or the other consistently when developing cost estimates.

        1. <u>Costo de reproducción vs. costo de reposición</u>—El valuador debe usar uno u otro consistentemente cuando está desarrollando estimados de costo.

            a. <u>Reproduction Cost</u>—Cost to construct a replica of the existing building using the same or similar materials at their current prices.

            a. <u>Costo de reproducción</u>—El costo de construir una réplica del edificio existente usando los mismos materiales u otros similares a sus precios actuales.

---

[*] Inferior means the subject property is inferior to the comparable in this regard. Superior means the opposite. Subtract the adjustment if the subject property is inferior to the comparable property. Add the adjustment if the subject property is superior to the comparable property.

Inferior significa que la propiedad que se valúa es inferior a la propiedad comparable. Superior quiere decir lo opuesto. Reste el ajuste si la propiedad que se valúa es inferior a la propiedad comparable. Sume el ajuste si la propiedad que se valúa es superior a la propiedad comparable.

b. <u>Replacement Cost</u>—Cost to construct an equally desirable substitute improvement, not necessarily using same materials or same specifications.

b. **<u>Costo de reposición</u>—El costo de construir una edificación sustituta igualmente conveniente, no necesariamente usando los mismos materiales o las mismas especificaciones.**

2. <u>Steps in Appraisal Process</u>

2. **<u>Pasos en el proceso de avalúo</u>**

a. Estimate value of land as if vacant and available for highest and best use.

a. **Estimar el valor del terreno como si estuviera vacío y disponible para el máximo y mejor uso.**

b. Estimate replacement or reproduction cost new of all improvements.

b. **Estimar el costo nuevo de reposición o reproducción de todas las edificaciones.**

c. Determine accrued depreciation.

c. **Determinar la depreciación acumulada.**

d. Add value of land to depreciated value of improvements.

d. **Sumar el valor del terreno al valor depreciado de edificaciones.**

3. <u>Characteristics</u>

3. **<u>Características</u>**

a. Sets upper limit of value—People ordinarily will not pay more for a property than it would cost to replace it or find a substitute property.

a. **Establece el límite superior del valor—La gente en general no pagará por una propiedad más de lo que cuesta reponerla o encontrar un sustituto.**

b. Adapted for service buildings—Since comparable sales for service buildings such as a city hall, school, or church are not available, cost approach is only method available.

b. **Adaptado para edificios de servicio—Ya que ventas comparables de esta clase de edificios tales como un edificio de la municipalidad, una escuela o una iglesia no son disponibles, el "nico método que se puede usar es el planteamiento de costo.**

c. Accurate on new buildings—The less the amount of depreciation that has accrued, the more accurate the final value estimate.

c. **Preciso en edificios nuevos—Entre menor sea la cantidad de la depreciación acumulada, más preciso será el estimado final del valor.**

d. Basis for adjusting insurance claims—Most fire and casualty policies pay full cost of replacing damaged improvement without regard to accrued depreciation.

d. **Base para ajustar reclamaciones de seguros—La mayoría de las pólizas de seguro contra incendios y accidentes pagan el costo total de la reposición de la propiedad perjudicada sin tener en cuenta la depreciación acumulada.**

4. <u>Square Foot Method</u>—Particularly adapted to single-story structures such as residences, warehouses, and store buildings. Costs of comparable structures are equated to dollars per square foot.

4. **Método de pie cuadrado**—Particularmente adaptable a estructuras de un solo piso tales como residencias, bodegas y edificios para tiendas y almacenes. Los costos de estructuras comparables son igualados a dólares por pie cuadrado.

   a. Outside measurements used to compute building's total square footage.

   a. Las medidas exteriores son usadas para computar la superficie total del edificio en pies cuadrados.

   b. Gross square feet of living area excludes garage, unfinished basement, and attic. Two-story home usually has twice as much living area.

   b. La superficie total en pies cuadrados del área de vivienda excluye el garaje, el sótano incompleto y el ático. Una casa de dos pisos generalmente tiene el doble del área de vivienda.

   c. Square foot costs may be obtained by comparing subject property to new buildings or by use of cost-estimating manuals.

   c. Los costos del pie cuadrado pueden ser obtenidos comparando la propiedad que se valúa con edificaciones nuevas o el uso de manuales para estimar costos.

   d. Least complicated and quickest approach.

   d. El planteamiento más rápido y menos complicado.

   e. Most often used by west coast appraisers.

   e. Es el planteamiento más comúnmente usado por los valuadores en la costa oeste.

Example

Ejemplo

A 40 foot × 50 foot house with a 20 foot × 20 foot garage is to be appraised; the improvements are 10 years old and had an expected life of 50 years when built. The lot is worth $200,000 today. If the cost to replace the home is $150.00 per square foot and the garage is $90.00 per square foot, what is the value of the property using the square foot cost approach?

Una casa de 40 pies × 50 pies con un garaje de 20 pies × 20 pies va a ser valuada; las edificaciones tienen 10 años de haber sido construidas y una duración supuesta de 50 años cuando fueron construidas. El lote en la actualidad vale $200,000. Si el costo para reportar la casa es de $150.00 por pie cuadrado y el garaje cuesta $90.00 por pie cuadrado, ¿cuál es el valor de la propiedad usando el planteamiento de costo por pie cuadrado?

House 40' × 50'	= 2,000 sq. ft. × $150	=	$300.00
Casa de 40' × 50'	**= 2,000 pies cuadrados × $150**		
Garage 20' × 20'	= 400 sq. ft. × $90	=	36,000
Garaje de 20' × 20'	**= 400 pies cuadrados × $90**		**$336,000**
Less depreciation – 10/50ths or 20%			67,200
Menos depreciación – 10/50 o sea 20%			$268,800
Add land value			200,000
Se suma el valor del terreno			**$468,800**

5.   Cubic Foot Method—Similar to Square Foot method except cost estimate is equated to dollars per cubic foot.

5.   **Método de pie cúbico—Similar al método de pies cuadrados excepto que el estimado del costo es igualado a dólares por pie cúbico.**

   a.   Cubic footage is arrived at by multiplying building's width × depth × mean height.

   a.   **Volumen en cúbicos de propiedad se obtiene multiplicando medidas de anchura por el fondo por altura media.**

   b.   May be applied to structures that have considerable interior finish and partitioning (apartments and office buildings).

   b.   **Puede ser aplicado en estructuras que tienen cantidad considerable de acabado interior y divisiones (edificios de apartamentos y oficinas).**

   c.   As in Square Foot Method, as square footage or cubic footage increases, the unit cost (cost per cu ft.) is less due to the fact that the cost of plumbing, heating, electrical, doors, and windows do not increase proportionally as the size increases.

   c.   **Así como en el método de pies cuadrados, cuando aumenta la superficie o volumen, costo por unidad (costo por pie cúbico) es menor debido al hecho de que el costo de instalaciones de tuberías, calefacción, electricidad, ventanas y puertas no aumenta en la misma proporción que el tamaño de la estructura.**

6.   Unit-in-Place Method—Employs unit costs for various components of the building.

6.   **Método de unidad en sitio—Emplea los costos unitarios para los varios componentes de edificación.**

   a.   Components include foundation, plumbing, electrical, framing, roofing, painting, etc.

   a.   **Los componentes incluyen los cimientos, la armazón, el techo, tuberías, instalaciones eléctricas y otras, pintura, etc.**

   b.   Foundation costs may be expressed in dollars per cubic yards of cement; painting costs in dollars per square foot; roofing costs in dollars per square foot (100 sq. ft.), etc.

   b.   **Los costos de los cimientos pueden ser expresados en dólares por yarda cúbica de concreto (cemento); los costos de pintura en dólares por pie cuadrado; los costos del techo en dólares por el ciento de pies cuadrados y así sucesivamente.**

   c.   Produces estimate nearly as accurate as Quantity Survey method with less effort.

   c.   **Produce un estimado casi tan preciso como el método de estimar la cantidad con menos esfuerzo.**

   d.   Requires specialized knowledge of appraiser.

   d.   **Requiere conocimiento especializado de parte del valuador.**

7.   Quantity Survey Method—Most comprehensive and accurate method. Repeats contractor's original method of developing bid.

7.   **Método de estimar cantidad—Método comprensivo y preciso. Repite método original del contratista en desarrollar licitación.**

     a.   Estimates quantity and quality of materials and labor to install. Adds costs of permits, insurance, supervision, overhead, and profit.

     a.   **Estima la cantidad y calidad de los materiales y la mano de obra para instalarlos. Añade los costos de permisos, seguro, supervisión, gastos generales y ganancia.**

     b.   Considers <u>indirect</u> costs of possible demolition, building permits, legal fees, financing, surveys, insurance, etc., and <u>direct</u> costs of labor, materials, profit, and overhead.

     b.   **Considera los costos indirectos de una posible demolición, permisos de construcción, honorarios regales, financiación, mediciones de ingeniería, seguro, etc. y los costos directos de mano de obra, materiales, ganancia y gastos generales.**

     c.   Most accurate method but expensive and time consuming.

     c.   **Es el método más preciso pero es costoso y toma tiempo.**

C.   <u>Income (Capitalization) Approach</u>—Method used on income producing property which establishes the present worth (value) of future benefits (income).

C.   **<u>Planteamiento de ingreso</u>—Método usado en propiedad que produce ingresos el cual establece el valor presente de los beneficios futuros (ingresos).**

    1.   <u>Three Techniques:</u>

    1.   **<u>Tres técnicas:</u>**

     a.   <u>Property Residual</u>—Income from both building and land is considered as a single unit and is used to arrive at the combined value of improvements and land.

     a.   **<u>Residual de propiedad</u>—El ingreso del edificio y el terreno es considerado como una sola unidad y es usado para obtener el valor combinado de la edificación y el terreno.**

     b.   <u>Land Residual</u>—An income approach used to establish land value. Deductions from total income are made for the income attributable to the building with the remaining income considered accruing to the land portion of the investment. Capitalized to arrive at the land value.

     b.   **<u>Residual de terreno</u>—Un planteamiento de ingreso usado para establecer el valor del terreno. Del ingreso total se hacen deducciones por el ingreso atribuible al edificio y la cantidad restante se considera correspondiente a la porción de terreno de la inversión. Esta cantidad se capitaliza para obtener el valor del terreno.**

     c.   <u>Building Residual</u>—An income approach used to establish building value. A deduction from total income is made for the income attributable to the land and the remaining income is capitalized to arrive at the building value.

     c.   **<u>Residual de edificio</u>—Un planteamiento de ingreso usado para establecer el valor del edificio. Se hace una deducción del ingreso total por el ingreso atribuible al terreno y la cantidad restante se capitaliza para llegar al valor del edificio.**

    2.   <u>Procedure</u>—Appraiser estimates net income and divides by capitalization rate to establish value. Net income is calculated as follows:

    2.   **<u>Procedimiento</u>—El valuador estima el ingreso neto y lo divide por la tasa de capitalización para establecer el valor. El ingreso neto se calcula como se indica a continuación:**

a.   Estimate gross income—Total income attributable to the property at 100% occupancy.

a.   **Se estima el ingreso total—Es el ingreso total atribuible a la propiedad cuando hay 100% de ocupación (todos los apartamentos están arrendados).**

b.   Deduct vacancy and collection loss to arrive at effective gross income.

b.   **Se deducen las pérdidas por arriendos no pagados y unidades desocupadas para llegar al ingreso total efectivo.**

c.   Deduct fixed expenses, variable expenses, and replacement allowances.

c.   **Se deducen los gastos fijos, gastos variables y las asignaciones para reposiciones.**

(1)   <u>Fixed Expenses</u>—Expenses that will not vary whether property is occupied or not (taxes and insurance).

(1)   **<u>Gastos fijos</u>—Son gastos que no varían sea que la propiedad esté ocupada o no (impuestos y seguro).**

(2)   Variable Expenses—Expenses that vary with level of occupancy (management fees, utilities, maintenance, etc.).

(2)   **<u>Gastos variables</u>—Gastos que varían de acuerdo al nivel de ocupación (gastos de administración, servicios de electricidad, gas, mantenimiento, etc.).**

(3)   Replacement Allowances—Building components that will wear out faster than building (carpets, water heaters, washer and dryers, etc.).

(3)   **<u>Asignación para reposiciones</u>—Reservas para reponer componentes del edificio que se deterioran más rápido que éste (alfombras, calentadores de agua, lavadoras y secadoras, etc.).**

d.   Balance is net operating income.

d.   **El balance es el ingreso operacional neto.**

3.   <u>Income</u>—Based upon future expected income. Past and present income is used as guide only. Appraiser must consider following factors:

3.   **<u>Ingreso</u>—Basado sobre el ingreso futuro que se espera. El ingreso pasado y presente es usado solamente como una guía. El valuador debe considerar los siguientes factores:**

a.   <u>Contract Rent</u>—Income based on leases have some time to run before expiration. Rent on month to month leases can be adjusted quickly.

a.   **<u>Renta por contrato</u>—Ingreso basado en contratos de arrendamiento que tienen duración antes de expirar. El valor de arrendamientos mes a mes puede ser ajustado rápidamente.**

b.   <u>Economic Rent</u>—Owner may be charging rents above or below "going" market rates. Economic rent established by rents being charged for similar apartments in surrounding area.

b.   **<u>Renta económica</u>—El dueño puede estar cobrando rentas más altas o más bajas que las prevalecientes en el mercado. La renta económica puede ser establecida por aquellas rentas que se cobran por apartamentos similares en el área circundante.**

c.   <u>Quantity, Quality, and Durability</u>—Considers amount of rent (quantity), credit rating of tenant (quality), and term of leases (durability).

c. **Cantidad, calidad, y duración—Considera el importe de renta (cantidad), estimación de crédito del arrendatario (calidad) y término de contratos de arrendamiento (duración).**

4. Capitalization Rate—Investor's total expected return which includes a return "on" capital (profit) invested and a return "of" capital (recovery through depreciation allowances).

4. **Tasa de capitalización—Es el rendimiento total esperado por el inversionista, el cual incluye un rendimiento "sobre" el capital (ganancia) y una retribución "del" capital (recuperación por medio de las deducciones por depreciación).**

   a. Influenced by Risk—The greater the risk, the higher the rate.
   a. **Influenciada por piesgo—Cuando el riesgo es mayor, tasa es más alta.**

   b. Other Influences—Inflation, supply, and demand of mortgage funds and tax shelter considerations.
   b. **Otras influencias—La inflación, oferta y demanda de fondos para hipotecas y consideraciones de resguardo contra impuestos.**

   c. Comparable Sales Method—Preferred technique when sufficient data are available. Compares rates on properties that sold recently that have similar income, expenses, and market conditions.
   c. **Método de ventas comparables—Compara las tasas en propiedades que se han vendido recientemente que producen un ingreso similar y tienen los mismos gastos, y condiciones de mercado.**

   d. Band of Investment—Considers rates demanded by each investor (1ˢᵗ trust deed lender, 2nd trust deed lender, and buyer's equity).
   d. **Banda de inversión—Considera las tasas exigidas por cada inversionista (prestamista de la primera hipoteca, prestamista de la segunda hipoteca y la equidad del comprador).**

Example
Ejemplo

If buyer were to purchase property, he or she would be required to put up a 10% down payment. The new owner expects to receive a 10% return on the investment. A 70% first trust deed can be secured at 11 1/2% and a new second can be arranged for 20% of the purchase price at an interest rate of 13%. The capitalization rate is calculated as follows:
Si un comprador desea adquirir una propiedad, a él o ella se le requerirá a dar un pago inicial del 10%. El nuevo dueño espera recibir un rendimiento del 10% sobre la inversión. Una primera hipoteca por el 70% del precio de compra se puede conseguir al 11 1/2% y una nueva segunda hipoteca por el 20% del precio de compra a un interés del 13%. La tasa de capitalización se calcula como sigue:

First trust deed/**Primera hipoteca**	$70\% \times 11.5\%$	=	8.05%
Second trust deed/**Segunda hipoteca**	$20\% \times 13\%$	=	2.60%
Equity/**Equidad**	$10\% \; x \; 10\%$	=	1.00%
Capitalization/**Tasa de capitalización**			11.65%

e. <u>Summation Method</u>—Builds an interest rate (return "on" investment) based on various risk/investment factors.

e. **<u>Método de acumulación</u>—Forma una tasa de interés (retribución "en" la inversión) basada en varios factores de riesgo/inversión.**

f. <u>William Inwood</u>—Published tables in 1811 to establish present value of future income using compound interest.

f. **<u>Willian Inwood</u>—Publicó en 1811 unas tablas para establecer el valor presente del ingreso futuro usando interés compuesto.**

g. <u>L. W. Ellwood</u>—Published tables in 1959 which introduced the idea that financing affects value and included this in his formula.

g. **<u>L. W. Ellwood</u>—Publicó en 1959 unas tablas en las cuales introdujo la idea de que la financiación afecta el valor e incluye esto en su fórmula.**

h. <u>Return "of"</u>—Allowance for depreciation or recapture of investment in capitalization rate. May be calculated on straight-line method. If estimated life of improvements is 50 years, 2% per year is return "of" rate (100% ÷ 50 years = 2% per year).

h. **<u>Retribución "de"</u>—El descuento por depreciación o recuperación de la inversión en la tasa de capitalización. Puede ser calculado por el método de línea directa. Si la duración estimada de la edificación es de 50 años, 2% por año es la tasa de retribución "de" (100% ÷ 50 años = 2% por año).**

5. <u>Property Residual Process</u>—To establish the overall value of the property (improvements and land), the appraiser divides the net operating income by the overall capitalization rate.

5. **<u>Proceso de residual de propiedad</u>—Para establecer el valor total de la propiedad (edificación y terreno), el valuador divide el ingreso operacional neto por la tasa total de capitalización.**

6. <u>Cash Flow</u>—Most investors also consider cost of total loan payments on purchase.

6. **<u>Flujo de dinero efectivo</u>—La mayoría de los inversionistas también consideran el costo de los pagos totales del préstamo en la compra.**

a. If loan payments exceed net operating income, investor has negative cash flow and must add to the investment each month.

a. **Si los pagos del préstamo exceden el ingreso neto operacional, el inversionista tiene un flujo negativo de dinero efectivo y debe sumar se a la inversión cada mes.**

b. If net operating income exceeds loan payments, investor has positive cash flow.

b. **Si el ingreso neto operacional excede los pagos del préstamo, el inversionista tiene un flujo positivo de dinero.**

Property Residual Process
Proceso de Propiedad Restante

Example
Ejemplo

Assume an investor is considering the purchase of a 10-unit apartment house that is 23 years old. Each unit could be rented for $300 per month and expenses were as follows: Taxes $1,920; Insurance $480; Management $2,400; Utilities $800; Waste removal $360; Reserves for replacements—roof $500, painting $100, carpeting $200. Allowing for a 10% vacancy rate and an overall capitalization rate of 8%, what is the property value?

Suponga un inversionista que está considerando la compra de un edificio de apartamentos de 10 unidades que tiene 23 años de haber sido construido. Cada unidad se puede arrendar por $300 mensuales y los gastos son como sigue: impuestos $1,920; seguro $480; administración $2,400; servicios $800; recogida de basuras $360; reservas para reposiciones—techo $500, pintura $100, alfombrado $200. Teniendo en cuenta una tasa de desocupación del 10% y una tasa de capitalización total del 8%, ¿cuál es el valor de la propiedad?

Gross Income/**Ingreso total**		$36,000
Less Vacancy – 10%/Menos Tasa de desocupación – 10%		3,600
Effective Gross Income/**Ingreso total efectivo**		$32,400
Less Expenses:/**Menos gastos:**		
Fixed:/**Fijos:**		
Taxes/**Impuestos**	$1,920	
Insurance/**Seguro**	480	
Variable:/**Variables:**		
Management/**Administración**	$2,400	
Utilities/**Servicios**	800	
Waste Removal/Recogida de basura	360	
Replacements:/**Reposiciones:**		
Roof/**Techo**	500	
Painting/**Pintura**	100	
Carpeting/**Alfombrado**	200	
	$6,760	–6,760
Net Operating Income/**Ingreso neto operacional**		$25,640

$$\$25,640 \div 8\% = \$320,500$$

D. Gross Rent Multiplier—A method of appraising income property whereby the ratio of the sales price of similar properties to the annual gross income establishes a gross rent multiplier. By applying this multiplier to the gross income of the property being appraised, a value is established

D. Multiplicador de renta total—Un método de valuar propiedad productora de ingresos a través de la cual la relación entre el precio de venta de propiedades similares y el ingreso total anual establece un multiplicador de renta total. Aplicando este multiplicador al ingreso total de la propiedad que se está valuando, se establece un valor.

a. Used in the Sales Comparison Approach.

a. Usado en el planteamiento de comparación de ventas.

b. May not be accurate if the similar properties that are used have different operating expense ratios.

b. Puede no ser preciso si las propiedades similares que se usan tienen una proporción diferente de gastos de operación.

c. Applicable to single family residences or duplexes that may be rented.

c. Es aplicable a residencias unifamiliares o apartamentos dobles que pueden ser arrendados.

d. Monthly or annual gross income may be used.

d. Se puede usar el ingreso total anual o mensual.

Example
Ejemplo

An analysis of the market indicates that two-bedroom homes are renting for $1,100 per month and are selling for approximately $104,500. Based on this information, the gross monthly rent multiplier is 95 (104,500 ÷ $1,100). The value of a similar home that may rent for $1,200 per month would be $114,000 ($1,200 × 95 gross monthly multiplier).

Un análisis del mercado indica que casas de dos dormitorios se están arrendando a $1,100 por mes y se están vendiendo a $104,500 aproximadamente. Basada en esta información, el multiplicador de renta total es 95 (104,500 ÷ 1,100). El valor de una casa similar que se puede arrendar a $1,200 por mes seria $114,000 ($1,200 × 95 multiplicador de renta total).

II. Depreciation—Loss in value from any cause. Customarily measured by estimating the difference between current replacement cost new and estimated value of property as of appraisal date.

II. **Depreciación—Pérdida en valor por cualquier causa. Normalmente se mide estimando la diferencia entre el costo nuevo de reposición corriente y el valor estimado de la propiedad a partir de la fecha del avalúo.**

   A. Three Types

   A. **Tres tipos**

      1. Physical Deterioration—Results from following inherent causes (usually curable):

      1. **Deterioro físico—Resulta de las causas intrínsecas siguientes (generalmente curables):**

         a. Wear and tear from use.

         a. **Desgaste por el uso.**

         b. Negligent care (deferred maintenance).

         b. **Cuidado negligente (mantenimiento aplazado).**

         c. Damage by dry rot, termites, etc.

         c. **Daños por putrefacción de la madera, termitas, etc.**

      2. **Functional obsolescence—Results from following inherent causes (usually curable):**

2. <u>**Caída en desuso funcional**</u>—**Resulta de las causas intrínsecas siguientes (generalmente curables):**

    a.   Poor architectural design and style (a building with massive cornices or a 5-bedroom home with a one-car garage).

    a.   **Diseño y estilo arquitectónico mediocre (un edificio con cornisas macizas, casa de 5 dormitorios con garaje para un carro).**

    b.   Lack of modern facilities (no air conditioning).

    b.   **Carecer de instalaciones modernas (sin acondicionados de aire).**

    c.   Changes in styles of construction, construction methods, or materials.

    c.   **Cambios en estilos de construcción, métodos, o materiales de construcción.**

3. <u>Economic and Social Obsolescence</u>—Results from following extraneous causes (usually incurable):

3. <u>**Caída en desuso económico y social**</u>—**Resulta de las causas ajenas siguientes (generalmente incurables):**

    a.   Misplaced improvements.

    a.   **Edificaciones fuera de lugar.**

    b.   Zoning or legislative restrictions.

    b.   **Restricciones legislativas o de zonificación.**

    c.   Depression, unemployment, and other economic upheaval.

    c.   **Depresión, desempleo u otro trastorno económico.**

B. <u>Three Methods of Estimating</u>

B. <u>**Tres métodos de estimar**</u>

1. <u>Straight Line or Age Life</u>—Based on theory that depreciation occurs annually in proportion to its total estimated economic life. (Economic life is productive life; usually shorter than physical.)

1. <u>**Línea directa o época de vida**</u>—**Basada en la teoría de que la depreciación ocurre anualmente en proporción a su total estimado de vida económica. (La vida económica es la vida productiva; generalmente más corta que la vida física.)**

    a.   Building with 50-year life will depreciate 1/50th, or 2% each year.

    a.   **Un edificio con una vida de 50 años es dicho que se deprecia 1/50, o 2% cada año.**

    b.   Effective age is usually used instead of actual age—building may be 25 years old but because of good care, only looks to be 20 years old.

    b.   **Generalmente se usa la edad efectiva en lugar de la edad actual—un edificio puede tener 25 años pero debido al buen cuidado, solo parece tener 20 años.**

    c.   Poor method for appraising since buildings do not depreciate in a straight line.

    c.   **Un método mediocre para valuar ya que los edificios no se deprecian en una línea directa.**

    d.   Age can be established from tax assessor's records.

    d.   **La edad se puede establecer consultando los archivos del tasador de impuestos.**

2. <u>Observed Condition or Cost-to-Cure Method</u>—Deficiencies are noted and their cost to cure (correct) are calculated.

2. **<u>Método de condición observada o costo para curar</u>—Las deficiencias son anotadas y sus costos respectivos para ser curadas (corregidas) son calculados.**

   a. <u>Curable Depreciation</u>—Depreciation that is economically or physically possible to correct.

   a. **<u>Depreciación curable</u>—La depreciación que es económica o físicamente posible corregir.**

   b. <u>Incurable</u>—Cost to correct is too expensive or it is physically impossible.

   b. **<u>Incurable</u>—El costo para corregirla es demasiado alto o es físicamente imposible hacerlo.**

3. <u>Sales Method</u>—Considers sales prices of similar homes and uses them in an indirect way to estimate accrued depreciation.

3. **<u>Método de ventas</u>—Considera los precios de venta de casas similares y los usa en un modo indirecto para estimar la depreciación acumulada.**

   a. Find sales price of similar home and deduct land value.

   a. **Encontrar el precio de venta de una casa similar y deducir el valor del terreno.**

   b. Find cost new of same home.

   b. **Encontrar el costo nuevo de la misma casa.**

   c. Difference between cost new and sales price of improvements is amount of depreciation.

   c. **La diferencia entre el costo nuevo y el precio de venta de las mejoras es la cantidad de la depreciación.**

C. <u>Future Depreciation</u>—Loss that is yet to come. Provision for the recapture of the improvement value can be done in two ways:

C. **<u>Depreciación futura</u>—Pérdida que aún está por venir. La provisión para la recuperación del valor de la mejora puede hacerse de dos maneras:**

1. <u>Straight Line Depreciation</u>—Equal amount in proportion to remaining economic life is charged against income as expense.

1. **<u>Depreciación en línea directa</u>—Una cantidad igual en proporción a la duración económica restante es cargada contra el ingreso como un gasto.**

2. <u>Sinking Fund Method</u>—Yearly reserves set aside and invested; this sum plus the compound interest earned provides the money to cover the cost of the original investment.

2. **<u>Método del fondo de amortización</u>—Reservas anuales que se invierten; ésta suma más el interés compuesto que se gana provee el dinero para cubrir el costo de la inversión original.**

III. <u>Architectural Styles</u>—Following are some of the many architectural styles used in past or present construction:

Dutch Colonial

French Provincial

Cape Cod

Contemporary

California Ranch

IV.   <u>Construction Terms and Design</u>—The following construction details should be closely reviewed together with the construction terms on the following pages:

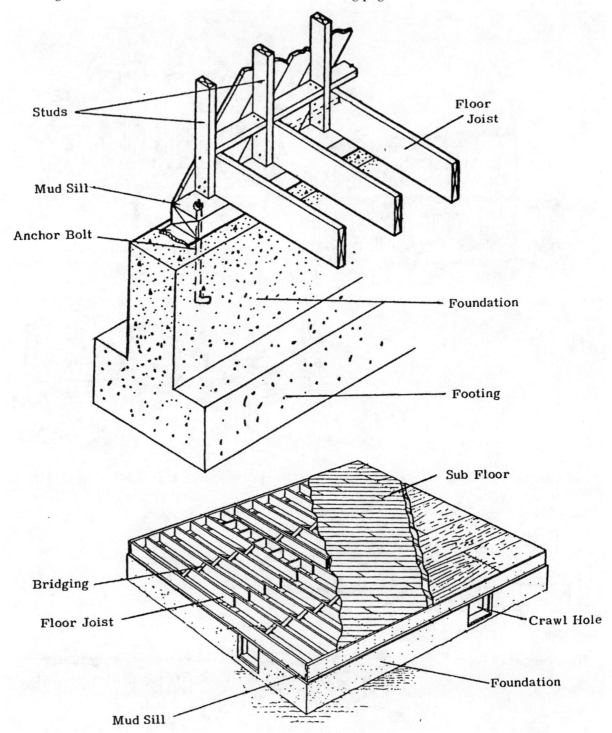

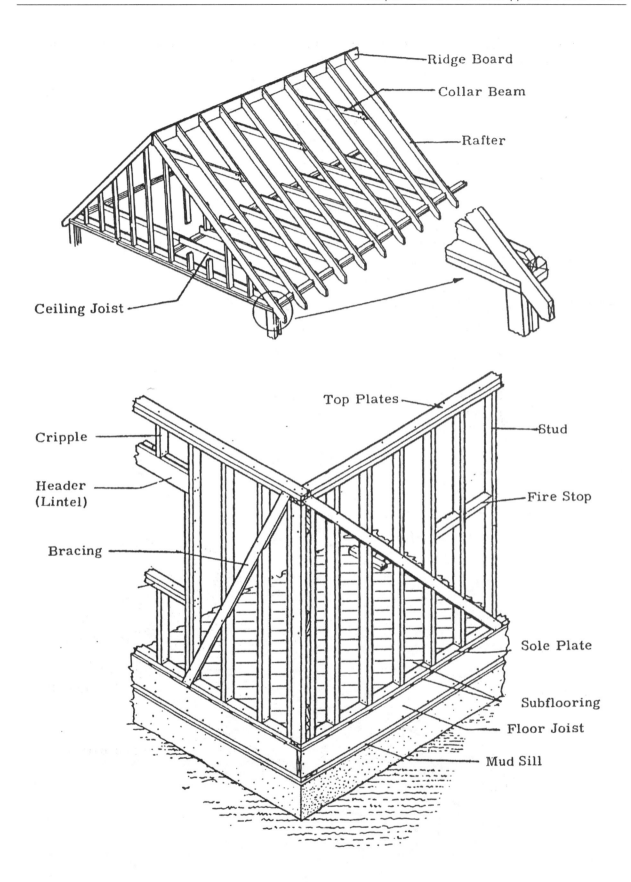

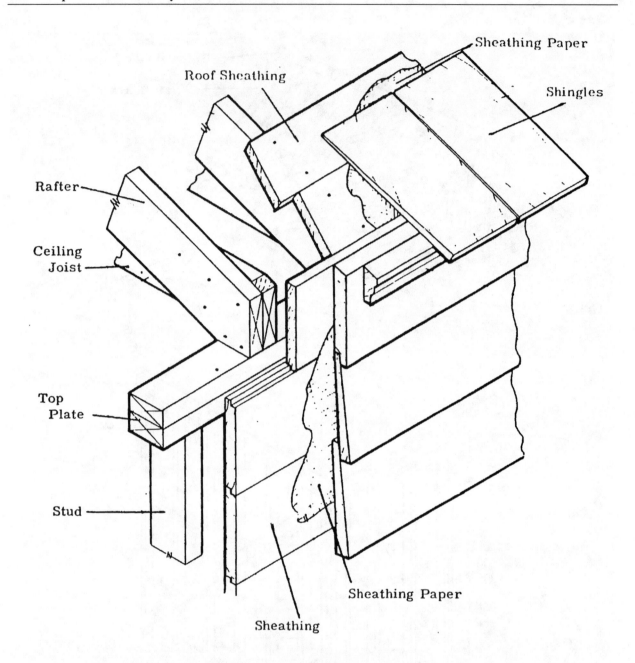

Roof Sheathing

Sheathing Paper

Shingles

Rafter

Ceiling Joist

Top Plate

Stud

Sheathing Paper

Sheathing

ROOF STYLES

Gambrel

Gable

Mansard

Hip

Construction and Related Terms

La construcción y términos relacionados

Adobe—The clay from which adobe bricks are made.

Anchor Bolt—A long and heavy-duty screw incrusted in the moist concrete of the foundations; it is used to secure the support of the structure when concrete hardens.

Backfill—The replacement of unearthed soil onto a hole or against a structure.

Batten—Narrow metal strips or bands placed together to cover interior or exterior surfaces; they are also used as decoration.

Bearing Wall—A wall or division that supports any vertical load besides its own weight.

Bench Mark—A location indicated with a durable mark by topographers.

Board Foot—A measurement unit for wood; it is one foot wide, one foot long, one inch thick, and it amounts to 144 cubic inches.

Bracing—Structural wooden sections nailed in angle to strenghten the framing.

Bridging—Small pieces of metal or wood used to reinforce the joints of the floor.

B.T.U.—British Thermal Unit—The required amount of heat to elevate one Fahrenheit degree the temperature of a pound of water.

Building Paper—A thick waterproof paper used as covering in the construction of walls and ceilings to protect against air and humidity.

Ceiling Height—Approximately 98 inches from the floor to the ceiling in an average house.

Collar Beam—A beam over the floor of the attic that connects the ceiling's opposing pairs of joints.

Commercial Acre—The remaining area of an acre of property recently subdivided after deducing the areas for streets, sideways, gutters, etc.

Compaction—After adding loose soil to a lot, either as backfill or to raise the lower parts or its ground level, it is necessary to compress or compact it down given that generally it is very loose or bland. The ground has to be firm as to support the weight of buildings and to avoid they tilt, sink or crack.

Conduit—Generally, it is a metallic tube through whose interior run the wires of electrical installations.

Cool Colors—Beige, white and pale yellow.

Crawl Hole—An interior or exterior opening that allows to get into the space under the house, as it is required by construction regulations.

Crawl Space—Area or space between the ground and the beams that support the floor of a building and used as an access to the pipes and electrical connections under the house. The minimum space required by FHA is 18 inches. The minimum size of the crawl hole is 18 x 18 inches.

Cripple—A girder placed over and under the opening of a window or door.

Cubic Yard—A measure of volume. A cubic yard has 27 cubic feet.

Cul-De-Sac—A street with only one entry.

Dark Colors—Cause a room to look smaller.

Deciduous Trees—Those that loose their leaves in fall and winter.

Dry Wall—Panel for walls made of plaster and resistant paper. It is also called panel wall. It allows the installation of coverings for walls that can be nailed.

Eaves—Lower part of a ceiling that sticks out from the wall.

Elevation—A geometrical drawing of the vertical parts of a structure, as it shown in the scale drawings and original plans.

Fire Stop—A solid and narrow closing of an enclosed space to prevent the propagation of smoke and fire through that space.

Flashing—Sheets made of metal or another material used to protect a building against filtrations of water.

Footing—The base or footing of the wall of a foundation, pillar, or column.

Foundation—The support of a structure under the first floor or over a slope and includes the footing.

Foundation Plan—A plan drafted to scale showing the foundations and the placing of the footing and pillars.

Gable Roof—A roof with the sides inclined.

Gambrel Roof—A roof that has the lower sides more inclined than the upper parts.

Header Or Lintel—A horizontal beam that sustains the weight over an opening such as a window or a door.

Hip Roof—A roof with the sides and ends inclined.

Joist—One of a series of parallel beams on which the pine boards of the floor are attached and the batten of the ceiling, and which are then supported by bigger beams and support walls.

Key Lot—The least convenient lot in a subdivision.

Modernization—To take the corrective measures to update a property according to the changes of style be it indoors or outdoors.

Natural Wood—Provides the rooms of a more decorative appearance than paint.

Party Wall—A wall erected along the divisory line of two adjacent properties owned by different proprietors for the use of such properties.

Penny—When applied to nails, such term is used to indicate their length and it is abbreviated by the letter "o".

Percolation Test—A test used to establish how rapidly water filtrates on the ground. Clay is resistant to filtration; on sandy soil water filters rapidly.

Pier—A column of masonry, usually rectangular at the cross horizontal cut, it is used to support other structural elements.

Pitch—The inclination of a roof.

Plate—A horizontal panel placed on a wall or sustained by posts or cripples to support the beams of the roof, etc.

Plot Plan—A plan drafted to scale that shows the dimensions of the lot and the location of all the improvements.

Potable—Water that is adequate for drinking.

Rafter—One of a series of beams of a roof designed to sustain the weight of the roof. The beams of a flat roof are sometimes called roof beams.

Redwood—A kind of wood that is quite resistant to termites. It has excellent properties against bad weather.

Rehabilitation—The restoration of a property to satisfactory conditions without making changes to the plan, form or style of the structure.

Remodeling—Change to the plan, form or style of a structure to correct functional or economic deficiencies.

Abertura de acceso—Una abertura interior o exterior que permite entrar al espacio debajo de la casa tal como lo exigen las regulaciones de construcción.

Acre comercial—El área restante de un acre de terreno recientemente subdividido después de deducir las zonas dedicadas a calles, aceras o andenes, cunetas, etc.

Adobe—La arcilla con la que se hacen los ladrillos de adobe.

Alero—Parte baja de un techo que sobresale de la pared.

Altura del techo—Aproximadamente 98 pulgadas del piso al cielorraso (ceiling) en una casa común y corriente.

Alzado—Dibujo geométrico de las partes verticales de una estructura según se muestra en los dibujos a escala y planos originales.

Arboles caducifolios—Aquellos que pierden sus hojas en el otoño y el invierno.

B.T.U.— Unidad térmica inglesa—La cantidad de calor requerida para elevar la temperatura de una libra de agua en un grado Fahrenheit.

Callejón sin salida—Una calle con una sola entrada.

Céntimo—Cuando se aplica a puntillas o clavos, el término sirve para indicar la longitud de éstos y se abrevia usando la letra "o".

Cimientos—La porción de soporte de una estructura debajo de la construcción del primer piso o sobre la pendiente e incluye las zapatas.

Colores oscuros—Dan una apariencia más pequeña a las habitaciones.

Colores refrescantes—Beige, blanco y crema.

Compactación—Cada vez que se añade tierra suelta en un lote sea para relleno en las partes bajas o para levantar el nivel de este, es necesario apisonarla o compactarla porque generalmente es muy floja y blanda. El suelo debe ser firme para que pueda soportar el peso de las edificaciones y evitar que se inclinen, hundan o agrieten.

Contrafuego—Un cierre sólido y ajustado de un espacio encerrado puesto para prevenir la propagación del fuego y humo a través de dicho espacio.

Espacio de arrastre—Area o espacio entre el suelo y las viguetas que sostienen el piso de una edificación que se usa como acceso a las tuberías y conexiones eléctricas que están debajo de la casa. El espacio mínimo requerido por la FHA es de 18 pulgadas. El tamaño mínimo de la abertura de acceso es de 18 x 18 pulgadas.

Lámina—Un tablero horizontal puesto en una pared o sostenido por postes o montantes para llevar las vigas de un techo o los travesaños, etc.

Listones—Tiras o bandas angostas de metal o madera usadas para cubrir juntas interior o exteriormente; también se usan como efecto decorativo.

Lote bajo—El lote menos conveniente en una subdivisión.

Madera natural—Da a los cuartos una apariencia más decorativa que la pintura.

Modernización—Tomar las medidas correctivas para poner una propiedad conforme a los cambios en estilo sea en el interior o exterior.

Mojón o cota de referencia—Una localización indicada con una marca durable por los topógrafos.

Muro de apoyo—Una pared o división que sostiene cualquier carga vertical además de su propio peso.

Papel de construcción—Un papel impermeable grueso usado como revestimiento en la construcción de paredes y techos como una protección contra el paso de aire y la humedad.

Pared medianera—Una pared erigida en la línea divisoria de dos propiedades contiguas con propietarios diferentes para uso de dichas propiedades.

Pared seca—Tableros para paredes hechos de yeso y papel resistente. También es llamado cartón yeso. Permite la instalación de cubiertas para paredes que se pueden clavar.

Pendiente—La inclinación de un techo.

Perno o tornillo de anclaje—Un tornillo largo y fuerte incrustado en el concreto húmedo de los cimientos; se usa para asegurar la solera o soporte de la estructura cuando el concreto se endurece.

Pie de madera—Una unidad de medida para madera; tiene un pie de anchura, un pie de largo, una pulgada de espesor y es igual a 144 pulgadas cúbicas.

Pilar—Una columa de mampostería, usualmente rectangular en el corte transversal horizontal, usada para sostener otros miembros estructurales.

Plano de los cimientos—Un plano dibujado a escala mostrando los cimientos y la colocación de las zapatas y los pilares.

Plano del terreno—Un plano dibujado o a escala que muestra las dimensiones del lote y la colocación de todas las mejoras.

Potable—Agua que es adecuada para beber.

Prueba de filtración—Una prueba usada para establecer qué tan rápidamente se filtra el agua en el suelo. El suelo arcilloso es resistente a la filtración; en el suelo arenoso el agua se filtra rápidamente.

Puentes—Piezas pequeñas de metal o madera usadas para reforzar las viguetas del piso.

Rehabilitación—La restauración de una propiedad a condiciones satisfactorias sin hacer cambios en el plano, forma o estilo de la estructura.

Relleno—La reposición de tierra excavada dentro de un hoyo o contra una estructura.

Remodelación—Cambio del plano, forma o estilo de una estructura para corregir deficiencias funcionales o económicas.

Sequoia—Un tipo de madera que es bastante resistente a las termitas. Tiene excelente propiedades contra la intemperie.

Tapajuntas—Láminas de metal u otro material usados para proteger una edificación contra las filtraciones de agua.

Tejado a la holandesa—Un tejado o techo abuhardillado que tiene los lados bajos más inclinados que las partes superiores.

Tejado de cuatro aguas—Un techo con los lados y los extremos inclinados.

Tejado de dos aguas—Un techo con los lados inclinados.

Tirante falso—Una viga encima del piso del ático que conecta los pares opuestos de viguetas del techo.

Tirantes de refuerzo—Secciones estructurales de madera clavadas en ángulo para dar rigidez al armazón.

Tizón o dintel—Una viga horizontal que sostiene el peso sobre una abertura tal como una ventana o puerta.

Travesaño—Un montante colocado encima o debajo de la abertura de una ventana o puerta.

Tubo de conducto—Generalmente es una tubería metálica por cuyo interior van los alambres de las instalaciones eléctricas.

Viga de techo—Una de una serie de vigas de techo diseñadas para sostener el peso del tejado. Las vigas de un techo plano son llamadas, a veces, viguetas de techo.

Vigueta—Una de una serie de vigas paralelas sobre las cuales se clavan las tablas del piso y los listones del cielorraso y que, a su vez, son sostenidas por vigas más grandes, vigas de carga o muros de soporte.

Yarda cúbica—Una medida de volumen. Una yarda cúbica contiene 27 pies cúbicos.

Zapata—La base o pie de una pared de cimiento, pilar o columna.

Definitions Definiciones

Abatement of Nuisance—Extinction or termination of a nuisance.

Abstract of Judgment—A condensation of the essential provisions of a court judgment.

Abstraction—A method of valuing land. The indicated value of the improvement is deducted from the sale price.

Accelerated Cost Recovery System (ACES)—The system for figuring depreciation **(cost recovery)** for depreciable real property acquired and placed into service after January 1, 1981.

Accelerated Depreciation—A method of cost write-off in which depreciation allowances are greater in the first few years of ownership than in subsequent years. This permits an earlier recovery of capital and a faster tax write off of an asset.

Acceleration Clause—Clause in trust deed or mortgage giving lender right to call all sums owing him to be immediately due and payable upon the happening of a certain event.

Acceptance—When the seller or agent's principal agrees to the terms of the agreement of sale and approves the negotiation on the part of the agent and acknowledges receipt of the deposit in subscribing to the agreement of sale, that act is termed an acceptance.

Access Right—The right of an owner to have ingress and egress to and from his property.

Accession—An addition to property through the efforts of man or by natural forces.

Accretion—An addition to land from natural causes as, for example, from gradual action of the ocean or river waters.

Accrued Depreciation—The difference between the cost of replacement new as of the date of the appraisal and the present appraised value.

Accrued Items of Expense—Those incurred expenses which are not yet payable. The seller's accrued expenses are credited to the purchaser in a closing statement.

Acknowledgment—A formal declaration before a duly authorized officer by a person who has executed an instrument that such execution is his act and deed.

Acoustical Tile—Blocks of fiber, mineral, or metal, with small holes or rough-textured surface to absorb sound, used as covering for interior walls and ceilings.

Acquisition—The act or process by which a person procures property.

Acre—A measure of land equaling 160 square rods, or 4,840 square yards, or 43,560 square feet, or a tract about 208.71 feet square.

Actual Authority—The authority an agent has or believes that he or she has because of an intentional, unintentional, or careless act of a principal.

Actual Fraud—An act intended to deceive another, e.g., making a false statement, making a promise without intending to perform it, suppressing the truth.

Administrator—A male person appointed by the probate court to administer the estate of a person deceased.

Ad Valorem—A Latin phrase meaning "according to value." Usually used in connection with real estate taxation.

Advance—Transfer of funds from a lender to a borrower in advance on a loan.

Advance Commitment—The institutional investor's prior agreement to provide long-term financing upon completion of construction; also known as a "take-out" loan commitment.

Advance Fees—A fee paid in advance of any services rendered. Sometimes unlawfully charged in connection with illegal practice of obtaining a fee in advance for the advertising of property or businesses for sale, with no obligation to obtain a buyer, by persons representing themselves as real estate licensees, or representatives of licensed real estate firms.

Adverse Possession—The open and notorious possession and occupancy under an evident claim or right, in denial or opposition to the title of another claimant.

Affidavit—A statement or declaration reduced to writing sworn to or affirmed before some officer who has authority to administer an oath or affirmation.

Affirmation—A declaration by a person who refuses to take an oath.

AFLB—Accredited Farm and Land Broker.

Agency—The relationship between principal and agent which arises out of a contract, either expressed or implied, written or oral, wherein the agent is employed by the principal to do certain acts dealing with a third party.

Agent—One who represents another from whom he has derived authority.

Agreement of Sale—A written agreement or contract between seller and purchaser in which they reach a meeting of minds on the terms and conditions of the sale.

Alienation—The transferring of property to another; the transfer of property and possession of lands, or other things, from one person to another.

Alienation Clause—A clause in a contract giving the lender certain rights in the event of a sale or other transfer of mortgaged property.

Alluvion (Alluvium)—Soil deposited by accretion. Increase of earth on a shore or bank of a river.

Alquist—**Priolo Special Studies Zone Act**—Zoning act designed to control development in the vicinity of hazardous earthquake faults.

Alta Owner's Policy—An owner's extended coverage policy that provides buyers and owners the same protection the ALTA policy gives to lenders.

Alta Title Policy (American Land Title Association)—A type of title insurance policy issued by title insurance companies which expands the risks normally insured against under the standard type policy to include unrecorded mechanic's liens; unrecorded physical easements; facts a physical survey would show; water and mineral rights; and rights of parties in possession, such as tenants and buyers under unrecorded instruments.

Amenities—Satisfaction of enjoyable living to be derived from a home; conditions of agreeable living or a beneficial influence arising from the location or improvements.

AMO—Accredited Management Organization.

Amortization—The liquidation of a financial obligation on an installment basis; also, recovery, over a period, of cost or value.

Amortized Loan—A loan that is completely paid off, interest and principal, by a series of regular payments that are equal or nearly equal. Also called a Legal Payments Loan.

Annual Percentage Rate—The relative cost of credit as determined in accordance with Regulation Z of the Board of Governors of the Federal Reserve for implementing the Federal Truth in Lending Act.

Annuity—A series of assured equal or nearly equal payments to be made over a period of time or it may be a lump sum payment to be made in the future. The installment payments due to the landlord under a lease is an annuity. So are the installment payments due to a lender.

Anticipation, Principles of—Affirms that value is created by anticipated benefits to be derived in the future.

Appellant—A party appealing a court decision or ruling.

Appraisal—An estimate of the value of property resulting from an analysis of facts about the property. An opinion of value.

Appraiser—One qualified by education, training, and experience who is hired to estimate the value of real and personal property based on experience, judgment, facts, and use of formal appraisal processes.

Appropriation of Water—The taking, impounding, or diversion of water flowing on the public domain from its natural course and the application of the water to some beneficial use personal and exclusive to the appropriator.

Appurtenance—Something annexed to another thing which may be transferred incidental to it. That which belongs to another thing, such as a barn, dwelling, garage, or orchard is incidental to the land to which it is attached.

APR—See Annual Percentage Rate.

Architectural Style—Generally the appearance and character of a building's design and construction.

ASA—American Society of Appraisers.

Assessed Valuation—A valuation placed upon property by a public officer or board, as a basis for taxation.

Assessed Value—Value placed on property as a basis for taxation.

Assessment—The valuation of property for the purpose of levying a tax or the amount of the tax levied.

Assessor—The official who has the responsibility of determining assessed values.

Assignment—A transfer or making over to another of the whole of any property, real or personal, in possession or in action, or of any estate or right therein.

Assignment of Rents—A provision in a deed of trust **(or mortgage)** under which the beneficiary may, upon default by the trustor, take possession of the property, collect income from the property and apply it to the loan balance and the costs incurred by the beneficiary.

Assignor—One who assigns or transfers property.

Assigns; Assignees—Those to whom property shall have been transferred.

Assumption Agreement—An undertaking or adoption of a debt or obligation primarily resting upon another person.

Assumption Fee—A lender's charge for changing over and processing new records for a new owner who is assuming an existing loan.

Assumption of Mortgage—The taking of title to property by a grantee, wherein he assumes liability for payment of an existing note secured by a mortgage or deed of trust against the property; becoming a co-grantor for the payment of a mortgage or deed of trust note.

Attachment—Seizure of property by court order, usually done to have it available in the event a judgment is obtained in a pending suit.

Attest—To affirm to be true or genuine; an official act establishing authenticity.

Attorney in Fact—One who is authorized to perform certain acts for another under a power of attorney; power of attorney may be limited to a specific act or acts, or be general.

Avulsion—The sudden tearing away or removal of land by action of water flowing over or through it.

Axial Growth—City growth which occurs along main transportation routes. Usually takes the form of star-shaped extensions outward from the center.

Backfill—The replacement of excavated earth into a hole or against a structure.

Balance Sheet—A statement of the financial condition of a business at a certain time, showing assets, liabilities, and capital.

Balloon Payment—Where the final installment payment on a note is greater than the preceding installment payments and it pays the note in full; such final installment is termed a balloon payment.

Bargain and Sale Deed—Any deed that recites a consideration and purports to convey the real estate; a bargain and sale deed with a cotenant against the grantor's act is one in which the grantor warrants that grantor has done nothing to harm or cloud the title.

Base and Meridian—Imaginary lines used by surveyors to find and describe the location of private or public lands.

Basis (1) Cost Basis—The dollar amount assigned to property at the time of acquisition under provisions of the Internal Revenue Code for the purpose of determining gain, loss, and depreciation in calculating the income tax to be paid upon the sale or exchange of the property.

Basis (2) Adjusted Cost Basis—The cost basis after the application of certain additions for improvements, etc., and deductions for depreciation, etc.

Bearing Wall or Partition—A wall or partition supporting any vertical load in addition to its own weight.

Benchmark—A location indicated on a durable marker by surveyors.

Beneficiary—**(1)** One entitled to the benefit of a trust; **(2)** One who receives profit from an estate, the title of which is vested in a trustee; **(3)** The lender on the security of a note and deed of trust.

Bequeath—To give or hand down by will; to leave by will.

Bequest—That which is given by the terms of a will.

Betterment—An improvement upon property which increases the property value and is considered a capital asset as distinguished from repairs or replacements where the original character or cost is unchanged.

Bill of Sale—A written instrument given to pass title of personal property from vendor to the vendee.

Binder—A notation of coverage on an insurance policy, issued by an agent, and given to the insured prior to issuing of the policy.

Blanket Mortgage—A single mortgage which covers more than one piece of real estate.

Blighted Area—A declining area in which real property values are seriously affected by destructive economic forces, such as encroaching inharmonious property usages, infiltration of lower social and economic classes of inhabitants, and/or rapidly depreciating buildings.

Blockbusting—The practice on the part of unscrupulous speculators or real estate agents of inducing panic selling of homes at prices below market value, especially by exploiting the prejudices of property owners in neighborhoods in which the racial make-up is changing or appears to be on the verge of changing.

Board Foot—A unit of measurement of lumber; one foot long, one foot wide, one inch thick; 144 cubic inches.

Bona fide—In good faith; without fraud.

Bond—An obligation under seal. A real estate bond is a written obligation issued on security of a mortgage or trust deed.

Book Value—The current value for accounting purposes of an asset expressed as original cost plus capital additions minus accumulated depreciation.

Breach—The breaking of a law, or failure of duty, either by omission or commission.

Broker—A person employed for a fee by another to carry on any of the activities listed in the license law definition of a broker.

Broker-Salesperson Relationship Agreement—A written agreement required by the regulations of the Real Estate Commissioner setting forth the material aspects of the relationship between a real estate broker and each salesperson and broiler performing licensed activities in the name of the supervising broker.

B.T.U.: British Thermal Unit—The quantity of heat required to raise the temperature of one pound of water one degree Farenheit.

Building Code—A systematic regulation of construction of buildings within a municipality established by ordinance or law.

Building Line—A line set by law at a certain distance from a street line in front of which an owner cannot build on his lot. **(A set back line.)**

Building Restrictions—Zoning, regulatory requirements, or provisions in a deed limiting the type, size, and use of a building.

Bundle of Rights—Beneficial interests or rights.

Bureau of Land Management—A federal bureau within the Department of the Interior which manages and controls certain lands owned by the United States.

Business Opportunity—The assets for an existing business enterprise including its goodwill. As used in the Real Estate Law, the term includes "The sale or lease of the business and goodwill of an existing business enterprise or opportunity."

Buyer's Market—The condition which exists when a buyer is in a more commanding position as to price and terms because real property offered for sale is in plentiful supply in relation to demand.

Bylaws—Rules for the conduct of the internal affairs of corporations and other organizations.

Cal-Vet Loan—California Veterans' Farm and Home Purchase Program for qualified native born veterans, or veterans who entered service from this state.

Capital Assets—Assets of a permanent nature used in the production of an income, such as, land, buildings, machinery, and equipment, etc.

Capital Gain—At resale of a capital item, the amount by which the net sale proceeds exceed the adjusted cost basis **(book value)**. Used for income tax computations. Gains are called short or long-term based upon length of holding period after acquisition. Usually taxed at lower rates than ordinary income.

Capitalization—In appraising, determining value of property by considering net income and percentage of reasonable return on the investment.

Capitalization Rate—The rate of interest which is considered a reasonable return on the investment and used in the process of determining value based upon net income.

C.A.R.—California Association of Realtors.

Cash Flow—The net income generated by a property before depreciation and other noncash expenses.

Caveat Emptor—Let the buyer beware. The buyer must examine the goods or property and buy at his own risk.

C.C.I.M.—Certified Commercial Investment Member.

Certificate of Eligibility—A certificate of eligibility for a Cal-Vet loan issued by California Department of Veteran Affairs.

Certificate of Reasonable Value (CRV)—The Federal Veterans Administration appraisal commitment of property value.

Chain—A unit of measurement used by surveyors. A chain consists of 100 links equal to 66 feet.

Chain of Title—A history of conveyances and encumbrances affceting the title from the time the original patent was granted or as far back as records are available.

Change, Principle of—Holds that it is the future, not the past, which is of prime importance in estimating value.

Chattel Mortgage—A personal property mortgage **(see Security Agreement and Security Interest)**.

Chattel Real—An estate related to real property, such as a lease on real property.

Chattels—Goods or every species of property movable or immovable which are not real property.

Chose in Action—A personal right to something not presently in the owner's possession but recoverable by a legal action for possession.

Civil Rights—Basic rights of freedom and liberty guaranteed to United States citizens by the Thirteenth and Fourteenth Amendments to the Federal Constitution and by certain federal laws.

Closing Costs—The numerous expenses buyers and sellers normally incur in the transfer of ownership of real property.

Closing Statement—An accounting of funds made to the buyer and seller separately. Required by law to be made at the completion of every real estate transaction.

Cloud on the Title—Any conditions revealed by a title search which affect the title to property; usually relatively unimportant items but which cannot be removed without a quitclaim deed or court action.

Code of Ethics—A set of rules and principles expressing a standard of accepted conduct for a professional group and governing the relationship of members to each other and to the organization.

Collateral—This is the property subject to the security interest **(see definition of Security Interest)**.

Collateral Security—A separate obligation attached to a contract to guarantee its performance; the transfer of property or of other contracts, or valuables, to insure the performance of a principal agreement.

Collusion—An agreement between two or more persons to defraud another of his rights by the forms of law or to obtain an object forbidden by law.

Color of Title—That which appears to be good title but which is not title in fact.

Commercial Acre—A term applied to the remainder of an acre of newly subdivided land after the area devoted to streets, sidewalks, and curbs, etc., has been deducted from the acre.

Commercial Paper—Bills of exchange used in commercial trade.

Commission—An agent's compensation for performing the duties of his agency; in real estate practice, a percentage of the selling price of property, percentage of rentals, etc.

Commitment—A pledge or a promise or firm agreement.

Common Law—The body of law that grew from customs and practices developed and used in England "since the memory of man runneth not the contrary."

Common Stock—That class of corporate stock to which there is ordinarily attached no preference with respect to the receipt of dividends or the distribution of assets on corporate dissolution.

Community—A part of a metropolitan area that has a number of neighborhoods that have a tendency toward common interests and problems.

Community Property—Property accumulated through joint efforts of husband and wife living together.

Compaction—Whenever extra soil is added to a lot to fill in low places or to raise the level of the lot, the added soil is often too loose and soft to sustain the weight of buildings without the danger of their tilting, settling, or cracking.

Comparable Sales—Sales which have similar characteristics as the subject property and are used for analysis in the appraisal process.

Comparison Approach—A real estate comparison method which compares a given property with similar or comparable properties; also called market comparison.

Competent—Legally qualified.

Competition, Principle of—Holds that profits tend to breed competition and excess profits tend to breed ruinous competition.

Compound Interest—Interest paid on original principal and also on the accrued and unpaid interest which has accumulated.

Condemnation—The act of taking private property for public use by a political subdivision; declaration that a structure is unfit for use.

Condition—A qualification of an estate granted which can be imposed only in conveyance. They are classified as conditions precedent and conditions subsequent.

Condition Precedent—A qualification of a contract or transfer of property, providing that unless and until a given event occurs, the full effect of a contract or transfer will not take place.

Condition Subsequent—A condition attached to an already-vested estate or to a contract whereby the estate is defeated or the contract extinguished through the failure or nonperformance of the condition.

Conditional Commitment—A commitment of a definite loan amount for some future unknown purchaser of satisfactory credit standing.

Conditional Sale Contract—A contract for the sale of property stating that delivery is to be made to the buyer, title to remain vested in the seller until the conditions of the contract have been fulfilled.

Condominium—A system of individual fee ownership of units in a multi-family structure, combined with joint ownership of common areas of the structure and the land.

Confirmation of Sale—A court approval of the sale of property by an executor, administrator, guardian, or conservator.

Conformity, Principle of—Holds that the maximum of value is realized when a reasonable degree of homogeneity of improvements is present.

Consideration—Anything of value given to induce entering into a contract; it may be money, personal services, or even love and affection.

Constant—The percentage which, when applied directly to the face value of a debt, develops the annual amount of money necessary to pay a specified net rate of interest on the reducing balance and to liquidate the debt in a specified time period. For example, a 6% loan with a 20-year amortization has a constant of approximately 8 1/2%. Thus, a $10,000 loan amortized over 20 years requires an annual payment of approximately $850.00.

Construction Loans—Loans made for the construction of homes or commercial buildings. Usually funds are disbursed to the contractor-builder during construction and after periodic inspections. Disbursements are based on an agreement between borrower and lender.

Constructive Eviction—Breach of a covenant of warranty or quiet enjoyment, e.g., the inability of a lessee to obtain possession because of a paramount defect in title or a condition making occupancy hazardous.

Constructive Fraud—A breach of duty, as by a person in a fiduciary capacity, without an actual fraudulent intent, which gains an advantage to the person at fault by misleading another to the other's prejudice. Any act of omission declared by law to be fraudulent without respect to actual fraud.

Constructive Notice—Notice given by the public records.

Consumer Goods—These are goods used or bought for use primarily for personal, family, or household purposes.

Contiguous—In close proximity.

Contour—The surface configuration of land.

Contract—An agreement, either written or oral, to do or not to do certain things.

Contribution, Principle of—Holds that maximum real property values are achieved when the improvements on the site procure the highest (**net**) return, commensurate with the investment.

Conventional Mortgage—A mortgage securing a loan made by investors without governmental underwriting, i.e., which is not FHA or VA guaranteed. The type customarily made by a bank or savings and loan association.

Conversion—Change from one character or use to another.

Conveyance—The transfer of the title of land from one to another. It denotes an instrument which carries from one person to another an interest in land

Cooperative Apartment—A form of apartment ownership. Ownership of shares in a cooperative venture which entitles the owner to use, rent, or sell a specific apartment unit. The corporation usually reserves the right to approve certain actions such as a sale or improvement.

Corner Influence Table—A statistical table that may be used to estimate the added value of a corner lot.

Corporation—A group or body of persons established and treated by law as an individual or unit with rights and liabilities or both, distinct and apart from those persons composing it.

Corporeal Rights—Possessory rights in real property.

Correction Lines—A system for compensating inaccuracies in the Government Rectangular Survey System due to the curvature of the earth. Every fourth township line, 24-mile intervals, is used as a correction line on which the intervals between the north and south range lines are remeasured and corrected to a full 6 miles.

Correlation—To bring the indicated values developed by the three approaches into mutual relationship with each other.

Cosigner—A second party who signs a promissory note together with the primary borrower.

Cost—A historical record of past expenditures, or an amount which would be given in exchange for other things. That which is paid in money, goods, or services.

Cost Approach—One of three methods in the appraisal process. An analysis in which a value estimate of a property is derived by estimating the replacement cost of the improvements, deducting therefrom the estimated accrued depreciation, then adding the market value of the land.

Courtesy—The right which a husband has in his wife's estate at her death.

Covenant—Agreements written into deeds and other instruments promising performance or nonperformance of certain acts or stipulating certain uses or nonuses of the property.

CPM—Certified Property Manager. a member of the Institute of Real Estate Managment (**IREM**) of the National Association of Realtors.

CRB—Certified Residential Broker.

CRE—Counselor of Real Estate. Member of American Society of Real Estate Counselors.

Credit—A bookkeeping entry on the right side of an account, recording the reduction or elimination of an asset or an expense, or the creation of or addition to a liability or item of equity or revenue.

Curable Depreciation—Items of physical deterioration and functional obsolescence which are customarily repaired or replaced by a prudent property owner.

Cyclical Movement—The sequential and recurring changes in economic activity of a business cycle, moving from prosperity through recession, depression, recovery, and back again to prosperity.

Damages—The indemnity recoverable by a person who has sustained an injury, either in his person, property, or relative rights, through the act or default of another.

Debenture—Bonds issued without security, an obligation not secured by a specific lien on property.

Debit—A bookkeeping entry on the left side of an account, recording the creation of or addition to an asset or an expense, or the reduction or elimination of a liability or item of equity or revenue.

Debit—That which is due from one person to another; obligation, liability.

Debtor—This is the party who "owns" the property which is subject to the Security Interest. Previously he was known as the mortgagor or the pledgor, etc.

Deciduous Trees—Trees that lose their leaves in the autumn and winter.

Declining Balance Depreciation—A method of accelerated depreciation allowed by the IRS in certain circumstances.

Decree of Foreclosure—Decree by a court ordering the sale of mortgaged property and the payment of the debt owing to the lender out of the proceeds.

Dedication—An appropriation of land by its owner for some public use accepted for such use by authorized public officials on behalf of the public.

Deed—Written instrument which, when properly executed and delivered, conveys title.

Deed in Lieu of Foreclosure—A deed to real property accepted by a lender from a defaulting borrower to avoid the necessity of foreclosure proceedings by the lender.

Deed of Trust—See Trust Deed.

Deed Restrictions—Limitations in the deed to a property that dictate certain uses that may or may not be made of the property.

Defeasance Clause—The clause in a mortgage that gives the mortgagor the right to redeem his property upon the payment of his obligations to the mortgagee.

Defeasible Fee—Sometimes called a base fee or qualified fee; a fee simple absolute interest in land that is capable of being defeated or terminated upon the happening of a specified event.

Defendant—A person against whom legal action is initiated for the purpose of obtaining criminal sanctions (**criminal defendant**) or damages or other appropriate judicial relief (**civil defendant**).

Deferred Maintenance—Existing but unfulfilled requirements for repairs and rehabilitation.

Deficiency Judgment—A judgment given when the security pledge for a loan does not satisfy the debt upon its default.

Delegation of Powers—The conferring by an agent upon another of all or certain of the powers that have been conferred upon the agent by the principal.

Deposit Receipt—A term used by the real estate industry to describe the written offer to purchase real property upon stated terms and conditions, accompanied by a deposit toward the purchase price, which becomes the contract for the sale of the property upon acceptance by the owner.

Depreciation—Loss of value in real property brought about by age, physical deterioration, or functional or economic obsolescence. Broadly, a loss in value from any cause.

Depth Table—A statistical table used to estimate the value of the added depth of a lot.

Desist and Refrain Order—The Real Estate Commissioner is empowered by law to issue an order directing a person to desist and refrain from committing an act of violation of the real estate law.

Desk Cost—The total cost of rent, utilities, telephones, advertising, and other operating expenses of a broker's office divided by the number of salespersons.

Deterioration—Impairment of condition. One of the causes of depreciation and reflecting the loss in value brought about by wear and tear, disintegration, use in service, and the action of the elements.

Determinable Fee—An estate which may end on the happening of an event that may or may not occur.

Devise—A gift or disposal of real property by last will and testament.

Devisee—One who receives real property by a will.

Devisor—One who gives real property through a will.

Directional Growth—The location or direction toward which the residential sections of a city are destined or determined to grow.

Discount—An amount deducted in advance from the principal before the borrower is given the use of the principal (**see Points**).

Discretionary Powers of Agency—Those powers conferred upon an agent by the principal which empower the agent in certain circumstances to make decisions based on the agent's own judgment.

Disintermediation—The relatively sudden withdrawal of substantial sums of money savers have deposited with savings and loan associations, commercial banks, and mutual savings banks. This term can also be considered to include life insurance policy purchasers borrowing against the value of their policies. The essence of this phenomenon is financial intermediaries losing within a short period of time billions of dollars as owners of funds hold by those institutional lenders exercise their prerogative of taking them out of the hands of these financial institutions.

Disposable Income—The after-tax income a household receives to spend on personal consumption.

Dispossess—To deprive one of the use of real estate.

Documentary Transfer Tax—A state enabling act allows a county to adopt a documentary transfer tax to apply on all transfers of real property located in the county. Notice of payment is entered on the face of the deed or on a separate paper filed with the deed.

Documents—Legal instruments such as mortgages, contracts, deeds, options, wills, bills of sale, etc.

Donee—A person to whom a gift is made.

Donor—A person who makes a gift.

Dower—The right which a wife has in her husband's estate at his death.

Dual Agency—An agency relationship in which the agent acts concurrently for both of the principals in a transaction.

Due on Sale Clause—An acceleration clause granting the lender the right to demand full payment of the mortgage upon a sale of the property.

Duress—Unlawful constraint exercised upon a person whereby he is forced to do some act against his will.

Earnest Money—Downpayment made by a purchaser of real estate as evidence of good faith. A deposit or partial payment.

Easement—Created by grant or agreement for a specific purpose, an easement is the right, privilege, or interest which one party has in the land of another (**example: Right of way**).

Economic Life—The period over which a property will yield a return on the investment, over and above the economic or ground rent due to land.

Economic Obsolescence—A loss in value due to factors away from the subject property but adversely affecting the value of the subject property.

Economic Rent—The reasonable rental expectancy if the property were available for renting at the time of its valuation.

Effective Age of Improvement—The number of years of age that is indicated by the condition of the structure.

Effective Interest Rate—The percentage of interest that is actually being paid by the borrower for the use of the money.

Emblements—Crops produced annually by labor and industry as distinguished from crops that grow naturally on the land.

Eminent Domain—The right of the government to acquire property for necessary public or quasi-public use by condemnation; the owner must be fairly compensated.

Encroachment—Trespass; the building of a structure or construction of any improvement, partly or wholly on the property of another.

Encumbrance—Anything which affects or limits the fee simple title to property, such as mortgages, easements, or restrictions of any kind. Liens are special encumbrances which make the property security for the payment of a debt or obligation, such as mortgages and taxes.

Equity—The interest or value which an owner has in real estate over and above the liens against it; branch or remedial justice by and through which relief is afforded to suitors in courts of equity.

Equity of Redemption—The right to redeem property during foreclosure period, such as a mortgagor's right to redeem within a year after foreclosure sale.

Erosion—The wearing away of land by the action of water, wind, or glacial ice.

Escalation—The right reserved by the lender to increase the amount of the payments and/or interest upon the happening of a certain event.

Escalator Clause—A clause in a contract providing for the upward or downward adjustment of certain items to cover specified contingencies.

Escheat—The reverting of property to the State when heirs capable of inheriting are lacking.

Escrow—The deposit of instruments and funds with instructions to a third neutral party to carry out the provisions of an agreement or contract; when everything is deposited to enable carrying out the instructions, it is called a complete or perfect escrow.

Estate—As applied to the real estate practice, the term signifies the quantity of interest, share, right, equity, of which riches or fortune may consist, in real property. The degree, quantity, nature, and extent of interest which a person has in real property.

Estate at Sufferance—An estate arising when the tenant wrongfully holds over after the expiration of the term. The landlord has the choice of evicting the tenant as a trespasser or accepting such tenant for a similar term and under the conditions of the tenant's previous holding.

Estate at Will—The occupation of lands and tenements by a tenant for an indefinite period, terminable by one or both parties.

Estate from Period to Period—An interest in land where there is a definite termination date by which the rental period is fixed at a certain sum per week, month, or year. Also called a periodic tenancy.

Estate for Life—A freehold estate, not of inheritance, but which is held by the tenant for his own life or the life or lives of one or more other persons, or for an indefinite period which may endure for the life or lives of persons in being and beyond the period of life.

Exclusive Agency Listing—A written instrument giving one agent the right to sell property for a specified time but reserving the right of the owner to sell the property himself without the payment of a commission.

Exclusive Right to Sell Listing—A written agreement between owner and agent giving agent the right to collect a commission if the property is sold by anyone during the term of his agreement.

Execute—To complete, to make, to perform, to do, to follow out; to execute a deed, to make a deed including, sealing, and delivery; to execute a contract is to perform the contract, to follow out to the end, to complete.

Executor—A person named in a will to carry out its provisions as to the disposition of the estate of a person deceased.

Executory Contract—A contract in which something remains to be done by one or both of the parties.

Expansible House—Home designed for further expansion and additions in the future.

Expansion Joint—A bituminous fiber strip used to separate units of concrete to prevent cracking due to expansion as a result of temperature changes.

Expenses—Certain items which appear on a closing statement in connection with a real estate sale.

Facada—Front of a building.

Fair Market Value—This is the amount of money that would be paid for a property offered on the open market for a reasonable period of time with both buyer and seller knowing all the uses to which the property could be put and with neither party being under pressure to buy or sell.

Fannie Mae—Anacronymic nickname for Federal National Mortgage Association (**FNMA**).

Farmers Home Administration—An agency of the Department of Agriculture. Primary responsibility is to provide financial assistance for farmers and others living in rural areas where financing is not available on reasonable terms from private sources.

Federal Deposit Insurance Corporation—(**FDIC**) Agency of the federal government which insures deposits at commercial banks and savings banks.

Federal Home Loan Bank (FHLB)—A district bank of the Federal Home Loan Bank System that lends only to member savings and loan associations.

Federal Home Loan Bank Board (FHLBB)—The administrative agency that charters federal savings and loan associations and exercises regulatory authority over the FHLB system.

Federal Housing Administration (FHA)—An agency of the federal government that insures mortgage loans.

Federal Land Bank System—Federal government agency making long-term loans to farmers.

Federal National Mortgage Association (FNMA)—Fannie Mae is a quasi-public agency converted into a private corporation whose primary function is to buy and sell FHA and VA mortgages in the secondary market.

Federal Reserve System—The federal banking system of the United States under the control of a central board of governors (**Federal Reserve Board**) involving a central bank in each of twelve geographical districts with broad powers in controlling credit and the amount of money in circulation.

Federal Savings and Loan Association—An association chartered by the PHLBB in contrast to a state-chartered savings and loan association.

Federal Savings and Loan Insurance Corporation (FSLIC)—An agency of the federal government that insures savers' accounts in savings and loan associations.

Fee—An estate of inheritance in real property.

Fee Simple—In modern estates, the terms Fee and Fee Simpler are substantially synonymous.

Fiduciary—A person in a position of trust and confidence, as between principal and broker; broker as fiduciary owes certain loyalty which cannot be breached under rules of agency.

Financial Intermediary—Financial institutions such as commercial banks, savings and loan associations, mutual savings banks, and life insurance companies which receive relatively small sums of money from the public and invest them in the form of large sums. A considerable portion of these funds are loaned on real estate.

Financing Process—The systematic 5-step procedure followed by major institutional lenders in analyzing a proposed loan, which includes: filing of application by a borrower; lender's analysis of borrower and property; processing of loan documentation; closing **(paying)** the loan; and servicing **(collection and record lumping)**.

Financing Statement—This is the instrument which is filed in order to give public notice of the security interest and thereby protect the interest of the secured parties in the collateral.

First Mortgage—A legal document pledging collateral for a loan (see "Mortgage") that has first priority over all other claims against the property except taxes and bonded indebtedness. That mortgage is superior to any other.

First Trust Deed—A legal document pledging collateral for a loan (see Trust Deed) that has first priority over all other claims against the property except taxes and bonded indebtedness. That trust deed superior to any other.

Fiscal Controls—Federal tax revenue and expenditure policies used to control the level of economic activity.

Fiscal Year—A business or accounting year as distinguished from a calendar year.

Fixity of Location—The physical characteristics of real estate that subjects it to the influence of its surroundings.

Fixtures—Appurtenances attached to the land or improvements, which usually cannot be removed without agreement as they become real property; example: plumbing fixtures, store fixtures built into the property, etc.

Foreclosure—Procedure whereby property pledged as security for a debt is sold to pay the debt in event of default in payments or terms.

Forfeiture—Loss of money or anything of value, due to failure to perform.

Franchise—A specified privilege awarded by a government or business firm which awards an exclusive dealership.

Fraud—The intentional and successful employment of any cunning, deception, collusion, or artifice, used to circumvent, cheat, or deceive a person, whereby that person acts upon it to the loss of his property and to his legal injury.

Freehold Estate—An estate of indeterminable duration, e.g., fee simple or life estate.

Frontage—Land bordering a street.

Front Foot—Property measurement for sale or valuation purposes, the property measures by the front foot on its street line, each front foot extending the depth of the lot.

Front Money—The minimum amount of money necessary to initiate a real estate venture, to get the transaction underway.

Functional Obsolescence—A loss of value due to adverse factors from within the structure which affect the utility of the structure.

Future Benefits—The anticipated benefits the present owner will receive from his property in the future.

General Lien—A lien on all the property of a debtor.

Gift Deed—A deed for which the consideration is love and affection and where there is no material consideration.

Goodwill—An intangible but saleable asset of a business derived from the expectations of continued public patronage.

Government National Mortgage Association—An agency of HUD, which functions in the secondary mortgage market, primarily in special housing programs. Commonly called by the acronymic nickname "Ginnie Mae" **(GNMA)**.

Government Survey—A method of specifying the location of parcels of land using prime meridians, base lines, standard parallels, guide meridians, townships, and sections.

Grade—Ground level at the foundation.

Graduated Lease—Lease which provides for a varying rental rate. Often based upon future determination; sometimes rent is based upon result of periodical appraisals; used largely in long-term leases.

Graduated Payment Mortgage—Provides for partially deferred payments of principal at start of loan. (There are a variety of plans.) Usually after the first five years of the loan term, the principal and interest payments are substantially higher, to make up principal portion of payments lost at the beginning of the loan. (See **Variable Interest Rate.**)

Grant—A technical term made use of in deeds of conveyance of lands to impart a transfer.

Grantee—The purchaser; a person to whom a grant is made.

Grantor—Seller or property; one which signs a deed.

Gratuitous Agent—A person not paid by the principal for services on behalf of the principal, who cannot be forced to act as an agent, but who becomes bound to act in good faith and obey a principal's instructions once he or she undertakes to act as an agent.

GRI—Graduate, Realtors Institute.

Grid—A chart used in rating the borrower risk, property, and the neighborhood.

Gross Income—Total income from property before any expenses are deducted.

Gross National Product—**(GNP)** The total value of all goods and services produced in an economy during a given period of time.

Gross Rent Multiplier—A figure which, times the gross income of a property, produces an estimate of value of the property.

Ground Lease—An agreement for the use of the land only, sometimes secured by improvements placed on the land by the user.

Ground Rent—Earnings of improved property credited to earnings of the ground after allowance is made for earnings of improvements; often termed economic rent.

Highest and Best Use—An appraisal phrase meaning that use which at the time of an appraisal is most likely to produce the greatest net return to the land and/or buildings over a given period of time; that use which will produce the greatest amount of amenities or profit.

Holder in Due Course—One who has taken a note, check, or bill of exchange in due course: **(1)** Before it was overdue; **(2)** In good faith and for value; **(3)** Without knowledge that it has been previously dishonored and without notice of any defect at the time it was negotiated to him.

Holdover Tenant—Tenant who remains in possession of leased property after the expiration of the lease term.

Homestead—A home upon which the owner or owners have recorded a Declaration of Homestead, as provided by California statutes; protects home against judgements up to specified amounts.

Housing Financial Discrimination Act of 1977—California Health and Safety Code Section 35800, et seq., designed primarily to eliminate discrimination in lending practices based upon the character of the neighborhood in which real property is located (see **Redlining**) .

Hundred Percent Location—A city retail business location which is considered the best available for attracting business.

Hypothecate—To give a thing as security without the necessity of giving up possession of it.

Impounds—A trust-type account established by lenders for the accumulation of funds to meet taxes and/or future insurance policy premiums required to protect their security. Impounds are usually collected with the payment.

Income Approach—One of the three methods in the appraisal process; an analysis in which the estimated gross income from the subject residence is used as a basis for estimating value along with gross rent multipliers derived.

Incompetent—One who is mentally incompetent, incapable; any person who, though not insane, is by reason of old age, disease, weakness of mind, or any other cause, unable unassisted, to properly manage and take care of himself or his property and by reason thereof would be likely to be deceived or imposed upon by artful or designing persons.

Incorporeal Rights—Nonpossessory rights in real estate, arising out of ownership, such as rents.

Increment—An increase. Most frequently used to refer to the increase of value of land that accompanies population growth and increasing wealth in the community. The term unearned increment is used in this connection since values are supposed to have increased without effort on the part of the owner.

Indenture—A formal written instrument made between two or more persons in different interests, such as a lease.

Independent Contractor—A person who acts for another but who sells final results and whose methods of achieving those results are not subject to the control of another.

Indorsement—The act of signing one's name on the back of a check or a note, with or without further qualification.

Injunction—A writ or order issued under the seal of a court to restrain one or more parties to suit or proceeding from doing an act which is deemed to be inequitable or unjust in regard to the rights of some other party or parties in the suit or proceeding.

Installment Note—A note which provides that payments of a certain sum or amount be paid on the dates specified in the instrument.

Installment Sales Contract—Commonly called contract of sale or "land contract." Purchase of real estate wherein the purchase price is paid in installments over a long period of time, title is retained by seller, and upon default by buyer **(vendee)** the payments may be forfeited.

Institutional Lenders—A financial intermediary or depository, such as a savings and loan association, commercial bank, or life insurance company, which pools money of its depositors and then invests funds in various ways, including trust deed and mortgage loans.

Instrument—A written legal document created to effect the rights of the parties.

Interest—A portion, share, or right in something. Partial, not complete ownership. The charge in dollars for the use of money for a period of time. In a sense, the "rent" for the use of money.

Interest Extra Loan—A loan in which a fixed amount of principal is repaid in installments along with interest accrued each period on the amount of the then outstanding principal only.

Interest Only Loan—A straight, non-amortizing loan in which the lender receives only interest during the term of the loan and principal is repaid in a lump sum at maturity.

Interest Rate—The percentage of a sum of money charged for its use.

Interim Loan—A short-term, temporary loan used until permanent financing is available, e.g., a construction loan.

Intermediation—The process of pooling and supplying funds for investment by financial institutions called intermediaries. The process is dependent on individual savers placing their funds with these institutions and foregoing opportunities to directly invest in the investments selected.

Interpleader—A court proceeding initiated by the stockholder of property who claims no proprietary interest in it for the purpose of deciding who among claimants is legally entitled to the property.

Intestate—A person who dies having made no will, or one which is defective in form, in which case his estate descends to his heirs at law or next of kin.

Involuntary Lien—A lien imposed against property without consent of an owner; example; taxes, special assessments, federal income tax liens, etc.

Irrevocable—Incapable of being recalled or revoked; unchangeable.

Irrigation Districts—Quasi-political districts created under special laws to provide for water services to property owners in the district; an operation governed to a great extent by law.

Joint Note—A note signed by two or more persons who have equal liability for payment.

Joint Tenancy—Joint ownership by two or more persons with right of survivorship; all joint tenants own equal interest and have equal rights in the property.

Joint Venture—Two or more individuals or firms joining together on a single project as partners.

Judgment—The final determination of a court of competent jurisdiction of a matter presented to it; money judgments provide for the payment of claims presented to the court or are awarded as damages, etc.

Judgment Lien—A legal claim on all of the property of a judgment debtor which enables the judgment creditor to have the property sold for payment of the amount of the judgment.

Junior Mortgage—A mortgage recorded subsequently to another mortgage on the same property or made subordinate by agreement to a later recorded mortgage.

Jurisdiction—The authority by which judicial officers take cognizance of and decide cases; the power to hear and determine a case; the right and power which a judicial officer has to enter upon the inquiry.

Kiosk—A small light structure with one or more open sides used as a newsstand, guard booth, or information booth in a shopping center.

Laches—Delay or negligence in asserting one's legal rights.

Land and Improvement Loan—A loan obtained by the builder-developer for the purchase of land and to cover expenses for subdividing.

Land Contract—A contract ordinarily used in connection with the sale of property in cases where the seller does not wish to convey title until all of a certain part of the purchase price is paid by the buyer; often used when property is sold on small down payment.

Landlord—One who rents his or her property to another. The lessor under a lease.

Late Charge—A charge assessed by a lender against a borrower failing to make loan installment payments when due.

Later Date Order—The commitment for an owner's title insurance policy issued by a title insurance company which covers the seller's title as of the date of the contract. When the sale closes, the purchaser orders the title company to record the deed to purchaser and bring down their examination to cover this later date so as to show purchaser as owner of the property.

Lateral Support—The support which the soil of an adjoining owner gives to his neighbor's land.

Lease—A contract between owner and tenant, setting forth conditions upon which tenant may occupy and use the property, and the term of the occupancy.

Legal Description—A description recognized by law; a description by which property can be definitely located by reference to government surveys or approved recorded maps.

Lessee—One who contracts to rent property under a lease contract.

Lessor—An owner who enters into a lease with a tenant.

Level-Payment Mortgage—A loan on real estate that is paid off by making a series of equal **(or nearly equal)** regular payments. Part of the payment is usually interest on the loan and part of it reduces the amount of the unpaid principal balance of the loan. Also sometimes called an "amortized mortgage" or "installment mortgage."

Leverage—The use of debt financing on an investment to maximize the return per dollar of equity invested.

Lien—A form of encumbrance which usually makes property security for the payment of a debt or discharge of an obligation. Example: Judgments, taxes, mortgages, deeds of trust, etc.

Life Estate—An estate or interest in real property, which is held for the duration of the person holding it or by the life of some other person.

Limitations, Statute of—The commonly used identifying term for various statutes which require that a legal action be commenced within a prescribed time after the acrual of the right to seek legal relief.

Limited Partnership—A partnership composed of some partners whose contribution and liability are limited.

Liquidated Damages—A sum agreed upon by the parties to be full damages if a certain incident occurs.

Liquidated Damages Clause—A clause in a contract by which the parties by agreement fix the damages in advance for a breach of the contract.

Liquidity—Holdings in or the ability to convert assets to cash or its equivalent. The ease with which a person is able to pay maturing obligations.

Lis Pendens—A notice filed or recorded for the purpose of warning all persons that the title or right to the possession of certain real property is in litigation, literally "suit pending," usually recorded so as to give constructive notice of pending litigation.

Listing—An employment contract between principal and agent authorizing the agent to perform services for the principal involving the latter's property; listing contracts are entered into for the purpose of securing persons to buy, lease, or rent property. Employment of an agent by a prospective purchaser or lessee to locate property for purchase or lease may be considered a listing.

Loan Application—The loan application is a source of information on which the lender bases his decision to make the loan; defines the terms of the loan contract; gives the name of the borrower place of employment, salary, bank accounts, and credit references; and describes the real estate that is to be mortgaged. It also stipulates the amount of loan being applied for, and repayment terms.

Loan Closing—When all conditions have been met, the loan officer authorizes the recording of the trust deed or mortgage. The disbursal procedure of funds is similar to the closing of a real estate sales escrow. The borrower can expect to receive less than the amount of the loan, as title, recording, service, and other fees may be withheld, or he can expect to deposit the cost of these items into the loan escrow. This process is sometimes called "funding" the loan.

Loan Commitment—Lender's contractual commitment to a loan based on the appraisal and underwriting.

Loan-Value Ratio—The percentage of a property's value that a lender can or may loan to a borrower. For example, if the ratio is 80%, this means that a lender may loan 80% of the property's appraised value to a borrower.

MAI—**(Member of the Appraisal Institute)** Designates a person who is a member of the American Institute of Real Estate Appraisers of the National Association of Realtors.

Margin of Security—The difference between the amount of the mortgage loan(s) and the appraised value of the property.

Marginal Land—Land which barely pays the cost of working or using.

Market Data Approach—One of the three methods in the appraisal process. A means of comparing similar types of residential properties, which have recently sold, to the subject property.

Market Price—The price paid regardless of pressures, motives, or intelligence.

Market Value—(1) The price at which a willing seller would sell and a willing buyer would buy, neither being under abnormal pressure; (2) as defined by the courts, is the highest price estimated in terms of money which a property will bring if exposed for sale in the open market allowing a reasonable time to find a purchaser with knowledge of property's use and capabilities for use.

Marketable Title—Merchantable title; title free and clear of objectionable items or encumbrances.

Material Fact—A fact is material if it is one which the agent should realize would be likely to affect the judgment of the principal in giving his consent to the agent to enter into the particular transaction on the specified terms.

Mechanic's Lien—A lien created by statute which exists against real property in favor of persons who have performed work or furnished materials for the improvement of the real property.

Megalopolis—A thickly populated region centering in a metropolis; very large city.

Meridians—Imaginary north-south lines which intersect base lines to form a starting point for the measurement of land.

Metes and Bounds—A term used in describing the boundary lines of land, setting forth all the boundary lines together with their terminal points and angles.

Minor—Single person under 18 who was never married or is not in U.S. armed forces.

Misplaced Improvements—Improvements on land which do not conform to the most profitable use of the site.

Misrepresentation—A false or misleading statement or assertion.

Mobile home—As defined in Business and Professions Code Section 10120.6(c), "mobile home" means a structure transportable in one or more sections, designed and equipped to contain not more than two dwelling units to be used with or without a foundation system.

Modular—A system for the construction of dwellings and other improvements to real property through the on-site assembly of component parts **(modules)** that have been mass produced away from the building site.

Monetary Controls—Federal Reserve tools for regulating the availability of money and credit to influence the level of economic activity, such as adjusting discount rates, reserve requirements, etc.

Monument—A fixed object and point established by surveyors to establish land locations.

Moratorium—The temporary suspension, usually by statute, of the enforcement of liability for debt.

Mortgage—An instrument recognized by law by which property is hypothecated to secure the payment of a debt or obligation; procedure for foreclosure in event of default is established by statute.

Mortgage Banker—A person whose principal business is the originating, financing, closing, selling, and servicing of loans secured by real property for institutional lenders on a contractual basis.

Mortgage Guaranty Insurance—Insurance against financial loss available to mortgage lenders from a private company.

Mortgage Loan Disclosure Statement—The statement on a form approved by the Real Estate Commissioner which is required by law to be furnished by a mortgage loan broker to the prospective borrower on loans of a statutorily prescribed amount before the borrower becomes obligated to complete the loan.

Mortgagee—One to whom a mortgagor gives a mortgage to secure a loan or performance of an obligation; a lender.

Mortgagor—One who gives a mortgage on his property to secure a loan or assure performance of an obligation; a borrower.

MPR—Minimum Property Requirements.

Multiple Listing—A listing, usually an exclusive right to sell, taken by a member of an organization composed of real estate brokers, with the provisions that all members will have the opportunity to find an intetested client; a co-operative listing.

Mutual Water Company—A water company organized by or for water users in a given district with the object of securing an ample water supply at a reasonable rate; stock is issued to users.

NAR—National Association of Realtors.

NAREB—National Association of Real Estate Brokers.

Narrative Appraisal—A summary of all factual materials, techniques, and appraisal methods used by the appraiser in setting forth his value conclusion.

Negotiable—Capable of being negotiated; assigned or transferable in the ordinary course of business.

Net Income—The money remaining after expenses are deducted from gross income; the profit.

Net Lease—A lease requiring a lessee to pay charges against the property such as taxes, insurance, and maintenance costs in addition to rental payments.

Net Listing—A listing which provides that the agent may retain as compensation for his services all sums received over and above a net price to the owner.

Nominal Interest Rates—The percentage of interest that is stated in loan documents.

Notary Public—An appointed officer with authority to take the acknowledgment of persons executing documents, sign the certificate, and affix official seal.

Note—A signed written instrument acknowledging a debt and promising payment.

Notice—**(1)** Actual **Notice**—express or implied knowledge of a fact. **(2)** Constructive **Notice**—a fact, imputed to a person by law, which should have been discovered because of the person's actual notice of circumstances and the inquiry that a prudent person would have been expected to make. **(3)** Legal **Notice**—information required to be given by law.

Notice of Nonresponsibility—A notice provided by law designed to relieve a property owner from responsibility for the cost of work done on the property or materials furnished therefore; notice must be verified, recorded, and posted.

Notice to Quit—A notice to a tenant to vacate rented property.

Novation—The substitution or exchange of a new obligation or contract for an old one by the mutual agreement of the parties.

Null and Void—Of no legal validity or effect.

Obsolescence—Loss in value due to reduced desirability and usefulness of a structure because its design and construction become obsolete; loss because of becoming old-fashioned and not in keeping with modern needs, with consequent loss of income. May be functional or economic.

Offset Statement—Statement by owner of property or owner of lien against property, setting forth the present status of liens against said property.

Open-End Mortgage—A mortgage containing a clause which permits the mortgagor to borrow additional money after the loan has been reduced, without rewriting the mortgage.

Open Listing—An authorization given by a property owner to a real estate agent wherein said agent is given the nonexclusive right to secure a purchaser; open listings may be given to any number of agents without liability to compensate any except the one who first secures a buyer ready, willing and able to meet the terms of the listing, or secures the acceptance by the seller of a satisfactory offer.

Option—A right given for a consideration to purchase or lease a property upon specified terms within a specified time.

Oral Contract—A verbal agreement; one which is not reduced to writing.

Orientation—Placing a house on its lot with regard to its exposure to the rays of the sun, prevailing winds, privacy from the street, and protection from outside noises.

Ostensible Authority—That authority which a third person reasonably believes an agent possesses because of the acts or omissions of the principal.

Overimprovement—An improvement which is not the highest and best use for the site on which it is placed by reason of excess in size or cost.

Ownership—The right of one or more persons to possess and use property to the exclusion of all others.

Package Mortgage—A type of mortgage used in home financing covering real property, improvements, and movable equipment/appliances.

Paramount Title—Title which is superior or foremost to all others.

Participation—Sharing of an interest in a property by a lender. In addition to base interest on mortgage loans on income properties, a percentage of gross income is required, sometimes predicted on certain conditions being fulfilled, such as a minimum occupancy or a percentage of net income after expenses, debt service, and taxes. Also called equity participation or revenue sharing.

Partition Action—Court proceedings by which co-owners seek to sever their joint ownership.

Partnership—A decision of the California Supreme Court has defined a partnership in the following terms: "A partnership as between partners themselves may be defined to be a contract of two or more persons to unite their property, labor or skill, or some of them in prosecution of some joint or lawful business, and to share the profits in certain proportions. A voluntary association of two or more persons to carry on a business or venture on terms of mutual participation in profits and losses."

Party Wall—A wall erected on the line between two adjoining properties, which are under different ownership, for the use of both properties.

Par Value—Market value, nominal value.

Patent—Conveyance of title to government land.

Percentage Lease—Lease on property, the rental for which is determined by amount of business done by the lessee, usually a percentage of gross receipts from the business with provision for a minimum rental.

Personal Property—Any property which is not real property.

Physical Deterioration—Impairment of condition. Loss in value brought about by wear and tear, disintegration, use and actions of the elements.

Plaintiff—In a court action, the one who sues; the complainant.

Planned Unit Development (PUD)—A land use design which provides intensive utilization of the land through a combination of private and common areas with prearranged sharing of responsibilities for the common areas. Individual lots are owned in fee with joint ownership of the open areas.

Planning Commission—An agency of local government charged with planning the development, redevelopment, or preservation of an area.

Pledge—The depositing of personal property by a debtor with a creditor as security for a debt or engagement.

Plottage—A term used in appraising to designate the increased value of two or more contiguous lots when they are joined under single ownership and available for use as a larger single lot. Also called assemblage.

Plottage Increment—The appreciation in unit value created by joining smaller ownerships into one large single ownership.

Points—Discount of points paid to lenders are, in effect, prepaid interest and are used by lenders to adjust their effective interest rate so that it is equal to or nearly equal to the prevailing market rate (the rate charged on conventional loans). One point is one percent of the loan amount. Under conventional loans, the charge for making a loan at most institutions is usually called a "loan fee," "service charge," "commitment fee," or may be referred to as "points to the buyer."

Police Power—The right of the State to enact laws and enforce them for the order, safety, health, morals, and general welfare of the public.

Power of Attorney—An instrument authorizing a person to act as the agent of the person granting it, and a general power authorizing the agent to act generally in behalf of the principal.

Power of Sale—The power of a mortgagee or trustee when the instrument so provides, to sell the secured property without judicial proceedings if a borrower defaults in payment of the promissory note or otherwise breaches the terms of the mortgage or deed of trust.

Prepayment—Provision can be made for the loan payments to be larger than those specified in the note. The controlling language is usually is a month or more. If the payments state a definite amount, then one must look to the prepayment privilege provided in the trust deed.

Prepayment Penalty—Penalty for the payment of a mortgage or trust deed note before it actually becomes due.

Prescription—The securing of an easement over property of another by occupying it adversely for a five-year consecutive period of time.

Present Value—The lump sum value today of an annuity. A $100 bill to be paid to someone in one year is worth less than if it were a $100 bill to be paid to someone today. This is due to several things, one of which is that the money has time value. How much the $100 bill to be paid in one year is worth today will depend on the interest rate that seems proper for the particular circumstances. For example, if 6% is the appropriate rate, the $100 to be paid one year from now would be worth $94.34 today.

Presumption—A rule of law that courts and judges shall draw a particular inference from a particular fact, or from particular evidence, unless and until the truth of such inference is disproved.

Prima Facie—Presumption or its face value.

Principal—The employer of an agent.

Privity—Mutual relationship to the same rights of property, contractual relationship.

Procuring Cause—That cause originating from series of events that, without break in continuity, results in the prime object of an agent's employment producing a final buyer.

Progress Payments—Scheduled, periodic, and partial payment of construction loan funds to a builder as each construction stage is completed.

Progression, Principle of—The worth of a lesser valued residence tends to be enhanced by association with many higher valued residences in the same area.

Promissory Note—Following a loan commitment from the lender, the borrower signs a note, promising to repay the loan under stipulated terms. The promissory note establishes personal liability for its repayment.

Property—Everything capable of being owned and acquired lawfully. The rights of ownership. The right to use, possess, enjoy, and dispose of a thing in every legal way and to exclude everyone else from interfering with these rights. Property is classified into two groups: personal property and real property.

Property Management—A branch of the real estate business involving the marketing, operation, maintenance, and day-to-day financing of rental properties.

Pro Rata—In proportion; according to a certain percentage or proportion of a whole.

Proration of Taxes—To divide or prorate the taxes equally or proportionately to time of use.

Proximate Cause—That cause of an event which, in a natural and continuous sequence unbroken by any new cause, produced that event, and without which the event would not have happened. Also, the procuring cause.

Purchase and Installment Saleback—Involves purchase of the property upon completion of construction and immediate saleback on a long-term installment contract.

Purchase and Leaseback—Involves the purchase of property subject to an existing mortgage and immediate leaseback.

Purchase Money Mortgage or Trust Deed—A trust deed or mortgage given as part or all of the purchase consideration for property.

Purchase of Land, Leaseback, and Leasehold Mortgage—An arrangement whereby land is purchased by the lender and leased back to the developer with a mortgage negotiated on the resulting leasehold of the income property constructed. The lender receives an annual ground rent, plus a percentage of income from the property

Quantity Survey—A highly technical process in arriving at cost estimate of new construction. It is usually used by contractors and experienced estimators.

Quiet Enjoyment—Right of an owner to the use of property without interference of possession.

Quiet Title—A court action brought to establish title; to remove a cloud on the title.

Quitclaim Deed—A deed to relinquish any interest in property which the grantor may have.

Range—A strip of land six miles wide determined by a government survey, running in a north-south direction

Range Lines—A series of government survey lines running north and south at six-mile intervals starting with the principal meridian and forming the east and west boundaries of townships.

Ratification—The adoption or approval of an act performed on behalf of a person without previous authorization.

Ready, Willing, and Able Buyer—One who is fully prepared to enter into the contract, really wants to buy, and unquestionably meets the financing requirements of purchase.

Real Estate Board—An organization whose members consist primarily of real estate brokers and salespersons.

Real Estate Settlement Procedures Act (RESPA)—A federal law requiring the disclosure to borrowers of settlement **(closing)** procedures and costs by means of a pamphlet and forms prescribed by the United States Department of Housing and Urban Development.

Real Estate Syndicate—An organization of investors usually in the form of a limited partnership who have joined together for the purpose of pooling capital for the acquisition of real property interests.

Real Estate Trust—A special arrangement under Federal and State law whereby investors may pool funds for investments in real estate and mortgages and yet escape corporation taxes.

Real Property—In the strict legal sense, land, appurtenances, that which is affixed to the land, and that which by law is immovable. It usually refers to the bundle of rights inherent in ownership.

Real Property Sales Contract—An agreement to convey title to real property upon satisfaction of specified conditions which does not require conveyance within one year of formation of the contract.

Realtist—A real estate broker holding active membership in a real estate board affiliated with the National Association of Real Estate Brokers.

Realtor—A real estate broker holding active membership in a real estate board affiliated with the National Association of Realtors.

Recapture—The rate of interest necessary to provide for the return of an investment. Not to be confused with interest rate, which is a rate of interest on an investment.

Reconveyance—The transfer of the title of land from one person to the immediate preceding owner. This particular instrument or transfer is commonly used in California when the performance or debt is satisfied under the terms of a deed of trust, when the trustee conveys the title he has held on condition, back to the owner.

Recording—The process of placing a document on file with a designated public official for public notice.

Redeem—To buy back, repurchase, recover.

Redemption—Buying back one's property after a judicial sale.

Redlining—A lending policy, illegal in California, of denying real estate loans on properties in older, changing urban areas, usually with large minority populations, because of alleged higher lending risks without due consideration being given by the lending institution to the creditworthiness of the individual loan applicant.

Refinancing—The paying-off of an existing obligation and assuming a new obligation in its place. To finance anew or extend or renew existing financing.

Reformation—An action to correct a mistake in a deed or other document.

Regional Shopping Center—A large shopping center with 250,000 to 1,000,000 square feet of store area, serving 200,000 or more people.

Rehabilitation—The restoration of a property to satisfactory condition without drastically changing the plan, form, or style of architecture.

Release Clause—This is a stipulation that upon the payment of a specific sum of money to the holder of a trust deed or mortgage, the lien of the instrument as to a specific described lot or area shall be removed from the blanket lien on the whole area involved.

Remainder—An estate which takes effect after the termination of the prior estate, such as a life estate.

Replacement Cost—The cost to replace the structure with one having utility equivalent to that being appraised, but constructed with modern materials, and according to current standards, design, and layout.

Rescission of Contract—The abrogation or annulling of contract; the revocation or repealing of contract by mutual consent by parties to the contract, or for cause by either party to the contract.

Reservation—A right retained by a grantor in conveying property.

RESPA—Real Estate Settlement Procedures Act.

Restriction—The term as used relating to real property means the owner of real property is restricted or prohibited from doing certain things relating to the property, or using the property for certain purposes.

Reversion—The right to future possession or enjoyment by the person, or his heirs, creating the preceding estate.

Reversionary Interest—The interest which a person has in lands or other property upon the termination of the preceding estate.

Right of Survivorship—Right to acquire the interest of a deceased joint owner; distinguishing feature of a joint tenancy.

Right of Way—A privilege operating as an easement upon land, whereby the owner does by grant, or by agreement, give to another the right to pass over his land, to construct a roadway, or use as a roadway, as specific part of his land, or the right to construct through and over his land, telephone, telegraph, or electric power lines, or the right to place underground water mains, gas mains, or sewer mains.

Riparian Rights—The right of a landowner to water on, under, or adjacent to his land.

Risk Analysis—A study made, usually by a lender, of the various factors that might affect the repayment of a loan.

Risk Rating—A process used by the lender to decide on the soundness of making a loan and to reduce all the various factors affecting the repayment of the loan to a qualified rating of some kind.

Sale-Leaseback—A situation where the owner of a piece of property wishes to sell the property and retain occupancy by leasing it from the buyer.

Sales Contract—A contract by which buyer and seller agree to terms of a sale.

Salvage Value—In computing depreciation for tax purposes, the reasonably anticipated fair market value of the property at the end of its useful life and must be considered with all but the declining balance methods of depreciation.

Sandwich Lease—A leasehold interest which lies between the primary lease and the operating lease. Position of lessee who has subleased his or her interest.

Satisfaction—Discharge of mortgage or trust deed lien from the records upon payment of the evidenced debt.

Seal—An impression made to attest the execution of an instrument.

Secondary Financing—A loan secured by a mortgage or trust deed on real property that does not have first priority.

Section—Section of land is established by government survey, contains 640 acres and is one mile square.

Secured Party—This is the party having the security interest. Thus the mortgagee, the conditional seller, the pledgee, etc., are all now referred to as the secured party.

Security Agreement—An agreement between the secured party and the debtor which create the security interest.

Security Interest—A term designating the interest of the creditor in the property of the debtor in all types of credit transactions. It thus replaces such terms as the following: chattel mortgage, pledge, trust receipt, chattel trust, equipment trust, conditional sale, inventory lien, etc.

Seisin (seizin)—Possession of real estate by one entitled thereto.

Seller's Market—The market condition which exists when a seller is in a more commanding position as to price and terms because demand exceeds supply.

Separate Property—Property owned by a husband or wife which is not community property; property acquired by either spouse prior to marriage or by gift or devise after marriage.

Servicing Loan—Supervising and administering a loan after it has been made. This involves such things as: collecting the payments, keeping accounting records, computing the interest and principal, foreclosure of defaulted loans, and so on.

Set-Back Ordinance—An ordinance prohibiting the erection of a building or structure between the curb and the set-back line.

Severalty Ownership—Owned by one person only. Sole ownership.

Sheriff's Deed—Deed given by court order in connection with sale of property to satisfy a judgment.

Simple Interest—Interest computed on the principal amount of a loan only as distinguished from compound interest.

Sinking Fund—Fund set aside from the income from property which, with accrued interest, will eventually pay for replacement of the improvements.

SIOR—Society of Industrial and Office Realtors.

SIR—Society of Industrial Realtors. Now known as Society of Industrial and Office Realtors.

Special Assessment—Legal charge against real estate by a public authority to pay cost of public improvements such as: street lights, sidewalks, street improvements, etc.

Specific Performance—An action to compel performance of an agreement, e.g., sale of land.

S.R.A.—Designates a person who is a member of the Society of Real Estate Appraisers.

Standard Depth—Generally the most typical lot depth in the neighborhood.

Standby Commitment—The mortgage banker frequently protects a builder by a "standby" agreement, under which he agrees to make mortgage loans at an agreed price for many months in the future. The builder deposits a "standby fee" with the mortgage banker for this service. Frequently, the mortgage banker protects himself by securing a "standby" from a long-term investor for the same period of time, paying a fee for this privilege.

Statute of Frauds—State law which provides that certain contracts must be in writing in order to be enforceable at law. Examples: real property lease for more than one year; agent's authorization to sell real estate.

Straight Line Depreciation—Definite sum set aside annually from income to pay cost of replacing improvements, without reference to interest it earns.

Straight Note—A note in which a borrower repays the principal in a lump sum at maturity while interest is paid in installment or at maturity.

Subagent—A person upon whom the powers of an agent have been conferred, not by the principal, but by an agent as authorized by the agent's principal.

"Subject To" Mortgage—When a grantee takes title to real property "subject to" a mortgage, he is not responsible to the holder of the promissory note for the payment of any portion of the amount due. The most that he can lose in the event of a foreclosure is his equity in the property. See also "assumption of mortgage." In neither case is the original maker of the note released from his responsibility.

Sublease—A lease given by a lessee.

Subordinate—To make subject to, or junior to.

Subordination Clause—Clause in a junior or a second lien permitting retention of priority for prior liens. A subordination clause may also be used in a first deed of trust permitting it to be subordinated to subsequent liens, as for example, the liens of construction loans.

Subpoena—A process to cause a witness to appear and give testimony.

Substitution, Principle of—Affirms that the maximum value of a property tends to be set by the cost of acquiring an equally desirable and valuable substitute property, assuming no costly delay is encountered in making the substitution.

Supply and Demand, Principle of—Affirms that price or value varies directly, but not necessarily proportionally with demand, and inversely, but not necessarily proportionally with supply.

Surety—One who guarantees the performance of another; guarantor.

Surplus Productivity, Principle of—Affirms that the net income that remains after the proper costs of labor, organization, and capital have been paid, the surplus is imputable to the land and tends to fix the value thereof.

Survey—The process by which a parcel of land is measured and its area is ascertained.

Syndicate—A partnership organized for participation in a real estate venture. Partners may be limited or unlimited in their liability.

Take-Out Commitment—The agreement made by the lender who is going to make the take-out loan.

Take-Out Loan—The loan arranged by the owner or builder developer for a buyer. The construction loan made for construction of the improvements is usually paid from the proceeds of this loan.

Tax Free Exchange—The trade or exchange of one real property for another without the need to pay income taxes on the gain at the time of trade.

Tax Sale—Sale of property after a period of nonpayment of taxes.

Tenancy in Common—Ownership by two or more persons who hold undivided interest, without right of survivorship; interests need not to be equal.

Tenant—The party who has legal possession and use of real property belonging to another.

Tenants by the Entireties—Under certain state laws, ownership of property acquired by a husband and wife during marriage, which property is jointly and equally owned. Upon death of one spouse, it becomes the property of the survivor.

Tentative Map—The Subdivision Map Act requires subdividers to submit initially a tentative map of their first tract to the local planning commission for study.

Tenure in Land—The mode or manner by which an estate in lands is held.

Termites—Ant-like insects which feed on wood.

Testator—One who leaves a will in force at his death.

Tidelands—Lands that are covered and uncovered by the ebb and flow of the tide.

Time Is of the Essence—One of the essential requirements to the forming of a binding contract; contemplates a punctual performance.

Time-Share Estate—A right of occupancy in a time-share project **(subdivision)** which is coupled with an estate in the real property.

Time-Share Use—A license or contractual or membership right of occupancy in a time-share project which is not coupled with an estate in the real property.

Time-Sharing Project—A form of subdivision of real property into rights to the recurrent exclusive use or occupancy of a lot, parcel, unit, or segment of real property, on an annual or some other periodic basis, for a specified period of time.

Title—Evidence that owner of land is in lawful possession thereof, an instrument evidencing such ownership.

Title Insurance—Insurance written by a title company to protect property owner against loss if title is imperfect.

Topography—Nature of the surface of land; topography may be level, rolling, mountainous.

Tort—A wrongful act; injury; violation of a legal right.

Township—A territorial subdivision six miles long, six miles wide, and containing 36 sections, each one a mile square.

Trade Fixture—Articles of personal property annexed to real property, but which are necessary to the carrying on of a trade and are removable by the owner.

Trade-In—An increasingly popular method of guaranteeing an owner a minimum amount of cash on sale of his present property to permit him to purchase another. If the property is not sold within a specific time at the listed price, the broker agrees to arrange financing to purchase the property at an agreed upon discount.

Trust Account—An account separate and apart and physically segregated from broker's own funds, in which broker is required by law to deposit all funds collected for clients.

Trust Deed—Deed given by borrower to trustee to be held pending fulfillment of an obligation, which is ordinarily repayment of a loan to a beneficiary.

Trustee—One who holds property in trust for another to secure the performance of an obligation.

Trustor—One who deeds his property to a trustee to be held as security until he has performed his obligation to a lender under the terms of a deed of trust.

Truth in Lending—The name given to the federal statutes and regulations **(Regulation Z)** which are designed primarily to insure that the prospective borrowers and purchasers on credit receive credit cost information before entering into a transaction.

Turnkey Project—A new residential subdivision that has just been completed and is ready for occupancy

Underimprovement—An improvement which, because of its deficiency in size or cost, is not the highest and best use of the site.

Underwriting—The technical analysis by a lender to determine the borrower's ability to repay a contemplated loan.

Undue Influence—Taking any fraudulent or unfair advantage of another's weakness of mind, or distress or necessity.

Unearned Increment—An increase in value of real estate due to no effort on the part of the owner; often due to increase in population.

Uniform Commercial Code—Effective January 1, 1965. Establishes a unified and comprehensive scheme for regulation of security transactions in personal property, superseding the existing statutes on chattel mortgages, conditional sales, trust receipts, assignment of accounts receivable, and others in this field.

Unit-in-Place Method—The cost of erecting a building by estimating the cost of each component part, i.e., foundations, floors, walls, windows, ceiling, roofs, etc. **(including labor and overhead)**.

Unruh Civil Rights Act—Prohibits discrimination by businesses who provide housing, food, or other services based on race, sex, color, religion, ancestry, or rational origin.

Urban Property—City property; closely settled property.

Usury—On a loan, claiming a rate of interest greater than that permitted by law.

Utilities—Refers to services rendered by public utility companies, such as: water, gas, electricity, telephone.

Utility—The ability to give satisfaction and/or excite desire for possession.

Vacancy Factor—The percentage of a building's space that is unrented over a given period.

Valid—Having force, or binding force; legally sufficient and authorized by law.

Valuation—Estimated worth or price. Estimation. The act of valuing by appraisal.

Value—Present worth of future benefits arising out of ownership to typical users/investors.

Variable Interest Rate (VIRs or VMRs, Variable Mortgage Rates)—An interest rate in a real estate loan which by the terms of the note varies upward and downward over the term of the loan depending on money market conditions.

Vendee—A purchaser; buyer.

Vendor—A seller; one who disposes of a thing in consideration of money.

Verification—Sworn statement before a duly qualified officer to correctness of contents of an instrument.

Vested—Bestowed upon someone; secured by someone, such as title to property.

Void—To have no force or effect; that which is unenforceable.

Voidable—That which is capable of being adjudged void, but is not void unless action is taken to make it so.

Voluntary Lien—A lien placed on property with consent of, or as a result of, the voluntary act of the owner.

Waive—To relinquish, or abandon; to forego a right to enforce or require anything.

Warranty Deed—A deed used to convey real property which contains warranties of title and quiet possession, and the grantor thus agrees to defend the premises against the lawful claims of third persons. It is commonly used in other states but not in California where the grant deed has supplanted it. The modern practice of securing title insurance policies has reduced the importance of express and implied warranties in deeds.

Waste—The destruction, or material alteration of, or injury to premises by a tenant for life or years.

Water Table—Distance from surface of ground to a depth at which natural groundwater is found.

Will—A written, legal description of a person expressing his or her desires for the disposition of that personas property after his or her death.

Wrap Around Mortgage—Involves the borrower entering into a second mortgage. This arrangement represents the means by which he can add to his development without refinancing the first mortgage at substantially higher current rates.

Yield—The interest earned by an investor on his investment **(or bank on the money it has lent)**. Also, called return.

Zone—The area set off by the proper authorities for specific use; subject to certain restrictions or restraints.

Zoning—Act of city or county authorities specifying type of use to which property may be put in specific areas.

Abolición de una molestia o acto perjudicial—La extinción o terminación de un perjuicio.

Accesión; acrecencia—Una adición a una propiedad por medio de esfuerzo humano o fuerza naturales.

Acción de partición—Procedimiento judicial por medio del cual los copropietarios buscan separar su pertenencia conjunta.

Acciones comunes u ordinarias—La clase de acciones corporativas que usualmente no tienen preferencia con relación al recibo de dividendos o la distribución de bienes cuando se liquida la corporación.

Aceptación—Cuando el propietario, o el agente del principal, están de acuerdo con el contrato de venta y aprueban la negociación de parte del agente, reconociendo el recibo del depósito al firmar el acuerdo de venta, a ese acto se le conoce como aceptación.

Acre comercial—Un término aplicado a la parte restante de un acre de terreno recientemente urbanizado después de descontar el área dedicada a calles, andenes, banquetas, etc.

Acrecentamiento; aumento—Una adición al terreno por causas naturales, como por ejemplo la acción gradual del océano o las aguas de un río.

Acreedor hipotecario— Alguien a quien un deudor hipotecario da una hipoteca para garantizar un préstamo o la ejecución de una obligación; un prestamista.

Acre—Una medida de terreno igual a 160 varillas cuadradas, o 4,840 yardas cuadradas, o 43,560 pies cuadrados o un lote de aproximadamente 208.71 pies al cuadrado.

Acta Unruh de Derechos Civiles—Una ley que prohíbe la discriminación basada en la raza, sexo, color, religión, ascendencia u origen nacional por negocios que proveen vivienda, alimentos u otros servicios.

Acuerdo de asunción—Hacerse cargo o adoptar una deuda u obligación que recae principalmente sobre otra persona.

Acuerdo de relación entre corredor y persona vendedora—Un acuerdo escrito requerido por las regulaciones del Comisionado de Bienes Raíces que establece los aspectos materiales de la relación entre el corredor de bienes raíces y cada persona vendedora y el corredor asociado que ejecutan actividades licenciadas en nombre del corredor supervisor.

Acuerdo de venta—Un acuerdo o contrato escrito entre vendedor y comprador en el cual ellos alcanzan un concierto de voluntades (se ponen de acuerdo) sobre los términos y condiciones de la venta.

Aditamento; accesorio—Alguna cosa adjunta a otra cosa que puede ser transferida incidentalmente a ésta. Aquello que pertenece a otra cosa, tal como un establo, vivienda, garaje o huerto es incidental a lo que está fijado.

Adjudicado; conferido—Consignado a alguien; garantizado por alguien, tal como el título de propiedad.

Administración de propiedad—Una rama del negocio de bienes raíces que envuelve el mercadeo, operación, mantenimiento y financiación día a día de propiedades para arrendamiento.

Administración de vivienda para agricultores—Una agencia federal del Departamento de Agricultura. Tiene la responsabilidad principal de proveer asistencia financiera para agricultores y otras personas que viven en áreas rurales donde el financiamiento por fuentes privadas no está disponible en términos razonables.

Administración Federal de Vivienda—Una agencia del gobierno federal que asegura préstamos hipotecarios.

Administrador—Una persona de sexo masculino nombrada por el tribunal de sucesiones para administrar las propiedades de una persona fallecida.

Adquisición—el acto o proceso por medio del cual una persona obtiene una propiedad.

Afirmación; deposición—Una declaración por una persona que se niega a tomar un juramento.

AFLB—Corredor Acreditado de Fincas y Terrenos.

Agencia doble—Una relación de agencia en la cual el agente actúa concurrentemente para las dos partes principales en una transacción.

Agencia—La relación entre principal y agente y el cual resulta de un contrato, sea expreso o implícito, escrito u oral, en que es empleado por el principal para ejecutar ciertos actos al negociar con una tercera parte.

Agente a título gratuito—Una persona no pagada por el principal por servicios rendidos en su nombre, a quien no se puede obligar a actuar como agente, pero quien se ve responsabilizado para actuar en buena fe y obedecer las instrucciones del principal una vez que empiece a actuar como un agente.

Agente—Alguien que representa a otro de quien él o ella ha derivado autoridad.

Agravio—Un acto contrario a la ley; un perjuicio; una violación de un derecho legal.

Alquiler del terreno—Renta pagada por terreno baldío. Si la propiedad tiene mejoras, el alquiler del terreno es aquella porción atribuible al predio solamente.

Amenidades; comodidades—La satisfacción de una vida placentera que se deriva de un hogar; condiciones de vida agradables o una influencia benéfica derivadas de la localidad o las mejoras.

AMO; Organización de Administración Acreditada.

Amortización—La liquidación de una obligación financiera sobre una base de cuotas o plazos; también es la recuperación del costo o valor durante un periodo de tiempo.

Análisis de riesgo—Un estudio hecho generalmente por un prestamista de los distintos factores que podrían afectar el reembolso de un préstamo.

Anticipo—La transferencia de fondos de un prestamista a un prestatario como un adelanto de un préstamo.

Anualidad; renta o pensión anual—Una serie de pagos seguros iguales o casi iguales a ser hechos durante un periodo de tiempo o puede ser el pago de una suma global a ser hecho en el futuro. Los pagos por cuotas debidos al propietario bajo un contrato de arrendamiento son una anualidad. Igualmente lo son los pagos a plazos que se deben a un prestamista.

Anulable—Aquello que es capaz de ser juzgado nulo pero que no es inválido hasta que se inicie acción para hacerlo así.

Año fiscal—Un año comercial o contable a ser distinguido de un año calendario.

Apariencia de título—Aquello que parece ser un título bueno pero que, de hecho, no es un título.

Apartamento cooperativo—Una forma de pertenencia de apartamentos. La pertenencia de acciones en una empresa cooperativa la cual intitula al propietario a usar, arrendar o vender una unidad de vivienda específica. La corporación usualmente se reserva el derecho de aprobar ciertas acciones, tales como una venta o mejoramiento.

Apelante—Una parte que apela una sentencia o reglamento judicial.

Aplicación o solicitud de préstamo—La solicitud de préstamo es la fuente de información sobre la cual el prestamista basa su decisión para conceder un préstamo y define los términos de la obligación, provee el nombre del prestatario, lugar de empleo, salario, cuentas bancarias, referencias de crédito y una descripción de la propiedad que será hipotecada. También estipula la cantidad del préstamo y los términos para el reembolso.

Apoderado—Alguien que es autorizado para ejecutar ciertos actos bajo un poder de abogado; el poder de abogado puede ser limitado a un acto o actos específicos o puede ser general.

APR— Ver Annual Percentage Rate.

Apropiación de agua—La toma, represamiento o desviación de su curso natural de agua de dominio público y su aplicación a algún uso benéfico personal y exclusivo del apropiador.

Árboles caducifolios—Los árboles que dejan caer las hojas en el otoño e invierno.

Area de un solar—Un término usado en avalúos para designar el valor aumentado de dos o más lotes contiguos que son unidos bajo una sola pertenencia y disponible para ser usado como un solo lote más grande. También se le llama empalme.

Arrendador—Un propietario que entra en contrato de arrendamiento con un arrendatario.

Arrendador—Uno que alquila su propiedad a otro. El arrendador en un contrato de arrendamiento.

Arrendamiento intercalado—Un interés de arrendamiento entre el contrato original y el arrendamiento operacional. La posición de un arrendatario que ha subarrendado su interés.

Arrendatario diferido—Un arrendatario quien permanece en posesión de la propiedad arrendada después de vencerse el contrato respectivo.

Arrendatario; inquilino—Alguien que toma propiedad bajo un contrato de arrendamiento; la parte que tiene la posesión legal y uso de la propiedad que pertenece a otro.

ASA—Sociedad Americana de Valuadores.

Asignación de rentas—Una provisión en una escritura fiduciaria (o una hipoteca) por medio de la cual el beneficiario (prestamista) al haber incumplimiento del deudor hipotecario puede tomar posesión de la propiedad, cobrar los ingresos de ésta y aplicarlos al saldo del préstamo y los costos incurridos.

Asignación; transferencia; cesión—La transferencia o cesión a otro del total de una propiedad o bien personal, en posesión o acción, o de cualquier bien o derecho de ésta.

Asociación Federal de Ahorros y Préstamos—Una asociación estatuida por el FHLBB en contraste con una asociación de ahorros y préstamos con estatutos estatales.

Asociación Federal Nacional de Hipotecas—"Fannie Mae" es una agencia cuasi-pública convertida en una corporación privada cuya función principal es comprar y vender hipotecas de FHA y VA en el mercado secundario.

Asociación Gubernamental Nacional de Hipotecas—Una agencia del Departamento de Vivienda y Desarrollo Urbano que interviene en el mercado hipotecario secundario, principalmente en programas de vivienda especiales. Se le conoce con el sobrenombre popular de "Ginnie Mae". (GNMA)

Asunción de hipoteca—La toma de título de propiedad por un cesionario, en la cual se asume la responsabilidad por el pago de un pagaré existente garantizado por una hipoteca o escritura fiduciaria contra el inmueble; volverse cofiador por el pago de una hipoteca o escritura fiduciaria.

Auto de ejecución en juicio hipotecario—Un fallo por un tribunal ordenando la venta de propiedad hipotecada y el pago de la deuda que se debe al prestamista con el dinero procedente de dicha venta.

Autoridad actual—Aquel poder que un agente tiene o él o ella creen tener debido a un acto descuidado, intencional o no intencional de un principal.

Autoridad ostensible o aparente—La autoridad que una tercera persona razonablemente cree que un agente posee debido a los actos u omisiones del principal.

Avalúo narrativo—Un sumario de todos los hechos materiales, técnicas y métodos de avalúo usados por el valuador al establecer su estimado de valor.

Avalúo—Un estimado del valor de propiedad resultante de un análisis de hechos acerca de la propiedad. Una opinión de valor.

Aviso de no responsabilidad—Una notificación provista por la ley y designada para exonerar a un propietario de la responsabilidad por el pago de trabajo hecho o materiales suministrados a su predio sin su autorización. El aviso debe ser verificado, registrado y colocado en un lugar visible de la propiedad.

Aviso para desocupar—Un aviso a un arrendatario para dejar vacante la propiedad arrendada.

Aviso sobrentendido—Un aviso dado por los registros públicos.

Aviso—(1) Notificación efectiva—conocimiento expreso o implícito de un hecho. (2) Notificación sobrentendida—un hecho imputado a una persona por ley que debería haber sido descubierto debido al aviso efectivo de circunstancias y la averiguación que una persona prudente se espera que haya hecho. (3) Notificación legal—información o aviso que la ley exige que sea dado.

Avulsión—el desprendimiento repentino o remoción de tierra por acción de las aguas que fluyen por el terreno.

B.T.U. (Unidad Térmica Inglesa)—La cantidad de calor requerida para subir la temperatura de una libra de agua un grado Fahrenheit.

Banco Federal de Préstamos Para Casas—Un banco distrital del Sistema del Banco Federal de Préstamos para Casas que solo presta a las asociaciones de ahorros y préstamos afiliadas.

Banquero hipotecario—Una persona cuyo negocio principal es la tramitación, financiamiento, cierre, venta y servicio de préstamos garantizados por bienes raíces para los prestamistas institucionales sobre una base contractual.

Base (2) de costo ajustado—La base de costo después de la aplicación de ciertas adiciones por mejoras, etc., y deducciones por depreciación, etc.

Base (1) base de costo—La cantidad en dólares asignada a la propiedad al momento de adquisición bajo las provisiones del Código de Rentas Internas para el propósito de determinar la ganancia, pérdida y depreciación al calcular el impuesto de ingresos a ser pagado cuando se vende o intercambia el predio.

Beneficiario—(1) Alguien intitulado al beneficio de un fideicomiso. (2) Alguien quien recibe utilidades de una propiedad cuyo título está investido en un fiduciario. (3) el prestamista en la garantía de un pagaré y escritura fiduciaria.

Beneficios futuros—Los beneficios anticipados que el propietario actual recibirá de su propiedad en el futuro.

Bienes Dótales gananciales?—el derecho que una esposa tiene en los bienes de su esposo al morir éste.

Bienes muebles—Bienes o toda especie de propiedad movible o inmovible que no son bienes raíces.

Bienes o activos de capital—Bienes de una naturaleza permanente usados en la producción de ingresos, tales como terreno, edificios, maquinaria y equipos, etc.

Bienes o artículos de consumo—Estos son los artículos usados o comprados principalmente para propósitos personales, familiares o del hogar.

Bienes raíces o inmuebles—en el sentido legal estricto es el terreno, aditamentos, aquello que está fijado al terreno y lo que es inmovible por ley. Usualmente se refiere al "conjunto de derechos" inherentes en la pertenencia.

Bienes reales—Un interés relacionado con la propiedad, tal como un contrato de arrendamiento de bienes raíces.

Bienes; propiedades; caudal hereditario—Cuando el término se aplica a bienes raíces significa la cantidad de interés, participación, derecho y equidad en la riqueza o fortuna que puedan consistir en bienes raíces. Es el grado, cantidad, naturaleza y alcance del interés que una persona tiene en bienes raíces.

Bono sin respaldo específico—Bonos emitidos sin garantía; una obligación no asegurada por un gravamen específico sobre propiedad.

Bono; fianza—Una obligación bajo sello. Un bono de bienes raíces es una obligación escrita expendida sobre la garantía de una hipoteca o escritura fiduciaria.

Buen nombre o reputación—Un activo intangible pero valioso de un negocio, derivado de la expectativa de un patrocinio continuado del público.

Buena fe—Una expresión latina que significa de buena fe, sin fraude.

C.A.R.—Asociación de Corredores de California.

C.C.I.M.— Miembro Certificado de Inversión Comercial.

Cadena de agrimensor—Una unidad de medida usada por los topógrafos. Una cadena tiene 100 eslabones y una longitud de 66 pies.

Cadena o resumen de título—Una historia de los traspasos y gravámenes que afectan el título desde el tiempo que la patente original fue otorgada o desde cuando se empezó el sistema de registro.

Cadena; fila o hilera—Una franja de terreno de seis millas de anchura determinada por un estudio topográfico del gobierno que va en dirección norte-sur.

Caída en desuso económica—Una pérdida en valor debido a factores ajenos a la propiedad sujeta al avalúo pero que afectan adversamente el valor de dicho predio.

Caída en desuso funcional—Una pérdida en valor debida a factores adversos dentro de la propia estructura y que afectan su utilidad.

Caída en desuso—Una pérdida en valor debido a la conveniencia y utilidad reducidas de una estructura porque su diseño y construcción se han vuelto obsoletos. Pérdida por estar anticuada y no estar de acuerdo con las necesidades modernas, con la consiguiente pérdida de ingreso. La caída en desuso puede ser funcional o económica.

Cálculo y medida de los materiales en las construcciones—Un proceso altamente técnico para llegar al estimado de costo de una construcción nueva. Es usualmente usado por contratistas y valuadores con experiencia.

Capitalización—En avalúo es la determinación del valor de propiedad al considerar el ingreso neto y el porcentaje de retribución razonable en la inversión.

Casa móvil—Tal como está definida en la sección 10120.6 (c), del Código de Negocios y Profesiones, una "casa móvil" significa un estructura transportable en una o más secciones, diseñada y equipada para contener no más de dos unidades de vivienda a ser usadas con o sin cimientos permanentes.

Casa que se puede ampliar—Una casa diseñada para ser ampliada en el futuro o hacerle adiciones.

Causa cercana—Aquella causa de un hecho que en una secuencia natural y continua, no interrumpida por ninguna nueva causa, produjo ese hecho y sin la cual dicho acontecimiento no hubiera sucedido. También es la causa inmediata y próxima.

Causa inmediata o próxima—Aquella causa que se origina en una serie de eventos que sin interrupción en continuidad resulta en el objetivo principal del empleo del agente de producir un comprador final.

Cedente—Alguien quien cede o traspasa propiedad.

Centro comercial regional—Un centro comercial grande que tiene entre 250,000 a 1,000,000 de pies cuadrados de área construida y que sirve a 200,000 o más personas.

Certificado de elegibilidad—Un certificado de elegibilidad para un préstamo Cal-Vet expedido por el Departamento de Asuntos Veteranos de California.

Certificado de valor razonable—el compromiso de avalúo del valor de propiedad por la Administración de Veteranos.

Cesión; derecho—Un término técnico usado en escrituras de traspaso de bienes raíces para impartir una transferencia.

Cesionario—el comprador; la persona a quien se hace una cesión.

Cesionarios—Aquellos a quienes la propiedad habrá sido transferida.

Cierre de préstamo—Cuando todas las condiciones para hacer un préstamo han sido cumplidas, el empleado de la compañía financiera autoriza el registro de la escritura fiduciaria o hipoteca. El procedimiento para el desembolso de los fondos es similar al cierre de una venta de bienes raíces en plica. El prestatario espera recibir menos dinero de la cantidad del préstamo debido a los honorarios de título, registro, servicio, etc. que pueden ser retenidos o puede él mismo depositar el costo de estas diligencias en la plica del préstamo. Este proceso a veces es llamado "provisión de fondos" para el préstamo.

Citatorio—Un proceso que obliga a que un testigo comparezca a rendir testimonio.

Cláusula "debido al vender"—Una cláusula o provisión para el vencimiento anticipado de una deuda que concede al prestamista el derecho a exigir el pago total de la hipoteca al venderse la propiedad.

Cláusula de aceleración—Una cláusula en una escritura fiduciaria o en un contrato de hipoteca que da al prestamista el derecho a pedir que todas las sumas que se le deben sean inmediatamente declaradas vencidas y pagadas al ocurrir cierto acto.

Cláusula de ajuste proporcional—Una cláusula en un contrato que provee el ajuste ascendente o descendente en algunas partes para cubrir contingencias específicas.

Cláusula de daños liquidados—Una cláusula en un contrato por la cual las partes acuerdan de antemano la compensación en caso de incumplimiento del acuerdo.

Cláusula de descargo o liberación—Esta es una estipulación de que al pago de una suma de dinero específica, el poseedor de una escritura fiduciaria o hipoteca colectiva o general debe levantar el embargo preventivo sobre un lote determinado de toda el área que es la garantía de la obligación.

Cláusula de enajenación—Una cláusula en un contrato dando ciertos derechos al prestamista en el caso de una venta u otra transferencia de propiedad hipotecada.

Cláusula de revocación—Una cláusula en una hipoteca que da al hipotecante el derecho a rescatar su propiedad mediante el pago de su obligación al acreedor hipotecario.

Cláusula de subordinación—Una cláusula en un gravamen secundario que permite la retención de prioridad por los gravámenes anteriores. Una cláusula de subordinación también puede ser usada en una primera escritura fiduciaria permitiendo que sea subordinada a obligaciones subsiguientes, como por ejemplo, los gravámenes de préstamos para construcción.

Coacción—La compulsión ilegal ejercida sobre una persona por medio de la cual es obligada a ejecutar un acto contra su voluntad.

Cobro por pago tardío—*Un* cargo impuesto por un prestamista a un prestatario que falla en hacer los pagos de las cuotas cuando se vencen.

Código Comercial Uniforme—Entró *en* efecto el 10 de enero de 1965. Establece un sistema unificado y comprehensivo para la regulación de las transacciones de garantía *en* propiedad personal, reemplazando los estatutos existentes sobre hipotecas prendarias, ventas condicionales, recibos fiduciarios, asignación de cuentas por cobrar y otras en este campo.

Código de Construcción—Una regulación sistemática de la construcción de edificaciones dentro de una municipalidad establecida por ordenanza o por ley.

Código de Ética—Un conjunto de reglas y principios que expresan una norma de conducta aceptada para un grupo profesional y que gobiernan las relaciones entre los miembros y entre estos y la organización.

Colisión; confabulación—Un acuerdo entre dos o más personas para defraudar a otro de sus derechos por formulismos de la ley o para obtener un objeto prohibido por disposiciones legales.

Comisión de planeación—Un agencia del gobierno encargada con la urbanización, reurbanización o preservación de un área.

Comisión—La compensación de un agente por ejecutar los deberes de su agencia; en la práctica de bienes raíces es un porcentaje del precio de venta de la propiedad, un porcentaje de las rentas, etc.

Compactación; solidificación—Cuando se coloca tierra extra a un lote para rellenar los lugares bajos o elevar el nivel, generalmente es muy suelta o floja para sostener el peso de las edificaciones. Por consiguiente es necesario compactar el material agregado para que así pueda sostener el peso de los edificios sin peligro de que éstos se inclinen, hundan o se agrieten las paredes.

Compañía Mutualista de Agua—Una compañía de agua organizada por y para los usuarios en un distrito determinado con el objetivo de conseguir un suministro de agua suficiente a un precio razonable. Se expiden acciones a los usuarios.

Competente—Legalmente calificado.

Complejo urbano único—Una región densamente poblada cuyo centro es una metrópolis (una ciudad muy grande).

Compra y arrendamiento al vendedor—Involucra la compra de propiedad sujeta a una hipoteca existente y su arrendamiento inmediato a quien la vendió.

Compra y venta por cuotas—Involucra la compra de propiedad al completarse la construcción y la venta inmediata en un contrato por cuotas a largo plazo.

Comprador listo, deseoso y capaz—Aquél completamente preparado para entrar en el contrato, realmente desea comprar y, sin duda, puede cumplir con los requisitos financieros de la compra.

Comprador; adquiridor—Un comprador; adquiriente.

Compromiso anticipado—El compromiso previo de un inversionista institucional de proveer financiación a largo plazo al finalizar la construcción; también conocido como compromiso de préstamo permanente.

Compromiso condicional—Un compromiso de una cantidad de préstamo definida para algún comprador futuro no conocido con crédito satisfactorio establecido.

Compromiso de préstamo—el compromiso contractual de un prestamista para hacer un préstamo basándose en el avalúo y el seguro.

Compromiso de préstamo—el convenio hecho por el prestamista quien hará el préstamo permanente.

Compromiso de reserva—el banquero hipotecario frecuentemente protege al constructor por un acuerdo de reserva bajo el cual él conviene en conceder préstamos hipotecarios a un precio acordado por muchos meses en el futuro. El constructor paga al prestamista un "honorario de reserva" por este servicio. Con frecuencia el banquero hipotecario se protege a sí mismo obteniendo una reserva de un inversionista a largo plazo por el mismo período de tiempo pagando un honorario por este privilegio.

Compromiso—Una garantía o una promesa o un acuerdo firme.

Comunidad de bienes; bienes mancomunados—La propiedad acumulada por medio de los esfuerzos conjuntos de un esposo y una esposa que viven juntos.

Comunidad—Una parte de un área metropolitana que tiene un número de vecindarios con una tendencia hacia intereses y problemas comunes.

Condición precedente—Una limitación de un contrato o transferencia de propiedad proveyendo que, a menos y hasta que ocurra un hecho determinado, el efecto pleno de un contrato o transferencia no tendrá lugar.

Condición subsiguiente—Una condición fijada a una propiedad ya cedida o a un contrato por medio de la cual la propiedad es anulada o el contrato es extinguido por la falla o no ejecución de la condición.

Condición—Una limitación de una propiedad cedida la cual solo puede ser impuesta en traspasos. Son clasificadas como condiciones precedentes y condiciones subsiguientes.

Condominio—Un sistema de pertenencia de dominio individual de unidades en una estructura multifamiliar, combinada con la pertenencia conjunta de las áreas comunes de la edificación y el terreno.

Confirmación de venta—La aprobación judicial de una venta de propiedad por un ejecutor, administrador, tutor o defensor.

Conjunto de derechos—Intereses o derechos benéficos.

Consideración; compensación—Cualquier cosa de valor para inducir a uno a entrar en un contrato; puede ser dinero, servicios personales o, aún, amor y afecto.

Constante—El porcentaje que cuando se aplica directamente al valor nominal de una deuda produce una cantidad anual de dinero necesaria para pagar una tasa de interés neta especificada en el balance decreciente y liquidar la deuda en un periodo de tiempo especificado. Por ejemplo: un préstamo al 6% con una amortización de 20 años tiene una constante de aproximadamente 8.½%. Así, un préstamo de $10,000 amortizado en 20 años requiere un pago anual de aproximadamente $850.00.

Contiguo—En proximidad cercana.

Contorno; perfil—La configuración superficial del terreno.

Contratista independiente—Una persona que actúa para otra, pero que vende el producto final y cuyos métodos para hacer dicho producto no están sujetos al control de otro.

Contrato de arrendamiento con porcentaje—Un contrato de arrendamiento de propiedad cuya renta es determinada por la cantidad de negocios hechos por el arrendatario; usualmente es un porcentaje de las ventas totales del negocio con la provisión de una renta mínima.

Contrato de arrendamiento de terreno—Un acuerdo para el uso del terreno solamente, algunas veces garantizado por la colocación de mejoras en el predio por cl usuario.

Contrato de arrendamiento graduado—*Un* contrato que provee variaciones en *la tasa de* la renta. A menudo, se basa en una determinación futura; a veces la renta se basa en avalúos periódicos; se usa bastante en contratos de arrendamiento a largo plazo.

Contrato de arrendamiento neto—Un contrato de arrendamiento que requiere al arrendatario pagar los cobros contra la propiedad, tales como impuestos prediales, seguro y costos de mantenimiento en adición a los pagos de la renta.

Contrato de arrendamiento—Un contrato entre propietario y arrendatario que establece las condiciones bajo las cuales el segundo de los nombrados puede ocupar y usar la propiedad, así como el término de duración.

Contrato de listado—Un contrato de empleo entre principal y agente autorizando a éste a ejecutar servicios relacionados con la propiedad del primero. Se entra en contratos de listado con el propósito de conseguir compradores o arrendatarios de propiedad. El empleo de un agente por un comprador o arrendatario potencial para localizar propiedad para la venta o arrendamiento puede considerarse como un listado.

Contrato de subarriendo—*Un* contrato de arrendamiento dado por un arrendatario.

Contrato de terreno—Un contrato generalmente usado en relación con la venta de propiedad en casos en los cuales el vendedor no desea traspasar título hasta que el total de cierta parte del precio de compra es pagado por el comprador; se usa con frecuencia cuando la propiedad es vendida con un pago inicial bajo.

Contrato de venta a plazos—Comúnmente llamado un contrato de venta o "contrato de terreno". Es la adquisición de bienes raíces en la cual el precio de compra es pagado por cuotas durante un periodo de tiempo largo, el vendedor retiene el título y si el comprador incumple puede perder los abonos.

Contrato de venta condicional—Un contrato para la venta de propiedad exponiendo que la entrega será hecha al comprador, pero que el vendedor retendrá el título hasta que las condiciones del contrato sean cumplidas.

Contrato de venta de bienes raíces—*Un* acuerdo para traspasar el título de propiedad a la satisfacción de condiciones especificadas las cuales no requieren que dicho traspaso sea hecho dentro de un año de haberse formalizado el contrato.

Contrato de venta—*Un* contrato por medio del cual el comprador y el vendedor acuerdan los términos de una venta.

Contrato para ser cumplido—Un contrato en el cual algo falta por cumplirse por una o ambas partes.

Contrato verbal—Un acuerdo de palabra; uno que no ha sido puesto por escrito.

Contrato—Un acuerdo, sea escrito o verbal, para hacer o no hacer ciertas cosas.

Controles fiscales—Políticas federales de rentas y gastos utilizadas para controlar el nivel de la actividad económica.

Controles monetarios—Medidas por la Junta de la Reserva Federal para regular la disponibilidad de dinero y crédito e influenciar el nivel de actividad económica, tales como ajustar las tasas de descuento, requisitos de reserva, etc.

Convenio de garantía—Un acuerdo entre la parte asegurada y el deudor que crea el interés de garantía.

Convenio—Acuerdos insertados en escrituras y otros instrumentos prometiendo la ejecución o no ejecución de ciertos actos o estipulando ciertos usos o no usos de la propiedad.

Conversión—Cambiar de un carácter o uso a otro.

Coparticipación—Relación mutua a los mismos derechos de propiedad. Una relación de partes de interés común.

Corporación Federal de Seguro de Depósitos—Una agencia del gobierno federal que asegura los depósitos en bancos comerciales y bancos de ahorros.

Corporación Federal de Seguros de Ahorros y Préstamos—Una agencia del gobierno federal que asegura los ahorros de los depositantes en las asociaciones de ahorros y préstamos.

Corporación—Un grupo o cuerpo de personas establecido y tratado por la ley como un individuo o unidad con obligaciones y derechos o ambos, distintos y aparte de las personas que la componen.

Corredor—Un corredor que es miembro activo de una junta de bienes raíces afiliada a la Asociación Nacional de Corredores de Bienes Raíces.

Corredor—Un corredor que es miembro activo de una junta de bienes raíces afiliada a la Asociación Nacional de Corredores.

Corredor—Una persona empleada por un honorario por otro para adelantar cualquiera de las actividades enumeradas en la definición de corredor que aparece en la ley de licenciamiento.

Correlación—Llevar los valores indicados desarrollados por los tres planteamientos a una relación mutua entre ellos.

Cortesía—Derecho del hombre sobre la propiedad de su difunta esposa.

Costo de escritorio—El costo total de renta, servicios públicos, teléfonos, publicidad y otros gastos de operación de la oficina de un corredor dividido por el número de personas vendedoras.

Costo de reposición—El costo de reemplazar una estructura con una que tenga una utilidad equivalente, pero construida con materiales modernos y de acuerdo a las normas, diseños y planos de uso corriente.

Costos de cierre—Los numerosos gastos en que normalmente incurren compradores y propietarios en la transferencia de pertenencia de bienes raíces.

Costo—Un registro histórico de gastos anteriores o una cantidad que sería dada a cambio por otras cosas. Aquello que es pagado en dinero, bienes o servicios.

CPM—Administrador de Propiedad Certificado—Un miembro del Instituto de Administración de Bienes Raíces de la Asociación Nacional de Corredores.

CRB—Corredor Residencial Certificado.

Crecimiento direccional—La localización o dirección hacia la cual las secciones residenciales de una ciudad están destinadas o determinadas a crecer.

Crecimiento periférico—De una ciudad a lo largo de las principales rutas de transporte. Usualmente toma la forma de extensiones en figura de estrella del centro hacia afuera.

CRE—Consejero de Bienes Raíces. Miembro de la Sociedad Americana de Consejeros de Bienes Raíces.

Crédito; asiento de crédito—Una entrada contable en el lado derecho de una cuenta que registra la reducción o eliminación de un activo o un gasto o la creación de o adición de una obligación o artículo de equidad o ingreso.

Cuadrícula—Un cuadro usado para evaluar el riesgo del prestatario, la propiedad y el vecindario.

Cuenta fiduciaria—Una cuenta bancaria separada y aparte, y físicamente aislada, de los propios fondos del corredor en la cual la ley exige a los corredores depositar el dinero que pertenece a los clientes.

Cuentas de gasto acreditadas—Aquellos gastos incurridos pero que aún no son pagaderos. Los gastos del propietario son acreditados al comprador en la cuenta de cierre.

Daños o perjuicios liquidados—Una suma acordada entre las partes que es la compensación total si ocurre algún hecho.

Daños; perjuicios—La indemnización recuperable por una persona que ha sufrido un perjuicio, sea en su persona, propiedad o derechos relativos por el acto o incumplimiento de otro.

Dar en prenda—El depósito de propiedad personal por un deudor a un acreedor como garantía por una deuda o compromiso.

Débito; cargo—Una entrada contable en el lado izquierdo de una cuenta registrando la creación de o adición de un activo o un gasto, o la reducción o eliminación de una obligación de un artículo de equidad o ingreso.

Declaración de compensación—Una declaración dada por el propietario de bienes raíces o el tenedor de un gravamen contra el predio, estableciendo el estado actual de gravámenes contra dicha propiedad.

Declaración de divulgación de préstamo hipotecario—La declaración en un formulario aprobado por el Comisionado de Bienes Raíces, el cual la ley exige que sea entregado por el corredor de préstamos hipotecarios al prestatario cuando el préstamo sea por una cantidad estatutoriamente preescrita y antes de que el cliente se obligue a completar la transacción.

Declaración de financiamiento—Este es el instrumento que se expide para dar aviso público del interés de garantía y por consiguiente proteger los intereses de las partes resguardadas por dicha garantía colateral.

Declaración jurada; testimonio—Una aseveración o declaración por escrito y jurada afirmada ante un oficial quien tiene autoridad para administrar un juramento o una afirmación.

Dedicación a uso público—Una apropiación de terreno por su propietario para uso público y aceptada para dicho uso por oficiales autorizados del gobierno.

Degradar el bloque—La práctica por parte de especuladores inescrupulosos y agentes de bienes raíces para inducir la venta de pánico de casas por un precio menos de su valor comercial, especialmente explotando los prejuicios de los propietarios en vecindarios donde está cambiando o está a punto de cambiar la composición racial.

Delegación de poderes—Conferir un agente a otro todos o algunos de los poderes que le han sido dados por el principal.

Demandado; reo—Una persona contra quien se inicia acción judicial para el propósito de obtener sanción criminal (reo criminal) o pago de daños u otra compensación judicial apropiada (demandado civil).

Demandante—En una acción judicial es aquél quien inicia el pleito; el querellante.

Depreciación acelerada—Un método de amortizar el costo en el cual las asignaciones de depreciación son mayores en los primeros años de pertenencia que en años subsiguientes. Esto permite una recuperación de capital más temprana y una amortización más rápida de los impuestos de una propiedad.

Depreciación acumulada—La diferencia entre el costo de reposición nuevo en la fecha del avalúo y el valor estimado presente.

Depreciación de balance declinante—Un método de depreciación acelerada permitido por el Servicio de Rentas Internas (IRS) en ciertas circunstancias.

Depreciación en línea directa—Una suma de dinero definida que se aparta del ingreso para pagar el costo de reposición de las mejoras, sin referencia al interés que gana.

Depreciación remediable—Artículos de deterioro físico y caída en desuso funcional que normalmente son reparados o reemplazados por un propietario prudente.

Depreciación—Una pérdida de valor en bienes raíces originada por la edad, deterioro físico o caída en desuso funcional o económico. En un sentido amplio es una pérdida de valor por cualquier causa.

Derecho de acceso—El derecho de un propietario a tener entrada y salida de su parcela.

Derecho de acción—Un derecho personal a alguna cosa que no está actualmente en posesión del propietario pero que es recuperable por una acción legal para posesión de la misma.

Derecho de paso—Un privilegio que opera como una servidumbre sobre el terreno por medio del cual el propietario, sea por cesión o por convenio, da a otro el derecho a pasar por su predio o construir un camino o usar como un camino una parte específica de su propiedad, o el derecho a construir sobre su tierra líneas de teléfono, telégrafo o energía eléctrica o el derecho a colocar tuberías mayores subterráneas para agua, gas o alcantarillado.

Derecho de rescate—El derecho a rescatar o redimir la propiedad durante la ejecución hipotecaria, tal como el derecho de un hipotecante a redimir su propiedad dentro de un año de la venta judicial.

Derecho de supervivencia—El derecho a adquirir el interés de un tenedor conjunto fallecido; una característica distintiva de una tenencia conjunta.

Derecho o interés de reversión—El interés que una persona tiene en terrenos u otros bienes a la terminación de la propiedad precedente.

Derechos Civiles—Los derechos básicos de inmunidad y libertad garantizados a los ciudadanos de los Estados Unidos por las Enmiendas Decimatercera y Decimacuarta de la Constitución y por ciertas leyes federales.

Derechos intangibles—Derechos no posesorios en bienes raíces que resultan de la pertenencia, tales como rentas.

Derechos materiales o tangibles—Derechos posesorios en bienes raíces.

Derechos ribereños—El derecho del propietario de terreno al agua superficial, subterránea y adyacente a su predio.

Desalojo indirecto o implícito—Violación de un convenio de garantía o de quieta y pacífica posesión, verbigracia, la incapacidad de un arrendatario de obtener posesión debido a un defecto importante en el título o una condición que hace la ocupación riesgosa.

Descripción legal—Una descripción reconocida por la ley; una descripción por medio de la cual una propiedad puede ser localizada definidamente por referencia a los estudios topográficos del gobierno o mapas aprobados registrados.

Descuento—Una cantidad deducida por anticipado del principal antes de que el prestatario reciba el monto del préstamo. (Ver: Points)

Desintermediación—El retiro relativamente repentino de sumas de dinero considerables por los ahorradores que han depositado en asociaciones de ahorros y préstamos, bancos comerciales y bancos de ahorros mutuos. Este término también se puede considerar que incluye a los compradores de pólizas de seguro de vida que prestan contra el valor de dichas pólizas. La esencia de este fenómeno es que los intermediarios financieros pierden billones de dólares en un periodo de tiempo relativamente corto cuando los dueños de fondos retenidos por estos prestamistas institucionales ejercen su prerrogativa de retirar su dinero.

Desposeer; despojar; desalojar—Privar a alguien del uso de bienes raíces.

Deterioración; desmejora—El menoscabo de la condición. Una de las causas de la depreciación que refleja la pérdida *en* valor causada por el desgaste, desintegración, uso en servicio y la acción de los elementos naturales.

Deterioro físico—Empeoramiento de la condición. Pérdida de valor causada por el desgaste, desintegración, uso y la acción de los elementos naturales.

Deuda; obligación—Aquello que es debido de una persona a otra; responsabilidad, compromiso.

Deudor hipotecario—Alguien quien da una hipoteca sobre su propiedad para garantizar un préstamo o la ejecución de una obligación; un prestatario.

Deudor; debiente—Esta es la parte que "posee" la propiedad que está sujeta al interés de garantía. Anteriormente se le conocía como hipotecante o prendador.

Dilapidación—La destrucción o alteración material o los perjuicios causados a una propiedad por un tenedor vitalicio o arrendatario a término.

Dinero inicial—La cantidad de dinero necesaria para iniciar un negocio de bienes raíces, hacer que la transacción siga su curso.

Distrito de riego—Distritos cuasipolíticos creados por leyes especiales para proveer servicio de agua a los propietarios de tierras en dicho distrito. Una operación gobernada por ley en alto grado.

Documento provisional de seguro—Una anotación de cubrimiento en una póliza de seguro, expedida por un agente y entregada al asegurado antes de ser emitida la póliza definitiva.

Documentos—Instrumentos legales tales como hipotecas, contratos, escrituras, opciones, testamentos, facturas, etc.

Dominio anulable o revocable—A veces llamado posesión contingente o limitada; un interés de dominio pleno en terreno que puede ser anulado o terminado al acontecer un hecho especificado.

Dominio determinable—Una propiedad que puede terminar al acontecer un hecho que puede o no ocurrir.

Dominio eminente—El derecho del gobierno para adquirir propiedad privada para el uso público por medio de la expropiación. Al propietario se le debe compensar justamente.

Dominio simple o pleno—En propiedades modernas, los términos "dominio" y "dominio pleno" son sustancialmente sinónimos.

Dominio—Una propiedad heredable en bienes raíces.

Donador; donante—Una persona que hace un regalo o donación.

Donatario—Una persona a quien se hace un regalo.

Edad efectiva de una edificación—El número de años indicado por la condición de la estructura.

Ejecución específica—Una acción para compeler la ejecución de un convenio, verbigracia, la venta de terreno.

Ejecutar; cumplir; firmar—Completar, hacer, ejecutar, llevar a cabo, legalizar, llevar a término. Para ejecutar una escritura o hacer una escritura es necesario firmarla, sellarla y entregarla. Ejecutar un contrato es cumplir dicho acuerdo.

Ejecutor; albacea—Una persona nombrada en un testamento para cumplir con sus provisiones en cuanto a la disposición de los bienes de una persona fallecida.

El tiempo es esencial—Uno de los requisitos indispensables en la formación de un contrato obligatorio; contempla una ejecución puntual.

Embargo de constructor— Un embargo preventivo creado por estatuto contra bienes raíces para proteger los intereses de las personas que han ejecutado servicios o suministrado materiales para mejoras en el predio.

Embargo preventivo; gravamen monetario—Una forma de gravamen que usualmente hace de la propiedad una garantía para el pago de una deuda o el cumplimiento de una obligación. Ejemplos: Fallos judiciales, impuestos, hipotecas, escrituras fiduciarias, etc.

Embargo—La incautación de propiedad por orden judicial usualmente hecha para tenerla disponible en el caso de obtenerse un fallo en un litigio pendiente.

Empresa conjunta—Dos o más individuos o firmas que se juntan en un solo proyecto como socios.

Enajenación; alineación—La transferencia de propiedad y posesión de terreno u otras cosas de una persona a otra.

Endoso—El acto de firmar el nombre de uno en el reverso de un cheque o pagaré con o sin limitaciones posteriores.

Erosión—El desgaste paulatino del terreno por la acción del agua, viento y hielo glacial.

Escalada—El derecho reservado por un prestamista para aumentar la cantidad de los pagos y/o el interés cuando ocurre cierto hecho.

Escritura de alguacil—Una escritura dada por orden judicial en relación con la venta de propiedad para satisfacer un fallo.

Escritura de compraventa—Cualquier escritura que cita una consideración e implica el traspaso de bienes raíces; una escritura de compraventa con un convenio contra el acto del otorgante en la cual este garantiza que no ha hecho nada para perjudicar el título o hacerlo defectuoso.

Escritura de donación—Una escritura cuya consideración es amor y afecto y, en la cual, no hay compensación material.

Escritura de finiquito o renuncia o retiro—Una escritura para renunciar a cualquier interés que el otorgante pudiera tener *en* una propiedad.

Escritura de propiedad con garantía de título—Una escritura usada para traspasar bienes raíces que contiene garantías de título y quieta y pacífica posesión y así el otorgante acuerda defender la propiedad contra las demandas legales de terceras personas. Es comúnmente usada en otros estados pero no en California donde la escritura de cesión la ha suplantado. La práctica moderna de obtener pólizas de seguro de título ha reducido la importancia de garantías expresas e implícitas en las escrituras.

Escritura en lugar de ejecución hipotecaria—Una escritura de bienes raíces aceptada por un prestamista de un prestatario atrasado en los pagos para evitar la necesidad de procedimientos de juicio ejecutivo hipotecario.

Escritura Fiduciaria—(Ver Trust Deed)

Escritura Fiduciaria; título constitutivo de hipoteca—Una escritura dada por un prestatario a un fiduciario para ser retenida hasta el cumplimiento de una obligación, que generalmente es el reembolso de un préstamo a un beneficiario.

Escritura o contrato—Un instrumento formal por escrito hecho entre dos o más personas con diferentes intereses, tal como un contrato de arrendamiento.

Escritura—Un instrumento escrito el cual cuando es propiamente ejecutado y entregado traspasa el título.

Estado de cuentas—Una rendición de cuentas de los fondos que se hace por separado al comprador y al vendedor. Es un requisito de la ley y debe hacerse cuando se completa cada transacción de bienes raíces.

Estatuto de fraudes—Una ley estatal que provee que ciertos contratos deben ser por escrito para que puedan legalmente hacerse cumplir. Ejemplo: un contrato de arrendamiento por más de un año; una autorización a un agente para vender bienes raíces.

Estatutos; reglamentos—Reglas para la conducta de los asuntos internos de corporaciones y otras organizaciones.

Estilo arquitectónico—Generalmente es la apariencia y carácter del diseño y construcción de una edificación.

Estudio de solicitud de crédito—Un análisis técnico por un prestamista para determinar la capacidad de un prestatario para recompensar un préstamo proyectado.

Evaluación de riesgo—Un proceso usado por el prestamista para decidir si es correcto hacer un préstamo reduciendo todos los factores que podrían afectar el reembolso de la obligación a un sistema de evaluación calificado.

Expropiación; condenación—(1) El acto de tomar propiedad privada para uso público por una subdivisión política. (2) La declaración de que una estructura es inadecuada para el uso.

Fachada—El frente o apariencia de una edificación.

Factor de Desocupación—El porcentaje del espacio de un edificio que no está arrendado durante un periodo dado.

Factura; contrato de compraventa—Un instrumento escrito dado para pasar el título de propiedad personal del vendedor al comprador.

Fallo de deficiencia—Una sentencia que se da cuando la prenda de garantía por un préstamo no satisface la deuda debido a que hay incumplimiento.

Fallo; ejecutoria—El dictamen final de un tribunal de jurisdicción competente sobre un asunto que ha tratado. Los fallos monetarios proveen por el pago de reclamos presentados al tribunal o son concedidos como compensación por perjuicios.

Fiador—Alguien quien garantiza la ejecución de otro; un garante.

Fianza o garantía colateral—Una obligación separada adjunta a un contrato para garantizar su ejecución; la transferencia de propiedad o de otros contratos o cosas de valor para asegurar la ejecución de un acuerdo principal.

Fideicomiso de bienes raíces—Un convenio especial bajo leyes federales y estatales por medio del cual los inversionistas pueden reunir fondos para inversiones en bienes raíces e hipotecas y, sin embargo, evitar el impuesto que pagan las corporaciones.

Fideicomitente—Alguien quien escritura su propiedad a un fiduciario para ser retenida como garantía hasta que haya cumplido su obligación con un prestamista bajo los términos de una escritura fiduciaria.

Fiduciario—Alguien quien retiene propiedad en fideicomiso para otro para garantizar el cumplimiento de una obligación.

Fiduciario—Una persona en una posición de fe y confianza, tal como entre principal y agente; el corredor como fiduciario debe cierta lealtad que no puede ser violada bajo las leyes de agencia.

Fijeza de localización—Las características físicas de la propiedad que la sujetan a la influencia del área circundante.

Financiación secundaria—Un préstamo garantizado por hipoteca o escritura fiduciaria en bienes raíces que no tiene la primera prioridad.

Financiar de nuevo—Cancelar una deuda existente y asumir una nueva obligación en su lugar. Financiar de nuevo o extender o renovar la financiación existente.

Firmante conjunto—Una parte que firma un pagaré junto con el prestatario principal.

Flujo de dinero—El ingreso neto generado por una propiedad antes de la depreciación y otros gastos.

Fondo de amortización—Un fondo puesto aparte del ingreso de una propiedad el cual, con el interés acumulado, eventualmente pagará el reemplazo de las mejoras.

Franquicia; concesión social—Un privilegio especificado otorgado por un gobierno o una firma comercial el cual concede un negocio de concesión exclusiva.

Fraude positivo o flagrante—Un acto con la intención de engañar a otra persona tal como hacer una declaración falsa, hacer una promesa sin la intención de ejecutarla u ocultar la verdad.

Fraude presuntivo o implícito—Un incumplimiento del deber tal como por una persona en una capacidad fiduciaria sin una intención fraudulenta actual, la cual le proporciona una ventaja al individuo culpable engañando a otro para su perjuicio. Cualquier acto de omisión declarado fraudulento por la ley sin respecto a un fraude actual.

Fraude; estafa—El empleo intencional y con éxito de ardides; decepción, coacción o artificio para embaucar, engañar y defraudar a otra persona y por medio de esto dicha persona actúa para sufrir pérdida de propiedad y perjuicio legal.

Frente—El terreno al borde de la calle.

Frutos de la tierra—Cosechas producidas anualmente por el trabajo e industria a ser distinguidas del crecimiento natural de la tierra.

Ganancia de capital—Al revender un bien de capital es la cantidad del precio neto de venta que excede la base de costo ajustable (valor contable). Se usa para hacer el cómputo de los impuestos de renta. Las ganancias son llamadas a corto o largo término dependiendo del periodo de tiempo que los bienes de capital han sido poseídos después de la adquisición. Son usualmente gravadas a tasas más bajas que el ingreso ordinario.

Garantía colateral—Esta es la propiedad sujeta al interés de garantía. (Ver definición de Interés de Garantía).

Gastos; desembolsos—Ciertas partidas que aparecen en el estado contable de una transacción relacionadas con una venta de bienes raíces.

Grado—El nivel del terreno en los cimientos.

Gravamen general—Un embargo preventivo sobre toda la propiedad de un deudor.

Gravamen involuntario—Un embargo preventivo impuesto contra bienes sin el consentimiento del propietario. Ejemplo: Impuestos prediales atrasados, tasaciones especiales, embargo por el impuesto de renta federal, etc.

Gravamen por fallo—Una demanda legal contra toda la propiedad de un deudor por sentencia, la cual permite al acreedor por fallo hacer que los bienes sean vendidos para el pago de la cantidad adjudicada.

Gravamen voluntario—Cualquier gravamen que se coloca en bienes raíces con el consentimiento o como resultado del acto voluntario del propietario.

Gravamen—Cualquier cosa que afecta o limita el título de dominio pleno a la propiedad, tales como hipotecas, servidumbres o restricciones de cualquier clase. Los embargos preventivos son gravámenes o cargas especiales que hacen de la propiedad una garantía para el pago de una deuda u obligación, tales como hipotecas e impuestos prediales.

GRI—Graduado del Instituto de Corredores.

Hecho o acto material—Se considera un hecho material aquél que el agente se da cuenta que podría afectar el criterio del principal para dar su consentimiento y entrar en una transacción determinada en los términos especificados.

Hipoteca colectiva—Una sola hipoteca que cubre más de una parcela de propiedades.

Hipoteca conjunta—Un tipo de hipoteca usada en la financiación de casas y que cubre el predio, mejoras, equipos movibles y aparatos de uso doméstico.

Hipoteca convencional—Una hipoteca asegurando un préstamo hecho por inversionistas sin respaldo gubernamental, verbigracia, que no está garantizado por FHA o VA. El tipo de préstamos acostumbradamente hechos por los bancos y las asociaciones de ahorros y préstamos.

Hipoteca de pago graduado—Provee por pagos de principal parcialmente diferidos al principio del préstamo. (Hay variedad de planes). Usualmente después de los primeros cinco años del término del préstamo, los pagos de principal e interés son sustancialmente más altos para recuperar la porción del principal que no se abonó al principio. (Ver: Variable Interest Rate).

Hipoteca de pagos nivelados—Un préstamo en bienes raíces que es cancelado haciendo una serie regular de pagos iguales (o casi iguales). Una parte del pago es el interés del préstamo y la otra parte es para reducir el balance del principal pendiente. También se le llama una "hipoteca amortizada" o "hipoteca a plazos".

Hipoteca indeterminada o abierta—Una hipoteca conteniendo una cláusula que permite al deudor hipotecario prestar dinero adicional después de que el préstamo ha sido reducido y sin necesidad de hacer un nuevo documento.

Hipoteca o escritura fiduciaria de dinero de compra—Una escritura fiduciaria o hipoteca dada como parte o por el total del precio de compra de una propiedad.

Hipoteca para compra de terreno con contrato de arrendamiento—Un acuerdo por medio del cual el prestamista compra el terreno y lo alquila de nuevo al urbanizador con una hipoteca negociada con base en los contratos de arrendamiento de la propiedad de ingresos construida. El prestamista recibe la renta anual del terreno más un porcentaje de los ingresos de la propiedad.

Hipoteca por mayor valor que la existente—Ocurre cuando un prestatario entra en una segunda hipoteca. Este arreglo representa los medios por los cuales él puede agregar a su disponibilidad de fondos sin refinanciar la primera hipoteca a tasas de interés sustancialmente más altas.

Hipoteca prendaria—Una hipoteca de propiedad personal. (Ver: Security Agreement and Security Interest).

Hipoteca secundaria—Una hipoteca registrada con posterioridad a otra hipoteca sobre la misma propiedad o que, por acuerdo, se hace subordinada a otra hipoteca registrada más adelante.

Hipotecar; pignorar—Dar una cosa como garantía sin la necesidad de entregar su posesión.

Hipoteca—Un instrumento reconocido por la ley por medio del cual la propiedad es pignorada para garantizar el pago de una deuda u obligación. El procedimiento para la ejecución hipotecaria en caso de incumplimiento es establecido por estatuto.

Hito; monumento—Un objeto fijo y punto establecidos por los topógrafos para la localización de terrenos.

Hogar seguro; bien de familia—Una casa sobre la cual el propietario o propietarios han registrado una Declaración de Hogar Seguro como está provisto por estatuto de California; protege contra fallos judiciales hasta por cantidades especificadas.

Hoja de balance—Una declaración contable de la condición financiera de un negocio en un tiempo determinado y que muestra los activos, pasivos (obligaciones) y el capital.

Honorario de asunción—El cargo cobrado por un prestamista para cambiar y procesar nuevos documentos para un nuevo propietario quien está asumiendo un préstamo existente.

Honorarios anticipados—Un honorario pagado por adelantado por cualquier servicio rendido. Algunas veces cobrado ilegalmente en relación con la práctica ilícita de pedir dinero adelantado para la publicidad de una propiedad o negocio para la venta, sin obligación de conseguir un comprador, por personas que se representan a sí mismas como licenciados en bienes raíces o como representantes de firmas licenciadas en bienes raíces.

Imperfección en el título—Cualesquier condiciones reveladas por una investigación y que afectan el título de propiedad; usualmente son asuntos de poca importancia que no pueden ser removidos sino mediante el uso de una escritura de renuncia o por acción judicial.

Impuesto de transferencia documentaria—Una ley estatal que habilita a un condado a adoptar un impuesto de transferencia de documentos que se aplica a todas las transacciones de bienes raíces localizadas en dicho condado. El aviso de pago es inscrito en la faz de la escritura o en una hoja de papel que se adjunta al instrumento.

Incompetente; inhábil—Alguien quien está mentalmente incompetente o incapacitado. Cualquier persona que aunque no esté insana esta imposibilitada por razón de edad avanzada, enfermedad, debilidad mental o cualquier otra causa para administrar propiamente o tener cuidado de sí mismo o de sus bienes y por esta razón podría ser víctima de engaños o imposiciones por personas intrigantes o inescrupulosas.

Incremento del área de un lote—El aumento en el valor unitario al reunir varias pertenencias pequeñas en una sola propiedad más grande.

Incremento—Es un aumento. El término es más frecuentemente usado para referirse al aumento en el valor del terreno que acompaña al aumento de la población y el crecimiento de la riqueza de la comunidad. El término incremento diferido (plusvalía) se usa en este sentido ya que se supone que los valores han aumentado sin esfuerzo de parte del propietario.

Influencia indebida—Tomar cualquier ventaja fraudulenta o injusta de la debilidad mental, apuro o necesidad de otra persona.

Infracción; contravención—El rompimiento de una ley o falta al deber sea por omisión o comisión.

Ingreso bruto o total—El ingreso total de una propiedad antes de hacer deducciones de cualquier gasto.

Ingreso disponible—El ingreso después de la deducción de impuestos que un hogar recibe para gastos de consumo.

Ingreso neto—El dinero restante después de deducir los gastos del ingreso total; es la ganancia.

Instalación de comercio o negocio—Artículos de propiedad personal fijados a bienes raíces y que son necesarios para operar un negocio. Pueden ser removidos por su propietario cuando se vende el inmueble o expira el contrato de arrendamiento.

Instancia de demandado para acción entre los demandantes—Un procedimiento judicial iniciado por el depositario de propiedad quien no reclama interés propietario en ésta para el propósito de decidir cual de los litigantes está legalmente intitulado al predio.

Instrumentos negociables—Efectos o documentos usados en el intercambio mercantil o comercial.

Instrumento—Un documento legal por escrito creado para dar efecto a los derechos de las partes.

Intercambio libre de impuestos—El canje o intercambio de una propiedad por otra sin la necesidad de pagar impuesto de renta en la ganancia al tiempo de hacer el negocio.

Interés compuesto—Interés pagado en el principal original y también en el interés devengado y no pagado que se ha acumulado.

Interés de garantía—Un término que designa el interés del acreedor en la propiedad del deudor en todos los tipos de transacciones de crédito. Reemplaza a términos tales como: hipoteca prendaria, pignoración, recibo fiduciario, fideicomiso de propiedad personal, fideicomiso de equipo, venta condicional, gravamen de inventario, etc.

Interés simple—Interés computado sobre el principal de un préstamo solamente, a ser distinguido del interés compuesto.

Interés—Una porción, parte o derecho en alguna cosa. Pertenencia parcial, no completa. El cobro en dólares por el uso de dinero durante un tiempo determinado. En un sentido es la "renta" pagada por el uso de dinero.

Intermediación—El proceso de captar y suministrar fondos para inversión por instituciones financieras llamadas intermediarios. El proceso depende en los ahorradores individuales que colocan sus fondos en estas instituciones absteniéndose de hacer la inversión directamente.

Intermediación financiera—Instituciones financieras tales como bancos comerciales, asociaciones de ahorros y préstamos, bancos de ahorros mutuos y compañías de seguros que reciben cantidades de dinero relativamente pequeñas que después invierten en sumas grandes. Una considerable porción de estos fondos son prestados sobre bienes raíces.

Intestado—Una persona que muere sin hacer testamento o que hace uno que es defectuoso en su forma, en cuyo caso su propiedad es heredada por sus descendientes legales o parientes cercanos.

Intrusión; invasión—Traspasar o transgredir un límite. La edificación de una estructura o construcción de cualquier mejora, parcial o totalmente en la propiedad de otro.

Irrevocable; inapelable—Que no se puede anular o revocar. Inalterable.

Fallo de embargo—Una demanda legal sobre toda la propiedad de un deudor, la cual habilita al acreedor a vender la propiedad respective para obtener el pago de la cantidad establecida en el juicio.

Juicio hipotecario; ejecución de hipoteca—Procedimiento por medio del cual la propiedad afianzada como garantía por un préstamo es vendida para pagar la deuda en caso de incumplimiento en los pagos o términos.

Junta de Bienes Raíces—Una organización cuyos miembros consisten principalmente de corredores y vendedores/as de bienes raíces.

Junta del Banco Federal de Préstamos para Casas—La agencia administrativa que da carta de constitución a las asociaciones de ahorros y préstamos federales y ejerce autoridad regulatoria sobre el sistema **F.H.L.B.**

Jurisdicción; competencia—La autoridad por medio de la cual los oficiales judiciales conocen y deciden casos; el poder para llamar a juicio y determinar un caso; el derecho y poder que tiene un oficial judicial para entrar en la indagación.

Ladrillo o baldosa antisonora—Bloques de fibra, mineral o metal con pequeños agujeros o superficies de textura áspera para absorber el sonido y que se usa como cubierta para paredes interiores y cielorrasos.

Legado de bienes raíces—Un regalo o disposición de bienes raíces por última voluntad y testamento.

Legado—Objetos de propiedad personal dados por los términos de un testamento.

Legar—Dar o entregar por testamento. Dejar propiedad personal por testamento.

Legatario—Alguien quien recibe bienes raíces por testamento.

Ley Alquist—**Priolo para Zonas de Estudios Especiales**—Una ley de zonificación designada para controlar la urbanización en cercanías de fallas sísmicas peligrosas.

Ley común; derecho consuetudinario—El conjunto de leyes que resultó de las costumbres y prácticas desarrolladas y usadas en Inglaterra desde tiempos inmemoriales.

Ley de 1977 contra la Discriminación Financiera en Vivienda—Sección 35800 y siguientes del Código de Salud y Seguridad de California designadas principalmente para eliminar la discriminación en prácticas crediticias basadas sobre el carácter del vecindario donde se localiza la propiedad. (Ver: Redlining)

Ley de prescripción—Un término comúnmente usado para identificar varios estatutos que requieren que una acción legal para hacer valer los derechos sea iniciada dentro de un tiempo prescrito después de que dichos derechos han sido devengados.

Ley de Procedimientos de Conciliación en Bienes Raíces—Una ley federal que requiere la divulgación a los prestatarios de los costos y procedimientos de conciliación (cierre) por medio de un folleto y formularios prescritos por el Departamento de Vivienda y Desarrollo Urbano de los Estados Unidos.

Línea de construcción—Una línea establecida por ley a cierta distancia de la línea de la calle en frente de la cual un propietario no puede construir en su lote. (Una línea de espacio libre).

Líneas de base y meridiano—Líneas imaginarias usadas por los topógrafos para encontrar y describir la localización de terrenos públicos y privados.

Líneas de cadena—Una serie de líneas determinadas por el sistema topográfico del gobierno que van de norte a sur a intervalos de seis millas empezando con el meridiano principal y que forman los linderos este y oeste de las municipalidades.

Líneas de corrección—Un sistema para compensar las inexactitudes del sistema topográfico rectangular del gobierno debidas a la curvatura de la tierra. Cada cuarta línea municipal, a intervalos de 24 millas se usa una línea de corrección por medio de la cual los espacios entre las líneas de cadena norte y sur se miden nuevamente y corrigen para que midan 6 millas completas.

Liquidez; disponibilidad—Valores en cartera o la facilidad de convertir activos en dinero efectivo o su equivalente. La aptitud de una persona para pagar cuentas al vencimiento.

Listado abierto—Una autorización dada por un propietario a un agente por medio de la cual este recibe el derecho no exclusivo para obtener un comprador; los listados abiertos pueden darse a cualquier número de agentes sin la responsabilidad de compensar sino al que primero obtenga un comprador listo, deseoso y capaz de cumplir con los términos del listado o consiga la aceptación por el propietario de una oferta satisfactoria.

Listado de agencia exclusiva—Un instrumento escrito que da a un agente el derecho a vender una propiedad durante un tiempo determinado pero reservando al propietario el derecho a venderla el mismo sin estar obligado al pago de una comisión.

Listado de derecho exclusivo para vender—Un acuerdo escrito entre un propietario y un agente, dando a éste el derecho a cobrar una comisión si la propiedad es vendida por cualquiera durante el término de su acuerdo.

Listado múltiple—Un listado que generalmente es derecho exclusivo para vender y es tomado por un miembro de una organización compuesta por corredores de bienes raíces con la provisión de que todos los afiliados tendrán la oportunidad para encontrar un cliente interesado; es un listado cooperativo.

Listado neto—Un tipo de listado que provee que el agente puede retener como compensación por sus servicios toda cantidad más alta de un precio neto para el propietario.

Litigio pendiente—Un aviso presentado o registrado para el propósito de prevenir a todas las personas de que el título o posesión de cierta propiedad está en litigio, literalmente "pleito pendiente". Usualmente se registra para dar aviso constructivo de que hay procedimiento legal pendiente.

Localización ciento por ciento—Una localización para tiendas comerciales en una ciudad y que se considera la mejor disponible para atraer clientes.

MAI (Miembro del Instituto de Avalúos)—Un término usado para designar a una persona afiliada al Instituto Americano de Valuadores de Bienes Raíces, el cual forma parte de la Asociación Nacional de Corredores.

Mantenimiento diferido—Requisitos existentes pero no cumplidos para la reparación y rehabilitación de propiedad.

Mapa tentativo o provisional—La Ley del Mapa de Subdivisión requiere a los urbanizadores remitir inicialmente un mapa provisional de su primer tracto a la comisión local de planeación para su estudio. La aprobación o desaprobación por la comisión de planeación es anotada en el mapa. De ahí en adelante se requiere presentar un mapa final a la comisión de planeación incorporando todos los cambios pedidos por dicha oficina.

Marca fija—Una localización marcada por los topógrafos sobre un objeto duradero.

Margen o límite de garantía— La diferencia entre la cantidad del o los préstamos hipotecarios y el valor aforado de la propiedad.

Máximo y mejor uso—Una frase que significa el uso que al momento de hacer el avalúo que más seguramente producirá la retribución neta más grande al terreno y/o edificios durante un periodo de tiempo dado. Aquel uso que producirá la mayor cantidad de amenidades o ganancias.

Medición de tierras; agrimensura—El proceso por medio del cual se mide una parcela de terreno y se comprueba el área respectiva.

Medidas y límites— Un término usado para describir las líneas limítrofes de un terreno estableciendo dichas líneas junto con sus ángulos y puntos terminales.

Mejora excesiva—Una mejora que no es el máximo y mejor uso para el sitio donde está edificada por razón de su tamaño o costo excesivo.

Mejora inferior—Una edificación que debido a su deficiencia en tamaño o costo no es el máximo y mejor uso del sitio sobre el cual está construida.

Mejoras mal colocadas—Mejoras en el terreno que no conforman con el uso más beneficioso del sitio.

Mejora—Una mejora (construcción) sobre propiedad que aumenta el valor de ésta y es considerada como un bien de capital a ser distinguida de reparaciones o reposiciones donde el carácter o costo originales no cambian.

Menor de edad—Una persona soltera menor de 18 años quien nunca ha estado casada o en servicio en las fuerzas armadas.

Mercado de compradores—Las condiciones en que un comprador está en una posición más dominante en cuanto a precios y términos porque hay un número ilimitado de propiedades para la venta en relación con la demanda de vivienda.

Mercado de vendedores—Una condición del mercado que existe cuando un propietario está en una posición más dominante en cuanto al precio y términos debido a que la demanda excede a la oferta.

Meridianos— Líneas imaginarias en dirección norte-sur que intersectan las líneas de base para formar el punto de comienzo de una medición de tierras.

Metodo de unidad en sitio—El costo de erigir una edificación estimando el costo de cada parte componente, por ejemplo, los cimientos, pisos, paredes, cielorrasos, techos, etc. (Incluyendo mano de obra y gastos indirectos).

Moratoria—La suspensión temporal usualmente por medio de estatuto del cumplimiento de la responsabilidad por deudas.

Movimiento cíclico—Los cambios consecutivos y recurrentes en la actividad económica de un ciclo comercial moviéndose de prosperidad a través de recesión, depresión, recuperación y de nuevo a prosperidad.

MPR—Abreviación de Requisitos Mínimos de Propiedad.

Muebles fijados a bienes raíces—Adiciones fijadas al terreno o las edificaciones, las cuales usualmente no pueden ser removidas sin un acuerdo, ya que se convierten *en* propiedad; instalaciones de plomería; instalaciones para una tienda construidas en la propiedad, etc.

Multa por pago anticipado—Una multa por el pago de un pagaré de escritura fiduciaria o hipoteca antes de su vencimiento.

Multiplicador de renta total—Una cifra que multiplicada por el ingreso bruto de una propiedad produce un estimado de su valor.

Municipalidad—Una división territorial que tiene 6 millas de longitud, seis millas de anchura y contiene 36 secciones, cada una de las cuales es una milla cuadrada.

NAR—Asociación Nacional de Corredores.

NAREB—Asociación Nacional de Corredores de Bienes Raíces.

Negativa Sistemática a conceder crédito—La política crediticia ilegal en California de negar préstamos sobre bienes raíces en propiedades situadas en áreas urbanas antiguas, generalmente con una población minoritaria grande, debido a los supuestos riesgos más altos sin la debida consideración por parte de la institución prestamista del historial de crédito del individuo que solicita el préstamo.

Negligencia—Demora o negligencia en hacer valer los derechos legales de uno.

Negociable; transferible—La capacidad de ser negociado, asignable o transferible en el curso ordinario de negocios.

Nivel de agua subterránea—Distancia desde la superficie del suelo hasta una profundidad donde se encuentran las aguas subterráneas naturales.

Normal de lote—Generalmente es el más típico fondo de lote en un vecindario.

Notario público—Un oficial nombrado con la autoridad para tomar el reconocimiento de personas que ejecutan documentos, firma el certificado y la estampa del sello oficial.

Novación—La substitución o cambio de una obligación o contrato nuevo por uno existente por mutuo acuerdo de las partes.

Nuda propiedad—Título de propiedad actual con derecho de posesión en el futuro.

Nulo y sin efecto—Que no tiene validez o efecto legal.

Nulo; inválido—Que no tiene poder o efecto; aquello que no se puede hacer cumplir.

Oficina de Administración de Tierras—Una oficina federal adscrita al Departamento del Interior la cual administra y controla ciertos terrenos poseídos por los Estados Unidos.

Opción—Un derecho dado por una consideración para comprar o arrendar una propiedad en términos especificados y dentro de un periodo de tiempo determinado.

Oportunidad de negocio—Los bienes de un negocio comercial existente incluyendo su buena reputación (clientela). Como se usa en la ley de Bienes Raíces, el término incluye "la venta o arrendamiento del negocio y buena reputación de una empresa u oportunidad comercial existente".

Orden para desistir y abstenerse—El Comisionado de Bienes Raíces está autorizado por estatuto para expedir una orden mandando a una persona que desista y se abstenga de cometer un acto de violación de la Ley de Bienes Raíces.

Orden para fecha posterior—El compromiso para una póliza de seguro de título de propietario expedido por una compañía de título que cubre el título del vendedor hasta la fecha del contrato. Cuando la venta se cierra el comprador ordena a la compañía de título registrar la escritura a su nombre y llevar su examen para cubrir esta fecha posterior y así mostrar a dicho comprador como dueño de la propiedad.

Ordenanza de espacio libre—Una ordenanza que prohíbe la edificación de una estructura entre el borde del andén y la línea de espacio libre.

Orientación—Colocar una casa en su lote con relación a su exposición a los rayos del sol, vientos prevalecientes, privacidad de la calle y protección de los ruidos externos.

Otorgante—Un vendedor de propiedad es la persona quien firma una escritura de traspaso.

Pagaré a plazos—Una nota promisoria en la cual se provee que los pagos de cierta suma o cantidad se hagan *en* las fechas especificadas en el documento.

Pagaré directo—Un pagaré en el cual cl prestatario reembolsa el principal en una suma global a su vencimiento mientras que el interés es pagado por cuotas o al vencimiento.

Pagaré mancomunado—Un pagaré firmado por dos o más personas quienes comparten la responsabilidad del pago.

Pagaré—Siguiendo al compromiso de préstamo por un prestamista, el prestatario firma un pagaré prometiendo reembolsar la obligación bajo términos estipulados. La nota promisoria establece una responsabilidad personal por su reembolso.

Pagaré—Un instrumento escrito y firmado reconociendo una deuda y promesa de pago.

Pagó a cuenta; adelanto—El pago inicial hecho por un comprador de bienes raíces como evidencia de buena fe. Un depósito o pago parcial.

Pago anticipado—Se puede hacer una provisión para que los pagos del préstamo sean mayores que aquellos especificados en cl pagaré. el lenguaje determinante es usualmente "$ " por mes o más. Si los pagos especifican una cantidad definida uno debe entonces mirar el privilegio de pago anticipado provisto en la escritura fiduciaria.

Pago global—Cuando el pago de la cuota final de un pagaré es más grande que los pagos anteriores y cancela la obligación se le llama pago global.

Pagos progresivos—El pago programado periódico y parcial de los fondos de *un* préstamo de construcción a un constructor a medida que cada etapa de la edificación es completada.

Pared común—Una pared erigida en la línea entre dos propiedades colindantes que están bajo pertenencia distinta, para el uso de ambas propiedades.

Pared o partición de soporte—Una pared o partición que soporta cualquier carga vertical además de su propio peso.

Parte asegurada—Esta es la parte que tiene el interés de garantía. Así el acreedor hipotecario, el vendedor condicional, el depositario son todos ahora referidos como la parte asegurada.

Participación—El interés compartido que un prestamista tiene en una propiedad. En adición al interés original en préstamos hipotecarios en propiedades de ingreso se requiere un porcentaje de las entradas brutas algunas veces basado en un mínimo de ocupación o un porcentaje del ingreso neto después de los gastos, servicio de la deuda e impuestos. También se le llama participación equitativa o participación de rentas.

Patente—Traspaso de título de tierras que son propiedad del gobierno.

Pérdida; multa—Una pérdida de dinero o cualquier cosa de valor por la falla de ejecutar (cumplir).

Perfeccionamiento de título—Una acción judicial para establecer un título; para remover un defecto en un título.

Pertenencia individual—Poseído por una persona solamente. Pertenencia única.

Pertenencia—El derecho de una o más personas a poseer propiedad excluyendo a todos los otros.

Pie frontal—Una medida de propiedad para propósitos de venta o avalúo. La propiedad se mide en pies frontales en su línea de la calle, cada pie frontal extendiendo el fondo del lote.

Pie maderero—Una unidad de medida para madera; un pie de anchura, un pie de longitud y una pulgada de espesor. Igual a 144 pulgadas cúbicas.

Planteamiento de comparación comercial— Uno de los tres métodos usados en el proceso de valuación. Un medio de comparar propiedades similares recientemente vendidas con la propiedad sujeta al avalúo.

Planteamiento de comparación—Un método de comparación de bienes raíces el cual compara una propiedad determinada con propiedades parecidas o similares; también se le llama comparación comercial o de mercado.

Planteamiento de costo—Uno de los tres métodos en el proceso de avalúo. Un análisis en el cual un valor estimado de una propiedad es derivado calculando el costo de reposición de las mejoras, luego se deduce la depreciación acumulada y después se suma el valor comercial del terreno.

Planteamiento de ingreso—Uno de los tres métodos usados en el proceso de valuación. Un análisis en el cual se usa el ingreso total de la propiedad que se valúa como una base para estimar el valor junto con el multiplicador de renta total derivado.

Plica—El depósito de instrumentos y fondos junto con las instrucciones con una tercera parte neutral para cumplir con las provisiones de un acuerdo o contrato; cuando todo ha sido depositado para efectuar el cumplimiento de las instrucciones se le llama una plica completa o perfecta.

Plusvalía; mayor valor—Un aumento en el valor de bienes raíces que no es debido a esfuerzo alguno del propietario. Con frecuencia se debe al aumento de población.

Plusvalía; equidad—El interés o valor que un propietario tiene en bienes raíces que es superior a los gravámenes monetarios que pesan sobre el predio. La ley de reparación de daños por medio de la cual se concede compensación a los demandantes en un tribunal de equidad.

Poder de venta—El poder de un acreedor o fiduciario cuando así lo determina el documento, para vender la propiedad de garantía sin procedimiento judicial si un prestatario incumple con el pago del pagaré o de otro modo viola los términos de la hipoteca o escritura fiduciaria.

Poder o carta de personería—Un instrumento que autoriza a una persona para actuar en nombre del individuo que lo concede y un poder general autoriza al agente a actuar generalmente en nombre del principal.

Poder público—El derecho del estado para estatuir leyes y hacerlas cumplir para el orden, seguridad, salud, morales y bienestar general del público.

Poderes discrecionales de agencia—Aquellos poderes conferidos sobre un agente por el principal los cuales autorizan a aquel en ciertas circunstancias a tomar decisiones basadas en su propio juicio.

Póliza "alta" para propietarios—Una póliza de cubrimiento extendido para propietarios que provee a los compradores y dueños la misma protección que la póliza ALTA da a los prestamistas.

Póliza de título A.L.T.A. (Asociación Americana de Título de Tierras)—Un tipo de póliza de seguro de título expedida por una compañía de títulos, la cual extiende los riesgos contra los cuales asegura normalmente el tipo corriente de póliza para incluir embargos de constructor no registrados; servidumbres físicas no registradas; hechos que un examen físico mostraría; derechos de agua y minerales y derechos de las partes en posesión tales como arrendatarios y compradores bajo instrumentos sin registrar.

Póliza de título de la Asociación Americana de Título de Tierras —Un tipo de póliza de seguro de título expedida por las compañías de seguros de título la cual expande los riesgos normalmente asegurados bajo el tipo de póliza corriente.

Por valor—Una frase latina que significa "de acuerdo al valor". Usualmente usada en la tasación de impuestos prediales.

Posesión de bienes raíces por quien no es el propietario en dominio pleno; prescripción adquisitiva—La posesión y ocupación notoria y abierta bajo un reclamo o derecho evidente en rechazo u oposición al título de otro reclamante.

Posesión de tierras—El modo o manera en que una propiedad en tierras es poseída.

Posesión terminable a voluntad por propietario o arrendatario—Es la ocupación de terrenos y edificaciones por un periodo de tiempo indefinido que puede ser terminado por una o ambas partes. También se le llama tenencia a voluntad.

Posesión—La posesión de propiedad por alguien intitulado a ésta.

Precio comercial— El precio pagado sin considerar presiones, motivos o conocimiento.

Primera vista, a —Prueba presunta o a primera vista.

Prescripción—La obtención de una servidumbre sobre la propiedad de otro ocupando ésta adversamente por un periodo de tiempo consecutivo de cinco años.

Prestamistas institucionales—Depositarios o intermediarios financieros tales como las asociaciones de ahorros y préstamos, los bancos comerciales o compañía de seguros de vida, los cuales reúnen el dinero de sus depositantes y luego invierten los fondos de varios modos, incluyendo préstamos en escrituras fiduciarias e hipotecas.

Préstamo amortizado—Un préstamo cuyo principal e interés son completamente cancelados por una serie de pagos iguales o casi iguales. También se le llama "préstamo de pagos legales".

Préstamo Cal-Vet—El programa para la compra de fincas y casas para los Veteranos de California, nativos del estado o aquellos veteranos quienes entraron al servicio en este estado.

Préstamo con interés adicional—Un préstamo en el cual una cantidad fija del principal es abonada junto con el interés devengado cada periodo sobre solo la cantidad del saldo pendiente en el momento.

Préstamo con pago solo de interés—Un préstamo directo, no amortizado, en el cual el prestamista solo recibe el pago de interés durante el término de la obligación y el principal es reembolsado en una suma total a su vencimiento.

Préstamo interino o provisional—Un préstamo temporal a corto plazo que se usa hasta que está disponible la financiación permanente; verbigracia, un préstamo para construcción.

Préstamo para terreno y mejoras—Un préstamo obtenido por el constructor-urbanizador para la compra de terreno y cubrir los gastos de la subdivisión.

Préstamo permanente—El préstamo concertado por un propietario o por el urbanizador constructor para un comprador. El préstamo de construcción hecho para la edificación de las mejoras es usualmente cancelado con el dinero procedente de este préstamo.

Préstamos para construcción—Préstamos hechos para la construcción de casas o edificios comerciales. Usualmente los fondos son entregados al contratista-constructor durante las etapas de la construcción y después de inspecciones periódicas. Los desembolsos están basados en un acuerdo entre prestatario y prestamista.

Presunción—Una regla legal de que los tribunales y jueces sacarán una conclusión particular de cierto hecho o de una evidencia en particular, a menos y hasta que la verdad de dicha inferencia sea desvirtuada.

Primera escritura fiduciaria—Un documento legal dando una garantía colateral por un préstamo (Ver: Trust Deed) que tiene prioridad sobre todas las reclamaciones contra el predio excepto impuestos y deudas por bonos. Es aquella escritura fiduciaria superior a cualquier otra.

Primera hipoteca—Un documento legal dando una garantía colateral por un préstamo (Ver: "Mortgage") y que tiene prioridad sobre todas las otras demandas contra la propiedad excepto impuestos y endeudamiento afianzado. Es aquella hipoteca superior a cualquiera otra.

Principal—La persona quien emplea a un agente.

Principio de anticipación—Afirma que el valor es creado por beneficios anticipados a ser derivados en el futuro.

Principio de cambio—Sostiene que es cl futuro, no el pasado, lo que es de importancia primordial al estimar valor.

Principio de competencia—Sostiene que las ganancias producen competencia y las ganancias excesivas engendran competencia ruinosa.

Principio de conformidad—Sostiene que el máximo de valor es realizado cuando está presente un grado razonable de homogeneidad de las construcciones.

Principio de contribución—Sostiene que los valores máximos de bienes raíces son alcanzados cuando las mejoras en el sitio producen la retribución (neta) más alta en proporción a la inversión.

Principio de oferta y demanda—Afirma que el precio o valor varía directa pero no necesariamente en proporción con la demanda e inversa pero no necesariamente en proporción con la oferta.

Principio de productividad excedente—Afirma que el ingreso neto que sobra después de haber pagado los costos apropiados de trabajo, organización y capital, el excedente es imputable al terreno y tiende a fijar el valor de éste.

Principio de progresión—El valor de una casa avaluada tiende a ser incrementado por la influencia de muchas casas valoradas más alto en la misma área.

Principio de sustitución—Afirma que el valor máximo de una propiedad tiende a ser establecido por el costo de adquirir una propiedad substituta igualmente conveniente y valiosa, asumiendo que no hay una demora costosa al hacer la substitución.

Proceso de financiación—El procedimiento sistemático de 5 etapas seguido por los principales prestamistas institucionales al analizar un préstamo propuesto, lo cual incluye: presentación de la aplicación por el prestatario; análisis por el prestamista del prestatario y la propiedad; procesar la documentación del préstamo; entregar los fondos y por último el servicio (cobrar los pagos y llevar las cuentas).

Producto nacional bruto—El valor total de todos los bienes y servicios producidos en una economía durante un periodo de tiempo dado.

Propiedad de dominio—Una propiedad de duración indeterminada, por ejemplo: propiedad en dominio pleno o propiedad vitalicia.

Propiedad de periodo a periodo—Un interés en terreno donde hay una fecha de terminación definida por la cual el canon de arrendamiento se fija a una cierta suma por semana, mes o año. También se le llama una tenencia periódica.

Propiedad de tiempo compartido—Un derecho de ocupación en un proyecto (urbanización) de tiempo compartido que va junto con un derecho en la propiedad.

Propiedad o posesión por tolerancia—Un caso que resulta cuando el arrendatario retiene la propiedad después de la expiración del término. El propietario tiene la opción de hacer desocupar o aceptar a dicho arrendatario por un término similar y bajo las condiciones del contrato anterior. También se le llama tenencia por tolerancia.

Propiedad personal—Cualquier propiedad que no son bienes raíces.

Propiedad separada—Propiedad que es poseída por esposo o esposa y no es propiedad comunitaria. Es propiedad adquirida sea por esposo o esposa antes del matrimonio o después por regalo o herencia.

Propiedad urbana—Propiedad citadina; edificaciones construidas en próxima cercanía.

Propiedad vitalicia—Una propiedad no heredada de dominio pleno que es retenida por el poseedor durante su propia vida o la vida o vidas de una o más personas que existen o por un periodo de tiempo indefinido que puede perdurar por la vida o vidas de una o más personas que viven y más allá del periodo de vida.

Propiedad vitalicia—Una propiedad o interés en bienes raíces que es poseída durante la vida de una persona determinada. Puede ser limitada por la vida de alguna otra persona.

Propiedad; bienes—Cualquier cosa que puede ser poseída y adquirida legalmente. Los derechos de pertenencia. El derecho a tener, poseer, usar, disfrutar y disponer de una cosa en toda manera legal y excluir a cualquiera de interferir con estos derechos. La propiedad está clasificada en dos grupos: propiedad personal y bienes raíces.

Proporción de préstamo a valor—El porcentaje del valor de una propiedad que un prestamista estaría dispuesto a desembolsar a un prestatario. Por ejemplo, si la proporción es el 80% esto significa que el prestamista puede conceder un préstamo a un prestatario hasta por el 80% del valor de la propiedad.

Prorrata—En proporción; de acuerdo a un cierto porcentaje o proporción de un total.

Prorrateo de impuestos—Dividir o prorratear los impuestos igual o proporcionalmente al tiempo de uso.

Proyecto de tiempo compartido—Una forma de subdivisión de bienes raíces en derechos al uso recurrente exclusivo u ocupación de un lote, parcela. Unidad o segmento de bienes raíces en una base periódica que puede ser anual y por un periodo de tiempo especificado.

Proyecto listo para ocupar—Una urbanización residencial nueva que ha sido terminada y se puede ocupar en seguida.

Puntos—Descuentos de puntos pagados a los prestamistas que son, en efecto, interés anticipado y son usados por los prestamistas para ajustar sus tasas de interés de modo que sea iguales o casi iguales a las tasas comerciales prevalecientes (las tasas cobradas en préstamos convencionales). Un punto es uno por ciento de la cantidad del préstamo. Bajo los préstamos convencionales, al cobro por hacer un préstamo en la mayoría de instituciones se le llama usualmente un "honorario de préstamo", "sobrecargo por servicio", "honorario de comisión" o puede ser referido como "puntos al comprador".

Quieta y pacífica posesión—El derecho de un propietario al uso de su parcela sin interferencias en la posesión.

Quiosco—Una estructura liviana pequeña con uno o más lados abiertos usada como puesto para periódicos y revistas, garita para vigilantes o caseta de información en un centro comercial.

Ratificación; confirmación—La adopción o aprobación de un acto ejecutado a nombre de una persona sin una autorización previa.

Recibo de depósito—Un término usado en la industria de bienes raíces para describir la oferta escrita para comprar propiedad en los términos y condiciones estipuladas, acompañada por un depósito para el precio de compra, el cual se convierte en el contrato de compra cuando es aceptada por el propietario.

Recobro o recuperación—La tasa de interés necesaria para proveer por la retribución de una inversión. No se debe confundir con la tasa de interés en una inversión.

Reconocimiento—Una declaración formal ante un oficial debidamente autorizado por una persona quien ha ejecutado un instrumento de que dicha ejecución es su acto y escritura.

Redimir; rescatar—Comprar de nuevo, adquirir de nuevo, recuperar.

Reformación—Una acción para corregir un error en una escritura u otro documento.

Registro—El proceso de colocar un documento en el archivo de un oficial público designado para dar notificación pública.

Rehabilitación; restablecimiento—La restauración de una propiedad a una condición satisfactoria sin un cambio drástico del plano y la forma o estilo arquitectónico.

Relleno—La reposición de tierra excavada en un hueco o contra una estructura.

Rendimiento—El interés que devenga un inversionista en su inversión (o un banco en el dinero que ha prestado). También se le llama retribución.

Renta económica—La expectativa de una renta razonable si la propiedad estuviera disponible para arrendar al tiempo de su valuación.

Renunciar—Desistir o abandonar; renunciar al derecho de hacer cumplir o solicitar cualquier cosa.

Representación falsa—Una declaración o aseveración falsa o tergiversada.

Requerimiento judicial—Un mandato u orden bajo el sello de un tribunal para prohibir a una o más partes en un juicio o procedimiento la ejecución de un acto que se considera injusto o desigual en relación con los derechos de la otra parte o partes en dicho litigio.

Rescisión o cancelación de contrato—La revocación o anulación de un contrato; la abrogación o rechazo de un contrato por acuerdo mutuo de las partes o acción unilateral de una de ellas.

Reservación—Un derecho retenido por un otorgante al traspasar propiedad.

Reservas— Una cuenta fiduciaria establecida por los prestamistas para depositar los fondos destinados al pago de impuestos prediales y/o las futuras primas de la póliza de seguro requeridas para proteger su interés. Los fondos de reserva son usualmente cobrados con el pago del préstamo.

Respa—Ley de Procedimientos de Conciliación en Bienes Raíces.

Restitución—La transferencia del título de terreno de una persona al propietario inmediatamente precedente. Este instrumento o transferencia singular se usa comúnmente en California cuando una obligación o deuda es satisfecha de acuerdo a los términos de una escritura fiduciaria. Ocurre cuando el fiduciario traspasa el título que ha retenido a condición a su propietario.

Restricción—Cuando el término se usa en relación con bienes raíces, significa que el propietario del predio está restringido o prohibido de hacer ciertas cosas con su propiedad o usar esta para ciertos propósitos.

Restricciones de construcción—Zonificación, requisitos reguladores o provisiones en una escritura que limitan el tipo, tamaño y uso de una edificación.

Restricciones de escritura—Limitaciones en una escritura de propiedad que dictan los usos que se pueden hacer o no hacer del predio en cuestión.

Resumen de fallo—Una condensación de las provisiones esenciales de una sentencia judicial.

Resumen de título—Un sumario o compendio de los traspasos, transferencias y otros hechos en los cuales se confía como evidencia de título junto con otros elementos de registro que pueden menoscabar o perjudicar dicho título.

Reversión de bienes al Estado; bienes mostrencos—La reversión de bienes al Estado cuando faltan descendientes o ascendientes capaces de heredar.

Reversión; derecho de sucesión—El derecho a la posesión futura o usufructo por la persona o sus herederos, creando la propiedad precedente.

Riesgo del comprador—Que se cuide el comprador. El comprador debe examinar los artículos o la propiedad y comprar a su propio riesgo.

S.R.A.—Designa a una persona afiliada a la Sociedad de Valuadores de Bienes Raíces.

Salvación; rescate—Comprar de nuevo la propiedad de uno después de una venta judicial.

Satisfacción—El descargo del gravamen de hipoteca o escritura fiduciaria de los registros al pago de la deuda evidenciada.

Sección—Una sección de terreno establecida por el sistema topográfico del gobierno, contiene 640 acres y es una milla cuadrada.

Seguro de garantía hipotecaria—Un seguro contra pérdida financiera disponible a prestamistas hipotecarios de parte de una compañía privada.

Seguro de título—Seguro escrito por una compañía de títulos para proteger al dueño de propiedad contra pérdida si el título es imperfecto.

Sello—Una impresión hecha para atestiguar la ejecución de un instrumento.

Servicio del préstamo—Supervisar y administrar el préstamo después que ha sido hecho. Esto involucra varias cosas tales como: cobrar los pagos, mantener los registros contables, computar el interés y el principal, ejecución hipotecaria de los préstamos incumplidos y así sucesivamente.

Servicios públicos—Se refiere a los servicios prestados por las compañías de utilidad pública, tales como: agua, gas, electricidad y teléfono.

Servidumbre—Creada por cesión o acuerdo para un propósito específico, una servidumbre es el derecho, privilegio o interés que una parte tiene en el terreno de otra. (Ejemplo: el derecho de paso o de vía).

Sigla—Un sobrenombre con el cual se conoce ampliamente a la Asociación Federal Nacional de Hipotecas (FNMA).

Sindicato de Bienes Raíces—Una organización de inversionistas usualmente en la forma de una sociedad limitada cuyos miembros se han unificado con el propósito de reunir capital para la adquisición de intereses en bienes raíces.

Sindicato—Una sociedad organizada para participar *en* una empresa de bienes raíces. Los socios pueden ser limitados o ilimitados en su responsabilidad.

SIOR—Sociedad de Corredores de Propiedad Industrial y Oficinas.

SIR (Sociedad de Corredores Industriales)—Ahora conocida como Sociedad de Corredores de Propiedad Industrial y Oficinas.

Sistema acelerado para recuperación de costo—El sistema para calcular la depreciación (recuperación de costo) de bienes raíces depreciable adquirida y puesta en servicio después del 1º de enero de 1981 (ACRS).

Sistema de construcción con módulos—Un sistema para la construcción de viviendas y otras mejoras en bienes raíces que consiste en ensamblar las partes componentes en el sitio, las cuales han sido producidas en serie en otro lugar.

Sistema de la Reserva Federal—El sistema bancario federal de los Estados Unidos bajo el control de una junta central de gobernadores (Federal Reserve Board) y que comprende un banco central en cada uno de doce distritos geográficos con amplios poderes para controlar el crédito y la cantidad de dinero en circulación.

Sistema del Banco Federal de Tierras—Una agencia del gobierno federal que hace préstamos a largo plazo a los agricultores.

Sistema topográfico del gobierno—Un método de especificar la localización de una parcela de terreno usando meridianos principales, líneas de base, paralelas corrientes, meridianos de guía, municipalidades y secciones.

Sociedad limitada o comanditaria—Una sociedad formada por algunas personas cuya participación y responsabilidad son limitadas.

Sociedad—Una decisión de la Corte Suprema de California ha definido una sociedad en los siguientes términos: "Una sociedad tal como un contrato entre dos o más personas para unir su propiedad, trabajo o habilidad o alguno de estos para llevar adelante algún negocio conjunto o empresa en términos de participación mutua en las ganancias y pérdidas".

Soporte lateral—El soporte que el suelo de un propietario adyacente da al terreno de su vecino.

Subagente—Una persona a quien se ha conferido los poderes de un agente pero no por el principal sino por el agente que ha sido autorizado por dicho principal.

Subordinar—Hacer sujeto a, o secundario a.

Sujeto a hipoteca—Cuando un cesionario toma título de bienes raíces "sujetas a" una hipoteca, no es responsable ante el poseedor de la nota promisoria o pagaré por el pago de ninguna porción de la cantidad adeudada. Lo más que él puede perder, en el caso de ejecución hipotecaria, sería su equidad en la propiedad. Ver también: "Assumption of Mortgage". En ningún caso es el firmante original del pagaré relevado de su responsabilidad.

Sustracción—Un método de valuar terreno. El valor indicado de las mejoras (edificaciones) es deducido del precio de venta.

Tabla de fondo—Una tabla estadística que puede ser usada para estimar el valor del fondo agregado de un lote.

Tabla de influencia de esquina—Una tabla estadística que puede ser usada para estimar el valor agregado de un lote de esquina.

Tasa de capitalización—La tasa de interés que es considerada una retribución razonable en la inversión y usada en el proceso de determinar el valor basado *en* el ingreso neto.

Tasa de interés efectiva—El porcentaje de interés actualmente pagado por el prestatario por el uso del dinero.

Tasa de interés—El porcentaje de una suma que se cobra por su uso.

Tasa de porcentaje anual—El costo relativo de crédito como se determina de acuerdo con la Regulación Z de la Junta de Gobernadores del Sistema de la Reserva Federal para implementar la Ley de Veracidad en Préstamos.

Tasa o hipoteca de interés variable—Una tasa de interés en un préstamo hipotecario que tiene fluctuaciones hacia arriba y hacia abajo de acuerdo a los términos del pagaré y durante el término de la obligación, dependiendo en las condiciones del mercado de capitales.

Tasación especial—Una obligación legal impuesta sobre bienes raíces por una autoridad pública para pagar por mejoras públicas tales como alumbrado de las calles, andenes, ampliación de vías, etc.

Tasación—La valuación de propiedad para el propósito de imponer una contribución o la cantidad de dicho impuesto.

Tasador—El oficial quien tiene la responsabilidad de determinar los valores tasados.

Tasas de interés nominal—El porcentaje de interés que está expresado en los documentos del préstamo.

Tenedor legítimo o de buena fe—Alguien quien ha adquirido un pagaré, cheque o letra de cambio en debido curso: (1) antes de su vencimiento; (2) de buena fe y por valor; (3) sin conocimiento de que ha sido previamente rechazado y sin aviso de cualquier defecto al momento que le fue negociado.

Tenedores por la totalidad—Bajo ciertas leyes estatales es la pertenencia de propiedad adquirida por esposo y esposa durante el matrimonio, siendo poseída conjuntamente y por partes iguales. A la muerte de uno de los cónyuges se convierte en la propiedad del superviviente.

Tenencia conjunta—Pertenencia conjunta por dos o más personas con el derecho de supervivencia. Todos los copropietarios poseen un interés igual y tienen derechos iguales en la propiedad.

Tenencia en común—La pertenencia por dos o más personas quienes poseen un interés indiviso, sin el derecho de supervivencia; los intereses no necesitan ser iguales.

Termitas; termes—Insectos parecidos a las hormigas que se alimentan con madera.

Terreno aluvial—Suelo depositado por acreción. Aumento de tierra en la playa o banco de un río.

Terreno marginal— El terreno que escasamente retribuye el costo de trabajarlo o usarlo.

Testador—Alguien quien da propiedad raíz por medio de un testamento.

Testador—Alguien quien deja un testamento válido a su muerte.

Testamento—Una relación legal por escrito de una persona donde expresa sus deseos en relación con la disposición de su propiedad después de su muerte.

Testificar; certificar—Afirmar que es verdadero o genuino; un acto oficial que establece autenticidad.

Tierras costeras—Terrenos que son cubiertos por el flujo y reflujo de la marea.

Título comerciable— Un título de propiedad libre de gravámenes y reclamaciones que se puede negociar.

Título máximo—Un título que es superior y principal a todos los otros.

Título—Evidencia de que un propietario de terreno está en posesión legal del mismo; un instrumento que prueba dicha pertenencia.

Topografía—Naturaleza de la superficie del terreno; la topografía puede ser a nivel, ondulada o montañosa.

Traspaso—La transferencia del título de terreno de uno a otro. Esto denota un instrumento que pasa un interés en terreno de una persona a otra.

Trueque o canje de venta—Un método cada día más popular de garantizar a un propietario una cantidad mínima de dinero por su predio actual y así permitirle comprar otro. Si la propiedad no es vendida dentro de un tiempo especificado al precio del listado, el corredor acuerda concertar la financiación para comprarla con un descuento convenido de antemano.

Unión o acoplamiento de expansión—Una franja de cinta bituminosa usada para separar segmentos de concreto para prevenir el agrietamiento debido a la expansión por los cambios de temperatura.

Urbanización de unidades planeadas—Un diseño para el uso del terreno que provee para un uso intensivo del terreno por medio de una combinación de áreas privadas y comunes con una repartición de responsabilidades por las áreas comunes arregladas de antemano. Los lotes individuales son poseídos en dominio pleno con pertenencia conjunta de las áreas comunes.

Uso de tiempo compartido—Un derecho de ocupación contractual o por licencia o por afiliación en un proyecto de tiempo compartido, el cual no va unido a un interés en la propiedad.

Usura—Exigir una tasa de interés en un préstamo más alta que la permitida por la ley.

Utilidad—La aptitud para dar satisfacción y/o estimular el deseo de posesión.

Válido; vigente—Que tiene poder o fuerza obligatoria; legalmente suficiente y autorizado por ley.

Valor a la par—Valor comercial, valor nominal.

Valor comercial— (1) el precio por el cual un vendedor voluntario estaría dispuesto a vender y un comprador voluntario estaría en condiciones de ofrecer sin estar ninguno de ellos bajo circunstancias anormales. (2) Tal como está definido por los tribunales, es el precio más alto estimado en términos monetarios que se pudiera pagar por una propiedad que ha estado para la venta durante el tiempo necesario para encontrar un comprador conocedor del uso a que se puede destinar el inmueble.

Valor comercial justo o equitativo—Este sería la cantidad de dinero pagado por una propiedad ofrecida en el mercado abierto, siendo ambos comprador y vendedor conocedores de los usos que se pueden hacer del predio y sin estar ninguna de las partes obligadas a vender o comprar.

Valor de salvamento—Al calcular la depreciación para propósitos de impuesto a la renta, es el valor de mercado justo razonablemente anticipado de la propiedad al final de su vida útil y debe considerarse con todos los métodos de calcular depreciación menos el método de balance declinante.

Valor en libros; valor contable—El valor corriente para propósitos de contabilidad de un bien expresado como su costo original más las adiciones de capital menos la depreciación acumulada.

Valor presente—El valor actual de la suma completa de una anualidad. Un billete de $100.00 que debe pagarse a alguien dentro de un año vale menos que si fuera un billete de $100.00 que se debe pagar hoy. Esto se debe a varios factores, uno de los cuales es que el dinero tiene valor por tiempo. Cuanto vale hoy día el billete de $100.00 que será pagado dentro de un año dependerá de la tasa de interés que parece apropiada para el caso en particular. Por ejemplo, si 6% es la tasa apropiada, el billete de $100.00 a ser pagado dentro de un año hoy valdría $94.34.

Valor tasado—Valor puesto en propiedad como una base para impuestos.

Valor—el valor presente de los beneficios futuros que resultan de la pertenencia a los usuarios/inversionistas típicos.

Valuación tasada—Una valuación puesta en propiedad por una junta u oficial públicos como una base para impuestos.

Valuación—Valor o precio estimado. Una estimación. El acto de tasar por avalúo.

Valuador—Una persona calificada por educación, entrenamiento y experiencia, quien es contratada para estimar el valor de los bienes raíces y personales basándose en experiencia, criterio, hechos y el uso de procesos formales de valuación.

Vendedor—Alguien quien dispone de una cosa en consideración de dinero.

Venta por impuestos—La venta de propiedad después de un período del no pago de los impuestos.

Venta y arrendamiento—Una situación en la cual el propietario de una parcela desea vender su predio y seguirlo ocupando tomándolo en arrendamiento del comprador.

Ventaja financiera—El uso de financiación de la deuda en una inversión para obtener la retribución máxima por dólar de la equidad invertida.

Ventas comparables—Ventas que tienen características similares a la propiedad que se valúa y son usadas para análisis en el proceso de valuación.

Veracidad en préstamos—El nombre dado a los estatutos y reglamentos federales (Regulación Z) que fueron concebidos principalmente para que los prestatarios potenciales y compradores a crédito reciban la información del costo de crédito antes de entrar en una transacción.

Verificación—Una declaración jurada ante un oficial debidamente calificado relativa a la exactitud del contenido de un documento.

Vida o duración económica—El período durante el cual una propiedad rendirá una retribución en la inversión, más allá y sobre la renta del terreno.

Zona en decadencia—Un área en declinación en la cual los valores de bienes raíces son seriamente afectados por fuerzas económicas adversas, tales como la intrusión de usos de propiedad discordantes, la infiltración de habitantes de clases sociales y económicas más bajas y/o edificaciones que se deprecian rápidamente.

Zona—El área establecida por las autoridades pertinentes para un uso específico; sujeta a ciertas restricciones o limitaciones.

Zonificación—Un acto de las autoridades de la ciudad o el municipio especificando el tipo de uso a que se puede destinar una propiedad en áreas específicas.

Index Indice